Leopold Kohr

Das Ende der Großen – Zurück zum menschlichen Maß

Leopold Kohr

Das Ende der Großen – Zurück zum menschlichen Maß

Übersetzt von Edgar Th. Portisch,
herausgegeben von Ewald Hiebl und Günther Witzany

OTTO MÜLLER VERLAG

4. Auflage

ISBN 3-7013-1055-6

Satz: Fotosatz Rizner, Salzburg
Umschlaggestaltung: Stefanie Winter
Druck und Bindung: Christian Theiss GmbH, A-9431 St. Stefan

Inhaltsverzeichnis

Vorwärts zum menschlichen Maß – Anmerkungen zum „Ende der Großen“

„Disunion Now“ gegen den Zeitgeist des Vereinigungsfiebers

Sechs Jahre dauerte es, bis Leopold Kohr für dieses Buch einen Verleger fand. 1957 erschien es erstmals unter dem Titel „The Breakdown of Nations“. Daran war nicht die unbestrittene Qualität von Kohrs Ausführungen schuld, sondern das Thema. Die Jahre nach dem Zweiten Weltkrieg waren geprägt von den Gedanken einer Schaffung übernationaler Einheiten, die den Frieden sichern sollten. Auseinandersetzungen zwischen Staaten sollten durch deren Zusammenschluß verhindert werden. „Union Now“, „Vereinigung jetzt“, lautete die Forderung, die Clarence K. Streit in einem weit verbreiteten und damals sehr populären Buch aufgestellt wurde.

Leopold Kohr stand mit seiner gegenteiligen Ansicht zunächst ziemlich alleine da. Schon 1941 setzte er sich in einem Artikel in der New Yorker Wochenzeitung „The Commonweal“ für „Disunion Now“, so der Titel des Artikels, ein. Zehn Jahre später führte er seine Ideen einer Rückkehr zu kleinen staatlichen Einheiten erstmals in einer Monographie aus. Als „The Breakdown of Nations“ erschien das hier in deutscher Übersetzung vorliegende Buch 1957 im Londoner Verlag Kegan & Routledge Paul. Bald folgten Übersetzungen ins Italienische und Spanische.

Der Titel des Buches, den man im Deutschen als „Zusammenbruch der Nationalstaaten“ umschreiben könnte, taucht übrigens in der Erstfassung des Manuskripts gar nicht auf. Dieses trägt noch den Titel „Union through Division“, also „Einigung durch Teilung“. Als alternative Vorschläge werden „The Breaking of Nations“, „Disunion Now“, „Political Cancer“ sowie „The Curse of Power“ angegeben.

Diese Aufstellung verweist auf die zentralen Gedanken in diesem Buch. Kohr betont immer wieder, daß der Zusammenbruch der Großmächte („breakdown“) ohnehin unvermeidlich sei. Er findet Analogien im Bereich der Naturwissenschaften, wonach alles Große krankhaft und zum Sterben verurteilt sei. Zu große Staaten sind in Kohrs Metaphorik Krebsgeschwüre („political cancer"). Um den Prozeß der Schaffung vitaler Einheiten zu beschleunigen, propagierte er eine bewußte Umgestaltung und das Aufbrechen der geltenden Staatenordnung („breaking"). Erst wenn etwa gleich große Staaten aus freiem Willen miteinander kooperierten, könne eine stabile und gleichberechtigte Kooperation zustande kommen, die friedensstiftend sei („union through division"). Nur so könne dem Fluch der Macht weniger Staaten („the curse of power") wirksam begegnet werden.

Anders als viele Kollegen präsentiert Leopold Kohr eine klare Theorie und wagt präzise Aussagen. Seiner Meinung nach lag die Lösung von Problemen wie Krieg, ökonomischen Schwierigkeiten und dem Verlust individueller Freiheiten nicht in internationalen Zusammenschlüssen, in besserer Bildung oder vermehrter Kontrolle, sondern einzig in der Auflösung der großen Mächte. Diese Klarheit macht ihn angreifbar, was sich auch in der Rezeption seines Buches zeigte. Von einem „fairy tale", einem Märchen, sprach die Literaturbeilage der „Times", und viele andere Rezensionen wiesen auf die zunächst irritierende Wirkung des Buches hin. Schließlich wurde es jedoch schon in den späten 1950er Jahren großteils positiv rezipiert, als Bereicherung der Diskussion um die Neugestaltung Europas und der Welt gesehen, und das durchaus auch im Bereich der Wissenschaft. Eine Besprechung in der Zeitschrift „Social and Economic Studies" etwa wies unter anderem darauf hin, daß dieses Buch den Blick auf das „soziale Universum" verändere und niemals zuvor die Größe von Nationen so sehr in den Mittelpunkt gerückt worden sei, und zwar mit Präzision und Humor gleichermaßen.

Das Kleine ist nicht nur schön, sondern notwendig und sinnvoll

Leopold Kohr war in seinen Publikationen stets darauf bedacht, den Leser möglichst ohne große Hindernisse in seine Gedankenwelt einzuführen. Eine einfache Terminologie, bildhafte Vergleiche, Analogien und andere sprachliche Mittel ermöglichten ein breites Verständnis für seine Philosophie. Dazu gehört auch ein leserfreundlicher Aufbau der Texte. Sowohl seine kurzen Texte für Zeitschriften und

Zeitungen als auch die einzelnen Kapitel der längeren Publikationen beginnen mit einer stichwortartigen Zusammenfassung des Inhalts des folgenden Textes. Das ermöglicht dem Leser eine schnelle Orientierung und eine erste Information über die nun folgenden Gedanken. Dieses didaktische Prinzip wurde auch in der vorliegenden Ausgabe übernommen.

Leopold Kohr machte sich keine Illusionen darüber, daß sein Buch die Welt verändern würde. Voller Ironie verwies er immer wieder auf das Kapitel 11, das „kürzeste Kapitel der Welt", in dem es um die Umsetzung seiner Ideen in die Praxis geht. Er gab ihm den Titel „Wird es geschehen?" und begnügte sich im Text mit einem einzigen Wort: „Nein". Unwirksam blieben Kohrs Apologien des Kleinen jedoch nicht, auch wenn Europa sich bis heute nicht in die von ihm geforderten vierzig Kleinstaaten aufgeteilt hat. Seine Ideen wurden vor allem in der ökologischen Wende der 1970er Jahre wieder vermehrt rezipiert. So ließ der renommierte Club of Rome – ganz im Kohr'schen Sinne – mit seiner Forderung nach den „Grenzen des Wachstums" aufhorchen, und E. F. Schumacher sorgte mit seinem Buch „Small is beautiful" ebenfalls für Aufsehen. Es öffnete ihm die Türen zu den Büros der mächtigsten Männer der Welt. Dieser oft fälschlicherweise Leopold Kohr zugeschriebene Slogan faßte die Gedanken von „The Breakdown of Nations" publikums- und medienwirksam zusammen. Schumacher selbst bezeichnete Kohr als seinen wichtigsten Lehrer, „von dem ich mehr gelernt habe als von sonst jemandem".

Im Jahr 1983 wurde Leopold Kohrs Bedeutung als Vordenker gegen den Strom durch die Verleihung des „Right Livelihood Awards", des so genannten Alternativen Nobelpreises, auch offiziell anerkannt. Er war übrigens der erster Österreicher, der diesen renommierten Preis verliehen bekam.

Daß das Interesse gerade an „The Breakdown of Nations" in den 1970er Jahren wieder stieg, zeigt sich auch an den englischsprachigen Neuauflagen. Nur in seiner Heimat waren Kohrs Gedanken noch kaum bekannt. Erst 1986 veröffentlichte der ORAC-Verlag unter dem Titel „Das Ende der Großen – Zurück zum menschlichen Maß" die erste deutschsprachige Übersetzung, nachdem Kohr in Österreich sozusagen „wiederentdeckt" worden war. Die Kohr'schen Gedanken prägten bereits 1981 Franz Kreuzers Buch

„Die kranken Riesen". Die größten Verdienste um die Verbreitung von Kohrs Gedanken erwarb sich jedoch Alfred Winter, Verleger und Beauftragter für kulturelle Sonderprojekte des Landes Salzburg. Er lernte Leopold Kohr 1980 im Zuge der Vorbereitungen zu einer großen Kelten-Ausstellung in Hallein kennen. Ihn verband in den folgenden vierzehn Jahren bis zu Kohrs Tod nicht nur eine enge Freundschaft mit dem zuvor von seiner Heimat vergessenen Philosophen. Winter setzte sich auch energisch und erfolgreich für die Verbreitung seiner Ideen ein. Resultat dieser Bemühungen waren unter anderem zwei deutschsprachige Erstausgaben von Kohrs wichtigsten Büchern: „Die überentwickelten Nationen" (1983) und „Das Ende der Großen" (1986).

Die vorliegende Neuauflage von 2002 bietet eine überarbeitete Version der von Leopold Kohr autorisierten deutschen Erstausgabe des Jahres 1986. Die Grundlage des Textes stellt freilich die englische Ausgabe von 1957 dar. Beispiele, Kommentare und Perspektive des Autors beziehen sich auf diesen Entstehungszusammenhang. Leopold Kohr schrieb dieses Buch, als er sich längst als US-Amerikaner fühlte. Er hatte jedoch seine mitteleuropäischen Wurzeln keineswegs vergessen, und deshalb versucht er in den ersten beiden Kapiteln jener deutschfeindlichen Stimmung entgegenzutreten, die in den ersten Jahren nach dem Krieg in den USA weit verbreitet war und auch heute noch immer für Diskussionen sorgt. Kohr wies die Theorie, daß die Deutschen einen besonders aggressiven Nationalcharakter hätten, zurück, wie er alle nationalen Stereotypen ablehnte. Er stellt den Verbrechen der Deutschen die Verbrechen der alliierten Mächte gegenüber, nicht um die nationalsozialistischen Greueltaten zu verharmlosen und zu relativieren, sondern um auf die seiner Meinung nach eigentlichen Ursachen dieser Verbrechen hinzuweisen: übersteigerten Nationalismus und außer Kontrolle geratenes Großmachtstreben, das nach Kohr mit naturgesetzmäßiger Notwendigkeit immer dann einsetzt, wenn die kritische Größe in der Entwicklung einer Nation überschritten ist. Die gegenüber dem Rohmanuskript auf etwa ein Drittel gekürzte Diskussion dieses Themenbereichs bildet die ersten beiden Kapitel des vorliegenden Buches. Das Originalmanuskript befindet sich – ebenso wie viele korrigierte und überarbeitete Versionen dieses Buches – übrigens im Nachlaß von Leopold Kohr, den die Leopold-Kohr-Akademie in

Neukirchen am Großvenediger und Salzburg bewahrt und aufarbeitet, um ihn der Öffentlichkeit zur Verfügung zu stellen.

Bei der Entwicklung seiner Gedanken kommt Kohr seine umfassende Bildung zugute. Er kann sich auf zwei mit Doktoraten abgeschlossene Studien stützen: Rechts- und Staatswissenschaften. An der renommierten London School of Economics erwarb er Kenntnisse im Bereich der Wirtschaftswissenschaften. Diese vertiefte er als Universitätsprofessor an der Rutgers University in New Jersey sowie an der Staatsuniversität von Puerto Rico, wo er unter anderem Nationalökonomie und Politische Philosophie unterrichtete. Interdisziplinäre Zugänge und Fragestellungen waren für Kohr also eine Selbstverständlichkeit, ebenso wie die Einbettung seiner Theorie des menschlichen Maßes in einen historischen Kontext. Die Wurzeln seiner Idee führt Leopold Kohr bis in die antike Philosophie zurück.

Lykeion oder: Leopold Kohr in der Schule des Aristoteles

Bereits mit siebzehn Jahren trat Aristoteles in die Akademie Platos ein. Plato selbst war gerade in Syrakus auf Sizilien, um sein Modell eines Idealstaates zu verwirklichen. Drei Jahre später kehrte er – gescheitert – nach Athen zurück und begegnete, mittlerweile sechzigjährig, zum ersten Mal dem zwanzigjährigen Aristoteles.

Die fruchtbare Auseinandersetzung der wohl maßgeblichsten Denker zu Beginn der abendländischen Geistesgeschichte dauerte zwei Jahrzehnte, bis zum Tode Platos im Jahre 347 v. Chr. Vier Jahre später wurde Aristoteles an den Hof des makedonischen Königs Philipp berufen, um die Erziehung des dreijährigen Alexander zu übernehmen, der später das aus heutiger Sicht zweifelhafte Attribut „der Große“ erhalten sollte. Nach dessen Thronbesteigung gründete Aristoteles seine eigene Schule, das Lykeion.

Alfred North Withehead meinte, die Philosophie der letzten 2000 Jahre – und auch die aus ihr entlassenen „Kinder“, die Geistes- und Naturwissenschaften – bestehe aus Fußnoten zu Plato. Genausogut hätte er aber auch Aristoteles – als Begründer der wesentlichen Wissenschaften der folgenden 2000 Jahre – als den maßgeblichen Denker nennen können. Unbestritten war er der erste Systematiker in der Philosophie, der unterschiedliche Gegenstandsbereiche voneinander abgrenzte und in eigenständigen philosophischen Disziplinen methodisch-systematisch untersuchte. Legendär und die abendländische Geistesgeschichte prägend, waren seine drei Methoden der Welterschließung: (a) Die *Theoria*, zu der er die Metaphysik (allgemeine Metaphysik: Ontologie oder Seinslehre; spezielle Metaphysik: Kosmologie, Psychologie und Theologie), Physik, Biologie, Wissenschaftslehre, Sprachphilosophie, Logik und Mathematik zählte. (b) Die *Praxis*, in der er Ethik, Politik und Wirtschaftslehre behandelte und schließlich (c) die *Ästhetik*, deren Gegenstand die Rhetorik, die Technik (als Handwerkskunst) und die Poetik waren.

Leopold Kohrs frühes leidenschaftliches Interesse galt zwar eher der Poetik. Nach der Flucht aus Europa wandte er sich ganz der *Praxis* zu, der Erarbeitung von Wegen zum vernünftigen und verantwortbaren Wirtschaften und deren politische Umsetzung. Das Entwickeln einer Theorie des menschlichen Maßes samt geeigneter Methoden der Umsetzung in die Praxis bedeutete für ihn *die* faszinierende Herausforderung.

Das „gute Leben" als Ziel der „praxis"

Kohr nimmt zu Beginn der Entwicklung seiner Theorie Anleihen bei Aristoteles' Vorstellungen von Politik und den Voraussetzungen des „besten Staates". Aristoteles nennt den besten Staat jenen, der dem Individuum die optimalen Voraussetzungen für das „gute Leben" ermöglicht. Diese Voraussetzungen seien in der Verfassung festzulegen, auf die die menschliche Gemeinschaft zu verpflichten sei. Dazu seien von jedem einzelnen Menschen Tugenden zu entwickeln und als Orientierungsmaß zu leben, um eine Gemeinschaft von Gleichen im täglichen Leben zu ermöglichen; und diese Tugenden schließen die Schrankenlosigkeit und Maßlosigkeit aus:

„Denn keiner wird einen Menschen glückselig nennen, der keinen Teil an der Tapferkeit, Selbstzucht, Gerechtigkeit oder Klugheit besitzt, sondern der vor einer vorbeifliegenden Mücke erschrickt und der sich beim Begehren nach Essen und Trinken überhaupt keine Schranken auferlegt, der wegen einer Vierteldrachme seine besten

Freunde ruiniert und der in einem Denken derart unvernünftig und verrückt ist wie ein Säugling oder ein Wahnsinniger." (Politik, VII, 1-9)

Grundsätzlich treten in der Bestimmung des richtigen Maßes auch die eigentlichen Differenzen auf, in denen sich die Meinungen der Menschen unterscheiden. Politisches Leben in Theorie und Praxis ist im wesentlichen bestimmt von der Auseinandersetzung über das jeweils richtige Maß und die umzusetzenden Maßnahmen. Diese Auseinandersetzung wiederum argumentiert mit Erfahrungen von Maß und Maßlosigkeit:

„Die Meinungsverschiedenheiten treten auf beim Wieviel und beim Übermaß. Denn sie meinen, es genüge, von der Tugend irgendein Maß zu besitzen; von Reichtum, Geld, Macht, Ehre und dergleichen suchen sie das Übermaß bis ins Unbegrenzte. Wir werden ihnen erwidern, daß es leicht ist, auch in diesem Punkte sich an den Tatsachen Gewißheit zu verschaffen. Denn man sieht, daß man nicht etwa die Tugend mit Hilfe der äußeren Güter erwirbt und bewahrt, sondern umgekehrt, und daß das glückliche Leben, mag es uns in der Lust bestehen oder in der Tugend oder in beidem, weit mehr bei denen ist, die im Übermaß mit Charakter und Überlegung ausgerüstet sind und an äußeren Gütern nur Mäßiges besitzen, als bei jenen, die solches mehr als notwendig besitzen, dagegen an jenem zu wenig haben." (Politik, VII, 1-9)

Richtiges Maß und Maßlosigkeit bei Kohr – die universelle Gesetzmäßigkeit

Aristoteles' wenig schmeichelhafte Bemerkung über die charakterliche Ausstattung jener, die ein Übermaß an äußeren Gütern besitzen, ist auch deshalb interessant, da ihm ein Übermaß an Charakterbildung offensichtlich kein Problem zu sein scheint.

Kohr weitet den aristotelischen Ansatzpunkt aus: Die Bestimmung des richtigen Maßes sei nicht nur Thema der praktischen Philosophie, sondern auch der theoretischen. In der Analyse der physikalischen Grundgesetze, ebenso wie in der Kosmologie und der Biologie finden sich Proportionen und Relationen, deren Einhaltung das Funktionieren des ganzen Kosmos gewährleisten und deren Verletzung zu kosmischen Katastrophen und chaotischen Entwicklungen führen, oder biologisch: Ein Organismus wächst optimal durch Zellteilung, kritisch mit gefährlichem Übergewicht, tödlich mit unkontrollierter Zellwucherung.

Dabei naturalisiert Leopold Kohr den Menschen keineswegs. Die Freiheit und Würde des Menschen ist Kohrs wichtigstes Gut und deren Schutz des Staates wichtigste Aufgabe. Die größten Gefahren für diese Freiheit und Würde drohen aber durch die Maßlosigkeit staatlicher Eingriffe und die Maßlosigkeit der Größe menschlicher Gemeinschaften. Denn das Individuum verliert in dem Maße seine Freiheit und Würde, in dem die *Massenzivilisation* die gesellschaftliche, politische und wirtschaftliche Dynamik beherrscht. Je mehr die Macht der Masse zum maßgebenden Faktor wird, umso schlechter ist es um Freiheit und Würde des einzelnen Menschen bestellt. Der „Massengeist" und die ihn repräsentierende Politik naturalisieren die Menschen zu physikalischen Größen, die nach mathematisch statistischen Gesetzen funktionieren und nicht mehr nach Gesetzen des freien demokratischen Geistes. Und seien die Politiker auch noch demokratisch gewählt, so kann eine Politik der Massenzivilisation den undemokratischen Zwängen der Beschneidung von Freiheit und Würde des Einzelnen nicht mehr entgehen. Der Kampf Natur gegen Kultur geht in der Maßlosigkeit der Massenzivilisation zugunsten der rohen Naturgewalten aus. Der Kampf von kulturellen Errungenschaften wie Sicherung von Freiheit und Würde gegen deren Abschaffung in Massenzivilisationen ist ein Kampf von Maß gegen Maßlosigkeit, von David gegen Goliath.

Die Dramatik dieses Kampfes in all ihren historischen Dimensionen ist Leopold Kohr zeit seines Lebens besonders präsent und wird von ihm leidenschaftlich auf Seiten der Freiheit und Würde des Menschen geführt. Genau hierin gründen seine Aktivitäten gegen die zwangsvermassenden Ideologien faschistischer oder kommunistischer Provenienz, sei es im spanischen Bürgerkrieg gegen die Francisten, sei es in seinen Artikeln im amerikanischen Exil während des Zweiten Weltkriegs gegen den Nationalsozialismus.

Jenseits optimaler Entwicklung: Kritische Größe und geometrisches Wachstum der Probleme

Die psychologischen Folgen der Massenzivilisation sind ihrerseits katastrophal für die Individuen. Das um seine Freiheit und Würde beraubte Individuum findet sich als unbedeutendes Teilchen eines funktionierenden Molochs wieder. Die politische Macht interessiert dann am Individuum nur mehr die (meist militärische und steuerliche) Verfügbarkeit. Diese Bedeutungslosigkeit nährt, wenn sie bewußt wird, Sinnlosigkeits- und Ohnmachtsgefühle und vernichtet Enwicklungen einer reifen Persönlichkeitsstruktur. Die Ohnmachtsgefühle wollen gebündelt werden durch starke Führer und Machtkristallisationen, durch Ersatzgötter für Gedemütigte und Entrechtete, die ihre Ohnmächtigkeit und Nichtigkeit dann aufgehoben erleben als Bestandteil der „auserwählten“ oder „großartigsten“ Gruppe der Welt, deren Bestandteil sie im Namen ihres Führers sind. Für diese Erlösung sind die Entrechteten und vermaßten Menschen bereit, ihrem Führer ihr Leben zu überantworten, die Emotionen der Errettung aus dem Nichtsein sind in der Regel überwältigend und finden in Massenaufmärschen und Massenveranstaltungen ihre Entladungen. Selbst sonst im kleinen Rahmen vernünftig handelnde Menschen geben ehrfurchtsvoll zu, in solchen Massenveranstaltungen vom „Rausch der Massen“ vereinnahmt und überwältigt zu sein.

Hier findet sich mit historisch gesehen beständig wiederkehrender Regelmäßigkeit der Nährboden für Mißbrauch von Macht und die darauffolgenden politischen Katastrophen: der Krieg und Stellvertreterkrieg der Machtblöcke, der Krieg der Nationalideologien, der Krieg der Ethnien und jener der Stammeskonflikte. Diese Kriege wären mit reifen und vernünftigen Menschen nicht zu führen. In Gesellschaften, die nicht vom Massengeist beherrscht werden, macht der Spruch „Stell Dir vor es ist Krieg und keiner geht hin“ durchaus Sinn. Deshalb ist Kohrs große Leistung die Begründung und Rechtfertigung der Theorie vom richtigen Maß, und dies als einziger Ausweg aus Kriegsvoraussetzungen und als einziger Maßstab für vernünftiges und d.h. auch verantwortbares menschliches Handeln. Genau in diesem Sinne ist Leopold Kohr ein treuer Schüler seines Lehrers Aristoteles: Richtiges Maß oder Maßlosigkeit, das ist die Frage. Und da für Kohr angesichts geschichtlicher Erfahrung klar ist, daß Maßlosigkeit ein Synonym für „zu groß" ist, kann maßgerecht nur „klein" heißen.

Kritiker werfen Kohr oft vor, sein „small is beautiful" verherrliche die Kleinheit und sei Ausdruck einer reaktionären intellektuell-kleinkarierten Grundhaltung. Sie haben Kohr entweder nicht gelesen oder aber nicht verstanden. Er war ein entschiedener Verfechter für angepaßte Entwicklung, denn Entwicklung sei der Natur lebender Wesen inhärent, und nur Entwicklung ermögliche Prozesse menschlichen Handelns, die unmenschliche in menschliche Verhältnisse transformieren, die Befreiung von Naturzwängen, die Beseitigung von Gewalt, Hunger, Elend und Not.

Kohrs Lehre fokussiert genau den Punkt, an dem Entwicklung ihre optimale Größe erreicht und deren Überschreiten in eine kritische Größe führt. An diesem archimedischen Punkt gesellschaftlicher und historischer Dynamik entscheidet sich, ob der Mensch mit den Problemen einer optimalen Entwicklung fertig zu werden vermag oder hilflos dem geometrischen Wachstum von Problemen ausgeliefert ist, die sich bei Überschreiten der kritischen Größe naturgesetzmäßig einstellen.

„Denn soziale Probleme haben, in Abwandlung der berühmten Bevölkerungsdoktrin von Thomas Malthus, die unglückliche Neigung, sich im Verhältnis zum Wachstum jenes Organismus, dessen Teil sie sind, in geometrischer Reihe zu entwickeln, während die Fähigkeit des Menschen, mit ihnen fertig zu werden, nur in arithmetischer Reihe wächst. Die Probleme einer Gesellschaft, die sich über ihre optimale Größe hinaus entwickelt, wachsen also mit der Zeit rascher als die menschliche Fähigkeit, mit ihnen fertig zu werden." (siehe S. 38)

Drei Handlungsorientierungen: Vernünftig, verantwortbar und überschaubar

Neben Aristoteles schätzt Leopold Kohr auch die Lehre des Augustinus, wonach für eine optimale gesellschaftliche Entwicklung der Ausgleich einer Kleinstaatenwelt hervorragend geeignet wäre, kein Staat groß genug, um über die anderen herfallen zu können, und dennoch entwickelt genug, seinen Bürgern alles Notwendige zum

„guten Leben“ bieten zu können. Und selbst bei Thomas von Aquins Ansichten über das richtige Maß wirtschaftlichen Handels nimmt Kohr Anleihen. Seine Theorie des menschlichen Maßes ist, wenngleich unausgesprochen, sicherlich eine zutiefst christliche und humanistische zugleich: christlich in dem Sinne, als Kohr die Naturgesetze der Schöpfung bedingungslos in ihrem Sosein und als Maßstab anerkennt; humanistisch insofern, als seine Theorie des menschlichen Maßes sich lupenrein rational begründen und rechtfertigen läßt.

Vernünftig ist, was sich verantworten läßt. Verantworten lassen sich Handlungen und Entwicklungen, die überschaubar sind. Deshalb ist vernünftiges Handeln auch nur in überschaubaren Einheiten praktizierbar, in unüberschaubaren Größenordnungen aber nicht. Und das ist exakt die Meinung von Aristoteles über den „besten Staat“.

„Die Tatsachen zeigen sogar, daß es schwierig, wenn nicht unmöglich ist, einen allzu volkreichen Staat mit guten Gesetzen zu verwalten. Jedenfalls sehen wir keinen einzigen von den Staaten, die als gut gelten, nach einer übermäßigen Bevölkerungszahl streben ... Es ist also klar, daß dies der beste Maßstab für einen Staat ist: die höchste Zahl der Einwohner, die noch überschaubar bleibt und ein Leben in Autarkie ermöglicht. Dies sei also hinsichtlich der Größe des Staates festgelegt.“ (Politik, VII, 13-16)

Leopold Kohrs Reflexionen über Aristoteles’ Lehre vom richtigen Maß in Kombination mit den historischen Analysen von Groß- und Kleinstaatengebilden, nicht zuletzt in seiner eigenen Arbeit über den deutschen Zollverein, formten seine Grundüberzeugung: Nur eine Kleinstaatenwelt annähernd gleich großer Staatengebilde vermag die Entstehung der kritischen Größe eines politischen Gebildes und damit die latente Kriegsgefahr einer außer Rand und Band geratenden Machtideologie zu verhindern. Große, wenig bewegliche Machtblöcke seien das Gefährlichste, und er prognostizierte deren Zusammenbruch mit der Annahme quasi naturgesetzlicher und statistischer Notwendigkeit. Im vorliegenden Buch, dessen englische Urfassung bekanntlich 1951 entstand, sagte Kohr das Ende der Sowjetunion voraus. Das überlebende amerikanische Imperium repräsentiere dann aber nicht gerade das, was wir Zivilisation oder gar die Voraussetzung für das aristotelische „gute Leben“ nennen könnten, die Ausdehnung des „american way of life" auf die ganze Welt:

„Dieser Überlebende wird endlich das monströse Ideal unserer trostlosen Planer verwirklichen, das sinnlos und durch einen zu hohen Preis zustande gekommen ist – den Weltstaat. Das Imperium totaler Einheit, Gleichheit und des Friedens." (siehe S. 303)

So sinn- und erfolglos auch die leidvollen Entwicklungen monströser Staaten oder Staatengebilde gewesen sein mögen, die Verherrlichung von Größe und Unbegrenztheit im (wirtschaftlichen) Wachstum wird nicht aufhören, zumindest nicht in Massenzivilisationen, die aus entrechteten und entwerteten Individuen bestehen, die ihre Masseteilchenfunktion resigniert zu übernehmen bereit sind, ob des puren Überlebenswillens. Dennoch gesteht Kohr diesen Massenzivilisationen – mit guten Gründen – keine zukunftsfähige Entwicklung zu und sieht sie mit zwingender Notwendigkeit scheitern. Immer und in alle Zukunft werden Imperien gezwungen sein, sich freiwillig in kleinere Einheiten aufzuteilen oder das Schicksal gewaltsamer Zerstörung zu erleiden.

„Als Resultat wäre das überlebende Imperium gezwungen, den Gesamtglobus von einem einzigen Kontrollturm aus zu verwalten, ohne das Gleichgewicht eines großen Rivalen, und wird das machen müssen, was auch die Perser, die Römer und die katholische Kirche, Karl der Große, Napoleon und Hitler getan haben. Es muß das Prinzip der Teilung der übriggebliebenen nationalen Blöcke veranlassen, muß sie in Einheiten zerschneiden, die klein genug sind, um regiert werden zu können, ohne die Einführung von unerschwinglich teuren Verwaltungsinstrumenten. In anderen Worten, wenn der Weltstaat totaler Einheit länger leben will als die Dekade seiner blutigen Geburt, dann wird er genau das wieder erschaffen müssen, das er für immer zerstört geglaubt hat – eine Welt der kleinen Einheiten, eine Welt der kleinen Staaten." (siehe S. 304)

Kohrs „Zurück an den Start" als illusionslose Lehre der bisherigen Geschichte des politischen und wirtschaftlichen Größenwahns läßt sich aber auch als anarchische Anweisung zum Widerstand der Vernunftbegabung des Menschen gegen deren Auslöschung lesen. Hat die Geschichte gezeigt, daß die Voraussetzungen für ein „gutes Leben" wenigstens temporär nur in optimal entwickelten Kleinstaaten realisiert wurde, so kann zukunftsfähige Entwicklung nur heißen: „Vorwärts zum menschlichen Maß“. Die politische Weltordnung, bestehend aus sich vernetzenden Kleinstaaten, wäre eine Zukunftsvision, in der gutes Leben für alle Menschen zumindest als Möglichkeit bestünde und deren utopischer Gehalt in dem Maße schwinden und sich einem realistischen annähern würde, in dem die Entwicklung von Regionalkultur, Selbstversorgungsfähigkeit und direktdemokratischer Zivilgesellschaft zunähme. Das wäre im Kohr'schen Erbe ein antiimperialistischer, globaler Wertekonsens, der die Schöpfung durch kulturelle Vielfalt bereichert und nicht in statistisch wiederholender Einfalt erstickt.

Somit ist dieses Buch, auch mehr als 50 Jahre nach seiner Entstehung, noch immer – oder vielleicht gerade wieder – hochaktuell. Mit diesem Buch, Leopold Kohrs erstem und wichtigstem Werk, beginnen die Leopold-Kohr-Akademie und der Otto Müller Verlag die Neuauflage der Werke des bekannten Philosophen und Nationalökonomen. In den kommenden Jahren werden kontinuierlich bereits publizierte, aber auch bislang unpublizierte Schriften neu verfügbar gemacht werden. Darüber hinaus werden sich Wissenschaftler in Sammelbänden mit Kohrs Ideologie beschäftigen, die Relevanz seiner Ideen aufzeigen und kritisch hinterfragen. Auch eine Neuauflage der umfangreichen und ausgezeichneten Biographie über Leopold Kohr, die Gerald Lehner 1994 publiziert hat, ist geplant.

Ewald Hiebl
Günther Witzany

Anerkennungen (1957)

Den Großteil meiner Inspiration verdanke ich den Freunden, deren Lust am Diskutieren und Fabulieren soviel zur Entwicklung meiner Theorien beigetragen hat. Das Buch wäre daher nie geschrieben worden ohne die animierten Gesprächsduelle mit Diana und Oliver Lodge, Anatol und Orlene Murad, Sir Robert und Lady Fraser, meinem ehrwürdigen Freund Professor George M. Wrong, Ping (W. H.) und Carol Ferry, Noel und Donovan Bartley Finn, meinen lieben Anverwandten Hannes, Fritz, Irene und Rosemarie Kohr, Franc und Rosemary Ricciardi, David und Manning Farrell und vor allem Joan und Robert J. Alexander, die volle fünf Jahre hindurch meine lustvoll-düsteren Ergüsse über die Überlebenschancen der Großmächte beim Frühstück, Mittag- und Abendessen über sich ergehen lassen mußten.

Ebenso wäre das Buch nie veröffentlicht worden ohne die Unterstützung meiner Kollegen von der Universität Puerto Rico – Severo Colberg, Pedro Munoz Amato und dem langjährigen, ewig jungen Präsidenten der Universität, Don Jaime Benitez – deren Überzeugungs- und Überredungskunst zu einer Publikationssubvention seitens der Carnegie-Stiftung für Internationalen Frieden führte; und auch nicht ohne die Förderung meiner Thesen durch Sir Herbert Read.

Universität von Puerto Rico
Januar 1957 L. K.

(1986)

Fast dreißig Jahre nach Erscheinen der ersten englischen, amerikanischen und italienischen Ausgaben möchte ich mich auch bei all denen bedanken, deren Interesse, Ermutigung und Freundschaft *Das Ende der Großen* nun auch in Deutsch erscheinen ließ, darunter ganz besonders Wilfried Haslauer (Landeshauptmann von Salzburg), dem unermüdlichen Kämpfer für die Erweiterung der Autonomie des großen Kleinlandes Salzburg, Franz Kreuzer, dem Autor des Buches *Die kranken Riesen*, Oskar Schatz, Elisabeth Mortimer, Leo Mazakarini, der sprühenden Susanna Dankl und *last but not least*, Alfred und Julia Winter, die mehr dazu beigetragen haben, mich aus dem Jenseits zurückzuholen, als sie es selber wissen, und meinem alten Schulfreund Josef Haid, dessen Buch *Lebensrichtig* mich überzeugte, daß meine Kleinheitsphilosophie doch nicht auf falschen Spuren läuft.

Cafe Bazar, Salzburg, 1986

Vorwort des Autors zur englischen Ausgabe (1978)

„Einige von euch werden vielleicht denken, daß ich scherze.“

Sokrates während seines Prozesses

„Es gab eine Zeit, als ‚Small is beautiful‘ ein Schlagwort für Spinner war“, schrieb *The Guardian* in einem Leitartikel vom 3. März 1977. „Mit bemerkenswerter Geschwindigkeit wurde es in einem weiten Bereich zum Grundton der Politik, vom Erziehungswesen bis zur Betriebsorganisation. Der Glaube, daß das Größte auch das Beste sei, ein Gedanke, der die fünfziger und sechziger Jahre beherrschte, ist verblichen.“

Da ich seit Jahrzehnten die Rückkehr zur Kleinheit als Lösung für die großen Probleme vorgeschlagen habe, wurde ich schon in den frühen vierziger Jahren für einen Spinner gehalten. Nicht, daß mich das je gestört hätte. Wie E. F. Schumacher von seinen eigenen, ähnlichen Erfahrungen während der frühen siebziger Jahre, ehe die öffentliche Meinung zu einer etwas freundlicheren Einstellung gelangte, gesagt hat: „Einige Leute nennen mich einen Spinner. Das macht mir gar nichts aus. Ein Spinner dreht ein Spinnrad. Das ist ein billiges Werkzeug, das wenig Kapital erfordert. Es hat ein bescheidenes Anwendungsgebiet, ist unblutig und macht Revolutionen.“

Darüber hinaus hat mir die Tatsache, daß ich von den Anbetern der Größe als Spinner angesehen wurde, beruflich kaum Schaden zugefügt. Es behinderte meine akademische Karriere auch zu einer Zeit nicht, als man dachte, der beste Weg zum Weiterkommen läge für einen Nationalökonomen darin, sich zu einer der zwei vorherrschenden Lehrsysteme zu bekennen. Dies bedeutete, auf Seiten der aufkommenden jüngeren Generation ein Anhänger der kontrollierten Marktwirtschaft, oder, auf Seiten der aussterbenden älteren Generation, ein Anhänger der freien Marktwirtschaft zu sein. Noch beeinträchtigt es meine Freude an der Diskussion, die sich im allgemeinen im gleichen Verhältnis vergrößerte, in dem die Widerstände, denen ich begegnete, stärker wurden. Das ging so weit, daß ich mich, wären meine Ideen in den vierziger Jahren akzeptiert worden, wahrscheinlich wie William Buckley gefühlt hätte, der, als man ihn während der Bürgermeisterwahl in New York fragte, was er im Fall eines Sieges tun würde, antwortete: „Das Resultat überprüfen lassen."

Meine Freude am Widerspruch, an Opposition, erweckt manchmal den Eindruck, daß ich die Idee der Kleinheit als Heilmittel für die Übel der Größe selbst nie wirklich ernst nahm. Man spekulierte, dieser scheinbare Mangel an Ernsthaftigkeit könnte daran schuld sein, daß trotz meiner vielen Artikel, Vorträge und Bücher über das Thema die Idee erst Mitte der siebziger Jahre Wurzeln zu fassen begann, als sie von E. F. Schumacher aufgegriffen wurde, der sie mit tiefer religiöser Überzeugung vertrat und sie unter dem einnehmenden Titel „Small is beautiful" weltweit verbreitete.

Ich selbst zweifelte nie daran; ich habe meine Theorie der Kleinheit (oder der Größe) stets ernstgenommen. Was ich allerdings oft tat, war: meine ernsten Vorschläge auf eine nicht sehr ernste Art vorzutragen, mit dem Resultat, daß mir bei mehreren Anlässen ein Wortführer des Publikums nicht dafür dankte, daß ich die Zuhörer erleuchtet, sondern daß ich sie „famos unterhalten" hätte. Was die Zuhörer nicht immer verstanden haben, war, daß sie darüber lachten, was *sie* ernst nahmen, und nicht darüber, was *ich* ernst nahm; und dadurch erstmals einen Zweifel in sich aufkommen ließen, ob sie nicht doch das Verhältnis von klein und groß von der falschen Seite her angegriffen hatten.

Ich erinnere mich gerne eines Vortrags, den ich an der Queen's Universität in Kingston, Kanada, kurz nach dem Zweiten Weltkrieg gehalten habe, Jahre bevor ich das Buch „Das Ende der Großen" verfaßte. Nachdem ich fünfzig Minuten lang betont hatte, daß es notwendig sei, die Großmächte aufzuteilen, statt sie mit dem Rest der Menschheit in einem Weltstaat zu vereinen, wurde mir von einem Mann aus dem Publikum gesagt, er finde meine These recht überzeugend. „Aber", fragte er, „glauben Sie selbst ernstlich daran, daß sie je akzeptiert werden wird?" Als ich mit einem überzeugten „Nein" antwortete, nahm ein anderer Herr diesen Punkt noch einmal nach dem Vortrag auf. Nachdem er sich als Oberst Rothschild,

Offizier vom Kingston Imperial Staff College, vorgestellt hatte, teilte er mir mit, daß ich am nächsten Tag vor mehr als hundert höchst realitätsbezogenen Stabsoffizieren aus allen Ecken des damals noch existierenden britischen Imperiums sprechen würde. „Halten Sie genau den gleichen Vortrag wie heute abend“, bat er mich. „Aber bitte, sagen Sie am Ende nicht, daß Sie selbst nicht an Ihre Theorie glauben.“

Ich willigte gerne ein und entschloß mich, statt meinem Vortrag vor dem Imperial Staff College mein damals noch ungeschriebenes Buch mit einem Schlußkapitel zu beenden, das nur aus dieser einwörtigen Deklaration meines eigenen Mißtrauens bestehen würde. Später nannte dies ein Rezensent „das kürzeste Kapitel, das je geschrieben wurde“. Ich forderte jedoch Oberst Rothschild auf, sich keiner Illusion hinzugeben: wie hoch der Unterhaltungswert meines Vortrages auch sein möge, so glaubte ich doch selbst an jedes Wort, das ich in Queen's gesagt hatte. Wenn die Welt eine Zeit des Friedens erleben solle, dann *müßten* die Großmächte nicht nur in viele Teile geteilt werden, sondern, und ich habe mir besondere Mühe gegeben, das aufzuzeigen: sie *können* auch aufgeteilt werden. Das einzige, was ich bezweifle, ist, daß das, was getan werden müßte und getan werden könnte, auch getan *wird*.

Ich fügte mich Oberst Rothschilds Wunsch, und der Vortrag vor den versammelten königlichen Stabsoffizieren zog zwar einige amüsierte und skeptische Kommentare nach sich, wurde aber nicht bestritten, was auch im allgemeinen überall sonst meine Erfahrung war. Als ich einmal einem Publikum in Los Angeles die von mir entworfene Karte eines in Kleinstaaten aufgeteilten Europas zeigte – es war kurz nach dem Ausbruch des Zweiten Weltkrieges –, nahm ein englischer Journalist bloß daran Anstoß, daß ich den Prozeß der Aufteilung nicht weit genug vorangetrieben hätte. „Es muß zwei Irlande geben“, forderte er. Ich nahm meinen Bleistift und erfüllte prompt seinen Wunsch.[1]

Ein Jahr später drückte ein Franzose am Ende eines Vortrages in Washington ein anderes Bedenken aus. „Großbritannien, Deutschland, Italien, Rußland und die Vereinigten Staaten aufteilen – was für ein wunderbarer Gedanke. Aber“, fügte er in seinem melodiösen gallischen Charles-Boyer-Akzent hinzu, „Hände weg von Frankreich!“ Während sein amüsierter englischer Kriegsalliierter die Aufteilung aller Länder akzeptierte, inklusive seines eigenen, solange auch Irland zerstückelt würde, akzeptierte dies alles der patriotische Franzose mit noch größerem Enthusiasmus, solange Frankreich davon nicht betroffen würde.

Eine der wenigen, die die Idee der Großstaatenzersplitterung ohne Rückhalt akzeptierten, war eine Dame aus Siena. Als Flüchtling vor Mussolini nach London entkommen, verstand sie vielleicht besser als die meisten, daß riesige Territorialeinheiten von Staaten auch dem Terror und der Verfolgung riesige Griffweite verliehen. Nun, ihr schien die Idee einer Rückkehr zu einer augustinischen Welt kleiner Staaten wahrhaft zu gefallen. In die Hände klatschend, rief sie aus: „Was für ein Segen das wäre! Stellen Sie sich vor, man müßte nur fünfzehn oder zwanzig Kilometer weit fliehen, schon würde man die Sicherheit des Exils erreichen.“[2]

Obwohl nur wenige die Idee der Kleinheit beanstandeten, nachdem das linkskatholische New Yorker Wochenblatt *The Commonweal* meine erste Version[3] davon veröffentlicht hatte (als Antwort auf den damals mit großem Enthusiasmus aufgenommenen Friedensplan, den Clarence-Streit in seinem Bestseller *Union Now* unterbreitet hatte), gab es fast niemand in diesen Jahren, der in Kleinheit die offenkundige Hausverstandslösung der Probleme der Größe gesehen hätte. Die Idee wurde bestenfalls als romantisch abgetan, oder schlimmstenfalls, wie der Guardian schrieb, als Zirkusexperiment in Spinnerei. Und noch zehn Jahre später, als ich bei der Jahresversammlung der *American Economics Association* in Boston vorschlug, daß die Frage der Gegenwart nicht mehr die sei, wie man das Wachstum fördern sollte, sondern wie man es aufhalten und ihm Grenzen setzen könne,[4] traf ich bei meinen Kollegen mit wenigen Ausnahmen auf nichts als tolerantes Unverständnis. Ihr Hauptargument war, daß ich ein Poet sei. Und sie hätten vielleicht nicht nur meine Lehren, sondern auch meinen Lehrstuhl abgeschafft, hätte ich nicht von einem akademischen Brauch profitiert, dem ein befreundeter Jesuit aus Ottawa Nachdruck verlieh, als er sagte: „Ich habe immer den Standpunkt vertreten, daß jede gute Universität einige Spinner unter ihren Professoren haben muß. Und wenn keine darunter sind, dann halte ich es für die Pflicht und Schuldigkeit jedes Rektors, dazu zu sehen, daß einige berufen werden.“

Seit damals hat sich viel verändert. *Kleinheit* hat lang aufgehört, ein „Schlagwort für Spinner“ zu sein. Viele, die dachten, es hätte keinen Sinn, in diesem Zeitalter fortschreitender Integration einen Schritt zurückzugehen, haben begonnen, dem verstorbenen Walliser Anthropologen Alwyn Rees recht zu geben, der zu sagen pflegte: „Wenn man den Rand des Abgrunds erreicht hat, ist das *einzige*, was Sinn hat: umzukehren.“

Begriffe wie *Grenzen des Wachstums* sind durch Bücher und Diskussionen in gelehrten Gesellschaften wie im Club of Rome akademisch respektabel geworden. Und unter dem Einfluß des Buches meines verstorbenen Freundes E. F. Schumacher haben die in *Small is beautiful* niedergelegten Ideen sogar die jüngere Generation zum Nachdenken angeregt, vom Studenten bis hinauf zu Gouverneur Brown von Kalifornien und zu Präsident Carter.

Kleinheit scheint darüber hinaus in letzter Zeit auch in praktischem Sinne auf fruchtbaren Boden zu fallen. Die großen Konzerne tendieren heute dazu, eher durch Teilung als durch Kumulierung zu wachsen. Unterentwickelte Länder adoptieren in zunehmendem Maß eine mittlere Technologie, die schon in kleinem Rahmen wirtschaftlich profitabel ist, anstatt einer fortgeschrittenen Technologie, deren Wirtschaftlichkeit von riesigen Märkten abhängt. Junge Leute wenden sich scharenweise der von John Seymour propagierten organischen Landwirtschaft und den Kleinunternehmen selbstversorgender Kommunen zu, statt in der leeren Sterilität weltweiter ideologischer Umarmung steckenzubleiben. Und auf politischer Ebene fühlen sich zentralisierte Staaten wie Spanien oder Großbritannien gezwungen, in kleinstaatlichem Nationalismus und regionaler Revolution einen Ausgleich zu finden. Sie alle sind gesegnet mit inspirierten Regionalführern, die, wie Gwynfor Evans von Wales, ihren Wählern ein Überleben in einem lockeren Staatenbund kleiner Rettungsboote anbieten, als Alternative zu einem brüderlich umschlungenen Ertrinken auf den sinkenden *Titanics* der Großmächte.

Angesichts dieser Tatsachen erhebt sich nun die Frage: Bin ich heute, zur Zeit, da die deutsche Auflage von *Das Ende der Großen* erscheint, noch immer so pessimistisch, was die praktische Möglichkeit betrifft, daß eine kleinstaatliche Ordnung die herrschende Großmachtstruktur unserer Zeit ablösen könnte, wie ich es 1941 war, als ich diese Idee erstmals vorgeschlagen hatte? Oder wie im Jahre 1951, als ich das Buch verfaßte? Oder wie 1957, als ich in der verwandten Seele von Sir Herbert Read, *The Gentle Anarchist* und Direktor von Routledge & Kegan Paul, endlich einen Verleger fand – gerade als ich mich entschlossen hatte, mein Manuskript lieber in illuminierte mittelalterliche Handschrift auf Pergament zu übertragen, als es je wieder einem Verleger anzubieten? Ist meine Antwort immer noch ein betontes „Nein“ auf die Frage, ob ich glaube, daß die Großmächte je ihrer Aufteilung nur deshalb zustimmen würden, weil dies der einzige Weg wäre, um die Welt vor dem Atomkrieg zu retten, in den sie ihre wachsende kritische Masse unerbittlich hineintreibt?

Leider! Meine Antwort lautet immer noch: „Nein.“ Wäre es anders, hätte ich ein neues Buch geschrieben und nicht ein neues Vorwort zu einem alten. Zwar ist es richtig, daß der Kleinheit heute zuapplaudiert wird, daß Leitartikler, Nationalökonomen und Politiker selten einen Tag verstreichen lassen, ohne ihrer Schönheit Tribut zu zollen. Trotzdem bedeutet das aber kaum mehr, als was ein tägliches Besprenkeln mit Weihwasser für den Sündiger bedeutet: die Hoffnung, durch den dadurch gesicherten Segen ungestraft weiter sündigen zu können. In der Tat: Wenn eine Idee weltweit akzeptiert wird und ihre Apostel entweder zu Universitäts-Gurus werden oder auf dem Titelblatt von *Time* auftauchen, dann bedeutet das normalerweise, daß die Idee das Ende ihrer Karriere erreicht hat. Wie es Johannes XXIII. so treffend ausgedrückt hat, als er die Frage eines Reporters beantwortete, wie man sich fühle, als Bauernsohn angefangen zu haben und als Papst zu enden: „Am Gipfel des Haufens und am Ende der Straße.“ Oder wie Maynard Keynes einem zweifelnden Thomas in den frühen dreißiger Jahren versicherte: In 25 Jahren würden seine Theorien von jeder Schatzkammer der Welt akzeptiert worden sein; nach einer so langen Zeit wären sie aber nicht nur veraltet, sondern auch gefährlich.

Nun, ich glaube nicht, daß die Idee der Lebensfähigkeit und des überlegenen Wertes der kleinen sozialen Einheit veraltet oder gefährlich geworden ist. Und auch nicht, daß sie das je sein wird. Wenn ich trotzdem glaube, daß die Idee nie praktisch aufgegriffen werden wird, dann deshalb, weil es trotz des gegenwärtigen Applauses keine Spur von einem Hinweis gibt, daß sie heute mehr verstanden wird als früher. Die ehrenwerte Frau Margaret Thatcher mag in ihrer Regierung mit Überzeugung eine Rückkehr zur Kleinheit fordern. Aber sagen Sie ihr, daß die einzige Möglichkeit, die Größe einer Regierung zu verringern, darin besteht, die Größe der zu regierenden Einheit zu verringern, wie es die regionalen Devolutionisten fordern, dann wird man den bloßen Gedanken daran als Angriff auf die unantastbare Einheit Großbritanniens auffassen, obwohl gerade diese ungefähr das Letzte ist, was sich das Vereinte Königreich heute noch leisten kann. Und so steht es mit allen anderen Führern von Großmächten. Ob sie Premierminister, Präsidenten oder Oppositionsführer sind, die sich mit einer Ausgabe von *Small is beautiful* in der Hand fotografieren lassen: Wenn sie die Spitze erreichen, reagieren alle wie Winston Churchill, als er sagte, er sei nicht der Premierminister der Königin geworden, um über die Auflösung ihres Herrschaftsbereiches zu präsidieren.

Es gibt daher wenig Grund, von irgendeinem der gegenwärtigen großnationalen Führer eine Bekehrung zum Evangelium der Kleinheit zu erwarten. Da sie die Größe ihrer Persönlichkeit wie alle ihre Vorgänger an der Größe der Länder bemessen, die sie regieren, haben sie Berufsinteresse nicht nur an der Beibehaltung, sondern auch an der Zunahme der Größe ihrer Gesellschaft. Wenn sie auch gelegentlich eine Bereitschaft ausdrücken, ihre Ansichten zu überprüfen, dann bedeutet dies normalerweise nicht mehr als einen dieser guten Vorsätze, von denen Oscar Wilde sagte, daß sie wie Schecks seien, die auf eine Bank ausgestellt sind, bei der man kein Konto hat.

Wie aber steht es mit der jüngeren Generation? Ihr Unglück liegt darin, daß sie, älter werdend, das historische Geschehen gewöhnlich nicht aus einer neuen, sondern aus genau derselben Perspektive sieht wie jene, die vor ihr dieselben Entwicklungsstadien durchlaufen hat. Wenn wir uns die Protestbewegungen und Universitätsdemonstrationen der siebziger Jahre anschauen, sehen wir, daß es eine Ablösung in der Altersklasse der Studenten gegeben hat, aber keine Verjüngung in ihrer Betrachtungsweise. Sie begreifen genau so wenig wie ihre Vorgänger, daß die beispiellose Veränderung, die unsere Zeit überholt hat, nicht die Art unserer sozialen Schwierigkeiten betrifft, sondern ihr Ausmaß. Wie ihre Vorgänger sind auch sie sich noch nicht bewußt geworden, was heute von Bedeutung ist:

nicht der Krieg, sondern der *Große Krieg*; nicht Arbeitslosigkeit, sondern *massive* Arbeitslosigkeit; nicht Unterdrückung, sondern die *Dimension* der Unterdrückung; nicht die Armen, von denen Jesus sagte, sie werden immer unter uns sein, sondern die skandalöse *Zahl* der Armut.

Auch hat die heutige Jugend dafür Verständnis gezeigt, daß der wahre Konflikt unseres Zeitalters nicht mehr im Kampf zwischen Rassen, Geschlechtern, Klassen, zwischen links und rechts, Jugend und Alter, reich und arm, Sozialismus und Kapitalismus liegt. Das alles sind veraltete Konfrontationen aus der Vergangenheit. Der wahre Konflikt von heute ist der Kampf zwischen Mensch und Masse, Individuum und Gesellschaft, Bürger und Staat, Klein- und Großmacht, zwischen David und Goliath. Solange unsere Jugend- und Studentenführer jedoch die gleiche Tendenz befolgen wie ihre nationalen Altführer, die sie ablösen wollen, und ihre Größe ebenfalls an der Größe der Organisationen messen, die ihnen Gefolgschaft leistet, gibt es kaum einen Grund, anzunehmen, daß sie für Kleinheit mehr unternehmen werden, als ihr eine Arche zu bauen, und, anstatt einzusteigen, mit Wehmut zuschauen, wie sie in poetischer Schönheit auf dem steigenden Wasser der Sintflut davontreibt.

Nach einem vier Jahrzehnte dauernden Versuch, aus meiner Theorie der sozialen Größe eine integrierte Geschichtsphilosophie zu entwickeln, komme ich zur gleichen Erkenntnis wie Charles de Gaulle, der kurz vor seinem Tod André Malraux anvertraute, daß ihm in all seinen Jahren als erfolgreicher Staatsführer seines Wissens kein einziges Problem untergekommen sei, das je gelöst worden wäre – oder je gelöst werden würde. Und das gleiche läßt sich vom Problem der Größe sagen. Nicht, daß es nicht gelöst werden könnte. Natürlich *könnte* es gelöst werden. Aber es *wird* nie gelöst werden. Hesiod schrieb vor achtundzwanzig Jahrhunderten, daß „Menschen weiterhin die Städte anderer Menschen zerstören werden". Und wenn ich 2800 Jahre später um mich schaue, sehe ich wenig Grund zur Hoffnung, daß es je anders sein wird. Denn wie Hesiod erzählt, war die Hoffnung das einzige Geschenk Zeus', das sich im Deckel der Büchse der schönen Pandora verfing, während „alle anderen hinausflogen, Tausende von Sorgen, die seither über die Erde ziehen".

Dies bedeute, daß ich *Das Ende der Großen* abermals mit einer pessimistischen Note schließe. Pessimismus ist jedoch nicht Verzweiflung. Sollen wir deprimiert sein, weil wir alle sterben müssen? Oder sollen wir nicht gerade diesen Umstand zum Grund dafür nehmen, uns am Leben zu erfreuen? Es ist der Optimist, der normalerweise zu einem Leben des Leidens, der Enttäuschung und des Trübsinns verdammt ist, da er sich fortwährend in dem Glauben abrackert, daß ihn harte Arbeit doch noch zurück ins Paradies führen wird. Wie ein unermüdlicher Sonntagsprediger zeigt er uns den Weg in den Himmel. Dadurch, daß er über nichts redet als über die Qualen der Hölle. *Meine* Interpretation mag pessimistisch sein. Sobald wir aber bereit sind, unsere Unzulänglichkeit zu akzeptieren, dann ist es das beste, dem Ratschlag meines Vaters, eines Salzburger Landarztes, zu folgen, den er einem verängstigten Bauern gab, welcher an einem verspäteten Fall von Masern litt und ihn fragte, was um Himmels willen er tun solle: „Freu dich", antwortete mein Vater, „denn, wenn du dich nicht freust, so hast du trotzdem Masern."

Obwohl ich also noch immer nicht glaube, daß der Friede durch die Zerstückelung der Störenfriede – der Großmächte – sichergestellt werden wird, so hoffe ich doch, daß meine Leser sich weiterhin an ihrem Leben erfreuen werden. Denn, wenn sie es nicht tun, so müssen sie doch mit den Übeln leben, die der Büchse der Pandora entflohen – als Strafe für die Segnungen, die Prometheus, dieser Erzreformator der menschlichen Rasse, den Menschen zuteil werden lassen wollte, als er ihnen das Feuer des Fortschritts brachte.

Compayne Gardens, London, 1978

Leopold Kohr

Vorwort zur deutschen Ausgabe (1986)

Das Ende der Großen ist das Resultat zahlreicher Gespräche mit Freunden, Kollegen, Kritikern und Studenten aus meiner amerikanischen Umwelt, die lange nach Ende des Zweiten Weltkrieges noch so sehr unter dem Einfluß der – während des Krieges verständlichen – deutschfeindlichen Stimmung standen, daß ich den ausführlichen, jetzt auf zwei Kapitel gekürzten ersten Teil meines Manuskriptes dem Vergleich der deutschen Schandtaten mit den von den alliierten Nationen im Laufe ihrer Geschichte begangenen Monstrositäten widmete.

Was ich damit bezwecken wollte, war nicht, die Deutschen zu entlasten und die Alliierten anzuschwärzen, sondern mit Cicero festzustellen, daß „sich nichts so ähnlich ist wie ein Mensch dem anderen. Denn wenn das nicht der Fall wäre, könnte die Definition eines einzigen Menschen nicht gleichzeitig auch jeden anderen definieren?"

Das zu betonen war notwendig, um meine Grundthese zu entwickeln. Demgemäß ist der Bösewicht der Geschichte weder der Deutsche noch der Amerikaner, noch der Russe, noch der Engländer. Der Bösewicht ist der zu mächtig Gewordene: der Großdeutsche, der Großbrite, der Großrusse, der Großnarr. Wie Theophrastus Paracelsus, der Gründer der modernen Medizin, gesagt hat: „Alles ist Gift, ausschlaggebend ist nur die Dosis." Das gilt für Atome, Heuschrecken und Nationen genauso wie für Heilpflanzen. Was immer die paracelsische Mengengrenze überschreitet, macht Medikamente zum Gift, das Gute zum Schlechten, Demokraten zu Tyrannen, Friedvolle zu Kriegshetzern, Wachstum zum Krebs. Im Falle von Volksgruppen liegt die vergiftende Menge in der „kritischen Größe", worunter eine Ansammlung von Macht zu verstehen ist, die ihre Führer zu Recht oder Unrecht überzeugt, daß sie von keiner Kombination von Gegenmächten mehr übertrumpft werden können. Das ist der Punkt, wo jeder zum Hunnen wird – nicht nur die Deutschen.

Daraus folgt, daß das Hauptproblem unserer Zeit nicht national oder ideologisch, sondern dimensional ist. Es ist kein Problem von gesinnungsverblendeten Führern, ausbeutenden Wirtschaftssystemen oder nationalen Charaktereigenschaften, sondern, wie bei Atomen, ein Problem der „kritischen" Masse, Menge, Größe. Was daher notwendig ist, nicht die Guten, die Friedensdemonstranten, zu einigen; das würde die kritische Größe nur noch explosiver machen. Was notwendig ist, ist: die Bösen aufzuteilen. Und die Bösen, wie ich gerade gesagt habe, sind nicht die Deutschen, sondern die Großen. Einleuchtend, wie das nach dem Erfolg des im Jahre 1973 erschienenen Bestsellers „Small is beautiful" meines Freundes Fritz Schumacher heute auch klingen mag, so war die Art der Entwicklung meines Themas unmittelbar nach dem Krieg aus den noch immer nicht überwundenen deutschen Kollektivschuldtheorien heraus der Grund, warum ich ursprünglich weder in Amerika noch in dem durch die Niederlage Hitlers eingeschüchterten deutschen Sprachkreis einen Verleger finden konnte, obwohl meine Gegenüberstellung von klein und groß anstatt Volk und Volk, Demokratie und Diktatur oder Kapitalismus und Kommunismus weder mit den Deutschen noch mit den Alliierten etwas zu tun hatte.

Erst 1956 stieß ich durch Zufall bei einer Konferenz in Oxford während der Mittagspause auf einen verständigen Tafelgenossen, der den Weg zu meiner Veröffentlichung bahnte, als ich mich verärgert übertreibend darüber beklagte, daß die Verleger mich nicht ideologisch einreihen können, „weil seit einem halben Jahrhundert kein legitimer Anarchist mehr geschrieben hat".

„Warum zeigen Sie Ihr Manuskript nicht mir?" fragte mich daraufhin mein plötzlich neugierig gewordener Tischnachbar. „Ich bin auch ein Anarchist. Nicht einer von denen, die ihre Mitmenschen umbringen. Das sind Lustmörder. Ich bin ein gewaltloser Anarchist (a gentle anarchist). Und außerdem bin ich Verleger."

„O. K.", antwortete ich, noch immer etwas verstimmt. „Geben Sie mir halt Ihre Adresse." Als ich seine Karte sah, wäre ich am liebsten in die Erde versunken. Es war Sir Herbert Read, Verlagsdirektor von Routledge & Kegan Paul. Was nicht auf der Karte stand, war, daß er auch Dichter und politischer Philosoph war, weltberühmt als der einflußreichste Kunstkritiker seiner Zeit und verehrt als der von seiner Königin zum Ritter geschlagene „gentle anarchist". Und ausgerechnet bei ihm mußte ich mich beklagen, daß seit einem halben Jahrhundert kein legitimer Anarchist mehr geschrieben habe.

Tatsächlich war es aber natürlich nicht mein Anarchismus, der die Verleger der Nachkriegszeit abgeschreckt hatte. Schließlich besagt er nichts Ärgeres, als was nicht schon seit dem Altertum eine glänzende Reihe von Geistern vertreten hat, die von Protagoras, Aristoteles, Christus, Thomas von Aquin bis herauf zu Proudhon, Thoreau, Max Stirner, Kropotkin, Lewis Mumford und Sir Herbert Read reicht und deren Schriften noch immer bedenkenlos veröffentlicht werden. Was Anarchismus predigt, ist, daß der Zweck der Schöpfung das Individuum ist, nicht die Gesamtheit. Das Maß aller Dinge ist daher der Mensch, nicht die Mensch*heit*, die Gesellschaft, die Nation oder der Staat. Da der Mensch klein ist, müssen auch seine Institutionen – Familie, Betrieb, Wirtshaus, Spital, Dorf, Stadt, Gesangverein – relativ klein bleiben, wenn sie ihn nicht zerquetschen sollen. Aus demselben Grund ist die beste Regierung nicht die stärkste, sondern die schwächste, die gerade ausreicht, dem Bürger ein aristotelisch gutes Leben zu sichern; eine Regierung, die nicht am meisten für ihn tut, sondern sich am wenigsten in seine Privatsphäre einmischt und ihn in Ruhe läßt. Auf die internationale Szene übertragen, bedeutet das, was bereits der heilige Augustinus den Römern klarzumachen suchte, als er ihnen predigte, daß die beste Gesellschaftsordnung nicht in einem in ständiger Angst vor dem Zusammenbruch zitternden Weltreich liege, sondern, „ähnlich den Familien in einer Stadt, in einem schillernd lockeren System friedlich nebeneinander lebender Kleinstaaten“.

Mein anarcho-individualistisches Gedankengut beinhaltet daher kaum etwas, das nicht auch ein Heiliger hätte sagen können. Was sich allerdings daraus ebenfalls ergibt – und das ist der Grund, warum sich Verleger so lange nicht an mein Buch heranwagten –, ist, daß, wenn tatsächlich alles Gute nicht von den Guten, sondern vom Kleinen, und alles Schlechte nicht von den Schlechten, sondern vom Großen kommt, es nicht nur sinnlos, sondern auch im höchsten Maß wiederholungsgefährlich ist, die Einzelmitglieder einer Volksgruppe noch immer erblich mit einer Kollektivschuld an Schandtaten zu belasten, die ihr Staat zur Zeit seiner „kritischen Größe“ verbrochen hat, wenn sich jede Volksgruppe genauso schlecht benimmt wie die schlechteste. Die Erbsünde, von der uns die Taufe befreit, ist, daß wir Menschen sind, wofür niemand etwas kann, nicht daß wir Franzosen, Deutsche, Juden oder Russen sind, wofür auch niemand etwas kann. Wenn ich daher Schandtaten der alliierten Nationen in größerem Detail als die der Nazis zu schildern schien, so war das nur, wie ich eingangs erwähnte, weil ich das Buch in der Umwelt meiner amerikanischen Mitbürger schrieb, die mit den letzteren ohnehin bis ins kleinste Detail vertraut waren. Was sie weniger kannten, war die Geschichte der eigenen Sünden.

Das besagt nicht, daß es keine Kollektivschuld für kritisch große nationale Untergruppen der Menschheit gibt. Wie ich mit Nachdruck unterstrichen habe, gibt es die genauso, wie es eine Einzelschuld gibt. Aber sie kann nicht dem einzelnen aufgebürdet werden. Der ist nur daran schuld, was er selber tut oder gutheißt, nicht, was Adolf, Eva oder sein Staat angestellt haben. Noch besagt es, daß, ähnlich dem Aktienbesitzer in einer Firma, nicht auch der Einzelbürger für die Missetaten seiner politischen Direktoren haftet. Er haftet. Aber er ist nicht schuldig, was ein großer Unterschied ist. Wie der Kölner Kardinal Frings erklärte, als er einem kollektivschuldzitierenden Interviewer mit Hinweis auf Hitlers Amoklauf durch die jüngere Zeitgeschichte zur Antwort gab: „Alle von uns sind haftbar. Aber nicht alle von uns schuldig."

Was mein Buch neben seiner paracelsisch gesellschaftlichen Größentheorie daher auch praktisch übermitteln will, ist die Notwendigkeit, im Interesse einer friedlicheren Zukunft endlich damit aufzuhören, die Wildwest-Vergangenheit unserer Vorfahren je nach unserer Staatszugehörigkeit durch jährliche Triumph-, Schuld-, Buß- und obszöne Schandtaten-Gedenktage wachzuhalten. Wie bei bluttriefenden Cowboyfilmen erweckt das nur die Lust nach mehr. Was getan werden soll, ist, durch eine festlich veranstaltete internationale Völkertaufe, alle Nationen, nicht nur die Deutschen, von der aus der kritischen nationalen Größe hergeleiteten Erbschuld zu befreien und ihnen Buße aufzutragen, sich in so viele augustinische Kleingemeinschaften aufzuteilen, bis keine mehr stark genug ist, dem Teuflischen in ihr freien Lauf zu lassen. Wie ein kollektivistischer Hamlet heute sagen würde: nicht „To be or not to be", nicht „Sein oder Nichtsein", sondern „To be small or not to be at all, that is the question!"

„Klein sein oder nicht sein, das ist hier die Frage!"

The Cabin, Aberystwyth, Februar 1986

Leopold Kohr

Einleitung

„Alles ist Gift. Ausschlaggebend ist nur die Dosis."

Theophrastus Paracelsus

1.

Wie Physiker unserer Zeit versucht haben, eine einzige integrierte Theorie zu erarbeiten, die nicht nur einige, sondern alle Phänomene des *physischen* Universums erklärt, habe auch ich – auf einer anderen Ebene – versucht, eine einzige Theorie zu entwickeln, mittels der nicht nur einige, sondern alle Phänomene des *sozialen* Universums auf einen gemeinsamen Nenner gebracht werden können. Das Ergebnis ist eine neue vereinheitlichte politische Philosophie: die Philosophie der Größe. Sie beruht darauf, daß alle Formen sozialen Elends nur eine Ursache haben: ihre Größe.

Dies mag sich zwar sehr einfach anhören. Die Idee wird uns aber leichter verständlich, wenn wir bedenken, daß Größe (= Überdimensioniertheit) mehr verursacht als bloß soziale Probleme. Es scheint das zentrale Problem der Schöpfung zu sein. Wo immer etwas fehlerhaft ist, ist es zu groß. Wenn manche Sterne am Himmel oder die Uranatome in einer spontanen Explosion zersplittern, geschieht dies nicht, weil ihre Substanz aus dem Gleichgewicht geraten ist, sondern weil ihre Materie an die kritische Grenze gelangte, die jeder Akkumulation gesetzt ist: Ihre Masse ist zu groß geworden. Wenn der menschliche Körper etwa an Krebs erkrankt, so deshalb, weil eine Zelle oder eine Gruppe von Zellen begonnen hat, über ihre natürlich gesetzten Grenzen hinauszuwuchern. Erkrankt der Organismus eines Staates am Fieber der Aggression, an Brutalität, an Kollektivismus oder einfach an massiver Idiotie, so geschieht dies nicht, weil er einer schlechten Führung oder geistiger Verwirrung zum Opfer gefallen ist, sondern weil menschliche Wesen, die als Individuen oder als kleine Gruppe so reizvoll sein können, in hochkonzentrierte soziale Einheiten zusammengefaßt wurden, etwa in Horden, Gewerkschaften, Kartelle oder Großmächte, die als solche in unkontrollierbare Katastrophen hineinschlitterten. Denn soziale Probleme haben, in Abwandlung der berühmten Bevölkerungsdoktrin von Thomas Malthus, die unglückliche Neigung, sich im Verhältnis zum Wachstum jenes Organismus, dessen Teil sie sind, in geometrischer Reihe zu entwickeln, während die Fähigkeit des Menschen, mit ihnen fertig zu werden, nur in arithmetischer Reihe wächst. Die Probleme einer Gesellschaft, die sich über ihre optimale Größe hinaus entwickelt, wachsen also mit der Zeit rascher als die menschliche Fähigkeit, mit ihnen fertig zu werden.

Die Größe – und nur die Größe! – ist das zentrale Problem der menschlichen Existenz, im sozialen und im physischen Sinn. Ich habe nun aus einzelnen und scheinbar unzusammenhängenden Beweisen eine integrierte Größentheorie entwickelt und damit gezeigt, daß das, was überall sonst gilt, auch auf dem Gebiet der sozialen Beziehungen gültig ist. Und weiters: Da moralisches, physisches oder politisches Unheil nur von der Dimension abhängt, es sich demnach um ein Problem der Größenordnung handelt, liegt die einzige Lösung dieses Problems darin, die Substanz beziehungsweise den Organismus, der seine natürliche Größe überschritten hat, zu reduzieren. Es handelt sich hier grundsätzlich nicht um ein Problem des Wachsens, sondern um das des „Nicht-Weiterwachsens"; die Lösung heißt deshalb nicht: Zusammenschluß, sondern Teilung.

Natürlich kann man diese Theorie nicht auf die Arbeit eines Chirurgen, eines Bildhauers, eines Ingenieurs oder eines Redakteurs anwenden, zumal deren Aufgabe aus nichts anderem besteht, als etwas zu verkleinern, zu teilen, zu kürzen, was zu groß ist, und die kleineren Einheiten zu neuen Formen und gesünderen Strukturen zusammenzufügen. Anders ist das jedoch bei Sozialtechnokraten, die, wenn auf den unteren Organisationsebenen auch recht vernünftig, auf jenen der Politik und Wirtschaft unaufhörlich darauf hinarbeiten, immer größere Einheiten zu schaffen. Ihnen scheint der Vorschlag, abzuschneiden, wo etwas zu mächtig und zu groß geworden ist, nicht als Plattheit, sondern als Sakrileg. Da sie das Problem der Größe verkehrt sehen, meinen sie, es mit einem Problem der Kleinheit zu tun zu haben. Also verlangen sie Zusammenschluß dort, wo jedes Gesetz der Logik Teilung verlangte. Nur selten sehen sie die Dinge so, wie sie wirklich sind. Nach jahrelangen Unruhen in den überfüllten koreanischen Gefangenenlagern dämmerte es den

Verantwortlichen allmählich, daß die Schwierigkeiten nicht in der Sturheit der kommunistischen Häftlinge begründet lagen, sondern in der Größe der Lager, in denen die Kriegsgefangenen untergebracht waren. Als man das endlich begriffen hatte, konnte man sehr schnell erträgliche Zustände herstellen: nicht, indem man etwa den Gefangenen gut zuredete, sondern indem man sie in viele leicht überschaubare Einheiten aufteilte.

Was aber für Menschen in überfüllten Gefangenenlagern zutrifft, gilt auch für Menschen, die in den übergroß wuchernden Gemeinschaften der Staaten unserer Welt leben: Ihre nicht mehr lenkbare Größe ist die einzige Ursache unserer Schwierigkeiten. Daher liegt die Lösung der Weltprobleme ähnlich wie jene im Falle der koreanischen Gefängnislager: nicht in der Schaffung noch größerer sozialer oder politischer Einheiten, wie das Staatsmänner von heute mit viel phantasielosem Eifer propagieren, sondern in der Zerstörung jener übermäßig angewachsenen Organismen, die man „Großmächte" nennt. Unser Ziel sollte es sein, ein gesundes System kleinerer und leichter regierbarer Staaten wiederherzustellen, wie es sie in früheren Jahrhunderten gab. All das schlage ich in diesem Buch vor. Ich zweifle nicht daran, daß viele Leute dies als Gegensatz zu allen unseren heutigen Fortschrittskonzepten auffassen werden. Natürlich stimmt dies, aber ich kann darauf nur mit den Worten Professor Frank Tannenbaums (Columbia-Universität) antworten: „Lassen wir sie nur, lassen wir den anderen Leuten ihre Slogans. Lassen wir sie bis ans Ende der Welt fortschreiten, dann werden sie den ungeheuren Fortschritt haben!"

2.

Ich habe in der Behandlung meiner Ideen, die in diesem Buch zur Sprache kommen, den Ausdruck *neu* gebraucht. Dies ist nur teilweise richtig und insofern, als ich die Theorie der Größe zur Basis eines *integrierten* Systems der Philosophie gemacht habe, von der aus alle Probleme der Schöpfung leicht *und* kompetent gelöst werden können. Als spezifische Theorie jedoch, die sich nur auf spezielle Bereiche bezieht, wurde sie schon oft vorgeschlagen, obwohl man ihr, wenn auch nur als spezifische Theorie, nie jene zentrale

Bedeutung zusprach, die ihr zusteht. Dies trifft besonders auf ihre Anwendung bei der Erklärung *sozialer* Phänomene zu. Auch hier ist das Konzept der kleinen Zelle als Grundlage jeder gesunden Struktur weder originell noch neu. Dies wurde schon vor Jahrhunderten von Männern wie Aristoteles oder dem heiligen Augustinus wunderbar formuliert. Heinrich IV. von Frankreich brachte es in einem der berühmtesten Friedenspläne der Geschichte zum Ausdruck: im Edikt von Nantes. Heute, da sich der Weg zur Größe der atomaren Endstation nähert, ist das Problem so dringlich geworden, daß es sich wie die feuchtigkeitsgeschwängerte Luft fast von selbst zu kondensieren scheint. Wann immer ein neuer Versuch unternommen wird, eine internationale Vereinigung zustande zubringen, sind wir weniger von Hoffnung denn von Verzweiflung erfüllt. Eine dunkle Vorahnung scheint uns zu sagen, daß wir uns in die falsche Richtung bewegen; daß wir uns, je mehr wir uns zusammenschließen, immer mehr jener kritischen Masse nähern, ja daß unsere Dichte selbst, wie in einer Uranbombe, zu jener Explosion führen wird, die wir abzuwehren versuchen. Deshalb haben mehrere Autoren in den letzten Jahrzehnten auch eine Kehrtwendung hinsichtlich der Zielrichtung ihrer Forschungen gemacht, und sie versuchen, die Lösung eher in kleinen als in großen Organisationen zu suchen, in der Harmonie, nicht in der Einheit. *Arnold Toynbee*, der den Niedergang von Zivilisationen nicht im Kampfe zwischen Nationen, sondern im Aufstieg von Universalstaaten gesehen hat, schlägt anstelle makropolitischer Lösungen eine Rückkehr zu einer Form der Homonoia vor, zum griechischen Ideal einer sich selbst regulierenden Balance kleiner Einheiten. *Kathleen Freeman* zeigte in einer Studie über griechische Stadtstaaten, daß fast die gesamte westliche Kultur ein Produkt solcher nicht vereinigter kleiner Staaten war, von dem Augenblick an nicht mehr imstande, produktiv zu sein, in dem sie sich unter den Schutzmantel Roms begeben hatten und also vereint waren. Auf dem Gebiet der Wirtschaft widmete *Justice Brandeis* ein Lebenswerk dem „Fluch der Größe", indem er aufzeigte, daß jenseits relativ enger Grenzen ein zusätzliches Wachstum einer Anlage oder einer Organisation nicht mehr zu Wirksamkeit oder zur Produktivität eines Unternehmens beiträgt, sondern diese verringert. Auf soziologischem Gebiet fordert *Frank Tannenbaum*, der sich selbst als „Parochialist" (Vertreter kleiner Einheiten) bezeichnet, den Aufbau kleiner Gewerkschaften – im Gegensatz zu den ins Gigantische gewachsenen heutigen Organisationsformen; denn nur kleine Gewerkschaften scheinen dem Arbeiter noch das geben zu können, was ihm eine Massenorganisation nicht mehr geben kann: das Gefühl von Zugehörigkeit und Individualität.

Im politischen Bereich hat *Henry Simons* die Idee entwickelt, daß die Hindernisse auf dem Weg zum Weltfrieden nicht im scheinbaren Anachronismus kleiner Staatengebilde liegen, sondern in den Großmächten, diesen „Monstern des Nationalismus und Kommerzialismus“, in deren Auflösung er die einzige Chance für unser Überleben sieht. *André Gide* schließlich, um diese skizzenhafte Liste mit einem Dichter abzuschließen, hat einen ähnlichen Gedanken ausgedrückt, als er seine vielleicht letzten Worte schrieb: „Ich glaube an die Tugend kleiner Nationen. Ich glaube an die Tugend kleiner Zahlen. Die Welt wird von wenigen gerettet werden.“

All dies zeigt, daß die Idee und das Ideal der Kleinheit als einziges Serum gegen die krebsartige Wucherung der Übergröße – in der die überwiegende Mehrheit der heutigen Theoretiker nicht eine tödliche Krankheit, sondern eine perverse Hoffnung auf Rettung sieht – endlich reif zu sein scheint, neu anerkannt und verständlich formuliert zu werden. Wenn meine eigenen Spekulationen diesbezüglich schon keinen Eindruck machen sollten, dann vielleicht jene des Aristoteles oder des heiligen Augustinus. Obwohl ich weder die Ideen dieser noch anderer bereits erwähnter Autoren in meiner Theorie verwendete, finde ich es höchst erfreulich, mich in einer so ehrbaren Gesellschaft zu befinden. Ich werde mich aber nicht hinter ihren Beweisen noch hinter der Autorität ihrer Namen verstecken, um der Kritik jener zu entgehen, die behaupten, daß unsere Zeit alle ihre Probleme in einer alles umfassenden Weltgemeinschaft lösen kann. Die Analyse wie auch die Schlußfolgerungen sind ausschließlich meine eigenen.

KAPITEL I

Die Philosophien des Elends

„Kein Fehler ist so ungeheuerlich, daß er nicht selbst unter den fähigsten Menschen Verteidiger finden würde."

Lord Acton

Imaginäre Ursachentheorien – Die Hexentheorie – Kosmische Theorien – Sekundäre Ursachentheorien – Ökonomische und psychologische Erklärungen – Die kulturelle Theorie – Militärische Heldentaten und Ungeheuerlichkeiten in Folklore und Literatur – Das Essentielle der westlichen Zivilisation – Vergangene und gegenwärtige Greuel in der Geschichte zivilisierter Völker – Die inhärente Aggressionsliebe des Menschen – Die Pracht von Monumenten, die Dichter sowie Generäle ehren – Warum unsere Wappentiere Raubtiere sind – Attlee, Goethe und Bacon über die Tugend des Krieges – Die Kriegsgeschichte der Deutschen und Alliierten, der Aggressoren und der Friedliebenden

---

In einer Zeit weitverbreiteter Tyrannei, Brutalität, fast perpetueller Kriege und verwandten Elends scheint es legitim, danach zu fragen, wodurch ein friedlicheres und sozial zufriedenstellendes Dasein erreicht werden kann.

Wie mit jeder Frage, die die Umstände des Elends und dessen Beseitigung betrifft, hängt die richtige Antwort vom Erkennen der primären Ursache ab. Während moderne wissenschaftliche Methoden ein Licht auf die primären Ursachen vieler technischer und persönlicher Zusammenhänge geworfen haben – daraus resultierte eine Verbesserung unserer privaten Umstände –, haben sie im Bereich sozialer Probleme nur wenig mehr als Theorien beigesteuert, die entweder rein imaginäre oder bestenfalls sekundäre Ursachen betreffen. Julian Huxley konnte daher in der Mitte des 20. Jahrhunderts mit Recht sagen, daß „sich die Humanwissenschaften heute in etwa derselben Position befinden wie etwa die biologischen Wissenschaften am Anfang des 19. Jahrhunderts". Sie sind kaum erst zur Oberfläche durchgestoßen.

Das Problem mit imaginären und sekundären Ursachentheorien über das soziale Elend besteht darin, daß sie oft in der Lage sind, höchst verführerische Momentanerklärungen anzubieten. Als Folge dessen und indem sie scheinbar zufriedenstellende Interpretationen anbieten, entmutigen sie nicht nur weitere Nachforschungen, sie versagen auch darin, verwendbare Lösungsvorschläge zu realisieren. Dies einerseits, weil Zeitabläufe nicht kausal sind, anderseits, weil sekundäre Ursachen selbst nichts anderes als Konsequenzen primärer Bewegungen sind. Die Fähigkeit der Welt, eine sozial zufriedenstellende Existenz zu gewährleisten, scheint daher von der Frage abzuhängen, ob wir fähig sind, die Schale imaginärer und sekundärer Phänomene zu durchstoßen und die versteckte primäre Ursache zu entdecken, die die soziale Zufriedenheit des Menschen stört. Ehe jedoch eine Theorie angeboten wird, die vorgibt, bis zum Fundamentalen vorzudringen, wollen wir die Vorzüge einiger der populärsten imaginären und sekundären Ursachentheorien der Vergangenheit und Gegenwart analysieren und die von ihnen vorgeschlagenen Lösungen auf Basis ihrer eigenen Interpretationen betrachten.

1. Theorien über imaginäre Ursachen

Die Menschen der Antike schrieben die Ursachen der meisten unserer Schwierigkeiten dem Groll der Götter zu. Sie dachten, der einfachste Weg zur Verbesserung der Lebensumstände bestehe im Gebet oder, wenn sich dies als unzureichend herausstellte, im rituellen Abschlachten jener Personen, welche die Götter erzürnt hatten. Manchmal waren die Resultate erstaunlich: Kaum waren die Gebete gesagt, schon fiel Regen auf die durstigen Felder, der Lavastrom eines Vulkans versiegte plötzlich, oder es erreichte sie die Nachricht von der Niederlage eines drohenden Angreifers. Manchmal geschah gar nichts. Wie im Falle der meisten falschen Einschätzungen wurde dem aber keine Bedeutung beigemessen, und man sah keinen Grund, warum eine Theorie, die man die göttliche Theorie über die Entstehung sozialen Elends nennen könnte, allein deshalb als ungültig zu betrachten sei, weil sie sich ja in der Erklärung so vieler anderer Unglücksfälle als zufriedenstellend erwiesen hatte.

Im Mittelalter wurde die *göttliche Theorie* von einer *Hexen-Theorie* abgelöst, die die Ursache des Elends weniger dem Zorn Gottes als der Bosheit eines bösen Geistes zuschrieb. Recht logisch dachte man nun, die einzige Genesungsmöglichkeit liege in der Vernichtung jener, die vom Teufel besessen schienen. So gingen eine verhexte Scheune, ein schielender Buckliger, eine sehr häßliche oder eine sehr schöne Frau in Flammen auf. Wieder schätzte man die Resultate als höchst zufriedenstellend ein, mit Ausnahme einiger weniger Fälle, bei welchen die Leute, anstatt ihre Theorie anzuzweifeln, daran zweifelten, ob sie nicht die falsche Hexe verbrannt hatten, womit die fröhliche Jagd von vorne anfing.

Später, mit wachsendem Interesse des Menschen am Mechanismus des Universums, entstand eine Anzahl *kosmischer Theorien* über das Elend. Krankheit und Krieg wurden jetzt dem gelegentlichen Auftauchen eines Kometen zugeschrieben, dem wiederholten Erscheinen eines roten Hofes um den Mond oder, als man entdeckte, daß die Sonnenflecken auf unser Nervensystem einen irritierenden Einfluß besitzen, der zyklischen Intensivierung der Sonnenfleckentätigkeiten. Da es kaum je Unglücksfälle gab, die nicht mit einem oder mehreren dieser himmlischen Phänomene zusammenfielen, wurden diese Theorien, wie auch alle Theorien vorher, als höchst zufriedenstellend eingeschätzt. Da himmlische Phänomene nicht beeinflußt werden konnten, hatten die kosmischen Theorien zusätzlich den Vorteil, die Menschheit der schwierigen Aufgabe zu entheben, nach Lösungen und Heilungsmöglichkeiten überhaupt zu streben. Sich passiv den Kräften der Natur zu unterwerfen, stand aber im Gegensatz zu den Ideen des Zeitalters der Vernunft. Mit dem Ausbruch der modernen Zeit stoßen wir daher auf eine neue Reihe von sozialen Elendstheorien. In rascher Folge entwickelten sich eine *ökonomische Theorie*, die den Krieg und andere Formen sozialer Ungerechtigkeit dem expansiven Drang des profitsuchenden Kapitalismus zuschreibt; eine *psychologische Theorie*, die sie der Frustration zuschreibt; eine *persönliche*, *ideologische*, *kulturelle* und eine *nationale Theorie*, die das soziale Leiden nacheinander den Absichten böser Menschen (Hitlers, Mussolinis oder Stalins) zuschreibt; bösen Ideologien wie dem Nazismus oder Kommunismus; bösen kulturellen Traditionen wie dem preußischen Militarismus oder dem britischen Kolonialismus; und schließlich, weil eine Mehrheit dieser Eigenschaften in der Geschichte eines bestimmten Volkes scheinbar zusammen auftauchte, einem bösen Erbe, einer bösen Nation – etwa den Deutschen, so wie sie in der Vergangenheit den westlichen Alliierten schienen, oder den Amerikanern, wie es jetzt den östlichen Alliierten vorkommt.

Wie alle vorhergegangenen erwiesen sich auch diese Theorien wieder als höchst zufriedenstellend in der Erklärung jenes sozialen Elends, das sie hervorrief. Wie ihre Vorgänger erwiesen sie sich aber ebenfalls als vollkommene Versager, wenn es darum ging, Ausnahmen zu erklären. Indem sie sekundäre mit primären Ursachen verwechselten oder, um die Ausdrucksweise von Lukrez zu verwenden, die Eigenschaft von Dingen mit ihrem bloßen *Zufall*, konnten sie zwar die Brutalität der Moslems erklären, nicht aber die der Christen. Sie konnten die Armut amerikanischer, nicht aber die Armut russischer Slums erklären. Was Kriege betrifft, so konnten sie die Kriege der Nazis erklären, nicht aber die Kreuzfahrten; die Kriege Deutschlands, nicht aber jene Frankreichs; die Kriege Hitlers, nicht aber die Nehrus; die Kriege der Kapitalisten, nicht aber die Kriege der Sozialisten. Trotz ihres subtileren Denkens scheinen sie somit auf die Probleme, die sie analysieren wollten, nicht mehr Licht geworfen zu haben, als es die Hexen- oder Sonnenflecken-Theorien früherer Zeiten taten. Ihr ganzes Verdienst bestand darin, die Aufmerksamkeit von imaginären auf sekundäre Ursachen umzulenken – und manchmal nicht einmal dies.

2. Sekundäre Ursachentheorien

Wegen ihrer neueren Entwicklung und der scheinbaren Logik ihrer Analyse verdienen sowohl einige dieser neuen Theorien wie auch die von ihnen angebotenen Lösungen eine nähere Betrachtung. Am heftigsten vertreten wurde die *ökonomische Theorie*. Ihren Prämissen zufolge sind die meisten Formen sozialen Elends, im besonderen Armut, Krieg und Imperialismus, die unausweichlichen Konsequenzen des kapitalistischen Systems und der freien Marktwirtschaft. Einfach ausgedrückt, besagen sie folgendes: Zuerst verursacht die

Profitgier des Geschäftsmannes, daß die Arbeiterklasse weniger für ihren Beitrag an der Produktion erhält, als ihr zusteht. Daraus ergibt sich die unvermeidbare Unfähigkeit der Arbeiterklasse, die Waren von den Produzenten zurückzukaufen, für die sie sie erzeugt hat. Als Folge muß einer von zwei Mißständen eintreten. Entweder muß die Produktion wieder auf ein Maß zurückgeführt werden, das vom heimischen Markt absorbiert werden kann; oder es müssen neue Märkte gefunden werden, falls der interne Verbrauch und die daraus erwachsenden Investitionsmöglichkeiten gesättigt sind. Die erste Alternative führt zu Arbeitslosigkeit und den damit verbundenen Elendsformen; die zweite zu Imperialismus und Krieg. Die letzte Konsequenz birgt einen doppelten Beweggrund für kapitalistische Produzenten und Geschäftsleute, in der Welt Unruhe zu stiften. Denn die durch Krieg und Wiederaufbau notwendig werdende Produktion eröffnet neue Märkte und Profitquellen, die durch die um sich greifende Stagnation, welche sich in jeder reif gewordenen Privatwirtschaft breit macht, nicht mehr zur Verfügung stehen. Daraus ergibt sich der ständige Drang nach imperialistischer Expansion und nach immer neuen Kriegen, um die Lebensbedürfnisse eines Systems zu befriedigen, dessen hauptsächlichste Antriebskraft im Profitmotiv liegt.

Ein sozialistisches System anderseits, das nicht für Profit, sondern für Verbrauch produziert, hat weder Interesse, seine Mittel durch militärische Ausgaben zu vergeuden, noch fremde Märkte für Waren zu erobern, die viel besser zu Hause zur Anhebung des Lebensstandards verwendet werden können. Durch seinen ureigensten Charakter ist es daher genauso an der Erhaltung des Friedens interessiert, wie der Kapitalismus als letzten Ausweg den Krieg zum Ziel haben muß. Die Lösung der Hauptprobleme der Welt scheint daher recht einfach zu sein: Alles, was not tut, ist die Abschaffung des Kapitalismus und die Errichtung einer sozialistischen Gesellschaft. Dies mag schon so sein. Leider aber bleiben zwei Dinge ungeklärt. Erstens: Warum geht es den Arbeitern in sozialistischen Ländern nicht besser als den Arbeitern in kapitalistischen Staaten? Und zweitens: Wie kommt es, daß zwei der größten Aggressoren der heutigen Welt kommunistische Staaten sind – die Sowjetunion und China –, während so kapitalistische Länder wie Kanada, Belgien, Luxemburg, Monaco und besonders diese noch immer leuchtende

Hochburg eines fast perfekten Systems der freien Marktwirtschaft, die Schweiz, sich unter den friedlichsten Ländern befinden? Dies scheint anzudeuten, daß das Produktionssystem einer Gesellschaft, im Gegensatz zu den Annahmen der ökonomischen Theorie, weder mit ihrer sozialen Wohlfahrt noch mit dem Führen von Expansionskriegen etwas zu tun hat. Eine Abänderung der Wirtschaftssysteme könnte daher kaum zur Lösung von Problemen beitragen, deren Ursache sie nicht sind.

Die *ideologische* und die *persönliche* Theorie schreibt die verschiedenen Formen sozialen Elends entweder einer tückischen Macht-Philosophie oder einer tückischen Staatsführung zu. Ihre Lösung liegt demnach recht logisch im Umschalten zu einer besseren Philosophie oder im Abschieben der Führer in die Ewigkeit. Beide Theorien sind miteinander verwandt und können als zwei Phasen einer einzigen Theorie behandelt werden. Ihnen zufolge wäre Macht in den Händen von guten Menschen, die einer Philosophie des guten Willens folgen, harmlos. Dies erklärt einige der Widersprüche der ökonomischen Theorie. Es erklärt die russische und chinesische interne Ausbeutung und externe Aggressivität, welche die ökonomische Theorie nicht erklären konnte, damit, daß der Kommunismus die Weltherrschaft des Proletariats nur deshalb als Ziel haben kann, weil er auf einer kompromißlosen Macht- und Herrschaftsideologie beruht. Ebenso erklärt sich der Brutalitäts- und Angriffsgeist der deutschen und italienischen Diktatur als Folge sowohl der Macht-Philosophien von Nazismus und Faschismus als auch einer Führung, die keine moralischen Skrupel kennt. Anderseits erklärt sich dadurch auch in zufriedenstellender Weise die gegenwärtige Nicht-Aggressivität von Völkern wie den Schweizern, Franzosen oder Belgiern als Folge sowohl ihrer gemäßigten Führung wie auch einer demokratischen Regierungsphilosophie, die nichts als menschliches Glück und Frieden zum Ziele hat.

So weit, so gut. Wenn der Faschismus aber eine brutalisierende und aggressive Macht-Philosophie ist, wie er zweifellos eine zu sein scheint, erklärt das nicht, warum etwa das faschistische Spanien oder das fast-faschistische Portugal, zumindest in ihren auswärtigen Beziehungen, genau so friedlich wie die demokratische Schweiz oder wie Dänemark waren. Noch erklärt es, weshalb das absolutistische Nepal, das sich überdies rühmt, die tapfersten Kämpfer der Welt hervorgebracht zu haben, die Gurkhas, scheinbar nie auch nur davon träumt, einmal selbst ins Feld zu ziehen. Es erklärt auch nicht, weshalb der Kommunismus, der in der Sowjetunion so beängstigend und tyrannisch aussieht, in Jugoslawien als nicht-aggressiv eingeschätzt wird und in der winzigen Bergrepublik von San Marino so reizend aussah, daß er uns erheiterte, statt uns Angst einzujagen. Im Gegensatz dazu erklärt es auch nicht, weshalb solch eine nicht-aggressive Philosophie des Friedens wie jene Gandhis keinen zügelnden Einfluß auf einen so friedliebenden Mann wie Nehru hatte, der in seinem ersten Jahr an der Macht gleich zwei Kriege führte, gegen Haiderabad und Kaschmir, und noch mehrfach einen dritten gegen Pakistan androhte, den schließlich seine friedliebende Tochter Indira führte, und dem unabhängigen Nachbarstaat Nepal auf höchst aggressive Weise seinen Willen aufdrängte. Noch erklärt es die aggressiven Kriege und die damit verbundenen Brutalitäten des demokratischen Frankreich und Großbritanniens zur Zeit ihrer früheren Kolonialabenteuer. Letztlich erklärt es auch nicht, weshalb selbst die sublimste der Friedensphilosophien, die Lehre Christi, die Nachfolger des heiligen Petrus in der Heiligen Stadt und im Staate Rom nicht davon abhalten konnte, sich hin und wieder ebenso lustvoll Aggressionen und brutal durchdachten Staatszielen hinzugeben wie die ärgsten Kriegsverbrecher der Geschichte.

Man hätte annehmen sollen, daß zumindest in ihrem Falle die Macht in den Händen von Menschen guten Willens und erhabener Prinzipien lag. Was natürlich der Fall war. Wenn dies trotzdem kaum einen Unterschied machte, dann kann dies nur darauf zurückzuführen sein, daß rechtschaffene Ideologien und persönliche Moralität offensichtlich ebenso wenig kausale Beziehungen zum sozialen Elend haben, wie das bei Wirtschaftssystemen der Fall ist. Dies scheint auch der Grund zu sein, weshalb Kriege, obwohl wir die Kriegsverbrecher aufgehängt und die Philosophie ihrer früheren Anhänger verändert haben, wie seit eh und je uns noch immer zu schaffen machen.

3. Die kulturelle Elends-Theorie

Die *kulturelle Theorie* geht etwas tiefer. Sie schreibt unsere unglücklichen Umstände nicht Ideologien zu, die in relativ schnellen Abläufen kommen, sich verändern und wieder verschwinden, sondern langfristigen Modellen und dem Entwicklungsstand, auf dem sich die Zivilisation eines Landes befindet. Sie behauptet, daß Grausamkeit, Tyrannei, Massenbrutalität und aggressive Kriegsführung nichts anderes sind als Ableger intellektuellen Rückstandes. Da diese von den literarischen Schöpfungen und dem Bildungssystem eines Landes abhängen, wäre die Lösung der Weltprobleme wieder einmal recht einfach. Sie liegt im Ausradieren von Folklore und Literatur und in der Umerziehung der Zurückgebliebenen durch die Fortgeschrittenen. Auf diese Weise würde das soziale Elend fast automatisch verschwinden. Denn je fortgeschrittener eine Zivilisation ist, desto mehr ist sie eher durch Friedensliebe und Hilfsbereitschaft charakterisiert als durch Kriegsliebe und Zerstörungsdrang. Wieder schien diese Theorie eine Zeitlang für Aggressionskriege und Ungeheuerlichkeiten, wie sie von Deutschen, Japanern oder Russen verübt wurden, zufriedenstellende Erklärungen zu liefern. Im Vergleich zu den fortgeschrittenen Völkern der westlichen Zivilisation schienen diese Völker in der Entwicklung der Prinzipien des Humanismus zurückgeblieben zu sein. Daher der Versuch, ihnen westliche Konzepte aufzudrängen, entweder durch direkte Intervention der Siegerstaaten, wie es in Deutschland und Japan nach Ende des Zweiten Weltkrieges geschah, oder durch propagandistische Erleuchtungs-Versuche, wie es im Falle der bis jetzt unbesiegten kommunistischen Hälfte der Welt geschieht.

Der Hauptnachteil der kulturellen Theorie scheint von zweierlei Art zu sein. Erstens scheint sie ihre eigenen Prämissen nicht zu verstehen. Und zweitens gibt es für jedes Phänomen, das sie erklärt, ein Dutzend Phänomene, für welche sie keine Gültigkeit zu haben scheint.

a) Was ist die „westliche“ Kultur?

Um mit der Schwäche ihrer Prämissen anzufangen: Wenn die westliche Zivilisation ein wirksames Mittel hat, Brutalität und Krieg zu vermeiden, muß sie sich vor allem von den Kulturen jener Völker unterscheiden, deren Verhaltenskodex jedem friedlichen Verhalten feindlich gegenübersteht. In Kontrast zu deren Verherrlichung militärischer Unternehmungen muß ihre Literatur die Segnungen des Friedens hervorheben. In Kontrast zu ihrem Hang zu Grausamkeit und Hexerei muß sie sich auf Geschichten stützen, die die Tugenden eines frommen Lebens beschreiben. Sonst gäbe es nichts zu gewinnen durch einen Austausch der kulturellen Erzeugnisse des Westens für die der weniger friedliebenden Völker.

Wie die Dinge liegen, westlich oder nicht, friedliebend oder nicht, scheinen die kulturellen Produktionen der meisten schöpferischen Völker fast identischen Kanälen zu folgen. Ihre Unterschiede sind Unterschiede in der Sprache, nicht Unterschiede in der Substanz. Wenn die Deutschen das *Nibelungenlied* haben, das physische Tapferkeit und militärische Abenteuer verherrlicht, so haben die Franzosen das *Rolandslied*, die Engländer den *Beowulf*, die Römer die *Aeneis*, die Griechen die unvergleichliche *Ilias* und die *Odyssee*, die alle die gleichen Qualitäten mit dem gleichen Eifer preisen. Wenn Goethes *Faust* voll von Teufeln und Hölle ist[1], so ist es auch Marlowes *Dr. Faustus*; um nicht von Dantes *Göttlicher Komödie* zu sprechen, die nicht nur von einer, sondern von sieben Höllen handelt und deren poetische Darstellung des Schreckens sogar die phantasievolle Pracht amerikanischer Comics übertrifft. Man wundert sich, was die Umerzieher nicht-westlicher Greuel-Fans mit einem Theaterstück wie Shakespeares *König Richard der Dritte* anfangen würden, von dem geschrieben wurde, daß es sicherlich tragisch genug ist, um selbst den gierigsten Hunger nach Ungeheuerlichkeiten zu befriedigen: Mord folgt mit atemloser Schnelligkeit auf Mord; der frohsinnige königliche Mörder, der in einem früheren Stück Heinrich VI. und den Prinzen von Wales abgefertigt hatte, beginnt diese Tragödie mit dem Abschlachten seines Bruders Clarence und schreitet dann mit der Kühle eines Metzgers fort, indem er einen unbequemen Freund oder Verwandten nach dem anderen tötet, bis sich unser Gedächtnis bei dem Versuch verwirrt, sich der Namen der Opfer zu erinnern.[2]

Ein ähnlicher Mangel an Unterschiedlichkeit ist auch in den kulturell vielleicht bedeutsameren Juwelen unserer verschiedenen Folkloren vorherrschend. Der Straßenräuber der Griechen, *Prokrustes*, steht sicher nicht dem angsterregenden Riesen der Deutschen, *Rübezahl*, nach, der mit seiner riesigen Keule durch dichte Wälder schreitet. Um die Größe seiner Gäste der Größe ihres Bettes anzupassen, hatte dieser gastfreundliche Räuber die Gewohnheit, die Kurzen zu strecken und den Großen die Glieder abzuhacken, bis sie beide richtig hineinpaßten. Im Westen der Vereinigten Staaten haben wir wiederum solch neoklassische Helden wie Al Capps *Stubborn J. Tolliver*, Präsident von *Dogpatch-West-Po'kchop Railroad*, der, nachdem er einen Zug voll mit Feiernden über eine verminte Strecke laufen ließ, seinen Angestellten zuruft: „Schlichtet die Leichen schön auf! Repariert die Lokomotive! Füllt den Zug mit mehr Passagieren. Wir versuchen es noch einmal! Ich habe keine Angst."

Unsere Radio-, Fernseh- und Film-Folklore ist da sogar noch besser. Es gab eine Zeit, da sie dermaßen ihre Selbstkontrolle zu verlieren schien, daß sich eine britische Zensurkommission bemüßigt fühlte, Hollywood anzuraten, das Blut aufzuwischen – „mop up the gore!"

Es scheint daher, daß die kulturellen Schöpfungen derjenigen, die wir für fortgeschritten halten, kaum weniger von Gewalt und Militarismus strotzen als die Schöpfungen derer, die viele von uns als rückschrittlich betrachten. Es gibt jedoch keinen Grund zu unnötiger Besorgnis. Wie denn auch die poetische Beschreibung von Gewalt nie ein Zeichen von Rückschrittlichkeit war, so war die Katalogisierung friedvoller Umstände nie ein Zeichen eines fortschrittlichen oder eines „westlichen Konzeptes" einer Kultur. Denn entgegen der Annahme der kulturellen Theorie ist das Zeichen des *Fortschritts* nicht Friedensliebe, sondern das Erkennen der Wahrheit, welche schön, aber auch häßlich sein kann, gut, aber auch böse. Und so steht es mit der „westlichen" Zivilisation. Sie ist nicht die Zivilisation des Westens, wie oft geglaubt wird, sondern die Zivilisation, die auf der Philosophie des Individualismus fußt. Dieser wiederum beschäftigt sich nicht mit Friedensliebe oder mit *sozialem* Glück, sondern mit dem Hang zu *persönlicher* Freiheit und *persönlicher* Vervollkommnung. Es wäre daher weniger verwirrend gewesen, hätten die Gelehrten, anstatt den Ausdruck *„Westen"* zu verwenden, von einer Zivilisation des *„Okzidents"* gesprochen, des Spenglerschen *Abendlandes*, dessen gemeinsamer Nenner immer der Individualismus war, in Kontrast zu dem des Orients, des *Morgenlandes*, dessen Basis immer im Kollektivismus lag. Obwohl auch diese Bezeichnungen einen leicht geographischen Ursprung haben, beziehen sie sich klarer als die anderen auf Kulturen und nicht auf Regionen; auf Ideen und nicht auf Nationen.

Während es wahr ist, daß Deutschland, Italien und Rußland, deren jüngste Aggressionen das Hauptargument für die kulturelle

Theorie geliefert haben, sich aus dem westlichen Einflußgebiet entfernten, als sie den rassistischen *Nazismus*, den staatsdienenden *Faschismus* und den kollektivistischen *Kommunismus* annahmen, so blieb ihre *Zivilisation* weiterhin ein integraler Teil der großen kulturellen Familie, deren Verbindungsglied nicht eine geographische Lage ist, sondern der individualistische Geist des alten Griechenland. Deshalb kann man sich die westliche Zivilisation ebensowenig ohne das persönliche Genie Shakespeares, Voltaires, Rembrandts, Dantes oder des Sokrates vorstellen – Männer aus dem Süden und Westen Europas – wie auch nicht ohne die persönlichen Beiträge solch „östlicher" Männer wie Tolstoi, Dostojewsky und Tschaikowsky oder von Deutschen wie Beethoven, Kant, Goethe, Heine oder Dürer. Ihre Kultur war weder rückständig noch so verschieden von jener Frankreichs oder Englands, daß sie für den Aufstieg Hitlers, Stalins oder Mussolinis eine zufriedenstellende kulturelle Erklärung abgeben hätte können. Wie auch die Kultur der anderen Mitglieder der westlichen Familie war ihre Zivilisation das Produkt von Menschen, die den Zweck ihrer persönlichen Existenz erfüllten, und nicht von Gemeinschaften oder Leuten, die sich zu einer *kollektiven* Nationalaufgabe zusammenfanden, um ein kollektives Ziel zu erreichen.[3]

Man könnte daher nur wenig damit erreichen, wenn man die Literatur eines Angreifers säubert oder Kriegsfreudigen die Schöpfungen und Konzepte der „westlichen" Zivilisation vor Augen führte. Denn die Erzeugnisse der verschiedenen kulturellen Bereiche sind einander nur zu ähnlich in dem, was sie preisen oder verurteilen; abgesehen davon, daß den meisten der jüngeren zeitgenössischen Aggressoren und Übeltäter unter den Nationen, wie den Deutschen, Italienern und Russen, die westliche Zivilisation nicht fremd ist, sondern daß sie – gemeinsam mit den scheinbar Tugendhafteren und Friedliebenderen – zu ihren hervorragendsten Mitgliedern gehören.

b) Kultur und Grausamkeit

Dies führt zur zweiten und hauptsächlichen Schwäche der kulturellen Theorie – ihrer scheinbar totalen Mißachtung historischer Tatsachen. Dies hat zur Folge, daß sie mehr Phänomene unerklärt läßt, als sie erklären kann. Denn nicht nur gibt es keine fortgeschrittene

Zivilisation, die jemals als Abschreckungsmittel gegen Exzesse gewirkt hätte; die Perioden ungeheuerlicher Brutalität und Aggressivität haben sich in den verschiedenen Ländern meistens mit den Perioden ihres *größten* kulturellen Fortschritts überkreuzt. Wenn man daher annimmt, daß die Kulturtheorie tatsächlich kommunistische oder Nazi-Verbrechen erklären kann, was trägt sie zum Verständnis von Missetaten bei, die sich einer der Tyrannen aus dem 13. Jahrhundert, Ezzelino da Romano, zuschulden kommen ließ? In der Überzeugung, daß er eine von Gott ernannte Geißel der Menschheit sei, erfreute sich dieser berühmte Führer zum Beispiel besonders daran, daß er nach der Eroberung des Friaul „die Bevölkerung jeden Alters, Geschlechtes und Berufes der Augen, Nasen und Beine beraubte und der Gnade der Elemente aussetzte". Ferner baute er Verliese zur Folterung und verhaftete bei einer Gelegenheit 11.000 Soldaten Paduas, „von denen nur 200 dem Elend seiner Gefängnisse entkamen".[4] Aber weit davon entfernt, eine barbarische Zeit zu sein, war das 13. Jahrhundert eine der großen Epochen der italienischen und westlichen Kultur. Es fand seinen Gipfel in Gestalten wie dem heiligen Franz von Assisi, Thomas von Aquin, Marsilius von Padua, Giotto, Cimabue und Dante. Und weit davon entfernt, nur ein einzelnes Phänomen darzustellen, das eine sonst fortschrittliche Zeit verunstaltete, war Ezzelino „nur der erste einer langen und furchtbaren Prozession", gefolgt von „vielen Viscontis, Sforzas, Malatestas, Borgias, Farneses und Prinzen der Häuser Anjou und Aragon". Wenn er der schrecklichste war, dann nur deshalb, weil er der erste war, der Vorläufer all der anderen.[5]

Zum Ende des 15. Jahrhunderts begannen nicht nur die Fürsten der Welt, sondern auch die Fürsten der Kirche die Verantwortung für das soziale Elend zu tragen, dessen Ausmaß mit jedem Fortschritt, den die Zivilisation registrierte, anstieg, anstatt abzunehmen. Ein typisches Beispiel war die Plünderung der Stadt Prato, nahe von Florenz. Nachdem sie die Stadt am 29. August 1512 im Sturm erobert hatte, wurde der päpstlichen Armee unter dem Kommando von Raimondo da Cordona, Vizekönig von Neapel, bewilligt, einundzwanzig Tage lang zu plündern, zu vergewaltigen und zu morden. In einem Abschlachten „ohnegleichen in der Geschichte ... wurde weder Jugend, Alter, Geschlecht noch die Heiligkeit von Plätzen und Ämtern respektiert... Mütter warfen ihre Töchter in

Brunnen und sprangen ihnen nach, Männer schnitten sich ihre eigenen Kehlen durch, und Mädchen warfen sich von Balkonen auf die Pflastersteine, um der Gewalt und Entehrung zu entkommen. Man sagt, daß 5.600 Prateser umkamen."[6] Dies geschah unter Papst Julius II., der kein Wahnsinniger war, sondern als einer der größten Kunstförderer der Geschichte gilt. Er herrschte während der Glanzzeit der italienischen Kultur und zählte zu seinen Zeitgenossen unerreichbare Meister wie Botticelli, Leonardo da Vinci, Michelangelo, Cellini, Raffael, Filippo Lippi, Giorgione, Tizian, Perugino, Lorenzo di Credi und eine Vielzahl anderer, die nur deshalb geringer eingestuft werden, weil ihr Zeitalter so erhaben war.

Das gleiche Schema – kulturelle Errungenschaft, gekoppelt mit Manifestationen sozialen Terrors – finden wir in Frankreich. Das 16. Jahrhundert war dort mit großen Arbeiten der Literatur, Philosophie, Theologie und Kunst so gesegnet, daß es mit Recht *grand siècle* genannt wird. Es war das Zeitalter des heiligen Franz von Sales, der Montaigne, Bodin, Pasquier, Rabelais, Marot, Ronsard, Régnier und Gringoire. Es war aber auch ein Zeitalter der Verfolgung, des Mordes, der Vergewaltigung und der Massenausrottung. Protestanten jagten Katholiken, und als sie endlich damit aufhörten, begannen die Katholiken, die Protestanten zu jagen, bis fast keine mehr übrig blieben; sie vermachten der Welt ein Drama von Blut und Eingeweiden, das in vielen anderen Zeiten und von vielen anderen Völkern erreicht, aber nie übertroffen wurde. Es gibt nichts, was die Nazis im 20. Jahrhundert den Juden antaten, was die Franzosen nicht im 16. Jahrhundert ihren eigenen Landsleuten angetan haben. Sie füllten Brunnen mit Leichen, bis diese überflossen. Als nach einer Nacht des Massakers ein Bischof zu einem dieser Massengräber gezerrt wurde, wiesen die geschäftigen Mörder „darauf hin, daß es schon voll sei". „Ach", antwortete einer, „sie werden sich nicht durch ein bißchen Drängelei stören lassen, wenn's auf einen Bischof ankommt".[7] In Paris „suchte man schwangere Frauen für qualvolle Folterungen aus, und man ergötzte sich an der Zerstörung der ungeborenen Frucht im Mutterleib".[8] In Lyon weihte ein Apotheker die Hugenotten-Mörder in die „wertvollen Eigenschaften des menschlichen Fettes als medizinische Substanz" ein, mit dem Resultat, daß man ihre „elenden Überreste einer neuen Verwendung zuführte, ehe man sie dem Fluß übergab".[9] In Orléans, wo mehr als 1.400 Männer,

Frauen und Kinder innerhalb von drei Tagen abgeschlachtet wurden, erniedrigte man sich allgemein solcherart, daß selbst Professoren der Universität es nicht unter ihrer Würde fanden, von der Gelegenheit zu profitieren und die Bibliotheken ihrer eigenen Studenten und Kollegen, die hingerichtet worden waren, zu plündern.[10]

Das Zeitalter Louis' XIV., des Sonnenkönigs, war nur etwas weniger prächtig als das 16. Jahrhundert. Während seiner Regierungszeit und in den folgenden Jahren lebten Montesquieu, Voltaire, André Chénier, der Abbé Prévost, Diderot, Beaumarchais und Rousseau. Neben ihnen finden wir aber solch bekannte Männer wie etwa den Marechal de Montreval, der so in Wut geriet, als er durch eine Nachricht beim Abendessen gestört wurde, daß 150 Hugenotten in einer Mühle bei Carmes, außerhalb von Nîmes, friedlich Psalmen sangen, daß er mit seinen Männern auszog und sie massakrierte, obwohl die Gruppe nur aus alten Leuten und Kindern bestand. „Eine gewisse Anzahl Dragoner drang in die Mühle ein, die Schwerter in der Hand, und stach auf alle ein, die sie erreichen konnten, während der Rest der Einheit draußen vor den Fenstern jene, die heraussprangen, mit den Spitzen ihrer Schwerter empfing. Bald jedoch ermüdete das Abschlachten die Schlächter, und um die Arbeit schneller zu beenden, gab der Marschall, der schnell zu seinem Abendessen zurückkehren wollte, den Befehl, die Mühle anzuzünden."[11] Ein paar Wochen später schlug der gleiche Montreval – in Ausübung der Befehle des Königs, „die Ketzerei auszurotten"[12] – auf eine Art zu, die später durch die Vernichtung des tschechischen Dorfes Lidiče durch die Nazis berühmt wurde, indem er nämlich nicht eine, sondern 466 Marktstädte, Weiler und Dörfer mit einer Gesamtbevölkerung von 19.500 ausradierte.

Louis XIV., das Zentrum und Symbol dieses verfeinerten Zeitalters, erstellte Tagesbefehle, die selbst die Strafverfolger von Nürnberg in Freude versetzt hätten. Ihm verdanken wir den eleganten Satz: „Verwüstet die Pfalz", den sich die westlichen Befürworter der kulturellen Theorie hin und wieder in Erinnerung rufen könnten, wenn sie von Barbaren so sprechen, als handle es sich um Ausländer.

Unter Napoleon folgten Kultur und Brutalität weiterhin dem schon bekannten Modell. Neue Instrumente der Ausrottung wurden entwickelt, wie etwa die berühmten *étouffoirs*, hölzerne Käfige, in denen gefangene Neger, die für die Befreiung von Saint Dominique gekämpft hatten, mit brennendem Schwefel eingesperrt wurden. Ins Meer geworfen, starben die Opfer entweder durch Ersticken oder durch Ertrinken. Da die Körper zurück an den Strand gespült wurden, importierte man Hunde, um die Überreste im Interesse der öffentlichen Hygiene zu vertilgen.[13]

Selbst noch 1945 vergalten die Franzosen, stolz wie je über die Glorie ihrer Zivilisation, die Ermordung einer Anzahl von isolierten französischen Familien in Algerien durch ihre arabischen Landsmänner dadurch, daß sie „ganze Gemeinden wegsprengten“ und „tausende Männer, Frauen und Kinder töteten, die mit den Angriffen nichts zu tun gehabt hatten.“[14]

Diese scheinbar seltsame Parallele einer fortgeschrittenen Zivilisation mit einer Intensivierung der Brutalität ist natürlich nicht auf Italien und Frankreich beschränkt. Sie ist ein Hauptmerkmal in der Geschichte aller Völker. Während der Glanzzeit der anglo-lateinischen Literatur im 13. Jahrhundert verübte zum Beispiel Geoffrey, der Vater Heinrichs II. von England, laut Edward Gibbon einen „einzigartigen Akt der Grausamkeit“ gegenüber dem Klerus von Seez, nachdem dieser zu einer Bischofswahl zusammengetreten war, ohne Geoffreys Zustimmung eingeholt zu haben: Zur Bestrafung nämlich ließ der damalige Herr der Normandie alle Mitglieder des Domkapitels, inklusive des gewählten Bischofs, kastrieren und „sich ihre Hoden auf einer Schüssel bringen“. Gibbon bemerkt dazu: „Sie hatten recht, sich über den Schmerz und die Gefahr zu beschweren; doch da sie Keuschheit gelobt hatten, beraubte er sie nur eines überflüssigen Schatzes.“[15]

Ein paar Jahrhunderte später, als die englische Zivilisation während des goldenen Zeitalters unter Königin Elisabeth mit Dichtern wie Marlowe, Lodge, Ben Johnson und Shakespeare ihren Zenit erreichte, brachte sie zur gleichen Zeit, in den Worten der *Encyclopedia Britannica*, „Hitzköpfe des Krieges“ hervor wie Hawkins, Drake, Raleigh und „viele andere, die keinen Frieden anerkannten“. Während einige der größten Dichtungen der Welt geschrieben wurden, gab es im Land, welches sie hervorbrachte, einen Überfluß an Hinrichtungen, Piraterei auf den sieben Meeren, Aggressionen auf den fünf Kontinenten, wie sie in weniger zivilisierten Zeiten nur selten erlebt wurden. Ein Jahrhundert später wird das Zeitalter wieder von Männern wie Milton, Herrick, Dryden, Locke und Newton geziert. Gleichzeitig mit der Schöpfung ihrer Meisterwerke finden wir aber wieder die unglaublichsten Rohheiten, wie zum Beispiel Vorfälle, die den Schotten als *Killing Time* bekannt sind; die Anwendung von Terror- und Folterinstrumenten wie der Daumenschraube; Vernichtungstaten wie das Massaker von Glencoe (1691) oder das Schulbuch-Beispiel eines Völkermords, wie die Vertreibung der gesamten arkadischen Nation aus ihrer nordamerikanischen Heimat. Während der letzten Phase ihrer Deportierung (1755) gab der Gouverneur Lawrence von Nova Scotia seinen Soldaten nicht nur Erlaubnis, mit ihnen zu tun, was sie wollten, sondern „direkte Befehle, sie so viel wie möglich zu quälen".[16]

In dieser Weise verläuft die Geschichte bis in unsere Zeit. Es ist hier nicht notwendig, die wohlbekannten Ungeheuerlichkeiten der Faschisten, Nazis und Kommunisten zu erwähnen, ihre Polizeimethoden, ihre Konzentrationslager, ihre Krematorien. Da diese dem Mangel an Kultur zugeschrieben wurden, könnte man sie verstehen. Weit wichtiger sind die Ungeheuerlichkeiten, die von zugegebenermaßen fortschrittlichen Kulturvölkern verübt worden sind und daher, außer zum Zwecke feindlicher Propaganda, nur selten zitiert werden. Unter diesen könnte man den Tagesbefehl erwähnen, der während des amerikanischen Befriedungs-Feldzuges auf den Philippinen aus Anlaß einer Strafexpedition gegen die Insel Samar von Brigadegeneral Jacob H. Smith der U.S.-Army mit folgendem Wortlaut ausgegeben wurde: „Ich will keine Gefangenen. Ich will, daß ihr tötet und verbrennt: je mehr ihr tötet und verbrennt, desto besser werdet ihr mir gefallen… Das Innere von Samar muß in eine heulende Einöde verwandelt werden." Auf die Frage, wie jung „ein Kind sein muß, um dem Massaker zu entgehen", antwortete General Smith: „Zehn Jahre." Er wurde in der Folge dazu verurteilt, „von seinem Vorgesetzten gerügt zu werden."[17] Dies geschah 1901. 1919 nahm der britische General Dyer, als er einen Vergeltungsschlag wegen einiger lokaler Unruhen im Pandschab ausführte, eine kleine Abteilung seiner Truppen zu einer Versammlung von 5.000 Indern in der Nähe der Stadt Amritsar, eröffnete ohne Warnung das Feuer, tötete etwa 500 Menschen, verletzte seiner eigenen Einschätzung nach „etwa tausend weitere, ließ die Toten und Sterbenden, wo sie hinfielen, ohne sich weiter um sie zu kümmern, und zog ab, recht zufrieden mit dem, was er getan hatte".[18] Ein barbarisches

Zeitalter? Es war die Zeit, als solche Leuchten der Literatur wie Bernard Shaw, Max Beerbohm und Yeats in London schrieben, als die sanftmütigen Fabianer einen Großteil englischen Denkens zu dominieren begannen und die Universitäten von Oxford und Cambridge eine ihrer brillantesten Perioden erlebten.

Im Vergleich zu den barbarischen Unternehmungen der Zivilisierten verlieren die Grausamkeiten der Barbaren fast ihre ganze Bedeutung. Was Krieg betrifft, so sind sie fast die einzigen, die sich dieser primitiven Form gesellschaftlicher Betätigung enthalten: Die Rückständigen sind die Fortschrittlichsten. Angesichts dieser Tatsachen kann man es wagen, mit einiger Sicherheit zu behaupten, daß die kulturelle Theorie sozialen Elends, die sich noch immer besonderer Unterstützung erfreut, die als Basis für viele Säuberungs- und Umschulungs-Verfügungen diente und zu solch hoffnungsvollen Schöpfungen wie der UNESCO geführt hat, nur wenig Licht auf die komplexen Probleme wirft, zu deren Lösung sie erdacht worden ist. Zweifellos leistet die Ausweitung der Kultur, des Westens und des Ostens, der Griechen und der Angelsachsen, ihren Beitrag zur Dichtung und zum Wissen der Menschheit. Ob sie aber jemals dem sozialen Glück oder dem Frieden dienen wird, ist eine andere Frage.

4. Die nationale Elends-Theorie

Die letzte der Theorien, die eine detailliertere Analyse verlangt, kann man die *nationale Theorie über das soziale Elend* nennen. Sie ist ein typisches Nebenprodukt längerer Kriege. Die Atmosphäre andauernder Frustration, die sich aus dem untätigen Dahinschleppen und aus der Ergebnislosigkeit endloser Kämpfe ergibt, scheint zu einem gegebenen Zeitpunkt spontan zu der Idee zu führen, daß die hauptsächlichste Ursache des menschlichen Elends weniger in der Führung, der Philosophie oder der Kultur des Feindes als in seiner Herkunft liegt: Schuld sei seine Rasse. Bei näherem Augenschein entdeckt man, daß er offensichtlich für das Böse *geboren* ist. Schon von seiner Kindheit an sieht man nun, daß er einen Grad von Bosheit und Aggression aufweist, die anderswo unerreicht ist. Ein neuerliches Lesen der Geschichte scheint plötzlich klar zu machen, daß der gegenwärtige Feind eigentlich der historische Feind ist. Und je länger der Krieg dauert, desto schlimmer beginnt der Feind auszusehen. Letztendlich beginnen nicht nur Propagandisten, sondern sogar Gelehrte, Beweise für seine *kollektive* Unverläßlichkeit anzubieten, Rechtsanwälte seine *Kollektivschuld* festzustellen und Staatsmänner die Überzeugung zu gewinnen, daß im Interesse einer friedliebenden Menschheit sein weiteres Überleben nicht mehr toleriert werden kann. Wenn dieses Stadium erreicht wird, erscheint die Lösung der meisten Probleme, die die Gesellschaft plagen, wiederum recht einfach. Es ist sinnlos, den Besiegten umzuerziehen. Er muß eliminiert werden. Ceterum censeo, Carthaginem esse delendam. Karthago muß zerstört werden.

Wie die anderen Theorien, scheint auch die nationale Theorie in der Erklärung der Geschehnisse, die sie zu beleuchten versucht, vorerst höchst zu befriedigen. Sie läßt jedoch wiederum mehr Fragen unbeantwortet, als sie beantwortet. Während der schweren Kämpfe in der Mitte des Zweiten Weltkrieges lieferte sie einen glaubhaften Bericht über die Gründe, die hinter dem Benehmen der Achsenmächte lagen, besonders im Hinblick auf die Deutschen. Wenn aber die Frage aufgeworfen wird, weshalb ein ähnliches Benehmen auch die meisten anderen Völker charakterisiere, einschließlich derer, die sich gerne für eingefleischte Friedensliebhaber halten, kommt auch diese Theorie in arge Schwierigkeiten. Und ihre Lösungsvorschläge werden völlig verwirrend, wenn im Enthusiasmus der Vollstreckung ihrer karthagischen Maßnahmen, die während der geistigen Muße und unter dem emotionalen Druck eines langen Krieges vorbereitet wurden, in ihren Urhebern plötzlich das Gefühl aufkommt, daß der historische Feind vielleicht nicht der gerade Besiegte ist, sondern der Verbündete, der mithalf, ihn zu besiegen. Bis dieser Punkt des Zweifels erreicht ist, scheinen ihre Annahmen jedoch über jeden Angriff erhaben zu sein.

Was sind nun die Prämissen, auf denen die nationale Theorie beruht? Es gibt deren zwei: eine biologische und eine historische. Wie schon angedeutet wurde, nimmt die erstere an, daß Tugenden – etwa die Friedensliebe – im Charakter einigen Völkern angeboren sind, während sie bei anderen fehlen. Die letztere besteht aus der Bestätigung der ersten auf Grund von geschichtlichen Beweisen.

a) Biologie der Aggression

Um erst die biologische Prämisse zu diskutieren und die Darstellung auf das am besten dokumentierte Beispiel der nationalen Theorie zu beschränken: Es wurde etwa der Tatsache große Bedeutung beigemessen, daß die Deutschen schon immer für ihre Bewunderung brutaler Kraft und für ihren Militarismus berüchtigt waren. Kann das ihre Exzesse erklären? Vielleicht. Die wichtigere Frage aber lautet: Unterscheiden sie sich darin von anderen Nationen? Oder besitzen sie diese *angeborenen* Eigenschaften weniger, weil sie die ihren sind, als weil sie zur Natur des Menschen an sich gehören? Sollte sich das letztere als richtig herausstellen, so verliert die nationale Theorie mit ihren weitreichenden Folgen und Lösungen von Anfang an zumindest die Hälfte ihres Fundaments. Und das letztere scheint tatsächlich richtig zu sein. Denn schon Cicero schrieb in „De legibus" (I, 10): „Kein einziges Ding gleicht so sehr einem anderen und ist so sehr sein Zwilling, wie wir untereinander; und wie immer wir auch den Menschen definieren, eine einzige Definition trifft auf uns alle zu. Dies beweist in ausreichendem Maße, daß es keinen Artunterschied zwischen Mensch und Mensch gibt; denn, wenn es einen gäbe, könnte eine einzige Definition nicht auf alle Menschen zutreffen."

Wir wollen uns aber nicht auf Cicero verlassen, wenn wir die universale Gültigkeit dieser eigenartigen, scheinbar biologisch fundierten Charaktereigenschaften und Einstellungen beurteilen, von denen wir, wenn wir unter Druck stehen, glauben, daß sie nur der verderbten Rasse des Feindes angehören. Sehen wir uns doch einmal selbst an: Wie steht es denn mit unserer eigenen Einstellung zur Aggression? Mögen wir Amerikaner, Engländer, Franzosen oder Deutsche sein, es gibt kaum jemanden, der eine ehrliche Aversion gegen sie zum Ausdruck gebracht hat. Im Gegenteil, die meisten von uns sind normalerweise sowohl kollektiv wie auch individuell voll des Lobes für sie. Was wir wirklich als leicht verabscheuungswürdig ablehnen, ist nicht Aggressivität, sondern friedliebende Sanftmütigkeit. Es ist mir kein Geschäftsmann bekannt, der je eine freie Stelle ausschreibt, die er von einem friedliebenden, demütigen, bescheidenen Verkäufer oder Angestellten besetzt sehen möchte. Als wichtigste Qualifikation für eine Position dieser Art wird Aggressivität angesehen, und die meisten von uns sagen das auch ganz offen.

Noch gibt es selten eine richtige Frau – selbst in Gesellschaften, die den Krieg hassen –, von der bekannt ist, daß sie sich einen friedliebenden, pantoffelsüchtigen Ehemann wünscht, der sie mit einer Wolke von Sanftheit und Lyrik umgäbe. Was sie wahrscheinlich von ihm will, ist Kraft und Aggressivität, und wenn er zusätzlich noch stramm auftritt – um so besser. Und dasselbe kann man von der Masse sagen. Ewig feminin, bewundert sie ewig die gleichen Dinge. „Wenn sie über ihre Liebesgeschichten berichten", schreibt der französische Philosoph Julien Benda, „sprechen die zivilisierten Leute von Eroberung, Angriff, Belagerung, Sturm und von Verteidigung, von Niederlage und Kapitulation. Dadurch bringen sie klar zum Ausdruck, daß sie die Idee der Liebe von der Idee des Krieges ableiten."[19]

Wenn dem nicht so wäre, wäre es ein eigenartiges Paradoxon, daß die meisten Völker, während sie die Schöpfer ihrer Zivilisation in obskuren Plaketten und kleinen Statuen verewigen, die Helden ihrer Kriege in gigantischen Triumphbögen verehren, in monumentalen Mausoleen, in Pyramiden, die die Wolken kratzen, und in Säulen, die die Herrlichkeit Gottes herausfordern. Shakespeare, Dante, Voltaire, Goethe und Poe haben in ihren jeweiligen Ländern ihre ungestörten kleinen Ecken. Was sind diese aber im Vergleich zu den turmhohen Säulen, die die Engländer zu Ehren von *Admiral* Nelson errichtet haben, die Franzosen von *General* Napoleon, die Deutschen von *General* Armin dem Cherusker oder die Amerikaner zu Ehren von *General* Washington? Das ist der Grund, weshalb die englischen Monarchen, die so ununterbrochen damit beschäftigt sind, ihren Militärinstitutionen Besuche abzustatten oder Kränze auf die Gräber von bekannten und unbekannten Soldaten zu legen, erst 1950 dazu kamen, den Geburtsort ihres größten dramatischen Dichters, Shakespeare, zu besuchen.[20]

Aber viel deutlicher treten unsere innersten Bestrebungen zutage, wenn wir statt auf unsere Denkmäler unseren Blick auf unsere Wappentiere werfen. Hier sehen wir wirklich, was wir von uns selber halten sollten. Ob friedliebend oder aggressiv, eines haben fast alle Nationen gemein: Fast alle haben als Tier, das ihre Seele am besten zu repräsentieren scheint, ein Raubtier ausgesucht. Damit besagen sie, daß sie es für richtiger halten, durch barbarische Raubsucht symbolisiert zu werden als durch zivilisierte Sanftmütigkeit. Italien zieht den zerfleischenden Wolf dem treuen Hund vor. England und Preußen den brüllenden Löwen der zärtlich schnurrenden Katze. Rußland den plumpen, taktlosen, aber starken Bären dem schnellen und eleganten Steppenpferd. Für die Habsburger-Monarchie, eine der zivilisiertesten Institutionen der Geschichte, sah der einköpfige Adler nicht wild genug aus; sie wählte einen mit zwei Köpfen. Andere ziehen Panther, Falken, Schlangen oder sogar Drachen vor. Die Vereinigten Staaten hätten durch die Nachtigall symbolisiert werden können, jenem Vogel, der immer singt und immer auf der Suche nach dem in der Verfassung garantierten Glück ist. Sie wählten aber den kahlen Adler, von dem eine Inschrift im Zoo von Buffalo folgendes zu sagen hat: „Dieser Adler fischt nie für sich allein, solange er den geschickteren und arbeitsamen Fischfalken berauben kann. Der kahle Adler ist unser Nationalwappen“ – eine Feststellung, die den *New Yorker* zu dem Kommentar veranlaßt: „Richtig, aber es ist unhöflich, darauf hinzuweisen.“[21] Die einzige oder fast einzige Ausnahme stellt Frankreich dar, das, wiederum nicht ohne tieferen Sinn, den immer liebestollen Hahn wählte. Aber auch hier mag die Wahl von der Tatsache abhängen, daß die Liebesabenteuer des Hahnes ihn nebenbei dazu zwingen, andauernd auch ein Kämpfer zu sein.

Diese Auswahl stellt dennoch nichts Besonderes dar. Denn obwohl die Anhänger der nationalen Theorie dadurch beunruhigt sein mögen, so scheint dem Menschen nichts selbstverständlicher als die Tatsache seiner Aggressivität sowie auch seine Freude an ihr zu sein. Einer unserer ersten Genüsse sind die Comics-Geschichten, eine Erfindung der scheinbar friedliebenden Amerikaner. So begierig sind ihre Krieger beider Geschlechter, daß sie seit Eroberung der Erde schon lange damit begonnen haben, auch die Planeten und Sterne zu bezwingen. Unsere ersten Spielzeuge bestehen aus Soldaten, und wenn ein kleiner Junge an ihnen kein Interesse zeigt, dann loben wir ihn nicht zum guten Beispiel der kriegslustigen Kinder der Feindnation hinauf, sondern eilen mit ihm zu einem Psychiater, um herauszufinden, was ihm fehlt. Ein entzückender kleiner siebenjähriger Freund produzierte, nachdem er tagelang an meiner Schreibmaschine herumprobiert hatte, als seinen allerersten Brief das folgende Beispiel unserer angeborenen menschlichen Aggressivität: „Lieber Bill, wann wirst du mir meine 5 Cent geben. Wenn du es nicht tust, werde ich dich verprügeln. Alles Liebe, Tommy.“

Sein Vater war einer der feinfühligsten englischen Dichter, der geschworen hätte, daß die Briten niemals zu so etwas fähig wären. Ein kleiner Amerikaner aus Washington, D. C., schrieb folgenden Brief an den Weihnachtsmann: „Bitte, schicke mir zwei Atombomben, ein Paar Pistolen und ein gutes, scharfes Messer."[22] Edmund Gosse, der berühmte englische Kritiker, erzählt uns, wie ihn ein obskures, aber höchst kriegerisches Gedicht als kleinen Jungen „höchst anfeuerte" und wie die folgenden Strophen im besonderen sein „Ideal des Edlen" erreichten:

„Die Musketen blitzten, die blauen Schwerter leuchteten.
Die Helme zersplitterten, das Blut floß in Strömen.
Die Himmel wurden finster, der Donner grollte.
Als in Wellwoods dunklen Sümpfen die Mächtigen fielen."[23]

Sogar in ihren reiferen Zeiten scheinen die Völker aller Länder und in allen Berufsschichten diesen kriegerischen Enthusiasmus beizubehalten. Clement Attlee, der liebenswerte Sozialistenführer Großbritanniens, beichtet, daß er als Student in Oxford unter den Einfluß der Renaissance geraten war. „Ich bewunderte starke und skrupellose Herrscher."[24] Goethe, der große *deutsche* Humanist und Dichter, „empfahl den Krieg".[25] Sir Francis Bacon, der große englische Philosoph und einstmaliger Kanzler des Königreiches, dachte, daß „in jedem Staate das Hauptmerkmal der Größe darin liegt, eine Rasse von militärischen Männern zu besitzen", und daß „niemand gesund sein kann ohne Übung, weder ein natürlicher noch ein politischer Körper; und sicherlich ist die beste Übung für ein Königreich oder einen Staat ein gerechter und ehrenvoller Krieg".[26] Obwohl wir in den Vereinigten Staaten vielleicht nicht über derartig eminente Autoritäten verfügen, die den Krieg selbst preisen, so gibt es genug Leute, die die Kriegshelden ehren. Trotz unserem Stolz auf zivile Führung haben wir in unserer kurzen Geschichte nicht weniger als elf Generäle zu Präsidenten gewählt – Washington, Jackson, W. H. Harrison, Taylor, Pierce, Johnson, Grant, Hayes, Garfield, Arthur und Eisenhower. Darin haben uns nur die alten Römer übertroffen. Tatsächlich messen wir einer leuchtenden kriegerischen Karriere solch einen hohen Wert bei, daß militärische Vortrefflichkeit sogar in den am wenigsten militaristischen Bereichen als besonderer Aktivposten angesehen wird. Nur Kirchen und Gewerkschaften sind davon noch nicht beeinflußt. In unseren Universitäten aber ist der Trend unverkennbar. Eine Reihe hat es vorgezogen, Generäle anstatt Gelehrte zu ihren Rektoren zu wählen. Und was die Doktorate honoris causa betrifft, so werden diese einer steigenden Anzahl Personen verliehen, deren einzige Qualifikation darin besteht, daß sie sich als loyale und erfolgreiche Heerführer bewährt haben. Eine Studie über akademische Titel, die seit dem Ende des Zweiten Weltkriegs von sieben großen amerikanischen Universitäten verliehen wurden – Harvard, Smith, Columbia, Wisconsin, California, Nebraska und North Carolina –, deckt auf, daß Generäle und Admirale einen der „größten Nachkriegs-Booms" erlebt haben. Sie erhielten zehn Prozent aller Titel, während Geistliche, die Apostel des Evangeliums der Liebe und des Friedens, schwer im Rückgang waren; vor einem Jahrhundert machten sie noch 45 Prozent der Honoris-causa-Liste aus, nach dem Zweiten Weltkrieg nur mehr 5 Prozent.[27] Eine Ziffer, die im Einklang mit dem steht, was wir uns von den Preußen vorstellen, aber nicht von uns selbst.

b) Aggression in der Geschichte

Wenn wir daher die weniger schmeichelhaften angeborenen Charakteristika des Menschen in Betracht ziehen, sieht es so aus, als ob sich die Friedliebenden kaum mehr von den Kriegsliebenden unterscheiden ließen. Ihr „natürlicher Körper" wird ebenso von den Verwicklungen des Militarismus stimuliert wie der Körper der berühmtesten Aggressoren. Auch ihr „politischer Körper" scheint nicht wesentlich verschieden zu sein. Denn wenn wir nun die zweite Prämisse der nationalen Theorie analysieren, entdecken wir, daß die Beweisführung der Biologie auch von der Geschichte bestätigt wird. Im Gegensatz zu unserer ursprünglichen Annahme, die einige Nationen mit einer schlimmeren Kriegsgeschichte belastete als andere, finden wir, daß wir auch in dieser Hinsicht alle wieder einmal gleich sind.

Dies ist etwas überraschend, wenn man bedenkt, daß die Informationen und Fakten, die während des Zweiten Weltkrieges von unseren Historikern gesammelt wurden, alle bestätigen, daß Deutschland, der damalige Hauptfeind, unter allen Beteiligten weitaus die ärgste Aggressionsgeschichte aufzuweisen hat. Und so erfolgreich waren wir damit, daß uns trotz der veränderten Verhältnisse von heute wenige Dinge mehr in Schrecken versetzen als unsere eigenen Statistiken von damals. Wie die Franzosen nach all diesen Jahren immer noch kaum verringerte Besorgnis hervorheben, sind die gleichen Deutschen, die wir jetzt für unsere Verbündeten halten, in Frankreich in weniger als einem Jahrhundert dreimal eingefallen. Außerdem, wie man in England hinzufügt, waren sie auch für fünf Kriege innerhalb der 75 Jahre vor dem Zweiten Weltkrieg verantwortlich, um nicht von drei Fast-Kriegen zu sprechen, die, wenn sie ihren Willen gehabt hätten, einen deutsch-provozierten Krieg alle acht Jahre in drei Viertel eines einzigen Jahrhunderts bedeutet hätten. Kann man solche Zahlen übersehen?

Man kann Zahlen nicht übersehen. Man kann sie aber ergänzen. Während es wahr ist, daß die Deutschen fünf Kriege während der letzten drei Viertel eines Jahrhunderts geführt haben, so haben die Franzosen im gleichen Zeitraum 19 Kriege geführt und die Engländer 21. Sogar wenn wir die Kriege abziehen, die die beiden letztgenannten mit Deutschland führten, bleiben den Franzosen noch immer fünfzehn und den Engländern neunzehn.[28] Während Deutschland, wenn es seinen Willen auch mit den drei Fast-Kriegen gehabt hätte, alle acht Jahre einen Krieg provoziert hat, so brachten es Frankreich und England auf einen Krieg alle dreieinhalb Jahre, wenn wir die beiden Länder getrennt sehen, und alle eineinhalb Jahre auf einen, wenn wir sie zusammenzählen. Und wenn die Deutschen in Frankreich dreimal in weniger als einem Jahrhundert eingefallen sind, so hat Frankreich zwischen 1792 und 1813, also in weniger als einem Vierteljahrhundert, deutsches Territorium nicht weniger als zwölfmal überflutet. Überdies hätte die deutsche Einigungsbewegung, die 1815 begann und letzten Endes zu den oft bedauerten und nie vergessenen drei deutschen Invasionen führte, ohne diese Manie französischer Invasionen vielleicht nie das Animo gehabt, sie zu realisieren.

So wie die Dinge stehen, brauchte Deutschland bei einer Rate von drei Invasionen „in weniger als einem Jahrhundert“ weitere 250 Jahre, nur um mit Frankreich gleichzuziehen.

Um die Zahlen nicht auf möglicherweise irreführende 75 oder 150 Jahre zu beschränken, wollen wir bei unserer Suche nach dem

Hauptaggressor der Geschichte ein bißchen weiter zurückgehen. Professor P. A. Sorokin, Harvard, hat eine Liste zusammengestellt, die die relative Stärke der Armeen der verschiedenen Mitglieder des westlichen Kulturkreises während der letzten neun Jahrhunderte aufzeigt: vom 12. bis zum 20. Jahrhundert. Obwohl die Stärke der Armee eines Landes nicht unbedingt ein verläßliches Anzeichen für dessen Aggressionsgeist darstellt, hätte ein Aggressor doch Schwierigkeiten, ohne eine größere Armee Eroberungsfeldzüge durchzuführen. Daher ist Professor Sorokins Liste in einer Studie über den aggressiven Militarismus von erheblicher Bedeutung. Statt einen einzelnen Hauptaggressor aufzuweisen, zeigt sie an, daß „sich die relative Rangordnung der Staaten im Lauf der Zeit verändert, wobei erst ein Staat die erste Stelle einnimmt, dann ein anderer".[29] Deutschland, von dem wir annehmen würden, daß es die erste Stelle öfter als andere Staaten einnimmt, taucht als wichtige Militärmacht erst während der letzten drei Jahrhunderte auf und wird dabei von Frankreich zweimal übertroffen.

Ein ähnliches Muster tritt zutage, wenn wir das Problem von einem anderen Winkel aus betrachten und in der Analyse außer den letzten 150 Jahren und dem Mittelalter auch die Antike mit einbeziehen. Dadurch, daß er diesmal den Prozentsatz der Jahre, in welchen sich Kriege ereigneten, mit der Gesamtzahl der in Betracht kommenden Jahre vergleicht, findet Professor Sorokin, daß „Deutschland den geringsten (28) und Spanien den höchsten (67) Prozentsatz von Kriegen aufweist, während die anderen Länder Positionen zwischen den beiden einnehmen".[30] Obwohl der größte Aggressor der Welt nicht notwendigerweise den höchsten Prozentsatz von Kriegsjahren aufweisen muß, so ist es kaum möglich, daß er den geringsten haben könnte.

Daraus ergibt sich, daß die Deutschen in jeder der drei Zahlentabellen, die zuerst die vergangenen 75 bis 150 Jahre, dann die letzten neun Jahrhunderte, schließlich die gesamte westliche Geschichte umfassen, trotz ihres beängstigenden Rufes, ewige Kriegsliebhaber zu sein, mit einer Aggressionsgeschichte aufscheinen, die nicht nur besser ist, als wir erwarteten, sondern besser als die einiger der besten. Trotzdem ist der Zweck dieser Zahlen nicht der, zu beweisen, daß die Deutschen besser als andere sind. Sie sind es nicht. Noch liegt der Zweck darin, zu zeigen, daß wir uns auf die endgültige Bekehrung unserer früheren Feinde verlassen können. Wir können es nicht. Was die Zahlen beweisen sollen, ist bloß, daß die zweite Prämisse der nationalen Theorie ebenso haltlos ist wie die erste. Denn so skizzenhaft dieser kurze historische Überblick auch sein mag, so ist er doch ausreichend, um festzulegen, daß die Rolle des jeweiligen Hauptaggressors eine relative ist. Statt von einem einzigen Volk verkörpert zu werden, wird sie ständig zwischen den verschiedenen Nationen umhergeschoben. Manchmal wurde diese Rolle von den Athenern, Spartanern oder Mazedoniern verkörpert; manchmal von den Holländern, Dänen oder Portugiesen; manchmal von den Franzosen und Engländern; manchmal, und dies mehr in jüngerer Zeit, von den Deutschen und Russen; und – außer es trifft auf uns eine andere Definition zu als auf andere Menschen – wird sie einmal mit großer Wahrscheinlichkeit auch von den Amerikanern gespielt werden. In den Augen unserer früheren russischen Kriegskameraden, die uns jetzt als anglo-amerikanische Kannibalen und Atomschiks beschimpfen, mögen wir sie tatsächlich schon jetzt eingenommen haben.

Obwohl historische Zahlen unmöglich trügen können, habe ich mich doch länger mit den Annahmen der nationalen Theorie beschäftigt, als es unter anderen Umständen zu verantworten gewesen wäre. Der Grund hierfür liegt erstens darin, daß diese Theorie, trotz des ernüchternden Einflusses der Nachkriegs-Realität, ihre volle Überzeugungskraft immer dann zurückerlangen wird, wenn ein Krieg über eine bestimmte Zeit hinaus dauert; und zweitens wurden ihre Prämissen von so vielen einflußreichen Personen so lange ernst genommen, daß sie viel mehr als nur Spekulationen darstellen, denen sich überdrehte Gehirne oder bloße Propagandisten hingaben. Sie wurden zur Grundlage, auf der die eminentesten Staatsmänner unserer Zeit, unterstützt von den hervorragendsten politischen Denkern, nichts weniger als einen ewigen Frieden errichten wollten.

Sie lieferten die Philosophie für Jalta und Potsdam. Sie führten zu einem Programm, das Deutschland zu einem entindustrialisierten Agrarland machen sollte, ihm die Atomforschung untersagte und Rechtsbegriffe wie Kollektivschuld als Brennpunkte des Denkens und Handelns adoptierte, die nur unter der Annahme vertretbar sind, daß es tatsächlich Völker gibt, deren angeborene Eigenschaften sie dazu verdammten, nie das moralische Niveau der anderen erreichen zu können. Sie sind der Grund, der die Alliierten nach dem Zweiten Weltkrieg veranlaßte, Japan zu zwingen, seine Dauerentmilitarisierung sogar in seiner Verfassung niederzulegen – was die peinliche Folge hatte, daß dieselben Alliierten, die jetzt plötzlich alle mobilisierbare Militärhilfe gegen ihren früheren russischen Verbündeten brauchen, diese trotz dringendster Ansuchen nicht bekommen können, weil Japan darauf besteht, daß es seine im Siegestaumel von den Alliierten selbst oktroyierte Verfassung *nicht* verletzen kann. Wenn dieselbe Politik Deutschland gegenüber die Alliierten etwas weniger in Verlegenheit gebracht hat, so ist das nicht einem letzten Überbleibsel ihrer früheren Staatskunst zu verdanken, sondern dem Umstand, daß in diesem Falle die geplante Totalvernichtung so ungeheuerlich war, daß sich nie Gelegenheit bot, sie durch die Unterzeichnung eines unkündbaren Vertrages zu ratifizieren. Aber auch hier erwiesen sich die Schlußfolgerungen der nationalen Theorie als so gegenteilig von dem, was man sich vorgestellt hatte, daß sich viele ihrer eifrigsten Befürworter schon lange wünschen, sie könnten sich hinter dem 5. Zusatz zu unserer amerikanischen Verfassung verstecken, demzufolge niemand genötigt werden kann, eine Aussage gegen sich selbst zu machen.

Was all diese Betrachtungen, Zahlen und Ereignisse aufzeigen, ist, daß die nationale Theorie bei der Suche nach der primären Ursache des sozialen Elends nicht hilfreicher ist als irgendeine andere der bisher besprochenen Theorien. Sie enthüllte bloß, daß jedes Volk biologisch wie auch historisch so gut oder so schlecht wie jedes andere ist. Anstatt bedeutsame Unterschiede zwischen den Nationen aufzudecken, bestätigte sie bloß Ciceros Überzeugung von der Ähnlichkeit jeder menschlichen Natur; und nicht nur Ciceros, sondern auch die Gottes, der bei Betrachtung seiner Schöpfung zum betrüblichen Schluß kam, daß ohne Rücksicht auf Erziehung und Nationalität „das Übel im Menschen auf der Erde groß war und jeder Gedanke seines Herzens immer nur Böses will“.

Oder wie Goethe sagt: „Der Mensch hat seinen Geist nur einzig und allein, um tierischer als jedes Tier zu sein.“ Nur war Goethe natürlich ein Deutscher, dem man solche Ideen eher zutrauen könnte als unserem lieben Herrgott.

All das bezeugt, daß die Idee der nationalen Theorie, die Welt durch die Vernichtung einer verdorbenen Nation zu kurieren, zu nichts führen kann. Denn im Augenblick, in dem ein Übeltäter verschwindet, wird der frei gewordene Platz, wie jede Nachkriegszeit immer bewiesen hat, prompt von einem der vorher unverdächtigen, aber jederzeit willigen früheren Verteidiger höherer Ziele eingenommen. Das bringt uns dorthin zurück, von wo wir ausgegangen sind: zur Frage nach der primären Ursache des sozialen Elends, die immer noch unbeantwortet ist. Denn wenn wir alle denselben Hang zu Missetaten haben, wieso kommt es, daß viele von uns unter scheinbar ähnlichen Umständen trotzdem anders reagieren? Warum schreiben einige von uns unter dem Einfluß unserer Kultur Gedichte, während sich andere im gleichen Kulturkreis daran erfreuen, ihren Mitmenschen die Haut abzuziehen? Warum unterdrückten die Führer des kommunistischen Jugoslawien und des faschistischen Spanien zu Hause die Freiheit, während sie sich auswärts mit den Verteidigern der Demokratie zu verbünden suchten? Warum lebten die pazifistischen Premierminister von Indien mit Moskau oder Peking in Frieden, während sie Haiderabad und Pakistan mit Aggressionskriegen überzogen? Ist der Grund dafür Mangel an Kultur? Offensichtlich nicht. Wie wir gesehen haben, wurden die größten Aggressionen und die ungeheuerlichsten Verbrechen von Nationen verübt, die am Gipfel ihrer Zivilisation standen. Mangel an Bildung? Kaum. Die teuflischsten Pläne der Barbarei wurden nicht von Analphabeten ausgeheckt, sondern von den gelehrtesten unter den Gelehrten. Ideologie? Ökonomisches System? Nationalität? Das Phänomen ist zu universal. Die alles erklärende Ursache liegt offenbar noch im verborgenen.

KAPITEL II

Die Machttheorie der Aggression

„Man beobachtet an menschlichen Wesen, daß sie wilder und grausamer werden – und das im Verhältnis zu ihrer Körpergröße."

Jonathan Swift, „Gullivers Reisen"

Die Spontanität sozialen Elends, wenn sie kritische Größe erreicht – Die Grausamkeit des Menschen im Verhältnis zu seiner Körpermasse – Soziale Größe, Dichte, Integration und Geschwindigkeit als verbrechenerzeugende Elemente – Kriminelle Mentalität nicht als Ursache, sondern als Resultat von Massenschuld an Verbrechen – Das Gesetz abnehmender Sensitivität – Die Bedeutung kritischer Größen – Kritische Macht und Größe als Ursachen des Krieges – Wie Nehru aggressiv wie Hitler wurde – Führe uns nicht in Versuchung – Die Freuden des Fenster-Einwerfens – Warum den Sowjetführern jegliches Verständnis fehlt – Die Macht- und Größen-Theorie, eine materialistische, aber keine atheistische Theorie – Ihre Bedeutung als neue Interpretation der Geschichte – Die kausale Rolle der Macht-Philosophien – Ist Amerika eine Ausnahme von der Regel?

Da wir auf unserer Suche nach der grundsätzlichen Ursache des sozialen Elends auf Basis der verschiedenen herrschenden Theorien nichts erreicht haben, sehen wir doch, was durch eine neue Sicht erreicht werden kann. Um die Sache zu vereinfachen, konzentrieren wir uns vorläufig auf die repräsentativste interne und externe Manifestation des Problems – auf weitverbreitete ungeheuerliche Verbrechen innerhalb von und auf das Führen aggressiver Kriege zwischen Gesellschaften.

1. Die Ursache sozialer Brutalität

Was das Ausmaß sozial verübter oder wohlgeheißener Verbrechen betrifft, haben wir bis jetzt eine Tatsache herausgefunden: Die meisten Nationen, unabhängig von ihrem rassischen Hintergrund, vom Grad ihrer Kultur, ihrer Ideologie oder ihres ökonomischen Systems, haben es zustande gebracht, beeindruckend ähnliche Zahlen solcher Verbrechen hervorzubringen. Massenexekutionen und verwandte Ungeheuerlichkeiten wurden in Deutschland unter den Nazis verübt, in Indien unter den Briten, in Frankreich unter den Katholiken, in Rußland unter einigen der wildesten und in Italien unter einigen der erleuchtetsten Herrscher. Es könnte gar keinen größeren Unterschied innerhalb der Umstände gegeben haben. Wenn jedoch überall ähnliche Exzesse vorkamen, und das während aller Phasen und Perioden der historischen Entwicklung, dann muß es scheinbar ein gemeinsames Element dieser Ungeheuerlichkeit geben, das diese Unterschiede transzendiert. Dieser gemeinsame Nenner scheint, wie wir sehen werden, aus der einfachen Fähigkeit der Macht zu bestehen, Ungeheuerlichkeiten zu begehen. Als Folge dessen kommen wir zu dem, was wir die *Machttheorie des sozialen Elends* nennen könnten.

Teilweise scheint diese Theorie selbstverständlich zu sein. Denn niemand könnte ungeheure Verbrechen begehen, hätte er nicht die Macht, sie begehen zu können. Dies ist aber nicht der entscheidende Punkt, sondern jener, daß die These auch in ihrem Gegenteil funktioniert: jeder, der Macht besitzt, wird letztlich die ihm gemäßen Ungeheuerlichkeiten begehen.

Dies klingt etwas überspitzt. Klarerweise muß nicht jeder, der Macht besitzt, diese in böser Absicht anwenden. Das ist weitgehend wahr, ändert aber nichts an der These. Es bedeutet nur, daß wir uns schärfer und präziser ausdrücken müssen. Denn ebenso, wie nicht irgendeine Masse spaltbaren Materials eine Atomexplosion auslösen wird, so wird auch nicht irgendeine Menge von Macht zu ihrem brutalen Mißbrauch führen, sondern eben nur ihre kritische Menge. Daher könnten wir unsere Theorie auch eine *atomare Theorie des sozialen Elends* nennen. Dies um so mehr, als, wenn einmal die kritische Masse erreicht ist, deren Mißbrauch *spontan* erfolgt. Letztlich besteht das wahrhaft vitale Element nicht so sehr aus Macht allein, denn aus der *Größe* der Macht, die ihrerseits, wie es bald offensichtlich werden wird, von der *Größe* der sozialen Gruppen abhängt, die sie hervorgebracht hat. Wir können diese Theorie daher auch die *Größen-Theorie des sozialen Elends* nennen.

Wie groß ist nun die kritische Masse, die zu Machtmißbrauch führt? Die Antwort fällt nicht schwer. Es ist die Masse an Macht, die gegenüber einem Gegenangriff immun ist. Dies ist sie immer, wenn sie in ihrem Besitzer den Glauben erweckt, daß er durch keine größere andere Ansammlung von Macht in Schach gehalten werden kann. Da sie von der Beschaffenheit einzelner Individuen oder Gruppen abhängt, stellt die kritische Masse in jedem spezifischen Fall eine besondere Größe dar, was zur Idee Anlaß gibt, daß wirklich andere Elemente als die bloße physische Größe für kriminelle Ausbrüche verantwortlich sind. Wie aber auch der Siedepunkt für einige Substanzen tief und für andere hoch ist, so ist auch die Menge der Macht, die zu ihrem Mißbrauch führt, für einige Individuen oder Gruppen geringer, für andere größer. Auf ähnliche Weise, wie eine stetig ansteigende Temperatur, die letztlich sogar die resistentesten Metalle zum Siedepunkt bringen wird, wird auch die ansteigende Masse von Macht am Ende sogar die Besten brutalisieren – nicht notwendigerweise in einem subjektiven Sinne, sicher aber in ihrem Effekt.

Dies bedeutet, daß (ob wir nun Individuen oder Gruppen darstellen) wir, wenn einmal der kritische Punkt erreicht ist, zu brutalen Menschen werden, sogar fast gegen unsere Natur. Wenn Gefängniswärter und Polizisten generell als brutal angesehen werden, liegt dies nicht daran, daß sie schlechter als andere Menschen sind, sondern weil sie in der Beziehung zu ihren Gefangenen und Verhafteten fast immer mit der kritischen Masse von Macht ausgerüstet sind. Sobald diese fehlt, sind sie so einfühlsam, bescheiden und höflich wie jene, die nicht in dieser Situation sind. Auf ähnliche Weise können Soldaten, die am Morgen ihre Seele Gott empfohlen haben, am Abend plündern, vergewaltigen und rauben – nicht, weil sie sich plötzlich verändert haben, sondern weil die Verwirrung, die der Eroberung einer Stadt folgt, einem oft eine Tarnkappe der Immunität verleiht, die mit dem Besitz einer momentan uneinschränkbaren Macht identisch ist.

Während einigen Berufen auf diese Weise Brutalität inhärent ist, weil sie durch ihre eigenste Natur selbst Sammelpunkte kritischer Mengen von Macht sind, so ist die gefährlichste Ursache von Brutalität nicht professionell oder institutionell, sondern physisch. Sie ist Menge – bloße physische Menge. Denn Menge, Größe, Masse *führt* nicht nur zur Macht; wie auch Energie, *ist* sie Macht – Macht, eingefroren in die Dimension der Materie. Deshalb war Gulliver, nachdem er bei Brobdingnag, im Land der Riesen, ans Ufer geschwemmt wurde, in seinen Sorgen nicht unvernünftig, wenn er sich erinnert, daß „menschliche Wesen im Verhältnis zu ihrer Körpermasse wilder und grausamer werden". Dies erklärt auch, warum kleine Kinder, ohne dabei ihren Charme oder ihre Unschuld zu verlieren, kleinen Tieren das antun, was sie größeren Tieren niemals antun würden. Dank ihrer fast unendlichen Überlegenheit an Größe *fühlen* sie nicht einmal, daß sie grausam sind, wenn sie einer Fliege die Flügel ausreißen oder einem Frosch die Beine – wie auch die Riesen unserer Märchen recht wahrheitsgetreu gezeichnet sind, wenn sie in ihrer Monstrosität Menschen essen, so wie Menschen lebende Austern.

Individuelle körperliche Masse ist jedoch nur eine untergeordnete, machtbrütende Größe und daher nur ein untergeordnetes soziales Problem: denn sogar die Größten unter uns können nicht viel größer sein als die meisten anderen. Daher werden die meisten Leute zusätzliche machtschaffende Eigenschaften benötigen, wie etwa hypnotische Kraft, oder etwa eine Bande, oder Schießwaffen – alles Mittel, die die körperliche Masse vergrößern und auf physische Größenordnungen reduziert werden können –, ehe sie ihre bösen Instinkte zufriedenstellen können. Aber auch dann wird die ihnen zugängliche Macht zu nahe an jener Grenze rangieren, an der das kritische Volumen subkritisch wird, wenigstens so weit, um ihnen eine genügend große Immunität für eine genügend lange Zeit zu versichern. Daher rührt die relative Seltenheit von Verbrechen, daher auch rühren die relativ großen Zwischenräume, die selbst sehr abgehärtete Verbrecher zwischen ihre diversen kriminellen Tätigkeiten legen.

Ein Element jedoch ist imstande, seine physische Substanz so weit und so unwiderruflich jenseits der kritischen Grenze auszudehnen, daß es keine Macht auf Erden einschränken kann: Dieses Element ist die *kollektive* physische Hauptmasse des am meisten verehrten Organismus unserer Zeit: die menschliche Masse, das Volk, das, in gegebener Größe und Dichte, den idealen Zustand der Anonymität auslöst, in dem eine größere Anzahl von Individuen, ohne Angst davor, entdeckt zu werden, die kritische Masse an Macht an sich reißen kann, wie es ihr in einem Zustande geringerer und durchleuchtbarerer Dichte nur schwer möglich wäre. Zu einem bestimmten Zeitpunkt wird die Masse selbst so spontan bösartig, daß sie, zusätzlich zum größer gewordenen Quantum individueller Missetaten, die unter dem Deckmantel ihrer finsteren Masse begangen werden, von selbst ein eigenes Quantum zu erzeugen beginnt; eine völlig losgelöste Niedertracht, die zwar eine Beziehung zur Größe, aber nicht zur Natur menschlicher Moleküle besitzt, aus denen dieses Quantum zusammengesetzt ist.

Wenn dieses soziale Volumen erreicht ist, wird alles vorhersehbar, und es läßt sich nichts mehr verhindern. Die Frage lautet dann nicht mehr, wie viele Verbrechen begangen werden, sondern, wer sich in der Freiheit seines Willens dazu entschließen wird, zum kriminellen Werkzeug des Gesetzes der großen Zahl zu werden. Ihre Voraussetzungen dazu bestimmt alles so sehr, daß jeder Statistiker, wenn er die Größe einer Gemeinschaft mit der Dichte und dem Rhythmus ihrer Bevölkerung[1] in Beziehung gesetzt hat, alles vorhersagen kann – bloß aus der Anzahl der Sterbefälle, der tödlichen Unglücksfälle und falschen Feueralarms. Er kann voraussagen, daß es etwa in Chicago innerhalb der folgenden 30 Tage zu „knapp tausend Einbrüchen kommen werde. Etwa 500 Bürger werden mit einer auf sie gerichteten Schußwaffe oder anderen gefährlichen Waffen aufgehalten und beraubt werden. Ungefähr 15 Leute werden ermordet werden. Dreißig oder mehr Frauen werden angefallen und mißbraucht werden.“[2]

Eine übervölkerte Gesellschaft ist daher sogar in einem Stadium relativer Ruhe voll von inhärenten Gefahren. Aber dies bedeutet gar nichts im Vergleich zu der Gefahr, die sie erzeugen kann, wenn sie kollektiv unruhig wird. Abgesehen davon, daß sie dann noch größere Dichte erreicht, wie es zu bestimmten Anlässen, etwa an Festtagen, geschieht, beginnt sie auch, an Geschwindigkeit zuzunehmen. Dann werden sich nicht bloß ihre Missetaten erhöhen, sie werden in geometrischer Reihe anwachsen, beginnend mit Taschendiebstahl, gefolgt von Streit, Krawallen, Messerstecherei und, unabhängig vom Ausmaß weiterer Verdichtung und zunehmender Geschwindigkeit, von Massakern, die mit der Gewalt kosmischen Geschehens explodieren werden. Und sie werden erst dann wieder abflauen, wenn genügend Kohäsions-Energie verbraucht wurde, um es der Menge wieder zu gestatten, sich zurück zu ihrer ursprünglichen Dichte und Geschwindigkeit zu verdünnen und die Geschwindigkeit abzubremsen.

Dies ist der Grund, weshalb die Polizeikräfte in Gemeinschaften, um mit der immer zu gewärtigenden Gefahr plötzlicher sozialer Kernverschmelzung fertigzuwerden, sich in mehr als in einem proportionalen Maße – im Vergleich zur Bevölkerungszunahme – vergrößern müssen. Dies geschieht nicht, weil größere Städte proportional mehr schlechte Menschen beherbergen als kleinere, sondern weil ab einem gewissen Punkt die soziale Größe selbst zum hauptsächlichen Kriminellen wird.[3] Es gibt auf der ganzen Welt keine Menschenmenge, die sich nicht im Nu in ein Wolfsrudel verwandeln könnte, so heilig ihre ursprünglichen Absichten auch waren. Dies ersehen wir aus den vielen religiösen Feiertagen (Bartholomäus, Michaelis), die mit Massakern endeten, und aus den vielen Massakern, die zu Feiertagen wurden.[4] Dies erklärt auch, warum selbst die Kreuzfahrer, die hymnensingend von Frankreich auszogen, Ungeheuerlichkeiten zu verüben begannen, sobald sie einmal Italien oder Ungarn erreicht hatten. Ihre Armeen hatten nämlich bis dahin so viele fromme Anhänger des Kreuzes aufgesammelt, daß sie schließlich eine unkontrollierbare kritische Größe erreichten. Das erklärt außerdem, warum sogar die ehrwürdigsten und devotesten Prozessionen oder Begräbnisse immer Polizeischutz benötigen. Schutz wovor? Immer vor der gleichen Gefahr – *vor den atomaren Konsequenzen* ihrer eigenen Masse.

2. Der Ursprung der das Verbrechen billigenden Philosophien

Die rein physische Größe einer sozialen Ansammlung scheint jedoch nicht nur für die Zahl der Verbrechen verantwortlich zu sein, die von den sie bildenden Individuen oder Gruppen begangen werden; bedeutender und gefährlicher scheint die Häufigkeit von Verbrechen, die mit der zunehmenden Größe der Gruppe ebenfalls anwachsen, für die Entwicklung einer korrespondierenden Geisteshaltung zu sein: für die Entwicklung einer die Verbrechen billigenden Philosophie. Eine Philosophie wie diese wird unweigerlich (als Sekundärursache) sich intensivierenden Druck auf die Häufigkeit von Verbrechen ausüben. Daher entsteht das Phänomen, durch das historisch jedes Anwachsen der Opferzahl in einem mehr als proportionalen Anwachsen der Roheit der Menschenverfolgungen resultierte. Dies deutet an, daß nicht nur die Häufigkeit der Verfolgungen, sondern sogar die Philosophie des Verbrechens weniger durch ein sich verschlechterndes moralisches Klima bedingt wird – wie man oft annimmt –, sondern vielmehr durch das physische Element von Masse, Anzahl, Macht und, in letzter Analyse, sozialer Größe. Wie die Gesellschaft und mit ihr die Macht wächst, so wächst auch ihr korrumpierender Einfluß auf den Geist. Oder, um Lord Actons berühmten Ausspruch ein wenig zu paraphrasieren: Relative Macht korrumpiert relativ, absolute Macht absolut.

Wir werden uns dies besser vorstellen können, wenn wir uns die einzelnen Stufen vorstellen, über die eine sozial genehmigte kriminelle Handlung voranschreitet. Solange die Opfer der Verfolgungen wenige sind, wird die Methode der Exekution, oder, um einen Marxschen Ausdruck zu verwenden, wird der *Produktionsmodus* aus ritualisiertem Erstechen, Aufhängen oder aus Erschießungen bestehen, denen pseudolegale Prozesse vorangehen und eine Art zivilisierter Beerdigung folgt. Auch werden die Henker den Drang empfinden, sich zu entschuldigen, da sie noch nicht vom Ausmaß ihrer Macht überzeugt sind und da sie, wegen der Einzigartigkeit ihrer Handlungen, immer noch fühlen, daß sie unrecht tun. Sobald aber die Anzahl ihrer Opfer anwächst, verschwinden Entschuldigungen, sogar Schuldgefühle, und individuelle Exekutionen oder Begräbnisse werden nicht nur lästig, sondern auch technisch undurchführbar. So muß man neue Gepflogenheiten entwickeln. Jetzt werden die Opfer zu Brunnen, Gräben oder Flüssen geführt, auf der Stelle exekutiert und dann einfach hineingeworfen. Dies repräsentiert weniger ein Anwachsen von grober Wildheit, sondern vielmehr eine Anpassung an die Erfordernisse neuer Situationen, mit denen man mit den vorherigen Mitteln nicht mehr fertig werden konnte. Daher kennen wir Bilder von mit Leichen angefüllten Gräbern in Frankreich, Deutschland, Rußland, Korea, wo auch immer, denn das Massenabschlachten erforderte jeweils eine massenhafte Leichenbeseitigung. Wenn die Zahl der Opfer zunimmt, ist die Grabbestattung nicht mehr durchführbar. Wir finden dann Leichen in Stapeln, wie man dies fassungslos in den Konzentrationslagern der Nazis beobachtete, oder als Leichen Türen und Durchgänge blockierten, wie es Historiker aus dem Paris des 16. Jahrhunderts berichten.

Endlich, wenn auch das Stapeln unmöglich wird, verlangt die Situation nach der letzten der bisher bekannten „Produktionsmethoden" – nach der Verbrennung. Wenn andere Methoden den Anforderungen der Aufgabe nicht gewachsen sind, werden die Opfer nun einfach zusammengetrieben, in ein Gebäude gebracht und entweder *mit* dem Gebäude verbrannt – wie in der Mühle bei Carmes, als die Technik der Massenkremierung noch nicht entwickelt war – oder *ohne* Gebäude – wie in den Krematorien der Nazis. Künftig wird man zweifellos Atomenergie einsetzen. Sie bietet sich nicht nur als einzig ausreichendes Mittel an, um mit der Anzahl der Opfer fertigzuwerden, die unsere übervölkerten modernen Massengesellschaften möglich macht, sie ist auch die bei weitem billigste Methode, das auszuführen, was von ihr erwartet wird. In seiner Abhandlung über „Die Ökonomie der Ausrottung" kalkulierte der britische Mathematiker und Astronom Fred Hoyle, daß die Kosten pro getötetem Opfer im Zweiten Weltkrieg immer noch mehrere tausend Pfund betrugen, während die neue „atomare" Rate auf ein einziges Pfund gesenkt wurde.[5]

Wir ersehen daraus, daß nicht die scheußliche Absicht ein vielfaches Abschlachten verursachte, sondern das vielfache Abschlachten verursachte die scheußlichen Absichten. In diesem völlig objektiven Phänomen braucht kein persönliches Element im Spiele zu sein. Es besteht jedoch auch eine andere Beziehung zwischen moralischer Anpassung und physischer Größenordnung, die unsere Aufmerksamkeit erfordert. Während der Grad der Scheußlichkeiten eine natürliche wie auch eine unpersönliche Tendenz aufzeigt, jeweils mit dem Anwachsen der Zahl der Opfer anzuwachsen, erfährt der Grad menschlicher Ablehnung – die Philosophie der Zensur – eine ebenso proportionale wie natürliche Tendenz abzunehmen. Wäre dem nicht so, so würde unsere Erfahrung als Zeuge der Scheußlichkeiten und des zunehmenden Leides bald unser Mitgefühl überfordern und uns umbringen. Es ist schon so: Je größer unser Anstand und unsere Fähigkeit, Mitgefühl zu verspüren, desto schneller liegen wir darnieder.[6]

Dies lag aber sicherlich nicht in der Absicht der Natur. Deshalb hat sie uns im Interesse unseres eigenen Überlebens geholfen, dem vernichtenden Terror massiver Ungeheuerlichkeiten entgegenzutreten, indem sie uns mit einem Kissen moralischer Abstumpfung versorgte. In der Folge werden wir, je mehr die Rate sozial verübter Verbrechen zunimmt, nicht mehr von unserem Gewissen belastet. Das individuelle Wesen neigt eher dazu, sogar jenes kleine bißchen Gewissen zu verlieren, das es noch besaß, als die Anzahl der Opfer gering war. Wie es denn auch ein *Gesetz abnehmender Brauchbarkeit* gibt, nach dem jedes aufeinanderfolgende Gute, das man sich zu einer bestimmten Zeit aneignet, einem weniger Befriedigung gibt als das vorhergehende Gute, so scheint es auch ein *Gesetz abnehmender Sensitivität* zu geben, nach dem jeder aufeinanderfolgende Auftrag, ein Verbrechen auszuführen, den Ausführer mit weniger schlechtem Gewissen erfüllt – das Volk mit weniger Schockwirkung – als alles bisher Dagewesene.[7]

Dies geht so weit, daß, wenn schlechtes Benehmen zu einem Massenverhalten wird, eine so allgemeine Abgestumpftheit und Abstraktion einsetzen kann, daß die Mörder jeden Sinn für ihre Kriminalität verlieren, wie auch die Betrachter jeden Sinn für Verbrechen.

An diesem Punkt fangen die Täter an, in ihren Leistungen den Stolz eines Handwerkers zu zeigen: Sie drücken Befriedigung über eine gut ausgeführte Arbeit aus und erwarten Beförderungen für genauestens erfüllte Pflichten und nicht Strafen. Die Umstehenden fangen nun ihrerseits an, Massaker wie Festtage zu feiern. Mit der Distanz, die mit entindividualisierten Zahlen einhergeht, entdecken sie die wirtschaftlichen und kommerziellen Möglichkeiten dieses Zustandes. Ärzte sehen plötzlich, daß man die Sterbenden für medizinische Experimente verwenden könnte; Hausmütter, daß tätowierte Menschenhaut als Lampenschirm ganz hübsch aussieht; Apotheker, daß sich das menschliche Fett zur Herstellung medizinischer Substanzen eignet; Agronomen, daß sich aus zermahlenen Knochen ein ausgezeichneter Dünger bereiten läßt. Die zunehmende Abgestumpftheit des Menschen gegenüber der anschwellenden

Intensität der Ungeheuerlichkeit ist so progressiv, daß letztlich der Massenmord wie jede andere Arbeit aufgefaßt wird, ausgeübt von ehrbaren und angesehenen Menschen – ein Höhepunkt, den Charlie Chaplin mit seinem eleganten *Monsieur Verdoux* sehr wirkungsvoll porträtiert hat. Man kann sich keinen Mörder „nur" in einer Person vorstellen, der so viel Edles oder Nobles ausstrahlt. Im Gegenteil, er wird nicht nur von keinen Minderwertigkeitsgefühlen gepeinigt; er wird sogar in Gemeinschaft von Mördern verächtlich behandelt. Was für ein Unterschied zum Massenmörder, der sich selbst nicht nur als Meister, sondern auch als Gentleman sieht und für den sogar seine Widersacher grollende Anerkennung fühlen. Dies erklärt, warum viele Häscher noch vor der Hinrichtung von Kriegsgefangenen sich mit diesen, scheinbar recht zufrieden, photographieren ließen.

3. *Kritische Mengen*

Aus dem bisher Gesagten ergeben sich also folgende Schlußfolgerungen:

a) Die prinzipielle Ursache regelmäßig wiederkehrender Ausbrüche von Massenkriminalität und der damit verbundenen moralischen Abstumpfung selbst innerhalb großer Teile der zivilisierten Gesellschaften liegt anscheinend nicht in einer falschen Führung oder in einer korrupten Philosophie, sondern in einem rein physischen Element. Dieses Element ist mit Anhäufung und Anzahl verknüpft, die eine intensivierende Wirkung ausüben, wie auch mit dem Besitz einer kritischen Quantität von Macht, die eine zündende Wirkung hat. Bei einem gewissen Volumen wird eine Kettenreaktion brutaler Taten und, mit der Zeit, eine billigende Philosophie recht spontan als Folge in Erscheinung treten.

b) Obwohl das kritische Volumen der Macht das unmittelbare Element ist, das zu sozialer Barbarei führt, hängt es selbst von einem anderen physischen Element ab – von einer sozialen Masse, einer gegebenen Größe. In einer kleinen Gesellschaft kann sich das kritische Volumen nur sehr selten akkumulieren. Fehlt das große numerische Gewicht, so ist die starke verbindende Macht der Gruppe leicht durch die ausgleichenden zentrifugalen Trends lahmgelegt, die durch die verschiedensten konkurrierenden Ziele der individuellen Mitglieder der Gruppe repräsentiert werden.[8]

In größeren Gesellschaften anderseits können die durch die Anzahl erforderlichen koordinierenden Zwänge so mächtig werden, daß die konkurrierenden Trends verschwinden und die Gefahr einer sozialen Kettenreaktion präsent bleibt. Wenn also kritische Macht die direkte Ursache sozialer Bösartigkeit ist, dann können wir sagen, daß kritische soziale Größe, der Urboden für das Anwachsen kritischer Macht, ihre letztendliche primäre Ursache ist.

c) Im Einschätzen der kritischen Größe einer Gesellschaft ist es jedoch nicht ausreichend, nur im Sinne der Größe ihrer Bevölkerung zu denken. Ihre Dichte (die Beziehung der Bevölkerung zum geographischen Areal) und ihre Geschwindigkeit (die Widerspiegelung des Ausmaßes ihrer zu verwaltenden Organisationen und ihres technisches Fortschrittes) müssen ebenso ins Kalkül gezogen werden. Wenn eine Bevölkerung nur spärlich verbreitet ist, kann sie in ihrer Anzahl größer sein und ein größeres Gebiet bewohnen und doch eine kleinere Gesellschaft darstellen als eine zahlenmäßig kleinere, aber dichtere Gruppe. Ähnlich kann eine bewegliche, sich schneller bewegende Gesellschaft größer sein als eine zahlenmäßig größere, aber sich langsamer bewegende. Um dies zu verstehen, müssen wir nur an die Anzahl von Ausgängen in einem Theater denken. Eine bestimmte Anzahl mag für eine sich langsam bewegende Menschenmenge ausreichen; keinesfalls reicht sie jedoch, wenn die gleiche Menge aufgeregt wird und sich dadurch ihre Geschwindigkeit verdoppelt. Der Effekt ist dann der gleiche, als hätte sich die Menschenmenge verdoppelt. In Gegensatz zu diesen qualifizierenden Eigenschaften sind jedoch Dichte, Geschwindigkeit wie auch die soziale Integration, die sie notwendig macht, nicht getrennte Elemente, sondern Konsequenzen und auch bestimmende Eigenschaften des physischen Konzeptes sozialer Größe. In einem Gebiet mit wachsender Bevölkerung wird die Gesellschaft automatisch dichter, was ein zunehmendes Maß an Integration erfordert. Die Integration entfernterer Glieder der Gemeinschaft in ihr Zentrum wird in einer Zeit wachsender Bürgerzahl beschleunigt. Die Zahl der Bürger wiederum wird proportional zu ihrem technologischen Fortschritt wachsen. Eine progressive Gesellschaft wird daher eine integriertere und schnellere Gesellschaft sein, und eine schnellere wird den gleichen Macht-Effekt besitzen, als wäre sie zahlenmäßig größer. Letztendlich aber wird, wenn Dinge wie Position, technologischer Fortschritt, soziale Integration und Bodenschätze gleichermaßen gelten, die mächtigste Gesellschaft jene sein, die die höchste Bevölkerungszahl aufweist.

Angesichts all dessen befinden wir uns nicht nur in der Lage, die volle Bedeutung des alternativen und bezeichnenden Begriffs zu verstehen, den wir unserer Theorie gegeben haben: den der *Größen-Theorie sozialen Elends*; nachdem der Ursprung und die grundsätzliche Ursache der Krankheit diagnostiziert wurden, sind wir außerdem in der Lage, eine Therapie vorzuschlagen. Ist nämlich sozial erzeugte Brutalität (auf individueller oder auf Massen-Ebene) meist nichts anderes als das spontane Resultat des kritischen Volumens der Macht, das immer erzeugt wird, wenn die menschliche Masse eine gewisse Größe erreicht hat, dann kann sie nur durch ein Mittel verhindert werden: indem man die machtausbrütende soziale Größe auf einer subkritischen Ebene hält. Dies kann auf zwei Arten zustande gebracht werden: durch *Zunahme* der kontrollierenden Macht bis auf die Ebene der sie herausfordernden Macht; oder indem man das Problem an seiner Wurzel packt und die soziale Größe verringert. Die konventionelle Methode ist die erstere: Sie mustert genügend Polizeieinheiten aus, groß genug, jederzeit die latente Macht der Gemeinschaft in Schach zu halten. Dies ist in kleinen sozialen Einheiten recht einfach. In großen ist dies allerdings schwierig und gefährlich. Schwierig, weil die Geschichte gelehrt hat, daß soziale Kettenreaktionen in massiven Gesellschaften ganz unerwartet einen Grad erreichen können, der von keiner Polizei der Welt eingedämmt werden kann. Und gefährlich: Solange die Macht der Polizei die Masse in Schach halten kann, besitzt die Polizei das kritische Volumen. Auf diese Weise kann sie in genau dem Rahmen, in dem sie uns vor Ungeheuerlichkeiten schützt, uns mit den subtileren Ungeheuerlichkeiten eines Polizeistaates konfrontieren.

Es verbleibt daher als einzige verläßliche Methode, um mit weitverbreiteter Brutalität und Kriminalität fertig zu werden, nur die zweite Alternative: die Errichtung eines Systems sozialer Einheiten von solch *kleiner Größe*, daß eine Anhäufung und Kondensierung kollektiver Macht bis zum Gefahrenpunkt einfach nicht entstehen kann. Die Antwort besteht daher nicht in einer Vergrößerung der

Polizeimacht, sondern in der Verringerung sozialer Größe – durch das Abtrennen jener Teile der Gesellschaft, die zu groß geworden sind. Wenn wir den Grad der Kriminalität in Chicago verringern wollen, müssen wir nicht Chicago umerziehen und umschulen oder mit Mitgliedern der Heilsarmee bevölkern. Wir müssen die Größe von Gemeinschaften wie jener von Chicago auslöschen. Auf ähnliche Weise werden wir, wenn wir der Entwicklung von das Verbrechen billigenden Einstellungen und Philosophien vorbeugen wollen, nichts erreichen, wenn wir das Evangelium verkünden. Wir müssen diese übergroß angewachsenen sozialen Einheiten zerstören, welche durch ihre ureigenste Natur nicht vom Evangelium regiert werden, sondern durch das zahlenbedingte Gesetz des Durchschnitts.

4. Die Ursache des Krieges

Wenden wir uns vom inneren Elend der Gesellschaft ab und dem grundlegenden äußeren Elend zu: den periodisch ausbrechenden Aggressionskriegen. Wir werden dabei lernen, daß die Macht-, Atom- oder Größentheorie abermals zufriedenstellendere Antworten bietet als verschiedene andere Theorien. Und erkennen, daß das gefürchtete Resultat des Verhaltens einer Gesellschaft nicht Konsequenz bösartiger Komplotte oder einer boshaften Grundeinstellung, sondern Konsequenz von Macht ist, die durch exzessive soziale Größe hervorgerufen wird. Wann immer eine Gesellschaft groß genug ist und die kritische Masse von Macht angehäuft hat, wird sie diese auch gebrauchen. Wenn sie sich die Macht angeeignet hat, wird sie zum Aggressor, unabhängig und sogar im Gegensatz zu ihren früheren Taten und Absichten.

Wegen der Bedeutung dieser zufälligen Beziehungen und wegen der in diesem Buch daraus gezogenen Folgerungen wollen wir nun die Natur des kritischen Volumens der Macht definieren und die Rolle der ihr zugrundeliegenden sozialen Größe untersuchen. Diesmal richtet sich der Blick mehr auf externe Aggression als auf interne Ungeheuerlichkeiten. In Kontrast zur scharf definierten Masse, die notwendig ist, um eine Atomexplosion hervorzurufen, ist die Masse, die notwendig ist, um einen Krieg zu entfesseln, ihrerseits relativ. Wie im Falle von internen kriminellen Ausbrüchen variiert sie mit der Summe der jeder möglichen Verbindung von Feinden zur Verfügung stehenden Masse von Macht. In dem Augenblick jedoch, in dem diese Masse größer ist als die Gesamtsumme von Macht der anderen, wird die Masse, die die einen in Händen halten, *in ihrer Einschätzung* so groß, daß daraus fast automatisch Aggression resultiert. Umgekehrt, wenn die augenblickliche Macht einer Nation im Abnehmen ist und unter einen gewissen Grad fällt, wird diese Nation nicht nur *friedliebend* werden, was, wie wir gesehen haben, nicht zu den Eigenarten der Nationen gehört; sie wird *friedlich* werden, was ebenso positiv ist.

Das gleiche Gesetz, das eine Atombombe *spontan* zur Explosion bringt, wenn das spaltbare Material seine kritische Größe erreicht, scheint auch eine Nation zu veranlassen, *spontan* aggressiv zu werden, sobald ihre Macht ein kritisches Volumen erreicht. Keinerlei Entschlossenheit ihrer Führer, keine Ideologie, nicht einmal die christliche Ideologie von Liebe und Friede selbst, kann sie daran hindern, in einen Krieg auszuarten. Auf die gleiche Weise kann kein aggressives Verlangen und keine Ideologie, nicht einmal die Ideologie des Nazismus oder des Kommunismus, eine Nation zu einem Angriff führen, solange ihre Macht unterhalb des kritischen Volumens liegt. Alles hängt immer vom physischen Element der Macht ab, die abhängig ist in ihrer Größe von der Größe der Gemeinschaft, von der sie ausgeht. So entsteht bei einem gewissen Volumen Aggression als unvermeidliche Konsequenz. Sie scheint die Ursache jedes und aller Kriege zu sein, die einzige und immer gleiche Ursache von Kriegen.

Sogar der oberflächlichste historische Überblick bestätigt diese Beziehung. Es könnte heute keine friedlicheren Völker als die Portugiesen, Schweden, Norweger und Dänen geben. Als sich diese Länder jedoch im Besitz von Macht befanden, schlugen sie gegen jeden und alles mit solch einer Wut zu, daß die Welt von Horizont zu Horizont erobert wurde. Dies passierte nicht, weil sie zum Zeitpunkt ihrer nationalen Expansion aggressiver als andere Völker waren. Sie besaßen mehr Macht. Zu anderen Zeiten waren wieder die Engländer und Franzosen die hauptsächlichen Aggressoren der Welt. Als *diese* das kritische Volumen der Macht erreichten, welches ihnen gestattete, mit Aggression über alles hinwegzumarschieren, da trieben auch sie so lange alles mit Feuer und Schwert vor sich her, bis ein riesiger Teil der Erde ihnen gehörte. Das einzige, was sie letztlich zum Stillstand brachte, war ihre bloße Unfähigkeit, mit brauchbarer Macht weiter voranzuschreiten. Zu anderen Zeiten waren die Holländer und auch andere europäische Völker friedlich in Europa, wo ihre Macht subkritisch war, während sie in fernen Gegenden aggressiv waren: dort, wo ihre relative Macht kritisch war. In neuerer Zeit, und dies ist der einzige Unterschied und die einzige Auszeichnung der anderen, erstanden in Deutschland und in der Sowjetunion die hauptsächlichen Aggressoren. Der Grund für deren Kriegslust war aber immer noch derselbe. Nicht ihre Philosophien führten sie zum Krieg, sondern ihre plötzlich erworbene Macht, mit der sie das anfingen, was früher jede Nation unter ähnlichen Umständen getan hat – sie verwendeten ihre Macht zur Aggression.

Deutschland als mächtiges Land war ebenso aggressiv wie die anderen; ein schwaches Deutschland ebenso harmlos. Die gleichen Leute, die die Welt mit den hervorragenden deutschen Soldaten von Hitlers hervorragendem Reich überrannten, waren vorher die harmloseste menschliche Gesellschaft. Dies zumindest, solange sie in eifersüchtige und unabhängige kleine Fürstentümer aufgeteilt waren, wie etwa Anhalt-Bernburg, Schwarzburg-Sondershausen, Sachsen-Weimar oder Hohenzollern-Sigmaringen. Natürlich führten sie ihre kleinen Kriege, aber keiner von diesen Kriegen trug einen anderen Stempel als etwa die Zwistigkeiten der Italiener von Parma, der Franzosen der Picardie, der Engländer von Devonshire oder der Kelten von Cornwall. Wo sie der machtausbrütenden Vereinigung Bismarcks entkamen, blieben sie sogar während der Zeiten des Ersten und des Zweiten Weltkrieges friedlich, wie es die Einwohner der Schweiz und Liechtensteins bewiesen. Indem sie sich hinter so enge Grenzen zurückzogen, daß sie schon deshalb niemals Macht erwerben konnten – außer sie hätten die Atombombe mit Hilfe der Kieselsteine ihrer Bergbäche erfunden –, sind diese Völker für immer „verdammt", zu den friedlichen zu zählen – dies trotz der Tatsache, daß sie als Individuen vielleicht sogar die Iren in Wirtshausschlägereien übertreffen. Die Deutschen des Reiches, selbst als sie nach dem Zweiten Weltkrieg jeglicher Macht enthoben wurden, gingen in den fünfziger Jahren wieder daran, so friedlich zu werden wie die Anhalter vor hundert Jahren. Hinzu kommen einige sozialistische Wahlsiege in Deutschland, eine für einige unserer Kommentatoren so verwirrende Tatsache, daß sie nicht verstehen konnten, wie eine Partei in einem *kriegsliebenden* Land auf Grund eines fast herausfordernd antimilitaristischen Wahlprogramms siegen konnte. Klarerweise sehen sogar die aggressiven Deutschen, da sie nun einmal ihrer Macht entledigt sind, nichts Erfreuliches in einem militärischen Abenteuer. Dies zeigten sie in demselben Maße, in dem die Inder – heilig, aber mit Macht versehen – in ihren Angriffen gegen Haiderabad, Kaschmir und Nepal bewiesen, daß sie den Freuden des Kriegführens gegenüber nicht gerade abgeneigt waren. Nur wenn es um die allmächtigen Chinesen und Russen geht, praktizieren die Schüler Gandhis das, was sie predigen – Friedensliebe.

Das Phänomen des Kriegs ist also ebenso unabänderlich wie universal. So gesehen, erhöht sich die Gefahr der Aggression spontan und unabhängig von Nationalität oder Grundeinstellung, sobald die Macht einer Nation so groß ist, daß sie *in der Einschätzung* ihrer Führer über die Macht der voraussichtlichen Gegner hinausgewachsen ist. Diese *Einschätzung*, die schon erwähnt, aber noch nicht betont wurde, scheint auf ein subjektives und psychologisches Element hinzuweisen, das andeutet: Die objektive Tatsache von physischer Macht reicht allein nicht aus, um den Ausbruch eines Krieges zu verursachen. Sie muß mit dem *Glauben* gekoppelt sein, daß das kritische Volumen von Macht tatsächlich erreicht wurde. Ohne solch einen Glauben oder die Überzeugung ist selbst die größte Macht keine Macht, während mit ihm oder ihr sogar unterlegene Kräfte den Anstoß zur Aggression bekommen können. So wahr dies auch ist, sollte es aber nicht die Tatsache verschleiern, daß der Ursprung der Aggressivität trotz allem nicht im psychologischen, sondern im physischen Bereich liegt. Und er liegt ganz allein und nur dort, denn der bloße Glaube an Macht kann nicht ohne die Realität der Macht hervorgerufen werden; und die Realität der Macht ist anderseits solcherart, daß sie bei einer gegebenen Größe den korrespondierenden Glauben an ihre Existenz hervorruft und mit ihr unter allen Umständen die korrespondierende Ideologie, selbst unter den furchtsamsten Völkern. Das einzig Bedeutende des psychologischen Faktors ist, daß er die scharfen Umrisse verwischt und die kritische Masse von Macht – im Kontrast zu der präzisen Gewichtsgrenze spaltbaren Materials – mit einem Randgebiet von einiger

Tiefe umgibt, innerhalb derer die aggressive Explosion überall passieren kann, abhängig davon, ob die Führer *mehr* oder *weniger* sicher sind, das notwendige Volumen erreicht zu haben. Die Zuversichtlicheren werden ihre Nationen schon an der inneren Grenze dieses Glaubensfeldes in den Krieg treiben, und die Zurückhaltenderen – im Glauben daran, daß sie friedliebender wären, obwohl sie einfach nur weniger zuversichtlich sind – werden den Krieg erst an der äußeren Grenze beginnen.

Dieses subjektive Element, von Macht geschaffen und in Proportion zu ihrer Größe anwachsend, wirkt innerhalb der Grenzen des kritischen Umfeldes als deren Zünder. Es erklärt, warum zu gewissen Zeiten sogar kolossale Mächte friedlich gewesen sind – wenn sie sich ihrer wahren Stärke nicht sicher waren. Es erklärt auch, warum zu gewissen Zeiten mehrere Nationen gleichzeitig aggressiv werden. Dies geschieht, wenn, wie im Falle des Französisch-Preußischen Krieges, beide zum gleichen Zeitpunkt glauben, jeweils stärker zu sein als der andere.

Zu anderen Zeiten wiederum wird nur *eine* Nation aggressiv werden. Dies ist der Fall, wenn nicht nur die eigenen Führer glauben, ihre Macht sei unwiderstehlich, sondern wenn dies auch die Führer ihrer Opfer von ihnen glauben. So geschehen in Frankreich unter Napoleon, in Deutschland unter Hitler. Dies erklärt auch eine Aggression wie jene Nordkoreas, die unvermeidbar wurde, sobald die USA, indem sie aus Südkorea ihre Truppen abzog, jenen Zustand erzeugte, der die vormals subkritische Masse des nördlichen Teiles in eine kritische verwandelte. Da die Macht-Theorie diese Aggression vorhersehbar gemacht hätte, sogar mit mathematischer Präzision, hätte ihr Akzeptieren sehr wohl diese katastrophale Vorschlacht des Dritten Weltkrieges verhindern können.[9]

So ersehen wir, daß die Geschichte voll ist von Beispielen, die aufzeigen, wie friedliche Völker plötzlich und unerklärbar aggressive Wilde und auch wie Aggressoren engelhafte Verteidiger des Friedens wurden. In keinem Fall konnte ihre schicksalhafte Veränderung einem barbarisierenden oder zivilisierenden Einfluß zugeschrieben werden. Das Geheimnis ihrer kriegerischen Haltung bestand immer aus ihrer plötzlichen Aneignung von Macht, wie auch das Geheimnis ihrer Rückkehr zum Weg des Friedens immer aus ihrem plötzlichen Machtverlust bestand. Nichts anderes zählte diesbezüglich je.

Wie wir im ersten Kapitel gesehen haben, widerspricht dieser Satz aus dem „Vaterunser“ unglücklicherweise jeder akzeptierten Doktrin, derzufolge die Macht nicht in den Händen irgend jemandes losbrechen kann. Nur schlechte Länder, schlechte Menschen oder Menschen, die durch schlechte Ideologien verseucht sind, sollen angeblich der Versuchung unterliegen, die daher stammt, daß man Sprengstoff in Händen hält. Die Guten würden nicht unterliegen. Statt also das Problem von seiner physischen Seite her anzugreifen, nämlich aus der Erkenntnis, daß der einzige Weg, Krieg zu verhindern, darin liegt, die Organisation solch großer Gesellschaften zu verhindern, die die kritische Masse erreichen können, versuchen die meisten unserer Theoretiker und Diplomaten, gegen die Versuchung immer noch auf einer moralischen Ebene anzukämpfen. Sie wollen uns alle in gute und anständige Menschen verwandeln, indem sie uns eine bessere Schulbildung zuteil werden lassen oder indem sie vor unseren Augen die Konsequenzen böser Taten heraufbeschwören. Haben sie dies erreicht, glauben sie, der Friede der Welt wäre gesichert. Sie werden nicht auf das Argument eingehen, daß, wenn der Besitz von Macht das einzige Element ist, aus dem schlechtes Benehmen resultiert, die Abwesenheit von Macht das einzige Element sein kann, welches unsere Tugendhaftigkeit sicherstellt. Denn der Gedanke, den gezündeten Sprengstoff zu *werfen*, kommt nicht von unserer philosophischen Einstellung, sondern fußt auf der Tatsache, daß wir ihn *besitzen*.

Obwohl viele von uns diese Denkweise als unangenehm ablehnen, zumindest solange sie sich von politischen Überlegungen leiten lassen, so haben wir sie doch in unseren tagtäglichen Beziehungen in solch einem Maße zur Kenntnis genommen, daß wir sie kaum für eine größere Entdeckung halten können. Die Deutschen haben diese Ursache-Wirkung-Beziehung in einem bedeutsamen Ausspruch beschrieben: *Gelegenheit macht Diebe*. Sie deuten damit an, daß es die Gelegenheit ist, die uns zu schlechtem Benehmen führt, und nicht irgendeine Art von Verderbtheit. Gelegenheit ist natürlich nichts anderes als bloß ein weiteres Wort zur Beschreibung eines scheinbar kritischen Volumens der Macht. Selbst ein abgehärteter Dieb wird nicht stehlen, wenn er keine Möglichkeit zur Flucht sieht. Anderseits wird sich sogar ein ehrlicher Mensch schlecht benehmen, wenn er die Gelegenheit – die Macht – dazu hat, es zu tun.

Dies erklärt, warum wir alle – die Guten sogar mehr als die Bösen – Gott bitten, uns nicht in Versuchung zu führen. Denn wir wissen besser als viele politische Theoretiker, daß unser einziger Schutz gegen das Straucheln nicht einer moralischen Einstellung oder einer Androhung von Bestrafung entstammt, sondern mangelnder Gelegenheit. Dies erklärt auch, warum Mütter auf der ganzen Welt seit eh und je wissen, daß die einzige Möglichkeit, ihre Marmelade vor den Händen ihrer Kinder zu schützen, darin besteht, sie außerhalb ihrer Reichweite aufzubewahren. Keine Geschichte über einen mythischen Jungen, der in einem unbeobachteten Augenblick der Versuchung widerstand, einen Apfel zu stehlen, und dem dann die Frucht als Lohn für den Sieg über sein eigenes Selbst gegeben wurde, hätte jemals ähnliche Resultate produziert. Sicher werden einige eine außergewöhnliche Willenskraft aufbringen und aus ihrer intellektuellen Stärke heraus gut bleiben. Die bloße Tatsache aber, daß auch diese Menschen harte Schlachten mit den Mächten der Gelegenheit ausfechten müssen, zeigt den elementaren Charakter dieser Mächte. Die allererste Sünde des Menschen, die Ursünde, bestand in der Anwendung von Kraft, um eben jenes Obst zu erlangen, das als einziges aller Arten verboten war. Keine Warnung, kein Aufruf an ihr besseres Gewissen, nicht einmal die Androhung, das Paradies zu verlieren, hielt Eva davon ab, zu fallen. Seit dem Morgengrauen der Geschichte hat sich in dieser Beziehung nichts geändert. Denn Tugend und Untugend sind nicht Qualitäten der menschlichen Seele, die durch den Geist bloß in einem bedeutungslosen Grad am Rande beeinflußt werden könnten, sondern sie sind die automatische Reaktion und Widerspiegelung eines rein äußerlichen Zustandes – des gegebenen Volumens von Macht.

Wenn wir dies aber immer noch anzweifeln, dann brauchen wir uns nur an die kleineren oder größeren Sünden zu erinnern, die wir selbst in der Vergangenheit begangen haben. Wer von uns hat als Kind keine Süßigkeiten gestohlen? So wie wir älter werden, werden wir klüger und uns auch unseres moralischen Benehmens bewußt; das aber, was uns besser macht, ist weder der Prozeß des Alterns noch der des Trainings. Es ist das allmähliche Versiegen lockender Gelegenheiten. Sobald uns, selbst im höheren Alter, eine Gelegenheit in den Schoß fällt, sind sofort wieder unsere mittelalterlichen Instinkte am Werke. Das ist der Punkt, an dem die Wertvollsten von uns anfangen, Bücher zu stehlen, nicht in Buchläden, wo die Gelegenheiten gering und die Konsequenzen peinlich sind, sondern von unseren besten Freunden. Fast alle von uns haben zu irgendeiner Zeit die öffentlichen Verkehrsmittel um die gebührende Bezahlung fröhlich beschwindelt, indem sie unübertragbare Monatskarten anderer Leute verwendeten oder auf andere Art, wo immer möglich, der Bezahlung aus dem Wege gingen. Ich selbst, gemeinsam mit einer Anzahl von Professoren-Kollegen, war in dieser Beziehung ein schwerer Sünder.[10] Polizisten, die mit der Aufgabe betraut sind, Gesetze zu exekutieren, haben auch eine einzigartige Möglichkeit, das Gesetz ohne Gefahr des Entdecktwerdens zu brechen. Sie rangieren aus diesem Grunde professionell unter den ärgsten Vergewaltigern unseres Strafgesetzbuches, wie man anhand der ständig auffliegenden Polizeiskandale in den meisten Großstädten der Welt ersehen kann.

Bankangestellte, so bedacht sie auch ausgewählt werden, sind ebenfalls ständig Versuchungen ausgesetzt. Laut Präsident Harry S. Truman gab es etwa im Jahre 1951 „rund 600 Unterschlagungen und Veruntreuungen innerhalb des konservativsten aller Berufe in den USA". Einer von je 300 Bankangestellten wurde als korrupt erkannt![11] Man sollte meinen, daß zumindest die idealistischen Mitarbeiter und Delegierten der Vereinten Nationen (UNO) kleinen Unehrlichkeiten gegenüber resistent sein sollten. Doch auch sie scheinen nicht besser als wir alle zu sein. Einem Bericht von *Time* zufolge stellten die Verkehrsbetriebe von New York City fest, daß im Laufe des Jahres 1946, während UNO-Delegierte in der Stadt zusammentrafen, die Geldautomaten der Untergrundbahn 101.200 fremdländische Münzen aufnahmen.[12]

Daher trifft der Ausspruch Bernard Shaws hinsichtlich der Moral einer Frau (daß diese bloß einen Mangel an Gelegenheit darstelle) auf alle Tugenden zu. Wir halten uns nur so lange zurück, solange die Gelegenheit fehlt. Wenn sie in einer unzweideutigen Gestalt auf uns zukommt, werden ihr nur die Heiligen unter uns widerstehen können. Manchmal sogar diese nicht, was man aus den Vorgängen in Pensacola, Florida, schließt, wo „Henry Moquin, ein Privatdetektiv und früherer Präsident eines Pensacola-Heights-Bürgerklubs, sich für schuldig erklärte, einem blinden Mann Zigarren gestohlen zu haben".[13]

Als ich ein Junge war, sahen mich meine Eltern als das Ebenbild der Tugend. Es muß ihnen vollkommen entgangen sein, daß ich eine insgeheime Freude am Fenstereinschlagen hatte. Ich schlug nicht zu viele ein, denn die Gelegenheiten ergaben sich selten. Einmal brach aber ein Hagelsturm einige unserer Schlafzimmerfenster, die aus unzähligen kleinen, in Blei gefaßten Glasplatten bestanden. Da ich allein zu Hause war und sich niemand auf den Straßen befand, wurde mir plötzlich bewußt, daß meine Kraft ihre kritische Masse erreicht hatte. Es war eine wunderbare Gelegenheit. Ich sammelte einige Steinchen im Garten, ging dann auf die Straße und erfreute mich der vergnüglichsten Orgie des Fenstereinschlagens meines Lebens. Als meine Eltern heimkehrten, sah ich natürlich so unschuldig aus, wie man es in diesem zarten Alter zu sein hat. Ich stimmte betrübt mit meinem Vater überein, daß der Sturm unser Haus verwüstet hatte. Alles wäre perfekt gewesen, hätte ich nicht ein kleines Detail übersehen: Hagelkörner schmelzen, Steinchen aber nicht – und diese fand mein Vater über unser Schlafzimmer verstreut. Also ging meine Missetat nicht straflos aus. Der Kern der Sache besteht aber darin, daß ich dachte, ich könnte dies ungestraft tun und unentdeckt davonkommen. Wenn ich heute davon absehe, ähnliche Missetaten zu begehen, dann ist dies nicht deshalb, weil sich mein Sinn für Moral oder für das Eigentum anderer Leute verbessert hat, sondern weil es lächerlich aussehen würde, ertappte man einen Professor der Ökonomie dabei, während er die Fensterscheiben seiner Universität einschlägt. In anderen Worten: Ich habe nicht wirklich die Macht dazu, es zu tun. Wenn ich sie aber hätte...

Solange wir im Rahmen persönlicher Erfahrung denken, erkennen wir präzise, was uns eine kritische Masse antun kann. Obwohl einige Menschen so wenige Gelegenheiten hatten, daß sie niemals das Schauern ihrer eigenen Reaktion auf die Macht erlebten, so haben sicher die meisten von uns solche Reaktionen in anderen gesehen, wie zum Beispiel während des Zweiten Weltkrieges, ob es sich nun um Taxifahrer, Liftpersonal, Geschäftsassistenten oder Kellner handelte. Waren sie sich einmal ihrer Überlegenheit ihren Kunden gegenüber bewußt geworden, wandten sie sich ab von ihrer Existenz als Diener der Öffentlichkeit und wurden deren beleidigende Meister. Unter dem Eindruck der kriegsbedingten Seltenheit ihrer Dienstleistungen und dem sich daraus ergebenden Anstieg ihrer Macht sah ich sogar Vorsteher des YMCA, eine der bescheidensten und christlichsten aller Organisationen, sich in Napoleone der Aggression, Hitlers der Arroganz und Himmlers des Sadismus pervertieren. Dies alles bezeugt die gemeine und universale Einstellung, die Shakespeare so gut in Hamlets großem Monolog als den *Übermut der Ämter* bezeichnete. Die Macht, die mit dem Amt einhergeht, wird jeden von uns in einen „Preußen“ verwandeln.[14] Militärische Macht wird, wenn sie groß genug ist, um uns glauben zu machen, daß sie nichts mehr in Schach halten kann, jeden von uns in einen Aggressor verwandeln.

6. Warum sich Rußlands Führer jenseits der Reichweite der Vernunft befinden

Dies anzuerkennen, scheint von universaler Bedeutung zu sein. So lange wir die Natur und die Rolle der Macht ignorieren, werden wir wahrscheinlich ihre Konsequenzen falschen Ursachen, etwa der veränderlichen Neigung des menschlichen Geistes, zuschreiben und daher in der falschen Richtung nach dem Heil suchen. Dies tun viele unserer Diplomaten unter dem Einfluß veralteter, aber hartnäckiger Theorien immer noch. Nachdem sie endlich herausgefunden haben, daß die Kriegsgefahr heute nicht von Deutschland ausgeht – bis zu dessen Türschwelle sie sie noch bis vor kurzem verfolgt hatten –, schreiben sie die Kriegsgefahr jetzt den Sowjets zu, im besonderen dem verdorbenen Ehrgeiz und dem hartnäckig bösartigen Geisteszustand einer halsstarrigen Gruppe kommunistischer Führer. So tun sie schon wieder dasselbe, was sie seinerzeit erfolg- und sinnlos gegenüber den Nazi-Führern getan hatten. Sie versuchen, die Gefahr durch beruhigende Beschwichtigung zu mildern, durch Appelle an die Vernunft und an die Menschlichkeit, wie auch durch die Schlagkraft ihrer Argumente und, wenn dies alles zu nichts führt, durch die Drohung, sie zu ersetzen. Selbst wenn sie auf der ganzen Linie Erfolg hätten, wäre die Kriegsgefahr nicht geringer geworden, als sie es nach der Vernichtung der Nazi-Führer war. Denn Rußland würde die gleiche Politik der Aggression weiterführen – auch wenn es von einer Gruppe von Heiligen angeführt würde, wie auch Deutschland nicht durch Hitler auf den Pfad der Aggression geführt wurde, sondern schon durch Kaiser Wilhelm, der, im Gegensatz zum ungeschlachten und blasphemischen „Führer“, wenn nicht gerade ein Heiliger, so doch fromm war und zugleich der Oberhirte der protestantischen Kirche seines Landes. Rußland wäre angesichts seiner machtbrütenden Größe selbst unter der Verwaltung eines amerikanischen Prokonsuls eine Gefahr für den Weltfrieden, ebenso wie das alte Gallien für Rom immerdar eine Gefahr darstellte – in der Gewalt von irgendwem, besonders aber in der Gewalt der meisterhaften Hände eines der eigenen römischen Generäle.

Die Gefahr für den Weltfrieden liegt daher nicht in einer aggressiven geistigen Grundeinstellung, sondern in der Existenz einer fastkritischen Masse von Macht, die eine aggressive Grundeinstellung des Geistes auch dann erzeugen würde, falls diese nicht schon ursprünglich vorhanden gewesen sein sollte. Als Folge dessen handeln die sowjetischen Führer nicht auf ihre Art, weil sie schlecht sind, nicht, weil sie Kommunisten sind, und auch nicht, weil sie Russen sind. Sie handeln aggressiv, weil sie aus dem Zweiten Weltkrieg mit einem so furchtbaren Grad sozialer Macht hervorgegangen sind, daß sie denken, es gäbe keine mögliche Kombination feindlicher Mächte, die sie in Schach halten könnte, oder daß es zumindest künftig keine solche Kombination geben werde. Wo immer und wann immer sie in der jüngeren Vergangenheit diesen Eindruck hatten, griffen sie an, überrannten alles und führten Krieg. Finnland, Estland, Lettland, Litauen, die Tschechoslowakei und die anderen Satelliten sind alles Monumente für die russische *Macht*, nicht für russische Mentalität oder kommunistische Indoktrination. Wenn Moskau andere kleinere Staaten, wie Griechenland, den Iran oder die Türkei, nicht angegriffen hat, dann nur deshalb, weil sich diese Länder unter dem Schutzmantel der USA befinden, einer Macht, von der die Meister des Kremls noch nicht überzeugt sind, daß man sie ungestraft angreifen kann. Sobald sie aber zu dieser Überzeugung kommen, wird der Dritte Weltkrieg begonnen haben.

Es wird gesagt, daß die realistischen Herrscher des Kreml Hitlers Irrtum, einen Krieg gegen die ganze Welt zu führen, nicht wiederholen würden. Tatsächlich sagte dies schon Stalin höchstpersönlich. Aber auch Hitler hatte gesagt, daß er den Fehler des Kaisers, einen

Krieg gleichzeitig an zwei Fronten zu führen, nicht wiederholen werde, auch nicht Napoleons Irrtum, sich in die endlosen Tiefen Rußlands hineinsaugen zu lassen. Trotzdem beging er letzten Endes beide Fehler. Napoleon hat gesagt, er werde sein Kaiserreich nicht durch einen Angriff auf den russischen Zaren in Gefahr bringen – wobei er es als weiser empfand, mit dem Zaren zusammen die Welt zu teilen, als sie ihm streitig zu machen. Und er machte sie ihm doch streitig. Deutet dies an, daß alle diese genialen Eroberer plötzlich ihr mentales Gleichgewicht verlieren? Keineswegs! Es zeigt nur, daß keine Vision, keine Weisheit oder Intelligenz die Macht zurückhalten kann, wenn sie einmal ihr kritisches Volumen erreicht hat. Der einzige Weg, um Aggression zu vermeiden, besteht daher nicht aus der Drohung, alles zu zerstören. Er besteht auch nicht aus einem Appell an den gesunden Menschenverstand und an die Humanität der Führungsschichten. Der einzige Weg besteht darin, den schon siedenden Wassertopf von der höllischen Hitze der Macht wegzurücken, wie ja auch der einzige Weg, um Wasser nicht zum Kochen kommen zu lassen, nicht darin besteht, es an seine ursprüngliche Temperatur zu erinnern, sondern darin, es von der Ursache seiner Erhitzung zu entfernen: vom Feuer. Napoleon und Hitler waren solcherart in ihren Beteuerungen des Zurückhaltens wahrscheinlich recht ehrlich gewesen. Am Anfang ihrer Kriege schien ihnen ihre Macht nämlich nicht so groß, daß sie mit allen potentiellen Feinden fertig geworden wären. Sie erreichen ihre kritische Größe nur im Hinblick auf einige Staaten, nicht hingegen der Welt gegenüber. So waren sie anfänglich nur bei jenen aggressiv, bei denen sie „auf Nummer Sicher" gehen konnten. Jede Eroberung erhöhte ihre Macht, bis sie letztlich Grund hatten zu glauben, daß es keine feindliche Kombination auf Erden gebe, die sie in Schach halten könnte. Dies war der Augenblick, als beide das begingen, was sie früher selbst als Unsinn abgelehnt hatten. Aus dem gleichen Grunde werden die harten Realisten des Kremls die Eroberung der ganzen Welt anstreben, trotz der früheren Beispiele des Versagens und trotz ihres eigenen Beschlusses, weiser als ihre Vorgänger zu sein. Wenn sich die Schale der Macht auf der Waage niedersenkt, wird das Unvermeidbare eintreten. Bei der kritischen Masse wird die russische Macht spontan explodieren, sogar ohne absichtliche Zündung seitens des Kremls. Die einzige Möglichkeit, dies abzuwenden, ohne ein Macht-Ventil zur Verringerung des Volumens zu öffnen, besteht darin, eine entgegengesetzte einschränkende Macht aufzubauen – eine Art von Sättigungs-Polizeimacht gleicher Größe. Dies ist unsere jetzige Methode, um den Frieden zu erhalten. In einer solch riesigen Größenordnung ist jedoch das Gleichgewicht so unsicher und sensibel, daß die Explosion ebenso leicht auch von der sich einschränkenden Macht ausgehen kann. Denn alles, was auf Rußland zutrifft, trifft auch auf die USA zu. Dies ist der Grund, weshalb die Russen, trotz unseres Strebens nach Frieden, richtigerweise ebenso mißtrauisch der amerikanischen Macht gegenüberstehen wie wir der russischen, wie ja auch ihre Friedensbeteuerungen sehr leicht ebenso ehrlich gemeint sein können wie die unseren.

Es ist daher immer die kritische Masse von Macht, die Nationen zu Aggressoren werden läßt, während das Fehlen kritischer Macht-Masse ein Zustand ist, der sie friedlich macht. Friedlichkeit ist daher keine mentale Einstellung, keine erworbene Qualität, die erlernt werden kann. Sie fällt uns als Folge von physischer Schwäche automatisch zu. Die wildesten Stämme sind friedlich, wenn sie schwach sind. Aus dem gleichen Grunde werden zivilisierte Völker zu Wilden, wenn sie stark sind. Wie eine Überdosis Gift in keinem körperlichen System gefahrlos ist, so gesund dieser Körper auch sein mag, so ist Macht in den Händen von keinem gefahrlos – nicht einmal in den Händen einer Polizei, die mit der Aufgabe betraut ist, Aggression abzuwenden. Damit wir aber nicht das primäre kausale Element aus den Augen verlieren, kehren wir von dem vorhin besprochenen Macht-Aspekt zurück zum Größen-Aspekt jener Theorie, die den Krieg erklärt: Da es sich um eine physische Kraft handelt, die hinsichtlich ihrer Größe von der Größe der Gesellschaft abhängt, von der sie ausgeht, kann Macht nur in einer Gesellschaft kritischer Größe selber kritische Größe entwickeln. Die Frage lautet also: Was verstehen wir unter sozialer Größe? Was ist größer, und was ist kleiner? In Anbetracht der Tatsache, daß *soziale* eine Funktion von *physischer* Größe ist und daß das letzte Partikel, von dem eine Einheit der Macht ausgeschöpft werden kann, das individuelle Mitglied einer gegebenen Gruppe ist, folgt, daß die soziale Größe demgemäß größer sein muß, je größer die Einwohnerzahl ist. Die sozial größte Gesellschaft ist jene mit der physisch größten Anzahl von Leuten. Die Gesellschaft mit einer kritischen Größe ist jene mit einer Einwohnerzahl, die größer ist als alle anderen Bevölkerungszahlen, die sich ihr entgegenstellen können.

Wie dem auch sei, solange sich verschiedenste Gesellschaften auf verschiedenen Entwicklungsebenen befinden, muß eine Anzahl qualifizierender Aspekte in die Einschätzung der tatsächlichen oder verwendbaren oder sozialen Größe einer Gruppe eingeführt werden. Denn vor dem Erreichen identischer Entwicklungsebenen ist die soziale Größe verschiedenster Gemeinschaften nicht notwendigerweise ebenso groß wie ihre physische Größe. Wie vorhin aufgezeigt wurde, kann eine dichtere soziale Gesellschaft eine Zeitlang effektiver und mächtiger sein als eine zahlenmäßig größere; eine fortschrittliche Gesellschaft größer als eine zurückgebliebene; eine schnellere Gesellschaft größer als eine langsamere; und eine höchstorganisierte Gesellschaft kann größer sein als eine weniger organisierte. Dies erklärt, warum eine wohlorganisierte Minderheit sozial oft eine Mehrheit darstellen kann oder warum kleinere Gruppen historisch gesehen oft aggressiver waren als bevölkerungsreichere. In Zeiten der Umwandlung wirkt die Organisation (ebenso auch die Dichte und die Geschwindigkeit) als Multiplikator der Bevölkerungszahl wie auch als Beschleuniger im Erreichen größerer sozialer Größe, wobei sich aus einer gleichmäßig großen Anzahl von machttragenden Partikeln eine größere Einheit herausbildet, einfach indem sie diese auf eine leistungsfähigere Art zusammenstellt. Wie jedoch Nationen bevölkerungsreicher werden, so werden auch Dichte, Geschwindigkeit und Organisation letzten Endes spontan eintreten, sogar wenn eine gezielte Anstrengung in dieser Richtung fehlt. Dadurch wird im letzten Stadium der Entwicklung – das heute anscheinend in zunehmendem Maße von den Gesellschaften erreicht wird – die soziale Größe wiederum gleichwertig mit der physischen Größe sein, wobei die zahlenmäßig größeren Gesellschaften die sozial mächtigeren sein werden. Dadurch, daß sie mächtiger sind, werden sie um so leichter die verschiedenen sozialen Leiden und Verstrickungen entwickeln – deren Analyse der Gegenstand dieser Studie ist – als kleinere Gesellschaften.

Zur Abrundung dieses Arguments sollte ein letztes modifizierendes Element erwähnt werden. Dieses betrifft in der Einschätzung effektiver sozialer Macht die geographische Entfernung des Tatortes ihrer Aus- und Einübung von seinem Ursprung. Denn effektive

Macht nimmt, wie Schall und Licht, in dem Maße ab, in dem die Entfernung zunimmt. Dies erklärt, warum Kaiserreiche, obwohl sie in ihrem Zentrum die Position einer Großmacht halten konnten, an der Peripherie unvermeidbar zu bröckeln beginnen, sogar in der Folge kleiner lokaler Machtentwicklungen. Die amerikanischen Kolonien, die sich auf eine relativ geringe Bevölkerungszahl stützen konnten, erlangten dennoch eine kritische Überlegenheit und konnten die britische Macht angreifen, welche, obwohl sie in Europa enorm war, über eine Entfernung von 3.000 Meilen kaum ein Wasserkräuseln verursachen konnte. Hätte diese Tatsache nicht bestanden, daß effektive soziale Macht gegenläufig zur Entfernung von ihrem Zentrum nachläßt, hätten sich die amerikanischen Kolonialisten kaum die Idee zu eigen gemacht, daß Steuern mit Repräsentation im Parlament von London erfreulicher sind als Steuern ohne jegliche Repräsentation.

7. *Einwände gegen die Macht-Theorie*

Viele werden gegen die Macht- und Größen-Theorie sozialen Elends Einwände äußern. Dies deshalb, weil sie sich zu sehr wie eine materialistische Interpretation der Geschichte anhört. Und so ist es auch tatsächlich! An dieser Tatsache aber ist nichts falsch. Einfach weil die materialistische Interpretation ein Patenkind von Karl Marx war, bedeutet das nicht, daß sie unhaltbar wäre. Auch ist nicht jede materialistische Interpretation notwendigerweise atheistisch. Die hier vorliegende ist es nicht. Wir leben in einem materiellen Universum; warum sollte eine Idee daher eigenartig sein, die behauptete, daß materielle Umstände einen übermächtigen Einfluß auf unser Verhalten ausüben? Gott und nicht Karl Marx schuf es so. Durch unsere *Sinne* und durch die *Materie* vermittelt Er uns die Manifestationen Seiner Existenz. Seine Direktiven werden uns durch *Dinge* und durch Gesetze vermittelt, die den *Dingen* innewohnen. Seine physische Schöpfung einfach als bedeutungslos abzutun – in der Interpretation des menschlichen und sozialen Prozesses –, erschiene daher viel mehr als eine Blasphemie denn die Marxsche Interpretation, die nicht so sehr deshalb unzufriedenstellend ist, weil sie irrig wäre, sondern weil sie unvollständig ist. Sie lehnt Gott ab, aber sie akzeptiert zumindest die Größe und Bedeutung Seiner Konstruktion – eine Behauptung, die sich hinsichtlich seiner Verleumder nicht immer halten läßt. Schon Churchill warnte uns diesbezüglich: So wie wir unsere Gebäude gestalten, so gestalten sie auch uns.

Eine materialistische Interpretation der Geschichte enthebt den Menschen auch nicht seiner moralischen Verantwortung für seine Taten oder seines Einflusses auf die historische Entwicklung. Obwohl unser Verhalten bloß eine Reaktion auf einen externen physischen Zustand darstellen könne, wie etwa eine Reaktion auf Machtakkumulation oder, fundamentaler, auf die Größe der Gesellschaft, so besitzen wir doch zugleich die Intelligenz und die Handlungsfreiheit, um die Art der physischen Umstände, die uns umgeben und die unsere Reaktionen hervorrufen, selbst umzuformen. Wenn uns unsere Intelligenz sagt, daß ein gewisses Maß an Macht uns alle korrumpiert, müssen wir bloß unsere Handlungsfreiheit nutzen und dazusehen, daß das korrumpierende Volumen der Macht nicht von uns Besitz ergreift. Wenn wir zusätzlich wissen, daß sich das korrumpierende Volumen der Macht nur in Gesellschaften entwickeln kann, die zu groß geworden sind, dann hält uns niemand davon ab, weiser zu sein und danach zu trachten, daß soziale Anhäufungen nicht über ihre kritischen Grenzen hinauswachsen. Odysseus, wohl wissend, daß kein menschliches Wesen dem Gesang der Sirenen widerstehen könne, war wegen dieses Wissens nicht dem Untergang geweiht. Indem er seinen gesunden Menschenverstand und seine Handlungsfreiheit gebrauchte, verstopfte er die Ohren seiner Matrosen, damit sie seine Kommandos nicht hören konnten. Dann entzog er sich selbst der Macht, eine sonst unvermeidbare Handlung auszuführen, indem er seinen robusten Körper an den Mast ketten ließ, solange sie die gefährliche Insel umschifften. Es gibt in einer materialistischen Interpretation der Geschichte nichts, was als Entschuldigung für das Versagen des Menschen, seinen Geist einzusetzen, herhalten könnte – wie auch dafür, eine korrumpierende soziale Umwelt in einer Weise zu ändern, daß unerwünschte menschliche Reaktionen automatisch zu existieren aufhören und somit angemessenere Reaktionen automatisch eintreten.

Obwohl die hier dargelegte Theorie eine materialistische Interpretation darstellt, ist sie weder amoralisch noch atheistisch. Und schon gar nicht marxistisch. Marx zufolge liegt die primäre Ursache, die zugleich die historische Veränderung und unsere sich verändernden Handlungen, Einstellungen und Institutionen erklärt, im *sich verändernden Produktionsmodus*. Der Theorie zufolge, auf der die Analyse dieses Buches fußt, liegt die Ursache des Elends an der *sich verändernden Größe der Gesellschaft*. Wenn die Marxsche Theorie in erster Linie eine ökonomische Interpretation repräsentiert, dann vermittelt das vorliegende Buch hauptsächlich eine soziale oder, wegen ihrer Betonung der physischen Größen, eine physikalische beziehungsweise sozio-physikalische Interpretation der Geschichte. Sie versucht, die Lücken zu schließen, die durch den Marxschen Weg offen geblieben sind. Dies bedeutet nicht, daß die Marxsche Interpretation nicht sehr viel erklären kann – sie tut es sehr wohl. Tatsächlich stellt sie einige der klarsten und deutlichsten Werkzeuge des Verstehens dar, die jemals entwickelt wurden. In vielen fundamentalen Bereichen aber versagt diese Theorie.

Während der Marxsche *Produktionsmodus* eine höchst überzeugende Erklärung für die Veränderungen *innerhalb* vorgegebener historischer Perioden erstellt, war er doch niemals in der Lage, auf zufriedenstellende Art und Weise Veränderungen *zwischen* historischen Perioden zu erklären. In seinem ewigen Auftauchen als *deus ex machina* konnte er alles verständlich machen, ausgenommen die Ursache des eigenen Auf- und Niederganges. Er gibt uns zum Beispiel keine Erklärung dafür, warum primitive Gesellschaften die selbstversorgende Überlebensmethode der Produktion zugunsten der Methoden der Spezialisierung aufgegeben haben. Die Größen-Theorie läßt die Dinge anderseits sehr einfach begreifen. Denn die Spezialisierung scheint nichts anderes zu sein als die spontane Anpassung der Produktionsmethode an die Erfordernisse einer Gesellschaft, die eine gewisse physische Größe erreicht hat. Wenn man wiederum das reizende Stilleben und die unveränderlichen Institutionen des Mittelalters vor dem Hintergrund der Gemächlichkeit der handwerklichen Produktionsmethode betrachtet, wird der Marxsche Weg voll von subtilen Eigenarten. Aber wieder einmal bietet er keine Erklärung für den Aufstieg und die langfristige Verwendung der Handarbeit selbst an. Indem man das Problem anderseits vor dem Hintergrund der sozialen Größe betrachtet, verstehen wir nicht nur das soziale Stilleben des Mittelalters mit all seinen Verwicklungen des Denkens und der Gewohnheiten, sondern auch die gemächliche Handarbeitsmethode der Produktion selbst. Denn eine gemächliche Lebensweise mit der ihr immanenten Religiosität, mit der sie begleitenden liebenswürdigen Höflichkeit, mit ihrem Respekt für das Erschaffene und für ihre Hierarchie, mit ihren Konzepten gerechter Preise und fairer Löhne, der Sündhaftigkeit von Wucherzinsen und letztlich ihrer beschaulichen Methode, sich die Mittel fürs Überleben zu verschaffen: all dies sind charakteristische Widerspiegelungen nicht so sehr für ökonomische Handlungen, sondern eher charakteristisch für ein Leben in *kleinen* Gemeinschaften. Umgekehrt sind Ideale wie Gleichheit, Einheit, Sozialismus und erleichterte Ehescheidungen, die die marxistische Interpretation dem nivellierenden Effekt der Massenproduktion und den untereinander austauschbaren Menschen, die die Maschinen bedienen, zuschreibt, viel leichter verständlich, wenn wir sie zusammen mit der Massenmethode der Produktion und als Konsequenz der Erfordernisse des Lebens in *großen* Gesellschaften und als das Nivellieren *großer* Menschenmassen verstehen. Wenn die Grenze erreicht wird, an der wachsende Gesellschaften ihre Bedürfnisse durch handwerkliche Produktion nicht mehr befriedigen können, dann erzeugen sie automatisch das gleichmachende, materialistische, halb-heidnische, erfindungsreiche Klima, in dem die Maschinenmethode der Produktion nicht dessen Ursache, sondern dessen Folge darstellt.

Da der Produktionsmodus als wichtiger *sekundärer* Einfluß wirkt, als Multiplikator und Beschleuniger von Trends, ist er in einer historischen Analyse immer wertvoll, obwohl ihm als *primäre* Ursache nicht jene Bedeutung zukommt, die ihm Marx hinsichtlich politischer Ideen oder legaler Institutionen zugeschrieben hat. Die vorangegangenen Kapitel haben auf das soziale Elend und entsprechende Philosophien hingewiesen. Im folgenden versuchen wir, unter Einbeziehung ökonomischer, kultureller, politischer und philosophischer Stellungnahmen, über gute und böse Wirkungen der Gruppe, in der wir leben, aufzuklären. Dies ist die grundsätzliche Ursache, die unsere menschliche Geschichte beeinflußt, und diese Ursache wird fast immer in der Größe der Gruppe zu finden sein, in der wir leben. Da Marx diese Tatsache nicht zur Kenntnis nahm, führten seine ansonsten so brillant durchdachten Analysen zu jenen rätselhaften Fehlschlüssen, die seine Feinde niemals müde werden hervorzuheben (während sie selbst sehr selten überzeugend darlegen können, daß sie den Konnex begreifen). Marx dachte beispielsweise, daß der Sozialismus sich zuerst im fortgeschrittensten kapitalistischen Land bilden würde; tatsächlich entstand er zuerst in Rußland, dem rückschrittlichsten, aber größten Land, wodurch sich das Fehlurteil erklärt. Denn der Sozialismus ist – mit seinen integrierenden Plänen und sozialen Kontrollen – das natürlichste Nebenprodukt nicht eines Produktionsmodus, sondern einer Gesellschaft, deren Ausdehnung und deren Geschäftseinheiten so groß geworden sind, daß der sich selbst ausgleichende Mechanismus der Vielfalt einander konkurrierender individueller Tätigkeiten keinen normalen Zustand bildet.[15] Marx dachte auch, daß eine Zunahme des Wettkampfes zu einem Ende des Konkurrenzkampfes führen werde, eine Zunahme der Akkumulation des Profits bis zum Ende des Profits, eine Zunahme der kapitalistischen Produktion zur Unmöglichkeit, diese Produkte abzusetzen; mit der Folge, daß sich der Kapitalismus durch seine eigenen Bestrebungen zugrunde richten werde. Dies schien in bezug auf mehrere große Länder richtig zu sein, die, quer über die Welt verteilt, einen Trend zu zunehmender Verstaatlichung haben. Es stimmte aber nicht für die kleinen Staaten. Die Schweiz ist so kapitalistisch und so gesund wie immer. Der Grund dafür ist, daß der wahre Bazillus der Zerstörung nicht aus dem Wettbewerb hervorgeht, sondern, wie es Marx selbst gefühlt haben muß – wenn man an Hand der Wortstellung seiner berühmten kapitalistischen Widersprüche urteilen kann –, aus der *Zunahme* des Wettbewerbs; nicht vom Profit, sondern von der *Zunahme* des Profits; nicht vom Kapitalismus, sondern durch das uneingeschränkte *Wachsen* des Kapitalismus. Damit der Bazillus bis zur Grenze der Zerstörung anwachsen kann, braucht er ein Hinterland, das groß genug ist, solch ein Wachstum von Anfang an zuzulassen. Die rätselhaften Unzulänglichkeiten der Marxschen Analyse scheinen alle gelöst zu sein, wenn wir die Produktionsmethode durch soziale Größe als den primären kausalen Faktor und Einfluß der geschichtlichen Entwicklung ersetzen.

Viele werden sich der Macht- oder Größen-Theorie auch deshalb widersetzen, weil sie auf einer ungebührlich pessimistischen Interpretation des *Menschen* aufbaut. Sie werden behaupten, daß wir, weit entfernt davon, von Macht inspiriert und verführt zu werden, generell und hauptsächlich von den Idealen des Anstandes, der Gerechtigkeit, der Großzügigkeit usw. beseelt sind. Dies ist wahr, jedoch nur deshalb, weil wir die meiste Zeit die kritische Masse nicht besitzen, die es uns gestattet, ungeschoren Unsittlichkeiten zu begehen. Wir benehmen uns anständig, weil wir wissen, daß sich Verbrechen nicht auszahlen; und weil wir es profitabler finden, die limitierte Kraft, die uns zur Verfügung steht, eher für das Gute denn für das Schlechte einzusetzen.

Diese Feststellung ist jedoch in keinem größeren Maß als Tadel der Menschheit gedacht als das Konzept von Adam Smith, der sagte, daß der kapitalistische Geschäftsmann ein listiger Ränkeschmied sei, der nichts anderes im Sinne habe als seine eigenen Interessen; wann immer er könne, lege er es so an, daß er sich auf Kosten seiner Kunden bereichere. Wir Menschen scheinen einfach so zu sein. Adam Smith sah aber darin keinen Grund, deshalb die Freiheit des kapitalistischen Individuums anzugreifen. Im Gegenteil, er war dessen stärkster Verteidiger. Er wußte, daß die Gemeinheit des Individuums durch das sich selbst regulierende Mittel des Wettbewerbs in Schach gehalten wird. Ein Mittel, das wiederum nichts anderes ist als ein Mechanismus, die Macht auf Größenordnungen zu beschränken, in denen sie keinen Schaden anrichten kann. Wegen seiner Unfähigkeit, Schaden anzurichten, und nicht wegen seiner hervorragenden Tugendhaftigkeit wird sich der kapitalistische Profitsucher paradoxerweise so benehmen, als ob er, *von einer unsichtbaren Hand geführt*, der Gesellschaft zu deren Wohle diente. Da er mit einer schlechten Dienstleistung keinen Profit erzielen würde, wird er aus schierem Egoismus altruistisch. Wann immer er aber Gelegenheit hat, konspirativ auf Kosten seiner Mitmenschen ungeschoren davonzukommen, wird er genüßlich zugreifen, wie man es von Leuten lernen kann, denen es gelungen ist, Monopole zu gründen. Als Folge ihrer beträchtlichen Betriebsgröße haben in einer kapitalistischen Gesellschaft sie allein die Macht, sich ungestraft schlecht zu benehmen. Und sie tun dies auch prompt, bis sie von einer anderen Macht in Schach gehalten werden, von der Macht der Regierung, die sich auf noch größere Macht stützt.

Der Wettbewerbs-Kapitalismus scheint nicht darunter gelitten zu haben, mehr Vertrauen in die menschliche Unzulänglichkeit, was die Verfolgung sozialer Ziele betrifft, gelegt zu haben als in die Fiktion menschlicher Güte, die die Auflösung der idealistischen Pläne der meisten Sozialreformer verursacht hat. Auch die katholische Kirche, auf solche Annahmen aufgebaut, tat dies nicht: Jesus setzte nicht den sanften und frommen Johannes als Nachfolger ein, sondern den irdischeren Petrus, einen Mann, der so schwach war, daß er seinen Meister dreimal in einer einzigen Nacht verleugnete. Und dennoch gedachte der Meister, auf dem Fels Petri das unzerstörbare Monument Seiner Existenz aufzubauen, und nicht auf Johannes. Nur die Sozialisten machen dem Menschen das Kompliment, ihm eine a priori gute Natur zuzuschreiben. Aber auch sie machen dies abhängig vom äußeren *sozialen* Zustand; von fehlendem Privatbesitz, der aus einer vorgegebenen Produktionsmethode resultiert, so wie ich ihre Abhängigkeit einem äußeren *physischen* Zustand zuschreibe, wobei das Fehlen von Macht aus einer gegebenen Größe der Gemeinschaft resultiert. Die Tatsache bleibt daher bestehen, daß der Kapitalismus, solange er auf der Idee wettbewerblichen Übermuts gründete, unendlich größere ökonomische und spirituelle Werte hervorbrachte als der Sozialismus mit seiner gutwilligen und unrealistischen Annahme, daß die Natur des Menschen gemeinsam mit seiner ökonomischen Umwelt verbessert werden könne.

Man kann in aller Fairneß über den Sozialismus sagen, daß er noch nicht genügend Chancen und genügend Zeit hatte, sich in dem Maße zu beweisen, wie dies der Kapitalismus konnte. Aber auch der Sozialismus konnte sich unter Beweis stellen. Die ersten Gesellschaften waren sozialistisch, und es gab im Laufe der Geschichte viele Versuche, idealistische Zellen kommunalen Lebens zu gründen, frei von degradierenden Effekten des Privateigentums. Sie hatten alle ihre Chance und auch ihre Zeit, wie man das aus der Tatsache ersehen kann, daß sie alle fehlschlugen: und das nicht wegen des sich allmählich entwickelnden Privatbesitzes, sondern weil aus einigen dieser Besitztümer, die an Größe zunahmen, *Macht* sproß. Es war die Macht, die sozialistische Gesellschaften gleich anfangs auseinanderbrechen ließ, wie es auch die Macht ist, welche die kapitalistischen Gesellschaften bedroht und sie durch Erschaffung von Monopolen am Ende auseinanderbrechen lassen könnte.

Des weiteren werden Einwände von jenen eingebracht, die, wie die im Kapitel I zitierten ideologischen Theoretiker, fühlen, daß es gefährlich ist, die Rolle von Ideen als Ursache sozialen Elends – wie Aggression und Krieg – zu unterschätzen. Die Größen- oder Macht-

Theorie unterschätzt keine Ideen. Alles, worauf sie besteht, ist, daß Ideen als primär-kausale Kräfte irrelevant sind. Eine aggressive Ideologie wie der Faschismus, Nazismus oder Kommunismus kann für ihre Ausübung und Erfüllung nichts tun, außer sie besitzt Macht. Anderseits – und das ist der bedeutende Punkt –, wenn die Ideologie die Macht besitzt, dann wird sie *deshalb* aggressiv, nicht wegen ihres ideologischen Inhalts.

Während die Macht- oder Größen-Theorie die primäre Rolle von Ideologien wie Nazismus oder Kommunismus ablehnt, bestreitet sie keineswegs deren sekundäre Bedeutung. Obwohl sie nicht an sich Kriege *verursachen* können, agieren sie, wie gesagt, als *Beschleuniger* im Prozeß des Aufbaues der Macht – bis zu dem Punkt, an dem diese spontan explodieren wird, unabhängig davon, wie und von wem sie geschaffen wurde. Aber auch in dieser Beziehung ist die Effektivität von Ideologien limitiert worden, da die kritische Masse derzeit nur in sehr bevölkerungsreichen Staaten akkumuliert werden kann. Infolgedessen können Macht-Ideologien, so zündend sie auch sein mögen, kein äußeres Problem darstellen, zumindest solange sie auf kleine Gesellschaften beschränkt bleiben.

In großen Gesellschaften können sie jedoch tatsächlich ihren Einfluß ausüben. In Deutschland zum Beispiel, wo die Nazi-Ideologie dem kritischen Volumen der Macht zustrebte – nicht als zufällige Nebenerscheinung des Wachsens, sondern als Selbstzweck –, gelang es ihr, den unaufhaltsamen Akkumulationsprozeß, der zu einem gewissen Zeitpunkt zum Kriege führt, um etwa ein Vierteljahrhundert zu beschleunigen. Der wichtigere Punkt an dieser Sache ist, daß Deutschland wegen seines riesigen Macht-Potentials, über das es seit seiner Einigung 1871 verfügte – ein Potential, das weder 1918 noch 1945 zerstört wurde, als die Alliierten bloß die existierende Macht auslöschten, nicht aber die machtbrütende Einheit eines Staates mit mehr als 60 Millionen Einwohnern –, nach dem Ersten Weltkrieg sogar ohne den Nazismus aggressiv geworden wäre. Der einzige Unterschied hätte darin bestanden, daß Deutschland ohne Macht-Philosophie dazu wesentlich länger gebraucht hätte, sagen wir bis 1960 oder 1970. Die Aggression wäre im Bereich und auf Basis der friedens- statt der kriegsorientierten Tätigkeiten emporgewachsen. Letztlich wäre Deutschland aber auf jeden Fall explodiert, wie ein Schneeball beim Herunterrollen von einem verschneiten

Berge so lange wächst, bis er Größenordnungen erreicht, die an sich schon destruktiv sind, unabhängig davon, ob er von einem unschuldigen Kind oder von einem bösen Ränkeschmied in Bewegung gesetzt worden ist. Unsere Friedensplaner sollten deshalb weniger einen Wiederaufstieg des *Nazismus* mißtrauisch beobachten, sondern die Macht – die Sache selbst, die von den Umständen gedrängt wird, sich wieder aufzubauen. Macht wird aber, außer wenn sie auf einer subkritischen Ebene gehalten wird – eine schwierige Aufgabe, wenn man sich ihr schon so weit genähert hat –, nicht sicherer aufgehoben sein, wenn sie in den Händen eines Adenauer oder eines antimilitaristischen sozialistischen Führers liegt als in den Händen eines neuen Hitler, eines neuen Stalin oder, um die Sache auf die Spitze zu treiben, in den Händen eines alliierten Oberlehensherrn. Ideologien können verlangsamen oder beschleunigen, niemals aber verursachen oder verhindern.

8. Macht und Größe in den USA

Ein ähnlicher Gedankengang trifft auf die USA zu, die vorläufig eine spektakuläre Ausnahme innerhalb der Größen-Theorie darstellen. Hier haben wir nun eine der größten und vielleicht die mächtigste Nation der Welt, und doch scheint sie nicht der Hauptaggressor der Welt zu sein, wie sie es theoretisch sein müßte. Darüber hinaus scheint es, als ob die USA überhaupt nicht aggressiv wären.

Dies ist weitgehend richtig. Damit Macht jedoch, wie wir gesehen haben, effektiv wirksam werden kann, muß ihr das Bewußtsein ihrer Größe begleitend und unterstützend beistehen. Innerhalb der Grenzen des Randgebietes hat nicht nur die physische Masse Bedeutung, sondern auch der Geisteszustand, der aus ihr hervorwächst. Dieser Geisteszustand, die Seele der Macht, wächst manchmal schneller, manchmal langsamer als der Körper, der sie umschließt. Dieses langsamere Wachsen war bisher in den USA der Fall, obwohl sie schon seit der Zeit vor dem Ersten Weltkrieg die größte physische Macht besaßen. Solcherart schon seit langem in das kritische Feld geraten, wurden sie bis vor relativ kurzer Zeit als *politische* und *militärische* Macht von allen anderen Großmächten überschattet, weil ihnen die richtige geistige Einstellung, zu der Macht gehört, fehlte. Ihre ungeheuren, aber sozial unkoordinierten Energien konnten noch auf solch unterschiedliche Weisen eingesetzt werden, daß man keine Notwendigkeit sah, die eigene Kraft in einem internationalen Wettbewerb jenseits der Grenzen der westlichen Hemisphäre zu messen. Daher zerstörten die USA nach dem Ersten Weltkrieg ihre Militärmacht mit einem Eifer, der jenseits jeglichen Verständnisses lag, was die europäischen Nationen betraf, und zwar so schnell wie möglich. Die USA wurden, statt Eroberungsgedanken zu hegen, isolationär – ohne den Wunsch zu hegen, irgendwo außerhalb der beiden Amerika eine Macht darzustellen. Innerhalb der westlichen Hemisphäre entwickelten aber sogar die USA eine Einstellung, die man nicht immer ohne weiteres als Beispiel der Sanftmut anerkennen kann. Hier *waren* sie eine Macht, ob sie es nun wollten oder nicht, und sie *benahmen* sich auch wie eine Macht.

Nach dem Zweiten Weltkrieg setzte ein ähnlicher Trend zur Zerstörung ihrer eigenen Weltmacht ein, jedoch mit einem Tempo, das wesentlich geringer als jenes damals war. Seither hat dieser Trend völlig aufgehört. Es gibt keine Möglichkeit, daß die USA *keine* Großmacht sein könnten. Als Folge dessen hat sich die korrespondierende Geisteshaltung, die vielleicht als ungewollte, aber unvermeidbare Konsequenz einsetzte, bereits bei mehreren Anlässen manifestiert. Zum Beispiel, als der Verteidigungsminister Präsident Trumans, Louis Johnson, im Jahre 1950 die Möglichkeit eines Präventivkrieges andeutete oder als General Eisenhower im selben Jahr in einer Ansprache vor dem Kongreß erklärte, daß wir vereint die ganze Welt *niedermachen* könnten.

Dieser letzte Ausspruch klang mehr wie eine Sentenz des überschwenglichen deutschen Kaisers als der eines Präsidenten der Columbia-Universität. Warum sollte ein Verteidiger des Friedens und der Demokratie die ganze Welt *niedermachen* wollen? Passiv ausgedrückt, hätte diese Aussage lauten müssen, daß *wir*, wenn *wir* vereint sind, nicht von der ganzen Welt niedergemacht werden können. Dies zeigt uns, wie Macht eine eigene Geisteshaltung gebären kann, besonders in einem Mann, der, wie es ein General muß, die volle Tragweite des amerikanischen Potentials kennt. Es zeigt auch, daß keine Ideologie des Friedens, so tief sie auch in den Traditionen eines Landes verwurzelt sein mag, den Krieg verhindern kann, wenn einmal eine bestimmte Macht-Konstellation in Erscheinung getreten ist. Sie mag einen verlangsamenden und verschönernden Effekt haben, aber das ist auch schon alles – wie es das irreführende Wort des Präventivkrieges andeutet, der mit dem feierlich erklärten Ziel, die Aggression zu verhindern, eben für diese eintritt. Es ist etwa so, als würde jemand einen Menschen töten, um ihm die Last des Sterbens abzunehmen.

Aber obwohl der Geist der USA jedoch so widerwillig in das Unvermeidliche hineingezogen wird, ist er noch immer nicht der Geist der Macht, zumindest in den Augen derer, die diesen wirklich haben und ihn nicht von einem internen Gesichtspunkt aus gesehen haben. Aber sie wird es einmal werden – mächtig. Wenn diese Zeit kommt, sollten wir uns nicht naiv mit Unschuldtäuschungen irreführen. Macht und Aggressivität sind untrennbare Zwillingsphänomene in einem Staate von fast kritischer Größe, und Unschuld ist eine Tugend, aber nur bis zu einem gewissen Punkt und Alter. Wenn es je ein mächtiges Land geben sollte, das den Wunsch nicht hat, die anderen niederzumachen und zu unterdrücken, so wäre dies kein Zeichen von Tugend, sondern eher von Überalterung oder von mongoloider Unterentwicklung. In den USA trifft keines der beiden zu. Also wird die kritische Masse von Macht, wenn wir nicht einmal darauf bestehen, daß Ciceros Definition des Menschen auch auf uns zutrifft, auch in unseren Händen explodieren.

Hiermit sind wir zum zweiten Male an dem Punkt angelangt, an dem wir eine Heilung für eines der sozialen Leiden auf der Basis der Macht- oder Größen-Theorie vorschlagen können. Als wir herausfanden, daß das gleiche Element, das Verbrechen und Kriminalität verursacht, auch für den Krieg und für die daraus resultierende Ideologie der Aggression verantwortlich zu sein scheint, zeigte es sich, daß das gleiche Mittel, das als Lösung für das erstere Problem vorgeschlagen wurde, auch auf das zweite anwendbar sein muß. Wenn Kriege die Folge der Akkumulation der kritischen Masse der *Macht* darstellen und die kritische Masse der Macht sich nur in sozialen Organismen kritischer *Größe* ansammeln kann, dann können die Probleme der Aggression, wie auch ihre Ungeheuerlichkeiten, klarerweise nur auf eine einzige Art gelöst werden – durch die Reduzierung jener Organismen, die den Proportionen der menschlichen Kontrolle entwachsen sind. Wie wir im Falle des internen sozialen Elends gesehen haben, können sogar schon Städte übergroß angewachsene Einheiten darstellen. Im Falle des äußeren Elends können nur Staaten eine kritische Größe erreichen. Dies bedeutet, daß wir, wenn die Welt von einigen dieser Dränge nach aggressiver Kriegsführung befreit werden soll, wenig damit erreichen, indem wir versuchen, sie zu vereinigen. Wir würden nur das Terrorpotential vergrößern, welches aus gigantischer Größe hervorgeht. Was erreicht werden muß, ist genau das Gegenteil: die Zerstückelung der riesigen vereinigten nationalen Komplexe, die normalerweise Großmächte genannt werden. Denn nur diese besitzen in der heutigen Welt die soziale Größe, die es ihnen gestattet, Elend zu verbreiten, das wir zu verhindern trachten, dies aber nicht tun können, solange wir die Macht unangetastet lassen, die sie hervorrief.

KAPITEL III

Ab sofort: Nichtvereinigung

„Ich glaube an die Tugend kleiner Nationen.“

André Gide

Die neue Landkarte Europas – Die Lösung des Kriegsproblems dadurch, daß der Krieg aufteilbar wird – Die automatische Auflösung der Minoritätenprobleme – Die Auflösung nationaler Feindseligkeit – Die Unwirksamkeit der mittelalterlichen Kriege geringen Ausmaßes – Wie der Waffenstillstand Gottes den Krieg zeitmäßig aufteilbar machte – Der Effekt von Maximilians ewigem Waffenstillstand Gottes – Große Macht-Kriege – Terror der modernen Kriegführung – Die Ursachen moderner Kriege sind immer noch so lächerlich wie die Ursachen der mittelalterlichen Kriege – Die große Macht ist unproduktiv für Weisheit – Der Herzog von Sully und der heilige Augustinus über das Leiden der Größe und über die Größe kleiner Staaten.

Der unglückliche Zustand, in den wir durch Schlußfolgerungen der vorangegangenen Analyse versetzt sind, besteht darin, daß sie gegen alles zu stehen scheinen, wofür das 20. Jahrhundert offenbar kämpft. Was unsere Staatsmänner im Kopf zu haben scheinen, um mit der atomaren Bedrohung fertigzuwerden, ist die Vereinigung der Menschheit. Wohin führt diese aber? Genau dorthin, wohin sie bis jetzt geführt hat. Vereinigung bedeutet, daß man kleinere Einheiten durch größere ersetzt oder, politisch ausgedrückt, Kleinstaaten durch Großmächte, mit dem Resultat, daß nicht nur die Zahl der Kleinstaaten, sondern auch die Zahl der Großmächte selbst abgenommen hat. Vor dem Zweiten Weltkrieg gab es noch die „Großen Acht“, danach die „Großen Fünf“, dann die „Großen Vier“, und jetzt gibt es die „Großen Drei“. Bald wird es die „Großen Zwei“ geben und letztendlich die „Große Eins“ – den einzigen Weltstaat.

Jedoch, wie wir in unseren Überlegungen hinsichtlich der Physik sozialer Größe gesehen haben und wie wir nach einem Blick durch das Fenster auf die politische Landschaft sehen können, scheint der Prozeß der Vereinigung weit entfernt davon zu sein, die Kriegsgefahr zu reduzieren, ja, sie scheint diese Gefahr tatsächlich sogar zu vergrößern. Denn je mehr die Macht wächst, um so mehr baut sie ihre Stärke bis zu dem Punkt auf, an dem sie *spontan* explodiert. Die Vereinigung brütet aber nicht nur deshalb Kriege aus, weil sie Kriegspotentiale schafft; sie *braucht* den Krieg in ihrem Daseinsprozeß. Kein großer Machtkomplex in der Geschichte wurde je friedlich geschaffen (außer vielleicht das österreichisch-ungarische Kaiserreich, welches durch Heirat wuchs). Je größer die Einheiten waren, die aus dem Kampfe hervorgingen, desto häufiger und schrecklicher waren die Kriege, die notwendig waren, um diese Einheiten zu schaffen. Großbritannien, Frankreich, Italien, Deutschland – sie stellen alle das Resultat einer Reihe von Kriegen zwischen den einzelnen Nationen dar, die in der Folge wiedereroberte, aber nicht freiwillig abgetretene Teile darstellen. Der Völkerbund war das Produkt des Ersten Weltkrieges, die Vereinten Nationen (UNO) sind das Produkt des Zweiten Weltkrieges. Keine dieser verherrlichten und ungeheuer großen Organisationen war je ihren Preis wert, und man erschauert, wenn man an den zu zahlenden Preis eines letztendlich einzigen Weltstaates denkt.

Aber auch wenn ein einzelner Vereinte-Nationen-Welt-Staat entstehen sollte, würde er nichts lösen. Er bestünde immer noch aus einer verringerten Anzahl von Staatsorganismen, die sich um die verbliebenen Großmächte herum kristallisieren würden. Kein einziger Befürworter der Welteinheit in einer Position politischer Autorität hat sich bis jetzt eine Weltorganisation vorgestellt, in der sich die USA, Großbritannien, Frankreich oder die Sowjetunion zu so einem Maße auflösten, daß sie ihre Identität verlieren würden. Daher wird es, welche Form die UNO auch annehmen wird, immer die Großmächte geben. Es gibt keinen Grund zu glauben, daß sie sich vereint anders verhalten würden, als wären sie nicht vereint. Wie der koreanische und der ägyptische Krieg zeigten, führen Mitglieder einer Weltorganisation gegeneinander ebenso hemmungslos Krieg, wie sie es als Nicht-Mitglieder taten, und auch immer aus dem gleichen Grunde: Wo es ein kritisch großes Volumen von Macht gibt, gibt es Aggression – solange es ein kritisches Volumen von Macht gibt, solange wird es Aggression geben. Professor Henry C. Simons schrieb mit einzigartiger Klarheit: „Der Krieg ist ein kollektivierender Prozeß, und ein weitverbreiteter Kollektivismus ist inhärent kriegerisch. Wenn sie nicht aus nationaler Tradition heraus militaristisch sind, müssen höchst zentralisierte Staaten dazu werden, auf Grund der bloßen Notwendigkeit, zu Hause eine übermäßige, ‚unnatürliche' Machtkonzentration aufrecht zu erhalten. Diese letztere muß erhalten bleiben, als Folge der Bedrohung, die man von der Mobilisierung anderer Nationen spürt, wie auch wegen der fast unvermeidlichen Umwandlung des Handelsaustausches zu einem organisierten ökonomischen Krieg zwischen den großen politischen Blöcken. Es kann keinen wirklichen Frieden oder keine solide Weltordnung in einer Welt von einigen wenigen großen, zentralisierten Mächten geben."[1]

Nachdem wir gesehen haben, wohin uns die Vereiniger gebracht haben – nirgendwohin –, bringen wir doch nun die Philosophie der Größen-Theorie zur Anwendung und sehen uns an, was sie als alternative Lösung bieten kann. Anstatt Vereinigung wollen wir jetzt Trennung haben. Anstatt die Kleinen zusammenzuschmelzen, wollen wir jetzt die Großen aufstückeln. Anstatt weniger großer Staaten wollen wir mehrere kleinere Staaten schaffen. Von allem, was wir bisher gesehen haben, scheint dies der einzige Weg zu sein, durch den die Macht in Dimensionen zurückgedrängt werden kann, wo sie keinen besonderen Schaden anrichten kann, zumindest nicht in ihren äußerlichen Wirkungen.

1. Die neue politische Landkarte Europas

Teilen wir also die Großen auf, und stellen wir uns die möglichen Konsequenzen vor! Um einer vereinfachten Illustration willen, werden wir das Prinzip der Aufteilung in der Folge nur auf Europa anwenden und, um es noch mehr zu vereinfachen, auf ein Europa ohne Sowjetunion. Da die hauptsächlichen Verstrickungen unserer Zeit ihren historischen Ausgang hier haben, versorgt uns eine Studie des kontinentalen Europa mit der gleichen Vielschichtigkeit von Aspekten und Argumenten wie eine Abhandlung über den ganzen Erdball.

Dies wäre nun die neue politische Landkarte Europas: Mit der Auslöschung der großen Mächte wie Frankreich, Großbritannien, Italien und Deutschland finden wir an deren Stelle eine Vielzahl kleiner Staaten, wie Burgund, Picardie, Normandie, Navarra, Elsaß, Lothringen, Saarland, Savoyen, Lombardei, Neapel, Venedig, den Vatikan, Bayern, Baden, Hessen, Hannover, Braunschweig, Wales, Schottland, Cornwall usw.

Eine Aufteilung der Großmachtstaaten allein wäre jedoch nicht genug. Würden wir Frankreich, Italien, Deutschland und Großbritannien aufteilen, stünden die bisher mittelgroßen Mächte – Spanien, Jugoslawien, die Tschechoslowakei, Rumänien und Polen – disproportional groß da. Dies bedeutet, daß, ließe man sie unangetastet, sie nicht mehr *mittlere* Mächte, sondern Großmächte darstellen würden. Ihre subkritische Masse wäre kritisch geworden, und die Aufteilung der anderen hätte zu keiner Verbesserung geführt. Also müssen diese mittleren Mächte ebenfalls aufgeteilt werden, und als Resultat dieser Aufteilung erhalten wir ein weiteres Bündel kleiner Staaten auf unserer neuen Landkarte: Staaten wie Aragon, Valencia, Katalonien, Kastilien, Galizien, Warschau, Böhmen, Mähren, Slowakei, Ruthenien, Slawonien, Slowenien, Kroatien, Serbien, Mazedonien, Transsylvanien, Moldau, Walachei, Bessarabien usw.

Aus dieser Liste taucht schon jetzt eine Erkenntnis auf: Es gibt nichts Künstliches in dieser Landkarte. Es handelt sich um die natürliche und ursprüngliche Landschaft Europas. Kein einziger Name mußte erfunden werden. Es gibt sie alle noch, und, wie die vielen Autonomie-Bewegungen der Mazedonier, Sizilianer, Basken, Katalanen, Schotten, Bayern, Walliser, Slowaken oder Normannen aufzeigen, sie sind sogar noch sehr lebendig. Die Großmächte sind diejenigen, die künstliche Strukturen darstellen und, weil sie künstlich sind, solch vergeuderischer Anstrengungen bedürfen, um sich aufrecht erhalten zu können. Da sie nicht durch natürliche Entwicklung, sondern durch Eroberung ins Leben kamen, können sie sich auch nicht aufrecht erhalten, außer durch Eroberung – durch die andauernde Wiedereroberung ihrer eigenen Bürger durch einen Schwall patriotischer Propaganda, von der Wiege bis zur Bahre.

Nichts Natürliches muß solch eine kolossale Anstrengung setzen, um zu überleben. Wenn ein keltischsprechender Einwohner der

Bretagne aus Instinkt oder Tradition wüßte, daß er der gleichen Nationalität angehört wie der deutschsprachige Elsässer, der französischsprechende Burgunder oder der katalonischsprechende Einwohner des Südens von Frankreich, dann müßte man es ihm nicht sein Leben lang vorsagen. Aber auch so greifen die verschiedenen Gruppen, aus denen sich die Großmächte zusammensetzen, nach jeder Gelegenheit, um sich vom propagierten Ruhm der Größe abzusondern, und versuchen statt dessen, wo immer sie können, sich in die engen Grenzen ihrer Täler und Provinzen zurückzuziehen, wo sie sich wirklich zu Hause fühlen. Hunderte Jahre von Zusammenleben und von Großmacht-Propaganda konnten weder die Gefühle der Autonomie ausradieren noch das zustandebringen, was jeder kleine Staat ohne jegliche Anstrengung zustandebrachte – natürliche Loyalität und dem einzelnen viel bedeutende Nationalität.

Würde man also die Großmächte in Kleinbereiche aufteilen, so würde das nicht zu einer Rückkehr Europas in einen künstlichen, sondern in einen natürlichen Zustand führen. Dies berührt jedoch nicht unser hauptsächliches Problem. Die grundlegende Frage lautet immer noch: Wäre solch ein Europa friedlicher?

2. Die Auslöschung der Kriegsursachen

Ja, natürlich! Dies ist der zweite Punkt, der aus der Aufzählung der Namen kleiner Staaten hervorgeht. Fast alle Kriege wurden um eine Vereinigung geführt, Vereinigung wurde immer als Befriedung dargestellt. So wurden und werden paradoxerweise tatsächlich immer noch fast alle Kriege für Einheit und Frieden gekämpft. Dies bedeutet, daß wir, wären wir nicht so entschlossene Vereiniger und Pazifisten, erheblich weniger Kriege führen würden. Der schreckliche Krieg der USA, der Bürgerkrieg, wurde um die Erhaltung der Einheit gekämpft. In Europa bedeutete Vereinigung normalerweise, daß ein größerer Staat seinem Territorium ein kleineres Gebiet einverleibte. Dieser Prozeß ging von verschiedenen Zentren zur gleichen Zeit aus, mit der Folge, daß die Kleinstaaten nach und nach von den sich ausbreitenden Großstaaten aufgesogen wurden, bis die jetzt in Erscheinung tretenden Großmächte gemeinsame Grenzen erreichten. Da sie nun jeder Möglichkeit beraubt waren, sich weiter auszudehnen, begannen sie, die letzten Erwerbungen dem jeweils anderen strittig zu machen: die *Grenzgebiete*. Was aber sind die Namen dieser Grenzgebiete, die ursprünglich kleine, eigenständige Staaten darstellten? Sie waren nicht von sich aus Ursachen großer Kämpfe, wurden es aber, nachdem sie von den Großmächten aufgesaugt worden waren. Wir hören hier die gleichen Namen, denen wir schon begegnet sind, als wir uns die neue Landkarte Europas vorgestellt haben: Elsaß, Lothringen, Saarland, Schleswig, Holstein, Mazedonien, Transsylvanien, Triest, Slowakei, Savoyen, Korsika, Südtirol und eine ganze Menge andere. Dies sind genau jene Staaten, um die die große Mehrheit der europäischen Kriege geführt wurden. Seit sie ihre Unabhängigkeit verloren, wurden sie synonym nicht mit Fortschritt, sondern mit Konflikt. Also wurden sie nie vollständig von den sie nun dominierenden Mächten aufgesaugt – sie blieben ein Pfahl im Fleische jedes anderen außer in ihrem eigenen.

Stellte man also die Unabhängigkeit der Kleinstaaten wieder her, so würde man damit das nie erloschene Verlangen dieser Staaten nach Wiederherstellung ihrer Autonomie befriedigen. Wie durch einen Zauber würde so die Ursache der meisten Kriege ausgelöscht sein. Es stellte sich nicht die Frage, ob Elsaß mit Frankreich oder mit Deutschland vereint werden solle, da weder Deutschland noch Frankreich übriggeblieben wären, um es zu beanspruchen – es wäre also elsässisch. Elsaß hätte Baden und Burgund zur Seite, selbst kleine Staaten, die keine Möglichkeit besäßen, seine Existenz in Frage zu stellen. Die Frage erübrigte sich, ob Mazedonien jugoslawisch, bulgarisch oder griechisch sein sollte – es wäre mazedonisch; ob Transsylvanien ungarisch oder rumänisch wäre – es wäre transsylvanisch; oder ob Nordirland ein Teil Großbritanniens oder Irlands sein sollte – es wäre nordirisch. Wären alle Staaten klein, führten sie nicht mehr die bedrohte Existenz von Grenzgebieten ehrgeiziger Nachbarn. Jeder wäre zu groß, um von den anderen verschlungen zu werden. Das gesamte System würde daher als ein automatischer Stabilisator funktionieren.

Zusammen mit dem Problem der strittigen Grenzgebiete würde ein Europa kleiner Staaten automatisch eine zweite Ursache dauernden Konfliktes lösen – das Problem der *Minderheiten*. Da es von einem politischen Gesichtspunkt keine Grenze dafür gibt, wie klein ein souveräner Staat sein kann, könnte jede Minderheit, so klein sie auch ist und welchen Grund sie auch hat, sich loslösen, der souveräne Meister seines eigenen Hauses sein. Minderheiten könnten ihre eigenen Sprachen sprechen, wo und wann es ihnen gefällt, und sie könnten auf ihre eigene Art glücklich werden. Die Schweiz, so weise in der Wissenschaft und in der Ausübung des Regierens, hat gezeigt, wie sie die Probleme der Minderheiten löste: durch die Erschaffung von Minderheiten-*Staaten* anstatt von Minderheiten-*Rechten*. Trotz der Tatsache, daß ihre Kantone schon ziemlich klein sind, wurden drei von ihnen in souveräne Hälften unterteilt, jede unabhängig von den anderen. Dies geschah, als interne Unterschiedlichkeiten entstanden, die Minderheitenprobleme hervorgerufen und ein größeres Maß gegenseitiger Unterwerfung erforderlich gemacht hätten, als es mit den Idealen der demokratischen Freiheit vertretbar gewesen wäre. Daher wurde das winzige *Unterwalden* schon im 13. Jahrhundert in *Obwalden* und *Nidwalden* unterteilt – jeder Teil verfolgt seither seinen unabhängigen Kurs in der Schweizer Politik. 1597, unter dem Einfluß der Reformation, teilte sich der Kanton *Appenzell*, anstatt die feindlichen Gruppen in eine andauernde und ungewollte Einigkeit zu zwingen, in ein katholisches und vorwiegend landwirtschaftliches *Inner-Roden* und in das protestantische und hauptsächlich industrialisierte *Außer-Roden*. Im Jahre 1833 wieder teilte sich der Kanton Basel in zwei seither unabhängige Halb-Kantone, *Basel-Stadt* und *Basel-Land*, nachdem landwirtschaftliche Kreise gegen die undemokratische Regierung der städtischen Handelsgilden revoltiert hatten. Teilung, nicht Vereinigung, war die Devise, mit der die Schweizer ihre Einheit und ihren Frieden aufrechterhielten und zugleich, als eine der ganz wenigen Nationen, auch ihre Minderheitenprobleme lösten.

Ein Drittel der ärgerlichsten Weltprobleme würde sich derart von selbst lösen. Ein Europa kleiner Staaten würde den zerstörerischen und pathologischen Proportionen *nationaler Feindseligkeit* ein Ende setzen, die sich ja nur auf der kollektivierenden Macht-Mentalität großer Nationalstaaten entwickeln können. Deutsche, Franzosen und Italiener, niedergedrückt durch das Gewicht des pervertierenden Einflusses ihrer blutigen Geschichte voller Mißverhältnisse, werden einander immer hassen. Kein Bayer hat aber je einen Basken gehaßt, kein Burgunder einen Braunschweiger, kein Sizilianer einen Hessen, kein Schotte einen Katalanen. Keine Beleidigung befleckte die Geschichte ihrer losen, lockeren Verwandtschaften. Es gäbe zwar immer noch Eifersucht und Rivalität, jedoch keinen zerstörerischen Haß, der gerade für die perpetuell humorlosen und geistig unterentwickelten Großen charakteristisch ist.

3. Die Harmlosigkeit der Kriege kleiner Staaten

Hier werden Einsprüche hörbar. Ist die Behauptung, daß eine Welt kleiner Staaten den Krieg auslöschen würde, nicht lächerlich? Was geschah denn im Mittelalter, als kleine Staaten und unaufhörliches Kriegführen vorherrschten?

Dies ist wahr. Aber der Zweck dieser Analyse besteht nicht darin, noch einen dieser phantastisch vielen Pläne für den ewigen Frieden anzubieten, wie sie für unsere Zeit so charakteristisch sind. Der Zweck besteht darin, für unsere schlimmsten sozialen Leiden eine *Lösung* zu finden, nicht darin, sie *auszurotten*. Das Problem des Krieges in modernen Zeiten ist nicht seine Häufigkeit, sondern seine Dimension, seine vernichtende Riesigkeit. Kriege an sich werden natürlich immer gekämpft werden – in einer Welt von Großmächten wie auch in einer Welt von Kleinstaaten. Eine Welt von Kleinstaaten löst die ärgerlichsten, aber nicht alle Ursachen des Krieges. Sie löscht etwa Aggressivität ebensowenig aus als irgendein anderes angeborenes Übel der menschlichen Natur; auch eliminiert sie nicht die Möglichkeit, daß sogar kleine soziale Organismen hin und wieder eine Laboratorienquantität kritischer Macht erzeugen, die zu ihrer Befreiung führt. Was eine Welt kleiner Staaten aber tun kann, ist: Kriege unter Kontrolle zu bringen, ihre Effektivität zu reduzieren, sie ihres Stachels zu berauben und sie tragbar zu machen.

Aus dem Blickpunkt des Krieges gesehen, besteht darin die einzige Tugend einer Welt kleiner Staaten. Sie reduziert die Probleme, die die Großen überfordert, auf Proportionen, innerhalb derer sie sogar von den Kleinen unter Kontrolle gehalten werden können. Da jedes Problem die Größe des Körpers annimmt, in dem es eingebettet ist, sind die stolzen und großen Mächte durch die Gefahren terrorisiert, die die kleinen Staaten ohne besonderen Aufhebens auf ihrem Wege mit sich nehmen und lösen. Aus diesem Grunde krampft sich die Großmacht-Welt so pathetisch an der Hoffnungslosigkeit der Illusion des *guten* Menschen mit all seinen besten Seiten fest und ringt so pathetisch um die Illusion des ewigen Friedens. Denn jede kleine Bösartigkeit und jede periphere kleinste Störung schreckt ihre übergroßen Gehirne sehr und läßt ihre Fundamente erzittern. Eine Welt von Kleinstaaten wird durch all dies nicht betroffen. Ihre Kriege bedeuten nicht viel und sind so klein wie die Staaten. Ihr Haß verringert sich auf das Niveau von Rivalitäten, und sie erliegen nicht dem zweifachen Schicksal einer Großmacht-Welt, die dauernd darauf aus ist, das Unerreichbare zu erreichen, um dann unveränderlich dem Unvermeidlichen zu unterliegen. Es ist daher richtig, daß es auch in einer Welt kleiner Staaten nicht friedlich sein kann, sondern immer wieder zu Kriegen kommen muß, allerdings zu solchen wie im Mittelalter. Wie aber spielten sich diese berühmten mittelalterlichen Kriege ab? Der Herzog von Tirol erklärte dem Markgrafen von Bayern den Krieg, weil jemandes Pferd gestohlen worden war. Der Krieg dauerte zwei Wochen. Es gab einen Toten und sechs Verwundete. Ein Dorf wurde eingenommen, dabei der Wein getrunken, der im Keller des Gasthofes lagerte. Dann wurde Frieden geschlossen und die Summe von hundert Talern als Entschädigung gezahlt. Die geographisch nahe liegenden Länder, die Erzbischofresidenz von Salzburg und das Fürstentum Liechtenstein, erfuhren von den Vorgängen ein paar Wochen später, und der Rest Europas hörte davon überhaupt nichts.

Im Mittelalter gab es fast jeden Tag einen Krieg in irgendeiner Ecke Europas. Kleine Kriege mit kleinen Effekten, da die Mächte, die sie führten, klein und ihre Reserven begrenzt waren. Da jedes Schlachtfeld von einem Hügel aus überblickt werden konnte, beendeten einander gegenüberstehende Generäle einen Kampf oft ohne einen einzigen Toten und ohne je das Angriffssignal gegeben zu haben, wenn sie erkannten, daß sie der Feind hoffnungslos umgangen hatte. Daher stammt der Ausdruck Manöverkriege, die, so blutlos sie verliefen, trotzdem echte Kriege waren. Was für ein Kontrast zu den modernen Konflikten, die sich jenseits des Einblicks selbst der größten Generäle abspielen, so daß sie, wie blinde Kolosse, keine andere Alternative haben als, wenn sie den wahrscheinlichen Gewinner herausfinden wollen, bis zum bitteren Ende kämpfen lassen zu müssen.

Der große Unterschied ist, daß Krieg und Frieden damals *teilbar* waren. Dies angepriesen zu hören, wird sicherlich die Theoretiker unseres modernen Zeitalters schockieren. Und doch war dies ein Vorteil. Die Welt der kleinen Staaten mit ihren unglaublich parzellierten souveränen Territorien erlaubte Konflikten, lokal begrenzt zu bleiben, und wann immer der Krieg doch ausbrach, verhinderte sie sein Ausbreiten über den gesamten Kontinent. Die vielen Grenzen fungierten als dauernde Isolatoren gegen die Ausweitung eines Konfliktes.

Das paradoxe Resultat des ständig stattfindenden Krieges während des Mittelalters war die gleichzeitig überwiegende Friedensperiode. Wir erkennen dies nicht, weil die Geschichte hauptsächlich *Störungen* des Friedens und nicht die *Existenz* des Friedens registrierte. Als Folge dessen sehen wir die mittelalterlichen Kriege wie die Milchstraße, die so dicht mit Sternen besät erscheint, weil wir die scheibenförmige Galaxis von ihren äußeren Regionen aus einem horizontalen Winkel sehen. Wir wissen also alles über Kriege zwischen Bayern und Tirol in einem bestimmten Jahr, lassen aber die Tatsache außer acht, daß es gleichzeitig in Böhmen, Ungarn, Kärnten, Salzburg, Flandern, Burgund, Parma, Venedig, Dänemark, Galizien und sonstwo Frieden gab. Das Kriegsbild des Mittelalters, das sind schäumende kleine Wellen, die sich über diese oder jene Region ergossen, jedoch nie ihre Wogen in einer Sturmflut vereinten, die sich über den ganzen Kontinent ergoß. Was einem nach genauem Studium besonders auffällt, sind weniger die Kriege als die langanhaltenden Friedensperioden. Wie viele nostalgische Reisende, die nach Europa kommen, bemerken, baute das Mittelalter wesentlich mehr auf, als es zerstörte – was kaum der Fall sein könnte, wäre unser überliefertes Kriegsbild dieser Ära korrekt. Wie in so vielen anderen Aspekten auch, waren die *dunklen* Zeiten des Mittelalters sogar im Hinblick auf ihre Kriege fortschrittlicher als unsere Gegenwart mit allen ihren Friedenswünschen und ihren selbstzufriedenen Verleumdern mittelalterlicher Zurückgebliebenheit.

4. Der Waffenstillstand Gottes

Das Mittelalter erfreute sich relativ langer Friedensperioden, nicht nur, weil Friede und Krieg *im Raum* aufteilbar waren, sondern als Folge eines Kleinstaaten-Systems. Mit einem wahrhaft genialen Zug machten sie sie auch *in der Zeit* aufteilbar. Ihre Führer glaubten niemals an den unerreichbaren Unsinn ewigen Friedens und verausgabten daher ihre Energie nur wenig im Versuch, einen solchen zu etablieren. Da sie wußten, aus welcher Substanz der Mensch geschaffen ist, gründeten sie mit großer Weisheit ihre Systeme auf seine Schwächen und nicht auf seine Ansprüche. Unfähig den Krieg zu vermeiden, taten sie die nächstbeste Sache: sie versuchten, ihn zu kontrollieren. Darin hatten sie einen ganz hervorragenden Erfolg durch eine Einrichtung, die sie *treuga Dei*, den *Waffenstillstand Gottes*, nannten.[2]

Dieser Waffenstillstand gründete auf dem Konzept, daß der Krieg, so wie er auch regional aufteilbar war, in getrennte Aktionen und Perioden aufzuteilen sei. Seinen ursprünglichen Bestimmungen gemäß, mußte jede kriegerische Handlung Samstag mittag unterbrochen und durfte nicht vor Montag morgen wiederaufgenommen werden, damit der sonntägliche Gottesdienst ungestört besucht werden konnte. Später wurde der Waffenstillstand auch auf den Donnerstag ausgedehnt – zu Ehren der Auferstehung Christi; auf den Freitag – zur ehrfurchtsvollen Gedächtnisfeier der Kreuzigung; und auf den ganzen Samstag – im Gedächtnis an seine Beerdigung. Zu diesen Zeitbegrenzungen wurde eine Reihe von Orten zum Sperrgebiet für militärische Tätigkeiten erklärt. Daher konnten weder Kirchen und Kirchengründe noch Äcker zur Zeit der Ernte selbst am Höhepunkt einer Schlacht zum Schlachtfeld werden. Schließlich wurden auch ganze Personengruppen – Frauen, Kinder, alte Menschen und auf den Feldern arbeitende Bauern – unter besonderen Schutz gestellt und durften nicht belästigt werden. Zuwiderhandlungen gegen den Waffenstillstand Gottes wurden von Kirche und Staat bestraft, besonders schwere Vergehen mit langen Jahren des Exils in Jerusalem geahndet.

All dies war für die unglücklichen Krieger sehr schwer durchzuhalten. Sie fanden, daß ihre Kampfesmöglichkeiten auf drei Tage der Woche begrenzt und auch so geringfügig waren, daß sie manchmal ihre Schlachten abbrechen mußten, nachdem sie eben erst die ersten Pfeile abgeschossen hatten. Zu anderen Zeiten hatte die ausgedehnte Wochenend-Unterbrechung solch einen verwässernden Effekt, daß man danach gänzlich auf die Wiederaufnahme der Feindseligkeiten verzichtete. Der Hauptfaktor dieser einzigartigen

Institution blieb aber immer im Vordergrund: Trotz vielfach diktierter Friedenszeiten gab es immer einige Tage, an denen der Krieg legal war. Man paßte behutsam darauf auf, daß das Sicherheitsventil, durch das sich die Aggressivität in kleinen und kontrollierbaren Stößen entladen konnte, niemals zugestopft war. Das heißt, niemals, bis Maximilian I., Kaiser des Heiligen Römischen Reiches, einen schicksalsträchtigen Schritt unternahm.

Maximilian, der von 1493 bis 1519 regierte, als das Mittelalter in die Neuzeit überging, war ein großer Idealist und wird oft *der letzte Ritter* genannt. Besser wäre es, ihn den ersten Modernen zu nennen. Denn er fühlte, wie es für moderne Theoretiker typisch ist, daß große Ideale und große Konzepte vom unvollkommenen Menschen in dieser unvollkommenen Welt mit kompromißloser Vollkommenheit erreicht werden können. So kalkulierte er: Wenn der Friede auf Kirchhöfen und Getreidefeldern beibehalten werden könne, warum dann nicht überall? Wenn er bezüglich alter Menschen, Frauen und Kinder respektiert werde, warum dann nicht auch *allen* Menschen gegenüber? Und wenn der Friede von Donnerstag bis Montag eingehalten werden könne, warum dann nicht an allen Tagen, in allen Wochen und allen Jahren? Warum sollte man den Frieden nicht unteilbar machen? Und er versuchte es: Er verkündete den *Ewigen Waffenstillstand Gottes*. Wie unsere heutigen Staatsmänner, die sich ebenfalls an Totalitäten erfreuen, an „totalen Triumphen", „totalen Kapitulationen", „totalem Frieden", es Jahrhunderte später tun sollten, erklärte Maximilian den Krieg für alle kommenden Zeiten als illegal. Und was war das Resultat? Nach der Verkündung des *Ewigen* Waffenstillstands Gottes wurden Kriege nicht mehr nur an Montagen, Dienstagen und Mittwochen gekämpft, sondern auch an Donnerstagen, Freitagen, Sonnabenden und Sonntagen; nicht mehr nur auf erlaubten Schlachtfeldern, sondern auch in Getreidefeldern und auf Kirchhöfen; und nicht nur gegen Soldaten, sondern auch gegen Frauen, Kinder und alte Menschen. Irgend etwas war tatsächlich total geworden – der Friede war es nicht.

Betrachten wir die Kleinstaaten-Welt des Mittelalters, so finden wir bald heraus, daß sie keineswegs himmlisch vollendet war. Im Gegenteil: Sie war voller Unzulänglichkeiten und Schwächen, voll von Problemen, die dem Leben allgemein entgegenstehen. Sie war aber – und dies war ihre große Tugend – nie von diesen Gegebenheiten terrorisiert, da sich auf einer kleinen Skala sogar das schwierigste Problem auf unbedeutende Proportionen reduziert. Dies dachte der heilige Augustinus, als er über das unbeholfene Leiden der Größe nachdachte und in „De Civitate Dei“ (Buch III, Kapitel X) fragte: „Warum sollte jegliches Kaiserreich die Skala zur Größe beunruhigen? In dieser kleinen Welt des menschlichen Körpers ist es nicht besser, eine armselige Gestalt mit einer unerschütterlichen Gesundheit zu haben als eine riesige Größe, die unverträglich krank ist? Keine Ruhe dort zu finden, wo man ruhen sollte, das Ende, aber doch das größere Wachstum mit dem größeren Kummer zu verwechseln?“

Der heilige Augustinus zitiert auch Sallust, der die machtfreie Welt preist, wie sie scheinbar zur Morgendämmerung der Geschichte existierte: „Könige waren von Anfang anders in ihrer Gutheit: Einige trainierten ihre körperlichen Kräfte, einige ihre spirituellen, und das Leben der Menschen in diesen Zeiten war ohne jegliches Übermaß der Gewohnheit oder der Verstellung, jeder einzelne blieb innerhalb seines eigenen Kreises.“

Wie auch die Könige des Anfangs, so war das „reaktionäre“ Mittelalter durch die Tatsache charakterisiert, daß die Menschen trotz ihrer Schwächen und Konflikte „ohne jegliches Übermaß der Gewohnheit und der Verstellung“ waren und daß jedes Problem innerhalb der engen Grenzen seines „eigenen Kreises“ eingeschränkt werden konnte.

5. Der Fluch der Vereinigung

Kehren wir nun dem Mittelalter den Rücken zu, und sehen wir, was geschah, als aus der Welt der Kleinstaaten mit ihren ewig streitenden Parteien und Operetten-Kriegen unser modernes Großmachtsystem wurde. Der Grund und die Entschuldigung, womit es sich den Historikern vorstellte, war die Befriedung großer Regionen, die zuvor von Stammeskämpfen zerrissen waren. Darin hatte es ohne jeglichen Zweifel Erfolg. Und da die meisten von uns freudig lächeln, wenn sie das Wort *Friede* hören, wird es auch bis zum heutigen Tag gelobt. Was aber war das Resultat dieses regionalbefriedenden Friedens? Es gab kaum eines. Denn sobald die neuen Nationalstaaten sich auf festem Boden etabliert und ihre befriedeten neuen Herrschaftsgebiete in verläßliche und wohlorganisierte Einheiten gegliedert hatten, begann sich ihre natürliche Aggression in genau dem gleichen Maße auszudrücken, wie es bei ihren kleinen Vorgängern der Fall gewesen war, die sie wegen ihrer friedensstörenden Streitigkeiten ausgerottet hatten. Wenn ihre Besitztümer ordentlich verdaut waren, begannen sie, sich außerhalb ihrer Grenzen nach neuen Anlässen zur Freisetzung ihrer Energien umzusehen – und so begann ein neues Zeitalter von Kriegen, die jedoch, einmal begonnen, qualitativ anders verliefen als die traditionellen.

Jene Kriege, die nach dem „Ewigen Waffenstillstand Gottes" geführt wurden, boten – obwohl sie die Entwicklung der modernen Zeit charakterisieren – eine Facette, die für sie sprach: Sie kamen weniger häufig und nach längeren Pausen zustande als die Kriege der mittelalterlichen Welt. Deshalb desillusioniert es uns auch, wenn wir denken, daß trotz allem und jedem die Befriedung großer Regionen in Form der von Großmächten ausgeübten Organisationen doch wohltätig für die Menschheit war. Auch wenn Kriege nicht völlig verhindert werden konnten, so war ihre Anzahl doch wesentlich begrenzt. Aber nicht die Quantität ist von Bedeutung. Von Großmächten geführt, waren diese Kriege keine kleinen Konflikte mit einer geringen Anzahl von Opfern und der Tendenz, wie die Jahreszeiten einzuziehen. Es gab nun längere Zeiten des Friedens, ohne jegliche Opfer. Wenn aber letztlich doch Kriege ausbrachen, dann zogen sie jedesmal weite Flächen in ihren Mahlstrom. Was durch die längeren Friedenspausen hatte bewahrt werden können, zerstörte man nun mit einem furchterregenden Multiplikator. Ein einziger Tag des modernen Krieges kostet mehr an Opfern und an Hab und Gut als die Gesamtzahl aller Opfer und Zerstörungen aller Jahrhunderte mittelalterlichen Kriegführens zusammengenommen.

Die Großmächte löschten, statt die Welt zu befrieden, bloß die oft verspotteten Operettenkriege des finsteren Mittelalters aus und gaben uns statt dessen den „wirklichen Krieg an sich". Abgesehen davon, änderten ihre Staatsverwaltungen nichts. Die Ursachen des Krieges sind heute ebenso lächerlich, wie sie es immer waren, denn die Großmächte sind zwar fetter als ihre Vorgänger geworden, weiser aber nicht. Wenn sich einst zwei Zöllner auf der Rheinbrücke zwischen Straßburg und Kehl stritten, behauptete jeder, die Uniform seines Landes sei beschmutzt worden und müsse gerächt werden; das Schlimmste, was passieren konnte, war also ein Krieg zwischen Baden und dem Elsaß. Alle Staaten, die mehr als 50 Kilometer vom Ort des Streites entfernt lagen, wurden in Ruhe gelassen. Da sie mit den Kriegführenden keine Verbindung eingegangen waren, hätten sie es dumm gefunden, sich um eine Beleidigung zu kümmern, die an Nachbarn gerichtet war, mit denen sie zumindest politisch nichts gemein hatten. Der gleiche Zwischenfall heute würde ebenfalls zum Krieg führen, dies sogar um so mehr, als die Großen empfindlicher als die Kleinen sind. Dieser Krieg endete aber nicht an den Grenzen von Elsaß und Baden, da es diese Staaten beiderseits des Rheins nicht mehr gibt. Heute heißen diese Staaten Frankreich und Deutschland, zwei Großmächte. Dies bedeutet, daß in die Schlägerei auf der entfernten Rheinbrücke jetzt Leute von Korsika – auf einer Insel im Mittelmeer –, die Völker von Mecklenburg, die am Strande des Baltikums leben, und die Bayern aus den Alpen hineingezogen werden würden. Da die berühmten Großmächte weniger Vertrauen in ihre eigenen Fähigkeiten besitzen, Konflikte allein zu lösen, wie dies kleinere Staaten seit jeher getan haben, schließen sie laufend Verträge und Rückversicherungen mit anderen Mächten ab, mit großen und mit kleinen, so daß einem kleinen Schlagabtausch zwischen Zöllnern bei Straßburg sofort mit einem Schlagabtausch zwischen „Offiziellen“ in Wladiwostok oder Yokohama gefolgt wird. Da im Namen der Union die isolierenden Grenzen kleiner Staaten beseitigt wurden, erzeugen sogar kleine Streitfragen mit großer Wahrscheinlichkeit eine Kettenreaktion globaler Proportion. Der Krieg ist unteilbar geworden. Daher kann die Tatsache, daß heute Kriege seltener sind, kaum als eine lobenswerte Einrichtung für den Frieden angesehen werden, wenn wir das Leiden berücksichtigen, das sie von einem Ende der Welt zum anderen verbreiten. Keine Welt der Kleinstaaten hätte je zu solchen Konsequenzen führen können – wie es die Geschichte des Mittelalters aufzeigt oder sogar die moderne Geschichte des einzigen Gebietes, wo es noch die Institution kleiner Staaten gibt: Südamerika. In diesem Kontinent gibt es ständig Kriege und Revolutionen; Kriege, die niemand bemerkt und die wie Frühlingsregen kommen und gehen, und die ohne den teuren Apparat der Vereinten Nationen oder einer kontinentalen Superregierung nicht beigelegt werden. Sie können mit einem kleinen Leitartikel vom Kalender der Geschehnisse gestrichen werden. Die schiere Tatsache, daß sie Komponisten von Operetten mehr als tiefe politische Denker inspirieren, wobei die letzteren entrüstet wären, sich überhaupt solchen Nebensächlichkeiten zugewandt zu haben, zeigt ihre harmlose Natur. Man wundert sich aber, ob es ein Volk nicht vorziehen würde, zu Opfern eines lächerlichen Operettenkrieges geworden zu sein, welcher in Hollywood eine Sensation darstellte, als Mitglieder eines pompösen modernen Krieges von Großmächten, die in unseren Geschichtsbüchern Sensationen darstellen.

Die Großmächte haben daher, nachdem sie die Verkleidung der Friedensboten abgelegt haben, der Welt nichts als Schmerzen gebracht. Sie stellen keinen Fortschritt dar. Statt die Probleme der kleinen Staaten zu lösen, haben sie sie in solch untragbaren Vergrößerungen in Proportionen gerückt, daß mit ihnen nur göttliche Macht und nicht mehr der sterbliche Mensch fertig werden kann. Deshalb warnte uns schon Aristoteles, daß „die Größe eines Staates Grenzen habe wie auch andere Dinge, Pflanzen, Tiere und Werkzeuge“, und daß „eine große Stadt nicht mit einer bevölkerungsreichen verwechselt werden könne. Darüber hinaus lehrt die Erfahrung, daß eine bevölkerungsreiche Stadt nur selten, wenn überhaupt, gut verwaltet werden kann; dies, weil alle Städte mit dem Rufe einer guten Regierung kleine Bevölkerungsgrenzen besitzen. Wir können uns damit auf rationale Weise auseinandersetzen, und das gleiche Resultat wird daraus folgen. Denn Gesetz ist Ordnung, und ein gutes Gesetz ist eine gute Ordnung; eine große Menschenmenge kann nicht in Ordnung sein; die Einführung der Ordnung in etwas Unlimitiertes ist das Werk einer göttlichen Macht – einer Macht, wie sie das Universum zusammenhält.“[3]

Der Herzog von Sully, Premierminister Henri IV. von Frankreich, zog in seinen Memoiren einen ähnlichen Schluß, nämlich daß „es allgemein beobachtet werden könne: je größer die Ausmaße eines Königreiches seien, desto mehr sei es anfällig für große Revolutionen und Unglücke“.[4]

In Anwendung seiner Überzeugungen erarbeitete der Premierminister gemeinsam mit seinem König das, was später als Edikt von Nantes bekannt wurde. Der Zweck dieses Edikts war, daß „Europa gleichmäßig unter einer gewissen Anzahl von Mächten aufgeteilt werden sollte, auf solch eine Art, daß keiner dem anderen Grund zur Eifersucht oder Angst um seine Besitzungen zeigen müsse, noch Angst vor der Macht eines anderen".[5]

Es sollte fünfzehn gleich große Staaten geben – sechs davon erbliche Monarchien: Frankreich, Spanien, England oder Britannien, Dänemark, Schweden und die Lombardei; fünf Wahl-Monarchien: das Heilige Römische Reich, den Papststaat oder das Pontifikat, Polen, Ungarn und Böhmen; vier Republiken: Venedig, Italien, die Schweiz und Belgien. Das Hauptopfer dieser Neuorganisation Europas sollte das übermächtige Familienreich der Habsburger werden.

Niemand hob jedoch die Fehlerhaftigkeit und das Elend, das in der Folge zu großer Größe entsteht, hervor. Niemand züchtigte deren Befürworter mehr und vernichtender als der heilige Augustinus. Berühmt ist seine Überlegung (De Civitate Dei, Buch III, Kapitel XV), daß es auf der Welt nicht mehr Königreiche geben solle, als es in einer Stadt Familien gebe; und er schlägt auf die Verehrer der Großen mit folgenden Worten ein (Buch IV, Kapitel III): „Ich möchte zunächst untersuchen, ob es vernünftig und klug ist, die Weite und Größe eines Reiches zu rühmen, da man doch nicht nachweisen kann, daß Menschen glücklich sind, die stets in Kriegsnöten dahinleben und in Bürger- und Feindesblut, auf jeden Fall in Menschenblut waten, die in düsterer Furcht und blutgieriger Leidenschaft ihr Leben führen und sich Freuden verschaffen, die glänzend und brüchig sind wie Glas, um die man sich schrecklich ängstigen muß, sie könnten plötzlich zersplittern."[6]

Welchen Grund sollte ein Mensch tatsächlich haben, die großen Mächte zu glorifizieren, deren einzige Tugend darin besteht, daß sie groß sind? Und dies ist, wie die Welt schmerzvoll erfahren sollte, keine Tugend. Sie erzeugt weder Stärke noch Mut. Indem sie „immer voll Angst ist, zu zerbrechen", ist die Politik der Großen bedeutend weniger waghalsig oder inspirierend als die kleiner Staaten. In den Auseinandersetzungen vor dem Zweiten Weltkrieg gegen Hitler wagten es nur kleine Staaten wie die Niederlande, Österreich oder die Schweiz, den mächtigen Mann herauszufordern. Sie beriefen sich auf ihre Unabhängigkeit, als wäre diese durch ihre schiere Existenz garantiert, nicht durch die gnädigen Garantie-Offerte des Diktators, die sie stolz zurückwiesen. Auf der anderen Seite verrieten die Großmächte in begründeter Angst, daß sich durch die geringste Störung in ihren riesigen, unbeweglichen Räumen Risse bilden könnten, alle ihre Prinzipien zugunsten prinzipienloser Zweckmäßigkeit und akzeptierten, wie im Fall Frankreichs, dankbar die unwürdige Behandlung, von einem Fremden „garantiert“ zu werden.

Hätten die Großmächte in ihrem Wachstumsprozeß wenigstens eine überlegene Führung hervorgebracht, um den Problemen, die sie erzeugten, auf gleicher Ebene gegenüberzutreten! Aber auch hier versagten sie, denn, wie Gulliver bemerkte, „breitete sich ihr Denken nicht über die Masse des Körpers aus“.[7] Politische Weisheit, wie viele andere Tugenden, scheint nur bei den Kleinen zu entstehen. Kleinstaaten produzieren größere Weisheit in ihren Taten, weil sie schwach sind. Ihre Führer können sich Dummheit nicht leisten, nicht einmal über kurze Zeit. Es ist kein Zufall, daß die politisch und sozial am weitesten entwickelten Länder der Welt heute Staaten sind wie die Schweiz (6,3 Millionen Einwohner), Dänemark (5 Millionen), Schweden (8,25 Millionen), Norwegen (4 Millionen) und Island (weniger als 230.000). Großmächte können anderseits lange mit der Dummheit leben. Wer von uns wird, wenn er merkt, daß er mit Dummheit lange genug weiterkommen kann, jemals sich die Mühe machen, weise zu werden?

Aus all diesen Gründen müssen die Großmächte, die wuchsen, weil sie die Kleinen zerstörten, und die uns dafür nichts gaben als Probleme, mit denen auch sie trotz ihrer Riesigkeit nicht fertig werden, letzten Endes selbst zerstört werden, wenn wir in Zukunft irgendwohin weiterkommen sollen. Sie sind die Hauptstörer des Weltfriedens, nicht die Kleinen, die sie immer bereit sind zu beschuldigen. Was der heilige Augustinus dachte, scheint daher heute immer noch so gültig zu sein, wie es ihm erschien, als er über die bedeutungslose Riesigkeit des Alten Rom nachdachte: nämlich daß „die Welt viel glücklicher regiert werden könnte, wenn sie sich nicht aus ein paar Ansammlungen zusammensetzte, die durch Angriffskriege gesichert werden müssen, mit ihrem gleichzeitigen Despotismus und tyrannischer Regierung, sondern von einer Gesellschaft kleiner Staaten, die in Liebe zusammenwohnen, die nicht die Grenzen des anderen überschreiten, die nicht von Eifersüchteleien gebrochen sind“.[8]

KAPITEL IV

Tyrannei in einer Welt der kleinen Staaten

> Am Anfang waren die Könige in ihrer Tugend verschieden – Der Menschen Leben war zu jenen Zeiten ohne Maßlosigkeit, was Gewohnheit und Wirkung betrifft. Jedermann übte sich in Selbstbeschränkung.
>
> Augustinus

Im Kleinen ist alles löslich – Die Wirkung kleiner Staaten auf die Diktatur – Der Kleinstaat macht diktatorische Regierungen mürbe, oder er klärt sie auf – Er verhindert die Verbreitung des diktatorischen Bazillus – Was passiert wäre, wenn Hitlers Bierhallen-Putsch Erfolg gehabt hätte und er zu einem kleinen bayerischen Tyrannen geworden wäre – Huey Longs begrenzte Macht und sein kurzes Leben als Folge der in den USA bestehenden kleinen Staaten – Das Prinzip des kleinen Staates löst das Macht-Problem riesiger Gewerkschaften und Monopole – Das Matratzen-Prinzip

---

Wie bereits gezeigt, verschwinden weder Krieg noch Kriminalität in einer Gesellschaft kleiner Staaten; sie werden bloß auf tragbare Größen reduziert. Statt daß man hoffnungslos versucht, die begrenzten Talente des Menschen auf eine Größe aufzublasen, die mit ungeheurer Größe fertig werden kann, soll die ungeheure Größe auf eine Größe reduziert werden, mit der sogar die begrenzten Talente des Menschen umgehen können. En miniature verlieren Probleme ihre Schrecken und auch ihre Bedeutung; das ist das Maximum, nach dem eine Gesellschaft streben kann. Unsere Entscheidung scheint daher nicht da zu liegen: Hie Kriminalität, und dort Tugend, sondern hie große Kriminalität, dort kleine Kriminalität; nicht hie Krieg und dort Frieden, sondern hie großer Krieg, da kleiner Krieg; statt unteilbarem totalen Krieg – teilbare lokale Kriege.

Es werden aber nicht nur die Probleme des Krieges oder der Kriminalität im kleinen Maßstab lösbar. *Jede* Untugend nimmt an Bedeutung ab, wenn die Größe jener sozialen Einheit schrumpft, in der sie sich entwickelt. Dies trifft besonders auf einen Aspekt des sozialen Elends zu, das vielen so unwillkommen ist wie der Krieg selbst: die Tyrannei!

Es gibt in den Verfassungen von Menschen oder Staaten nichts, was den Aufstieg von Diktatoren verhindern kann, weder von faschistischen noch von anderen. Macht-Wahnsinnige existieren überall, und jede Gemeinschaft wird früher oder später durch eine Phase der Tyrannei gehen. Der einzige Unterschied liegt im *Grade* der tyrannischen Regierung, der wiederum von der *Größe* und von der *Macht* der Länder abhängt, die ihr zum Opfer fallen.

Da wir uns von der Tyrannei des Nazismus losgeschüttelt haben und immer noch mit der Tyrannei des Kommunismus leben, müssen wir uns nicht besonders anstrengen, um uns die inneren und äußeren Konsequenzen vorzustellen, die das Wachsen einer diktatorischen Macht in einem großen Staat mit sich bringt. Intern ist die dem Diktator zur Verfügung stehende Maschinerie so kolossal, daß nur Wahnsinnige einen Sinn darin sehen, tapfer zu sein. Die überwältigende Mehrheit ist entweder zu einem Leben in Leid verdammt oder zu „Heil" rufender Uniformität. Die Macht des Diktators hat aber auch äußere Effekte. Sie ergießt sich über Grenzen hinweg, überschattet kleine und mächtige Nachbarn. Die Kleinen, weil sie trotz formeller Unabhängigkeit keine Möglichkeit haben, sich zu wehren, und die Mächtigen, weil sie nicht wissen können, ob eine Herausforderung des Diktators dessen oder ihren eigenen Untergang einleitet. So werden auch sie die Wünsche des Diktators erfüllen. Wann immer er sich bewegt, zittert die Welt vom fernen Donner jener Pläne, die „er" eben ausbrütet. Nur ein teurer und in seinem Ausgang unsicherer Krieg könnte die Welt von ihrer ehrfürchtigen Spannung erlösen …

Da große Macht per definitionem ein Element ist, das allein die Welt aus dem Gleichgewicht bringen kann, genügt ein einzelner Diktator in einem großen Staat, um den Seelenfrieden aller zu stören. Folglich ist eine Welt von Großmächten nur dann sicher, wenn die Regierung *jeder* einzelnen Macht in den Händen weiser und guter Männer (eine Verbindung, die sogar in Demokratien rar ist) liegt. Wie die Dinge hingegen stehen, zieht große Macht durch ihre eigene Natur eher die Starken als die Weisen an, eher die Autokraten denn die Demokraten. Es ist daher nicht verwunderlich, daß von den Großmächten, die vor dem Zweiten Weltkrieg existierten, nicht eine, sondern vier unter diktatorischer Herrschaft standen: Deutschland, Italien, Japan und die Sowjetunion; und von den großen vier der Nachkriegswelt zwei – die Sowjetunion und China. Obwohl es derzeit nur zwei Großmacht-Diktaturen gibt, existiert auf der Welt nicht ein entferntester Winkel, der dem Terror ihrer Existenz entfliehen kann.

1. Die Grenzen des Bösen

Verfolgen wir nun die Auswirkungen des gleichen Problems zurück in eine Welt kleiner Staaten: Wenn ein Macht-Wahnsinniger dort die Regierung an sich reißt, werden beide, die inneren und die Konsequenzen von außen her, weitgehend anders sein. Da ein kleiner Staat, bedingt durch seine eigene Natur, schwach ist, muß seine Regierung, die das Maß ihrer Stärke nur von der Größe des Landes ableiten kann, über welches sie regiert, ebenfalls schwach sein. Ist eine Regierung schwach, muß auch ihr Diktator schwach sein. Und wenn ein Diktator schwach ist, kann er mit derselben Leichtigkeit gestürzt werden, mit der er selbst die ihm vorangegangene Regierung gestürzt hat. Wenn er zu arrogant wird, wird er an einer Laterne hängen oder in einem Rinnsal liegen, ehe er noch Zeit hatte zu erkennen, daß es mit seiner Macht vorbei ist. In einem kleinen Staat kann keine Polizei stark genug sein, um diesen Staat selbst vor kleinen Rebellionen zu schützen.

Der erste und wichtigste Vorteil eines Kleinstaaten-Systems ist daher, daß ein Diktator eine nur kurze Lebenserwartung hat – zumindest seine Regierungszeit –, außer er entscheidet sich zu Weisheit und nicht zum selbstzerstörenden Geltungsdrang der Macht. Und dies ist der zweite Vorteil, das zweite Gute. Da Arroganz und Tyrannei in einem kleinen Staat gefährlich sind, wird ein Diktator, der sein Leben schätzt, praktisch dazu gezwungen, seine Herrschaft so anzulegen, daß sie im Interesse der Allgemeinheit liegt. Ohne die Möglichkeit, die Vergnügung der Untugenden zu verherrlichen, wird er die subtileren Befriedigungen der Tugend verherrlichen. Er wird eher Architekten und Maler anstellen als Generäle und Henker, eher das Leben der Arbeiter verbessern denn die Uniformen seiner Soldaten.

Die Geschichte zeigt, daß sowohl die kurzlebigen wie auch die guten Diktaturen Phänomene sind, die primär in kleinen Staaten existierten. Die ersteren richteten wenig aus, da sie nur kurz existierten; aus zweiteren zog die Welt tatsächlich Nutzen. Die Geschichte der antiken griechischen Stadtstaaten, der mittelalterlichen italienischen und deutschen Herzogtümer und die der modernen südamerikanischen Republiken sind voll von Beispielen beider Kategorien kleiner Tyrannen, von kurzlebigen und von guten. Wenn die Theoretiker des Vereinigens wieder den Begriff „Operettenstaaten" verwenden, um sie zu beschreiben, dann charakterisieren sie sie genau als das, was sie waren – Menschen, die sogar in ihrer Schlechtigkeit ineffektiv waren. Das einzige, was in solch operettenhaften Vergleichen nicht am Platze ist, ist der geringschätzige Unterton. Ineffektiv zu sein bedeutet: keine Macht dazu haben, um Menschen zu tyrannisieren – ein Zustand, für den die Operetten-Diktatoren gelobt statt verspottet werden müßten. Wann werden unsere Theoretiker endlich begreifen, daß der größte Segen, den uns unsere Staatsmänner bescheren können, darin liegt, die Tragödien der modernen Massenexistenz zurück in die lächerlichen Probleme einer Operette zu verwandeln?

Im Land selbst könnte daher sogar ein sehr schlimmer Diktator, mit der geringen Macht eines kleinen Staates ausgestattet, seine Untertanen nicht in jenen kriechenden Obrigkeitsgehorsam treiben, wie es selbst der beste Diktator einer großen Macht zumindest zu tun in Händen hätte. Auch wenn der Kleinstaaten-Diktator seine Untertanen überragt, so kann er sie nie riesig überragen.

In jedem Falle und im Hinblick auf die Welt draußen noch viel wichtiger ist: daß der Kleinstaaten-Diktator *nach außen völlig* unwirksam ist. Im Gegensatz zur Macht Hitlers, die sich in Frankreich schon Jahre vor seinem eigentlichen Angriff spürbar machte, während Frankreich noch als Großmacht eingeschätzt wurde, endet der Machtbereich eines Kleinstaaten-Diktators an den Grenzbächen seines Landes. Kaum fähig, jemand zu Hause zu ängstigen, wird er schon gar nicht jemand außerhalb seines Landes ängstigen. Wahnsinn ist auf sein eigenes Territorium begrenzt, dessen enge Grenzen wie die Gummiwände der Isolierzelle eines Irrenhauses wirken. Jede Kettenreaktion des Irrsinns muß verebben, wenn sie ihre Grenzen erreicht. Der Kommunismus – ein furchtbares Werkzeug in den Händen eines Großmacht-Diktators – ist in der kleinen Republik San Marino nach außen hin so unwirksam, daß die meisten von uns gar nicht wissen, daß es außerhalb des Eisernen Vorhangs überhaupt einen kommunistischen Staat *gibt*. Was aber die Macht der Vereinten Nationen nicht auf Rußland beschränken kann, kann ein Dutzend italienischer Gendarmen auf San Marino beschränken.

Man könnte einwenden, daß sich zwar die Macht des Diktators in einer Welt kleiner Staaten auf sein eigenes Territorium beschränkt, daß jedoch der Bazillus der Diktatur selbst sich verbreiten und mit der Zeit andere infizieren könnte. Das ist möglich, aber harmlos; denn in diesem Fall würden Diktaturen bloß an Zahl zunehmen, nicht aber an Masse oder in ihrer Bedrohlichkeit nach außen, da die Staaten, in denen sie sich entwickeln, konkurrierende Interessen aufweisen und daher zum Ausgleich tendieren. Sie können weder für eine Kettenreaktion noch für eine Machtakkumulation eingesetzt werden. Darüber hinaus würde eine Welt, die aus Hunderten von souveränen Kleinstaaten mit einer Vielfalt von politischen Systemen besteht, auf verschiedene Kräfte und Trends zu verschiedensten Zeiten reagieren, und die Ausweitung diktatorischer würde durch die Ausweitung demokratischer Einflüsse ausgeglichen werden.

Erreichen sie die äußere Grenze ihrer Landkarte, so verschwinden sie aller Wahrscheinlichkeit nach aus den Gebieten, in denen sie entstanden. Eine Welt kleiner Staaten atmet und verändert sich derart, daß sich nie gigantische unterschwellige Kräfte entwickeln können. Diese entstehen nur in einem System von Großmächten, wo längere Friedensperioden es ihnen ermöglichen, jahrzehntelang einzuatmen, nur um plötzlich alles vor ihnen Liegende in einem Hurrikan niederzufegen.

2. Hitler in Bayern und Long in Louisiana

Wir wissen alle, was der Welt geschah, als Hitler „Führer“ der Großmacht Deutschland wurde: Deutschland wurde sogar im Frieden furchtbar, und seine Nachbarn hatten vor seinen Freundschaftskundgebungen ebensolche Angst wie vor seinen Drohungen. Nehmen wir einmal an, der selbe Mann wäre nur in Bayern Diktator geworden, wie er es in seinem berühmten Bierhallen-Putsch 1923 versucht hatte: Es mag eine Katastrophe für die Welt gewesen sein, daß dieser frühe Versuch fehlschlug.

1923 war zumindest ein Teil von Deutschland noch in einem Kleinstaaten-System organisiert. Da in diesem das Leben individualistischer ist als in Großmachtballungen, reagieren die Leute für gewöhnlich nicht wie betäubt, wenn sie es mit der Regierung zu tun haben. In der Konsequenz hätte Hitler das Schicksal eines Kurt Eisner ereilen können, des kommunistischen Diktators Bayerns, der vor ihm das Experiment gewagt hatte und prompt ermordet wurde. Oder es wären ihm ein paar Jahre der Herrschaft gegeben gewesen, die sich nicht über die Enge Bayerns hinaus ausgewirkt hätten. Die Nachbarstaaten hätten auf den Erfolg einer konkurrierenden Regierung in einem konkurrierenden Staate natürlich reagiert, wären auf ihrem Gebiet in der Folge doppelt wachsam gewesen, während Hitler, unfähig, seinen Macht-Komplex in einem Kleinstaate zu befriedigen, sich durch das schiere Paradox seines Zustandes bis zur Impotenz frustriert hätte. Der Diktator von Bayern wäre nie zum Diktator Deutschlands geworden, nur ein Dilettant der Macht, ein kleiner Tyrann mit kurzer Lebenserwartung angesichts der Tatsache gewesen, daß in kleinen Staaten der Sturz eines Diktators über Nacht erfolgen kann. Unglücklicherweise mißglückte ihm der Coup in Bayern, und statt dessen erlangte er die Macht der Großmacht Deutschland. Als Resultat war er nun nicht mehr zu beseitigen; er zwang auch die größten Geister seiner Generation, sich mit dem auseinanderzusetzen, was sie bis dahin romantische oder kriminelle Verrücktheit genannt hatten – es machte sie daran zweifeln, ob er nicht doch das Super-Genie sei, als das Goebbels ihn darstellte. In Bayern hätte er, da ihm kein anderer Ausweg offen gewesen wäre, sich darüber freuen können, die Welt zu ärgern oder durch seine naiven Inntal-Bilder zu erfreuen. Als „Führer" Deutschlands war dieser Mann fähig, die Welt wie Napoleons Wiedergeburt mit seinen Kriegen zu zerschmettern. Mit einem Hitler als Bayern-Diktator wären die Nachbarn Württemberg und Österreich fertig geworden. In Deutschland konnten die vereinten Kräfte Großbritanniens,

Frankreichs, der USA und der Sowjetunion das Nazi-Geschwür nicht am Wuchern hindern.

Wir dürfen uns nicht darauf beschränken, hypothetische Spekulationen über die stets harmlosen Effekte von Diktaturen in kleinen Staaten anzustellen. In den Vereinigten Staaten, die eigentlich als Kleinstaaten organisiert sind, hat das Problem regionaler Diktatur nie zu sehr schwierigen Situationen geführt. Einige werden sagen, daß die Amerikaner ein zu freies Volk seien, um sich der Tyrannei unterzuordnen, oder zu gebildet, um Diktatoren zu erzeugen, und daß *dies* der Grund sei, weshalb dort Diktaturen kein Problem darstellten. Keine dieser Ansichten scheint mir gültig. Es hat Diktatoren gegeben und, in logischer Konsequenz, hat es auch hier Unterwürfigkeit gegeben. Das Glück Amerikas besteht darin, daß Diktatoren zwar möglich sind, sie ihren Einfluß aber nicht verbreiten können. Er ist deutlich an den Staatsgrenzen zu Ende, und es bedarf keiner militärischen Interventionen, um sie dort zum Stillstand zu bringen. Wie groß der Grad von Regierungsautorität auch sein mag, über den lokale Tyrannen in ihren eigenen Staaten verfügen, sie können für andere keine Gefahr darstellen. Huey Long war eine so widerwärtige Figur und hatte ebensolche absoluten Ansprüche wie Hitler. Wenn er sich nicht durchsetzte, so nur deshalb, weil er der Boß eines kleinen Staates war, wie Hitler es gewesen wäre, hätte er in Bayern gewonnen. Ohne Macht gab es für die Wirksamkeit seiner Pläne Grenzen. Es ist wahr, der diktatorische Bazillus verbreitete sich, aber Huey konnte sich nicht verbreiten, und sogar der Bazillus konnte nicht weit gehen – wegen der verlangsamenden Wirkung von Grenzen.[1]

Gegenwärtig hat der Bazillus in Georgia ein Stadium der Bösartigkeit erreicht, aber schon wieder ist er genau eingegrenzt, und wenn er Florida erreichen wird, so wird es ihn höchstwahrscheinlich in Georgia nicht mehr geben. Aber selbst Diktaturen in amerikanischen Staaten sind so schwach, daß sie unfähig sind, irgend jemand zu erschrecken, außer die Regierungsbeamten des eigenen Staates.

Nehmen wir aber an, daß es statt vieler kleiner Staaten nur einen großen und mächtigen Südstaat gegeben hätte: Huey Long hätte so, wie er in Louisiana erfolgreich war, auch dort erfolgreich sein können. Er hätte aber nicht mehr so leicht gestürzt werden können, wie dies tatsächlich geschah. Er wäre keine Operettenfigur mehr gewesen, sondern ein arroganter Herrscher nicht nur über die Bürger seines eigenen Staates, sondern über alle Staaten des Kontinents. Seine Morgenlaune wäre von New York bis Los Angeles Anlaß zu Hoffnung oder Sorge geworden. Statt daß man ihn gezüchtigt und lächerlich gemacht hätte, wäre er ausgezeichnet und geehrt worden. Seine Sicherheit wäre von einer Armee von SS-Garden, die sich das kleine Lousiana nie hätte leisten können, vor der Kugel eines Attentäters geschützt worden.

Es hätte aber ein noch viel schlimmeres Nachspiel gegeben. Denn eine Tyrannei in großem Maßstab wird nicht nur achtbar und wegen der beeindruckenden physischen Kraft, die sie zu ihrer Verteidigung aufstellen kann, praktisch unausrottbar; sie wird dies um so mehr, indem sie zu einer kritischen Größe die ihr gemäße Philosophie der Unterwerfung ausbrütet.

In unserer Auseinandersetzung mit der Macht- oder Größen-Theorie sozialen Elends haben wir herausgefunden, daß ein kriminelles Geistesklima nicht Ursache, sondern Konsequenz der Massen-Bereitschaft für Kriminalität ist; der aggressive Geisteszustand ist nicht Ursache, sondern Konsequenz des Erwerbs aggressiver Macht. Aus dem gleichen Grund ist es nicht unterwürfige Haltung, die zu Tyrannei führt, sondern tyrannische Macht, die, proportional zur Größe der Gemeinschaft wachsend, zu einer kritischen Größe führt, die Unterwerfung billigt. Unterwerfung kann daher nicht als menschliche Qualität, die zu einem bedeutenden Grad als das Resultat aus Erziehung, Tradition, nationalem Charakter oder Produktionsweise resultiert, erklärt werden. Wie die meisten anderen sozialen Einstellungen ist sie die anpassungsfähige Reflexaktion, mit der der Mensch auf Macht reagiert. Ihr Grad verliert direkt mit dem Grade der Macht, wie sich damit auch – umgekehrt – der Freiheitswille verändert. Wo Macht, da Unterwerfung; wo keine Unterwerfung, da keine Macht. Dies ist der Grund, weshalb, historisch gesehen, die scheinbar freiheitsliebendsten Völker die Tyrannis so unterwürfig akzeptiert haben wie die scheinbar unterwürfigsten,[2] oder weshalb man relativ sicher sagen kann, daß sogar die Amerikaner sich unterwerfen würden, ließe nur ihre Föderation die Akkumulation entsprechender Regierungsmacht zu. Denn, wie der junge Boswell es rührend seinem *London Journal* anvertraute:

„Wenn der Geist weiß, daß er sich durch Kampf nicht helfen kann, dann unterwirft er sich still und geduldig *jedem* Gewicht, das ihm auferlegt wird.“

3. Das Matratzen-Prinzip

Zum Glück sind die USA – nach innen gesehen – keine unbehagliche Gemeinschaft großer Mächte, die kritische Ansammlungen gestattet hätten, sondern sie bestehen aus vielen kleinen Staaten. Daher kommt ihnen jene sanfte Flexibilität zugute, die allen kleinzelligen Organismen zu eigen ist und die sie befähigt, sich dem ständig ändernden menschlichen und sozialen Wechsel anzupassen. Ein kleiner Zellen-Verband hat die gleichen Vorteile und hat sie aus den gleichen Gründen wie Matratzen, die auf dem Prinzip der Koexistenz einer sehr großen Anzahl *kleiner, unabhängiger* Federn beruhen, anstatt auf dem Prinzip der einheitlichen Konstruktion, in der alle Federn fest miteinander verbunden sind. Es werden nämlich nur jene Federn niedergedrückt, die tatsächlich vom Körper belastet werden; und dies gibt dem Ganzen eine Spannkraft und Lebensdauer, wie das sonst nie möglich wäre. Mit der vorher handelsüblichen „vereinigten“ und ineinandergreifenden Konstruktion preßte jedes Niederdrücken einer einzelnen Feder auch alle übrigen nieder, was mit der Zeit ein irreparables „Schlafloch“ produzierte und sogar jene Federn ruinierte, die gar nicht verwendet worden waren.

Die USA sind aber nicht in jeder Beziehung ein Kleinstaatenkomplex. Dort, wo sie das nicht sind, sehen wir, wie sich genau die gleichen Probleme wiederholen, die für alle großräumigen oder Großmacht-Organisationen typisch sind. So ist die private Wirtschaftskraft – unähnlich der politischen – *nicht* durch Staatsgrenzen limitiert. Daher organisierten sich von Küste zu Küste eine Reihe von Wirtschaftsmächten und Gesellschaften auf breiter Ebene. Und jede davon ist in der Lage, die ganze Nation, nicht nur einen einzelnen Staat, aus dem Gleichgewicht zu bringen, wenn Stimmung oder Ehrgeiz solch einen Weg nahelegen sollten.

Nirgends ist diese unangefochtene Großmacht-Herrschaft dramatischer offensichtlich als in den riesigen Gewerkschaften. Eine Bewegung der Augenbrauen von John L. Lewis kann die lebenswichtige Bergbau-Industrie lahmlegen, nicht nur in einem Staat oder in zweien, sondern in allen. Ein Runzeln seiner Stirn kann für 165 Millionen Menschen einen kalten Winter bedeuten. Ein Wort von seinen Lippen kann Eisenbahnzüge zum Stillstand kommen lassen und die Räder von Hunderten Industrien stoppen. Es kann den Amerikanern Gas und Licht wegnehmen. Eine einzelne Geste von John L. Lewis oder von irgendeinem anderen wichtigen Gewerkschaftsführer kann für die Nation die Katastrophe bedeuten. Auf kontinentaler Basis organisiert, sind die Gewerkschaften unkontrollierbar geworden – durch ihre gigantische Macht, die sie sich aneignen konnten; eine Macht, die für die Ziele der Gewerkschaft unnötig ist, besser: die unnötig wäre, hätte man das Kleinstaaten-System auch wirtschaftlich angewendet. Solange dies nicht getan wird, werden riesige Wirtschaftsgebilde existieren, und solange diese existieren, wird das Gesetz des Ausgleichs riesige Gewerkschaften erfordern.

Man kann sich dagegen leicht die bedeutungslosen Schwierigkeiten vorstellen, die Gewerkschaften in einer wirtschaftlich-kleinstaatlichen Welt machen würden. John L. Lewis würde, wie auch Gouverneur Long in seinem Staate, zwar immer noch eine Gewerkschaft dominieren, jedoch eine, deren Machtgrenzen mit den Staatsgrenzen zusammenfielen. Im Laufe eines Jahres gäbe es, genau so wie jetzt, Streiks in einigen oder in allen Staaten, aber, dem Matratzen-Prinzip zufolge, wären diese weder vereinigte noch ineinandergreifende Streiks. Sie würden individuell bleiben, und individuelle Probleme werden immer leichter gelöst als ineinander verwobene Massenprobleme. Die Arbeiter bekämen immer noch das, was sie wollen, denn die Arbeitgeber – die ja nun keine kontinentalen Gesellschaften bilden – würden Zugeständnisse nicht mehr ablehnen, weil sie es mit lokalen statt mit nationalen Gewerkschaften zu tun hätten. Im Gegenteil, sie wären zugänglicher, weil auch sie schwächer wären. Das Leben wird letztlich lokal gelebt, es sind die lokalen Dränge, die zählen. Probleme industrieller Auseinandersetzungen würden daher immer noch existieren, sie könnten jedoch nicht mehr entgleiten. Sie könnten mit einem geringen Machtvolumen kontrolliert werden, das dennoch die Arbeitnehmer befriedigen würde, ohne zu einem eigentlichen Problem zu werden, das heißt, ohne den Machtproblemen die Arbeitsprobleme zuwachsen zu lassen.

Das gleiche trifft auf die riesige Anhäufung von Macht seitens der Arbeitgeber zu, obwohl in deren Falle das Kleinzellen- oder Matratzen-Prinzip weniger Argumente benötigt, da ihnen schon lange die inhärenten Gefahren von Arbeitgebergewerkschaften und Unionen bekannt sind. Sobald wir von Monopolen, Kombinaten, Aktiengesellschaften oder Kartellen sprechen, erkennen wir, was die Konzentration riesiger wirtschaftlicher Macht in den Händen von wenigen bedeutet. So haben die Gesetzgeber nie aufgehört, das Problem zu überdenken, wie man die Giganten an Größe reduzieren könnte. Die einfachste Methode, anstatt unnütze Verbote zu erlassen, wäre die Einführung eines Kleinstaatensystems gewesen, das politisch wie auch auf der wirtschaftlichen Ebene wunderbar funktionierte. Da alle wirtschaftliche Macht in den USA privater Natur ist und privaten Zwecken dient, hörte diese Macht an den Landesgrenzen auf, verschwände das Monster der Größe ganz von selbst. Und mit ihm zusammen verschwänden die Bedürfnisse der monströs mächtigen Gewerkschaften, deren einzige Daseinsberechtigung darin besteht, daß die Wirtschaft, mit der sie es zu tun haben, ebenfalls monströs mächtig ist. Da die Staatsgrenzen der USA keine *Verkehrs*-Barrieren darstellen, bedeutete dies nicht die Einführung von *Zoll*-Grenzen. Auch würde eine Reduktion der wirtschaftlichen *Macht* nicht eine Reduktion der ökonomischen *Produktivität* bedeuten und in der Folge eine Verminderung des Lebensstandards. Es würde, wie Kapitel VIII zeigen wird, das Gegenteil bringen.

Wir sehen, daß eine Welt kleiner Staaten nicht nur das Problem sozialer Brutalität und des Krieges lösen würde; sie würde die gleichermaßen schrecklichen Probleme der Unterdrückung und der Tyrannei lösen, ja alle Probleme, die sich aus der Macht ergeben. Tatsächlich gibt es kein Elend auf der Welt, mit dem man im kleinen Ausmaß nicht erfolgreicher umgehen könnte, wie es überhaupt kein Elend auf der Welt gibt, mit dem man anders umgehen kann als in *kleinen* Maßen. Im Riesigen bricht alles auseinander, sogar das Gute; denn, wie offensichtlich werden wird, besteht das eine und einzige Problem der Welt nicht in Bösartigkeit, sondern in Größe; nicht das Ding, welches groß ist, was immer das sein mag, sondern die Größe selbst. Daher kann durch Vereinigung, die Masse, Größe und Macht vergrößert, nichts gelöst werden. Im Gegenteil: Die Möglichkeit, Lösungen zu finden, nimmt im gleichen Maße ab, in dem der Prozeß der Vereinigung voranschreitet. Trotzdem scheinen alle unsere kollektivisierten oder kollektivisierenden Anstrengungen auf dieses eine phantastische Ziel gerichtet zu sein – Vereinigung. Was natürlich auch eine Lösung ist. Die Lösung des spontanen Kollapses.

KAPITEL V

Die Physik der Politik

„Man achte darauf, daß die Bäume nicht in den Himmel wachsen!"

Deutsches Sprichwort

Begrenzung allen Wachstums – Das Universum als Mikrokosmos – Die primären Partikel des Lukrez und Plancks Wirkungsquantum – Die Theorie Fred Hoyles über den Ursprung der Erde – Die Unstetigkeit des zu Großen – Verbesserung durch Spaltung – Gleichgewicht gegen Einheit – Schrödinger über: „Warum Atome klein sind?" – Das Kleinzellensystem ist die prinzipielle Grundlage für mobiles Gleichgewicht – Störungen des Gleichgewichtes auf Grund großer Anhäufung – Das Prinzip der Teilung – Teilung als das Prinzip von Fortschritt und Gesundheit – Die Organisation der Hölle

---

DAS PHILOSOPHISCHE ARGUMENT

Bis jetzt haben wir uns mit der Idee auseinandergesetzt, große Mächte vom Blickpunkt der Zweckmäßigkeit her zu sehen. Auf Kleinheit reduziert, so haben wir herausgefunden, verlieren Staaten ihre Terror-Möglichkeiten, ihre Schwierigkeiten und viele Untugenden.

Dies ist kein Zufall, denn Kleinheit ist nicht nur bequem. Sie ist die Schöpfung Gottes. Das gesamte Universum wurde darauf errichtet. Wir leben in einem Mikrokosmos, nicht in einem Makrokosmos. Perfektion gibt es nur im Kleinen. Nur im Hinblick auf das ganz Kleine kommen wir je zu einem Ende, zu einem Endlichen, zu einer Grenze, an der wir das letzte Mysterium der Existenz erfassen können. In Richtung auf das Kolossale kommen wir nirgendwohin. Wir mögen addieren und multiplizieren und immer riesigere Zahlen und Substanzen produzieren, kommen aber niemals zu einem Ende, denn es gibt nichts, was nicht immer wieder verdoppelt werden kann, obwohl Verdoppelung im physischen Sinne bald Kollaps und Katastrophe bedeutet. Es gibt eine unsichtbare Grenze der Größe, jenseits derer sich Masse nicht mehr akkumulieren kann. Nur abstrakte mathematische Schatten können noch weiter vorstoßen. Die Teilung bringt uns anderseits mit der Zeit zur existierenden, doch unsichtbaren, letztendlichen Substanz der Dinge, zu Partikeln, die keine weitere Teilung zulassen. Dies sind die einzigen Substanzen, die von der Schöpfung mit Einheit betraut wurden. Sie allein sind unteilbar, nicht zu vernichten, ewig. Lukrez nannte sie die *ersten Körper* oder die *primären Partikel.* Er argumentierte mit einer nie übertroffenen Logik in seinem Buch „De rerum natura":[1]

„Füglich gibt es die Ursprungskörper von festester Einfalt,
die in kleinsten Teilchen gedrängt eng halten zusammen,
nicht aus jenem Verein zum vielfachen Ganzen vereinigt,
sondern vielmehr an Kräften reich durch ewige Einfalt,
woraus weder herausreißen läßt noch irgend etwas gar
mindern des Wesens Natur, die den Dingen die Samen bewahret.
Außerdem: Wenn es ein Kleinstes nicht gibt, wird auch noch der feinste
Körper bestehen an Zahl aus je unendlichen Teilen,
die je die Hälfte der Hälfte wird jeweils immer besitzen
wieder die Hälfte, und nichts kann vorher setzen ein Ende.
Was wird zwischen dem All und dem Kleinsten für Unterschied sein dann?
Nichts wird der Unterschied sein. Denn mag die Summe auch noch so
endlos sein aus dem Grunde, so wird, was am kleinsten der Teile,
doch im gleichen Grad aus unendlichen Teilen bestehen.
Da das richtige Denken hier Einspruch erhebt und bestreitet,
daß es die Seele zu glauben vermag, mußt besiegt du gestehn,
daß es sie gibt, die mit keinerlei Teilen mehr sind versehen
und von kleinster Natur bestehen: da sie vorhanden,
müssen sie auch, das mußt du gestehen, ewig und fest sein."

Alle anderen Dinge sind Kombinationen dieser ursprünglichen Teilchen, Kombinationen und Anhäufungen, die in ihrer Zahl und Vielfalt unendlich sind, jedoch immer von den gleichen, unveränderlichen Teilchen stammen. Es spricht für die einmalige Wahrnehmungskraft und die Fähigkeit zu folgerichtigen Schlüssen antiker Philosophen, eines Lukrez oder seiner großen Vorfahren Demokrit und Epikur, daß die moderne Wissenschaft, mit all ihren Mitteln und Experimenten, nicht mehr tun konnte als das zu *beweisen*, was diese einst *erdacht* hatten – tagträumend im Schatten einer Pappel. Max Planck bestätigte in seiner berühmten Quantentheorie, die gemeinsam mit Einsteins Relativitätstheorie die Grundlage unserer modernen Physik bildet, im zwanzigsten Jahrhundert experimentell das, was die größte Entdeckung aller Zeiten genannt wurde: daß das Universum nicht aus riesigen Einheiten bestehe, die in beiden Extremen endlos seien, sondern aus nicht dauerhaften, in kleinen Bündeln ausstrahlenden Partikeln aus Quanten. Planck: „Ausstrahlende Wärme ist nicht dauerhaftes Fließen und nicht unendlich teilbar. Sie muß als unzusammenhängende Masse gesehen werden, die aus kleinen Einheiten besteht, von denen jede der anderen ähnlich ist." Obwohl diese Einheiten, die Quanten bzw. die unsichtbaren primären Partikel, sich mit der Häufigkeit ihrer Ausstrahlung verändern, sind sie alle trotzdem auf das Plancksche Wirkungsquantum reduzierbar, dem perpetuellen und scheinbar einzig absoluten Element im physischen Universum. Es wurde als gleich $6{,}624.10^{-27}$ Ergsekunden ($E = h \cdot v$) definiert.

Es war das von der Quantentheorie abgeleitete Wissen, das uns erlaubte, tiefer in das Geheimnis des Atoms einzudringen und damit in das Universum. Wir fanden den Schlüssel für das Große, indem wir nach dem Kleinen suchten. Es ist ohne Bedeutung für unser Zeitalter, in dem sich perverserweise soziale Kolosse in Richtung weltumspannender Organismen entwickelt haben, daß es nicht das „kolossale oder vereinigende Zeitalter" genannt wurde, sondern das Atomzeitalter: Es heißt nicht nach der größten, sondern nach der kleinsten Ansammlung von Materie.

1. *Kleinheit, die Grundlage der Stabilität*

Was immer wir auch untersuchen, das Universum oder das Atom, wir erkennen, daß die Schöpfung sich eher in vielfältiger Kleinheit ausgedrückt hat als in vereinfachender, riesiger Masse. Alles ist klein, begrenzt, nicht zusammenhängend, nicht vereint. Nur relativ kleine Körper – jedoch nicht die kleinsten, wie wir sehen werden – besitzen Stabilität. Unterhalb einer gewissen Größe geht alles ineinander über, verbindet sich oder häuft sich an. Oberhalb einer gewissen Größe aber kollabiert oder explodiert alles.

Wir brauchen uns nur den Nachthimmel anzusehen, um zu erkennen, daß es für alles Grenzen gibt, sogar sehr enge Grenzen. Die gigantischsten Sterne sind kleine Flecken im Raum, die riesigen Galaxien bloße Scheiben, die unsere Augen mit einem einzigen Blick festhalten können. Fred Hoyle gibt uns ein Bild der himmlischen Proportionen, wenn er die Sonne als einen Ball mit etwa 16 Zentimeter Durchmesser darstellt, und er fragt: „Wie weit sind nun die Planeten von diesem Ball entfernt? Nicht etwa 30 Zentimeter oder nur ein bis zwei Meter, wie sich das viele Leute in unserem unterbewußten Bild des Sonnensystems vorstellen, sondern wesentlich weiter. Merkur ist von der Sonne etwa 640 Meter entfernt, Venus mehr als 1.188 Meter, die Erde etwa 1.646 Meter, der Mars 2.469 Meter, der Jupiter 8.230 Meter, der Saturn 16.268 Meter, der Uranus 32.002 Meter, der Neptun 49.377 Meter und der Pluto 64.922 Meter. In diesen Größenordnungen ist die Erde bloß ein Stäubchen, und der nächste Stern ist etwa 2.000 Meilen entfernt.“[2]

Einzeln können himmlische Körper riesig erscheinen. Was stellen sie aber in Relation zum Raume dar? Manchmal wachsen sie wahrhaftig zu Gebilden, die die Astronomen Supernova nennen: Wenn sie sich aber einmal in diese Richtung hin bewegen, sind sie auf dem Wege zur Selbstzerstörung. Anstatt Energie abzugeben, beginnen sie – wie alle großen Mächte des Universums –, sie zu absorbieren. Die bloße Anstrengung, ihre Existenz aufrecht zu erhalten, zwingt sie, mehr Materie zu absorbieren, als sie von irgendwoher erhalten können. Fred Hoyle beschreibt, wie sie in ihrem gigantischen Expansionsdrang beginnen, von ihrem Kapital so lange zu leben, bis mit einem explosionsartigen Ruck ihr Wasserstoffvorrat verbraucht ist.

Dann rächt sich ihr kurzer Expansionswille – sie kollabieren. Damit ist die Geschichte jedoch noch nicht zu Ende. Im Prozeß des Kollabierens erhöhen sich ihre inneren, durch die Rotation bedingten Kräfte in solch hohem Grade, bis ein Stadium erreicht ist, „in dem die Rotationskräfte mit der Schwerkraft vergleichbar werden".[3] Dies ist der Punkt, an dem die Giganten des Universums in phantastischen Explosionen auseinanderbrechen. Fred Hoyle behauptet, daß die Planeten unseres Sonnensystems Reste eines Zwillingssternes der Sonne darstellen, der „wesentlich massiver gewesen sein muß als die Sonne selbst".[4] Als Folge dessen explodierte er und wurde nicht zu einem leuchtenden Giganten, wie er es werden wollte, sondern zu einem *schwarzen Zwerg*, der in der äußeren Dunkelheit schwebt und nicht einmal von seinem Nachfahren anerkannt wird. Riesige Größe paßt nicht in die Schablone der Schöpfung. Wann immer sie sich entwickelt, zerstört sie sich selbst in Agonie und Katastrophe.

Dies bedeutet nicht, daß die ideale Größe der existenten Dinge das *Allerkleinste* darstellen soll. Wenn dies der Fall wäre, bestünde das Universum, und das dann zu Recht, aus nichts anderem als aus Atomen und Quanten. Auch dies war offensichtlich nicht die Absicht der Schöpfung. Aus der überwältigenden Vielfalt der Formen und der Substanzen zu schließen, die sich nur auf Grund einer Myriade von Anhäufungen, Kombinationen und Verschmelzungen entwickeln konnten, liegt die wahre Erfüllung des Lebens in Anhäufung und Kombination, und nicht in den einfachen, einheitlichen und einzelligen Strukturen. Als Folge dessen können Dinge genau so gut zu klein wie zu groß sein, wobei beiden Entwicklungszuständen eine Instabilität anhaftet. Daher war das Universum, solange es nur aus atomisiertem Staub bestand, ein instabiles Chaos, welches Stabilität suchen mußte, indem es seine Einzelteile vereinigte und kondensierte, die dann zu Sternen und anderen Himmelskörpern beträchtlichen Gewichts und beträchtlicher Größe wurden.

Dieser Prozeß deutet jedoch an, daß die Instabilität des zu Kleinen nur ein geringes Problem darstellt; es hat grundsätzlich unterschiedlichen Charakter im Hinblick auf die Instabilität des Großen. Es ist eine *konstruktive* Instabilität, für die sich die Natur ein selbstregulierendes Mittel, einen Mechanismus des Wachsens, geschaffen hat. Durch diesen erfolgen Anhäufungen und Zusammenlegungen so lange automatisch, bis eine richtige und stabile Größe erreicht wird, die ihre funktionsgebundene Form erfüllt.[5] Ist diese einmal erreicht, finden die Dinge auch das ihnen angemessene Ende. Daher braucht man sich fast nie, außer vielleicht im Fall von Mißbildungen, um etwas zu sorgen, was zu klein ist.

Die Instabilität des zu Großen ist eine *destruktive*. Anstatt durch das Wachsen *stabilisiert* zu werden, wird seine Instabilität dadurch *hervorgehoben*. Der gleiche Prozeß, unterhalb einer gewissen Größe nützlich, führt nun nicht zur Reife, sondern zur Auflösung. Dieser Effekt wurde von Botanikern ausgenützt, die einige Unkrautsorten nicht dadurch töteten, daß sie mühsam versuchten, deren Wachstum möglichst zu verhindern, sondern den viel tödlicheren Prozeß des Überwachstums schlau anwandten, indem sie das, was sie ausrotten wollten, zu groß werden ließen. Sir George Thomson hat das Phänomen der Instabilität und der Selbstzerstörung durch Größe in einer Analogie beschrieben, die um so interessanter ist, weil sie versucht, einen physischen Prozeß durch einen Vergleich mit dem politischen Bereich zu illustrieren.

„Atome mittleren Gewichts sind stabil und träge, Licht aber, wie auch die schweren Atome, besitzen Energiereserven. Wenn man sich nun die schwersten Atome als übergroß angewachsene Kaiserreiche denkt, die reif für ihre Auflösung sind und nur mehr durch besondere Anstrengungen zusammengehalten werden, oder vielleicht durch ein Genie, kann man anderseits auch denken, daß die leichtesten Atome Individuen sind, die natürlich zueinander laufen, um einander zu helfen, und die sich bereitwillig vereinigen, um Stämme oder Gemeinschaften zu bilden.“[6]

Dieses Buch wiederum versucht, einen *politischen Prozeß* zu illustrieren, indem es einen Vergleich mit dem *physischen Bereich* anstellt: Doch es bleibt immer die gleiche Erkenntnis: nur *kleine* Dinge, ob Atome, Individuen oder Gemeinschaften, können auf der Suche nach einer stabileren Existenz verbunden werden, und auch sie werden sich nur bis zu einem gewissen Punkte *natürlich* vereinigen. Jenseits dieses Punktes zerbirst genau das, was ihnen ursprünglich hilfreich war, ihre Form zu erfüllen; sie werden schwerer und schwerfälliger, bis das einzige Natürliche, das sie tun können, darin besteht, auseinanderzufallen. Weder Sir George Thomsons politische noch meine physikalischen Vergleiche sind wirklich Analogien. Sie sind Homologien – Übereinstimmungen. Zwei verschiedene Manifestationen ein und desselben Prinzips: des universalen Prinzips, welches besagt, daß Stabilität und Festigkeit nur Körpern *mittlerer Größe* innewohnen oder – um die Betonung dorthin zu setzen, wohin sie gehört – Körpern, die relativ *klein* sind.

2. Einheit gegen Gleichgewicht

Die Physik scheint daher recht klar zu demonstrieren, daß das Universum weder einheitlich noch einfach ist, sondern vielfältig und komplex. Anstatt aus einer kleinen, endlichen Anzahl fast unendlicher Massen von Materie zu bestehen, die nur durch die bewußte Hilfe Gottes selbst zusammengehalten werden könnte, besteht es aus einer unendlichen Anzahl endlicher, kleiner Einheiten, die weder eine „besondere Anstrengung" noch ein „Genie" brauchen, um im Gleichgewicht zu bleiben. Und sie bringen dieses Kunststück durch eine Methode zustande, die, wie so viele andere Mittel der Schöpfung, heutzutage abschätzig als Anzeichen reaktionärer Intrige eingeschätzt wird: durch Gleichgewicht – durch das Gleichgewicht von Substanzen, Kräften, Mächten oder wie immer man es auch nennen will. Was aber hält sie zusammen? Sie halten einander selbst zusammen!

Es gibt zwei Wege, auf denen Gleichgewicht und Ordnung erreicht werden können: mittels stabilen oder mittels labilen Gleichgewichtes. In ihrem richtigen Element sind beide selbstregulierend. Das *stabile Gleichgewicht* ist das Gleichgewicht des Stagnierenden und des Riesigen. Es schafft Gleichgewicht, indem es zwei Objekte in eine fixe und unveränderliche Beziehung zueinander bringt, vergleichbar einem Haus mit seinem Grundstück oder einem Berg mit seiner Basis. Statt Harmonie zu schaffen, verschmilzt es die verschiedenen Teile zu einer Einheit. Da es das Gleichgewicht des Starren und Fixierten ist, könnte es nur dann als *universales* Prinzip aufgefaßt werden, wenn das Universum still, unbeweglich und leblos wäre. Dann ergäbe die Existenz einiger weniger großer Körper einen Sinn, sogar die Existenz eines einzelnen Körpers. In der unendlichen Tiefe und Größe des Abgrunds der Schöpfung aber könnten sie nur durch den bewußten Willen Gottes aufrecht erhalten werden, der, um sie nicht ins Nichts hinabsinken zu lassen, sie unablässig in Seinen Händen halten müßte.

Da dies offensichtlich nicht Seine Absicht war, schuf Er statt dessen ein bewegliches, atmendes und dynamisches Universum, das nicht durch Einheit, sondern durch Harmonie aufrechterhalten wird, nicht auf dem stabilen Gleichgewicht der Toten basierend, sondern auf dem *mobilen* der Lebendigen. Im Gegensatz zum stabilen Gleichgewicht ist dieses selbstregulierend – nicht wegen der Fixiertheit seiner Beziehungen, sondern wegen der Koexistenz zahlloser beweglicher kleiner Teile, von denen keinem erlaubt ist, genügend Masse zu akkumulieren, um die Harmonie des Ganzen zu stören.

Dies bedeutet, daß Kleinheit keine zufällige Laune der Schöpfung darstellt. Sie erfüllt einen tiefgründigen Sinn, ist die Grundlage für Stabilität und Dauerhaftigkeit, einer anmutigen harmonischen Existenz, die keinen Meister braucht. Kleine Körper, unendlich in ihrer Anzahl und in ständiger Bewegung, arrangieren sich immer wieder von neuem in nicht zu kalkulierenden Mustern eines mobilen Gleichgewichts, dessen Funktion in einem dynamischen Universum darin besteht, ordentliche Systeme und Organismen zu erschaffen – ohne die Notwendigkeit, sich in die anarchische Freiheit der Bewegung einzumischen, die ihren einzelnen Partikeln gewährt ist. Erwin Schrödinger, der den inneren Grund für die Kleinheit analysierte wie auch die unendliche Anzahl von Atomen als Grundvoraussetzung jeder physischen Ordnung und für die Genauigkeit aller physikalischen Gesetze, hat dies gut erklärt, als er schrieb:

„Und warum konnte dies nicht im Falle eines Organismus erfüllt werden, der nur aus einer mäßigen Anzahl von Atomen gebildet ist und der schon gegenüber dem Anprall von einem oder von wenigen Atomen allein reagiert? Weil wir wissen, daß alle Atome ständig eine völlig ungeordnete Wärmebewegung vollziehen, die sich sozusagen gegen ihr geordnetes Verhalten stellt und es nicht gestattet, daß Vorfälle zwischen einer kleinen Anzahl von Atomen so vor sich gehen, daß sich diese innerhalb irgendwelcher bekannter Gesetze einordnen lassen. Nur im zusammenwirken einer großen Anzahl von Atomen beginnen statistische Gesetze wirksam zu werden und kontrollieren das Verhalten jener *assemblées* mit einer Genauigkeit, die im gleichen Maßstab zunimmt, wie die Anzahl der Atome zunimmt. Auf diese Weise geraten die Geschehnisse wahrhaft in geordnete Bahnen. Alle physikalischen und chemischen Gesetze, die dafür bekannt sind, einen wichtigen Teil im Leben von Organismen zu spielen, gehören zu dieser statistischen Art; jede andere Gesetzmäßigkeit und Ordnung, die man sich ausdenken kann, wird dauernd gestört und durch die unaufhörliche Wärmebewegung der Atome nicht vollziehbar."[7]

3. Die Physik der Politik

Das mobile Prinzip des Gleichgewichts verwandelt die Anarchie freier Partikel in Systeme höchster Ordnung – schon wegen der statistischen Genauigkeit, die sich unweigerlich aus der zufälligen Interaktion von Körpern ergibt, die so unzählig wie winzig sind. Das mobile Prinzip ist offensichtlich jenes, das unser Universum davon abhält, sich aufzulösen. Es scheint daher sehr außergewöhnlich zu sein, daß so viele unserer politischen Theoretiker – offenbar in der Annahme, unser soziales Universum folge einer anderen Gesetzmäßigkeit – mit Kriegsgeschrei dagegen anrannten. Wann immer sie dem mobilen Prinzip des Gleichgewichts in all seinen politischen Variationen als dem Prinzip vom Gleichgewicht der Macht begegnen, lehnen sie es nicht nur als intrigant und machiavellistisch ab, sondern auch als veraltet und friedensgefährdend. An seiner Statt wollen sie die Einheit, obwohl diese nirgends existiert, außer in den instabilen, primären Partikeln oder in der Endgültigkeit des Todes. Was sie tatsächlich befürworten, obwohl nicht bewußt, ist jedoch das *Ungleichgewicht*, denn dieses, und nicht die Einheit, stellt die einzige logische Alternative zum Gleichgewicht dar. Sie sind davon so überzeugt, daß sie selbst heute, trotz aller Schwierigkeiten, die durch ihre Vereinigungsbestrebungen verursacht wurden, jeden entweder als verantwortungslos oder wahnsinnig oder als beides ansehen, der es wagt, die Weisheit im Gleichgewicht der Macht zu erkennen.

Dies ist um so erstaunlicher, als alles um uns herum auf die unverkennbarste Art offenbart, daß es absolut nichts gibt, was *nicht* auf Gleichgewicht aufgebaut ist. Unser Sonnensystem wird durch die Sonne und die Planeten im Gleichgewicht gehalten, unsere Galaxis durch eine Vielzahl anderer Galaxien. Auf unserer Erde werden die Berge von Tälern im Gleichgewicht gehalten, das Land durch das Wasser, die Jahreszeiten durch die Jahreszeiten, Hitze durch Kälte, Moskitos durch Vögel, Finsternis durch Licht, Stille durch Geräusche, Tiere durch Pflanzen, Alter durch Jugend und, die liebenswürdigste Form des Gleichgewichts, Männer durch Frauen. Überall deutet alles auf Gleichgewicht hin, nichts auf Einheit. Ohne Gleichgewicht können wir nicht einmal gehen. Dieses Prinzip ist so überwältigend manifest, daß viele von uns sogar Gott nicht als Einheit sehen, sondern als Trinität. Abgesehen von anderen Gründen, scheint die Schlußfolgerung gerechtfertigt, daß ein Prinzip, das so offensichtlich auf die gesamte physische Schöpfung zutrifft, auch seine Gültigkeit in der sehr physischen Welt der Politik haben sollte. Dies sollte besonders Analytikern einleuchten, die in Demokratien leben – angesichts der Tatsache, daß es kein anderes System gibt, dem das Konzept der Einheit so sehr widerstrebt wie jenes der Demokratie mit ihren Modellen einander ausgleichender Parteien und gleichmäßig aufgeteilter Macht. Kein Amerikaner, dem seine persönliche Sicherheit lieb ist, wird während einer Generalversammlung der Republikaner aufstehen und sagen: „Im Namen der Einigkeit laßt uns alle den Demokraten beitreten." Wenige würden einen Präsidenten unterstützen, wenn er im Interesse von Einheit und Effizienz der Verwaltung plötzlich das Prinzip des Gleichgewichts der Macht als reaktionär verwürfe und die Vereinigung von Legislative und Exekutive verlangte. Nur der Totalitäre erfreut sich an Einheit und Vereinigung – mehr als an der Harmonie, die durch eine sich ausgleichende Vielfalt erzeugt wird. Aber was gewinnt er dadurch? Indem er das sich selbst ausgleichende System des Gleichgewichts verwirft, braucht er die besondere Einschaltung eines Stabilisators, eines Genies, eines Diktators, der ganz bewußt all das zusammenhalten muß, was sich vorher automatisch selbst regelte. Denn sogar Einheit muß ins Gleichgewicht gebracht werden.

4. Mobiles gegen stabiles Gleichgewicht

Als ein Resultat ist auch in der Welt der Politik – die letztlich ebenso Produkt der physischen Wechselwirkung ihrer sie bestimmenden

Dinge ist wie die Welt der Atome oder der Sterne – das wahre Problem nicht jenes des Gleichgewichts gegen das der Einheit, sondern das Problem des *schlechten* Gleichgewichts gegen das gute. In diese Richtung hätten unsere Theoretiker ihre Forschung richten sollen. Denn das, was in unserem politischen Universum falsch zu sein scheint, ist nicht, daß es *ausgeglichen* ist, sondern daß es *schlecht* ausgeglichen ist. Es ist schlecht ausgeglichen, weil es, dem physischen Universum ähnlich, nicht mehr aus einer *großen* Anzahl *kleiner* mobiler Einheiten besteht, die, wie wir gesehen haben, für ein geordnetes Verhaltensmuster essentiell sind. Es besteht aus einer *kleinen* und im Abnehmen begriffenen Anzahl unbeweglicher, sich dennoch bewegender *riesiger* Einheiten – die die Großmächte darstellen. Mit ihrem Aufstieg konnte das mobile Gleichgewicht, das unabhängig ist von der vielfältigen Kleinheit, nicht mehr länger zufriedenstellend funktionieren und mußte durch ein stabiles Gleichgewicht ersetzt werden.

Das bedeutet nicht, daß ein stabiles Gleichgewicht ohne Vorzüge wäre. Um adäquat zu sein, muß ein Gleichgewicht quasi eine Automatik mit sich bringen, die seinen Schöpfer der mühsamen und sterilen Aufgabe enthebt, es unter dauernder Kontrolle zu halten. Es muß in sich selbst ruhen. In einer Welt toter Materie befriedigt stabiles Gleichgewicht diese Aufgabe bis zur Perfektion. Tatsächlich ist dies die einzige Form, die unbelebte Dinge in ihren fixierten Beziehungen erhält. Während es aber den Anforderungen und Aufgaben einer unbelebten, sich nicht bewegenden Welt genügt, verliert es seinen selbstregulierenden Charakter, wenn es auf ein sich bewegendes, lebendiges System angewandt wird, etwa auf eine Gemeinschaft von Staaten. Hier wird ein mobiles Gleichgewicht benötigt, um die richtige Funktion und die notwendige Wechselbeziehung ständiger Veränderungen sicherzustellen. Da mobiles Gleichgewicht aber, wie wir gesehen haben, von einer großen Anzahl von Kleinzellensystemen abhängt, wird es gestört, wenn sich durch eine Zellvereinigung große, gefestigte Organismen bilden – wie in der Form von großen Mächten im politischen oder von krebsartigen Wucherungen im menschlichen Körper.

Zellvereinigung, das charakteristische Grundmerkmal des Krankseins wie auch des Alterns, produziert den Effekt, daß, wann immer sie eintritt, sich der Lebensrhythmus verlangsamt. Was zuvor flexibel und schnell war, wird jetzt langsam und starr. Das Gleichgewicht des *Starren* ist ein stabiles Gleichgewicht. Trotzdem bewegt sich sogar ein starres Großmachtsystem immer noch und lebt auch, jedoch so wie ein alter Mann, bei sehr verminderter Beweglichkeit. Hier taucht also die hauptsächliche Schwierigkeit auf: Ein mobiles Gleichgewicht ist durch Verlust schneller Energie und durch Anhäufung großer Masse nicht mehr vorhanden. Und ein stabiles Gleichgewicht ist unzulänglich, obwohl es dennoch „etwas" bewegt, wie auch ein alter Mann noch nicht tot ist. Es ist jedoch das einzige Gleichgewicht, das unter diesen Umständen angewandt werden kann. Wie sehr auch einleuchtet, daß es nicht mehr automatisch funktionieren kann, so wie ein gesundes Gleichgewichtssystem funktionieren sollte. Von seinem eigentlichen Element abgetrennt – der Welt des Starren und des Toten –, kann ein stabiles Gleichgewicht in der Welt der Politik nur durch eine bewußte und ständige Führung aufrechterhalten werden. Jedesmal, wenn in einem veralteten Sozialsystem eine Bewegung vor sich geht, wird eine mächtige Autorität gebraucht, um die verhärteten vereinigten Zellen in einem neuen Gleichgewicht neu zu ordnen. Daher stammen die fanatischen Versuche der Staatsmänner unserer Zeit, gigantische Super-Regierungen in Form des Völkerbundes, der Vereinten Nationen oder der Weltstaaten zu erschaffen. Sie verraten das, was die verachtete Kleinstaatenwelt mit so wenig Anstrengung tun könnte und die verherrlichte Großmacht überhaupt nicht tun kann: sich selbst regieren. Sie erfordert einen externen kontrollierenden Faktor. Und das ist die zusätzliche Tragödie. Obwohl es dringendst solch eines Organs bedarf, gibt es kein Genie, das den Verlust der Automatik kompensieren könnte. Wie es auch keine menschliche Intelligenz gibt, die – auch nur vorübergehend – genügend Macht und Weisheit aufbrächte, um jene ausgleichenden Kräfte bereitzustellen, die notwendig wären, selbst mit den kleinen Veränderungen in einer Situation fertig zu werden, die von hilflosen, übergroß angewachsenen Staatsgebilden ausgelöst wurden. Daher auch – selbst wenn gelegentlich eine Allianz die notwendige Macht aufbringt – ist das Resultat ein Gleichgewicht, ein Friede, an dem jeder zweifelt, daß ihn die Welt wird erhalten können. Denn seine Aufrechterhaltung verlangt dauernde Anstrengung titanischer Ausmaße, so daß die Anstrengung an sich schon, wenn sie sich als Fehlkalkulation erweist, das Ende dieses Friedens herbeiführen könnte. Jede Anstrengung in dieser Größenordnung wird zur Fehlkalkulation: Das haben uns so jämmerlich die Vereinten Nationen demonstriert, die schon nach kurzer Zeit öfter und schneller das Ungleichgewicht eines Krieges erzeugt haben, als es je durch eine andere Versammlung von Menschen geschehen ist.

Das Hauptsymptom eines *schlechten* Gleichgewichts ist daher nicht, daß es entweder mobil oder stabil ist, sondern daß es eine bewußte regulierende Autorität braucht. Dies trifft zu, wann immer es deplaziert ist, wie zum Beispiel, wenn das mobile (sich verändernde) Gleichgewicht Dingen übergeordnet wird, die starr sind, oder wenn ein stabil-starres Gleichgewicht einem dynamischen System der Veränderung übergeordnet wird. Als Folge muß ein richtiges Gleichgewicht in einem lebenden, atmenden und sich verändernden System – egal, ob es ein System von Sternen, Staaten oder Menschen ist – ein *mobiles* Gleichgewicht sein, eines, dessen selbstregulierende Kraft von der unabhängigen Existenz einer großen Anzahl kleiner Einzelteile ausgeht, die nicht durch feste Einheit zusammengehalten werden, sondern durch elastische Harmonie.

Darin liegt der subtil besänftigende Charme der sogenannten *Mobiles*, die Künstler – vielleicht in instinktiver Sehnsucht nach der verlorenen Seligkeit – konstruiert haben: zarte Strukturen aus vielen Teilen und mit unvorhersehbaren Interaktionen. Wenn man sie anhaucht, setzen schier endlose, zauberhafte Schwingungen und Geräusche ein, die jedes Glied seltsam bewegen, ohne auch nur einen Augenblick die Harmonie des Ganzen zu stören. Im Gegensatz zur Einheit, der jedes geringste Ungleichgewicht droht, sie irreparabel auseinanderbrechen zu lassen, bringen Störungen der Harmonie, selbst wenn sie schwerwiegend wären – was wegen der Kleinheit der betroffenen Teile mechanisch und logisch unmöglich ist –, sofort solch eine Vielzahl von internen korrigierenden Bewegungen hervor, daß sie als Folge ihres gestörten Equilibriums ein neues hervorbringen. Das Gleiche trifft auf das politische Mobile einer Welt kleiner Staaten zu. Ihre Störungen können viel einfacher aufgefangen werden als die eines Großmacht-Komplexes, wie auch auf einer Waage, auf der es so viele kleine Gewichte gibt, ein gestörtes Gleichgewicht viel leichter wiederhergestellt werden kann, als gäbe es nur große Gewichte. Im einen Fall brauchen wir bloß einen Kieselstein zu manipulieren, im anderen einen Block. Das Problem im letzteren Fall könnte aber darin bestehen, daß wir nicht in der Lage wären, einen genügend großen Block zu finden, um der Anforderung des Gleichgewichts gerecht zu werden, oder eine genügend große Kraft, um den Block zu bewegen.

5. Teilung – das Prinzip des Fortschritts

In der Welt der Politik liegt die Schuld daher nicht im heute verteufelten Prinzip des Gleichgewichts der Macht, sondern im Verlust seiner Automatik, die vom Auftauchen einer unbeweglichen Großmacht-Welt resultiert, deren zunehmende Verkalkung alles zum Brechen bringt, das Prinzip, auf dem das Universum selbst aufgebaut scheint, mit inbegriffen. Die Aufgabe, mit der wir nun konfrontiert sind, scheint demnach klar zu sein. Statt das Gleichgewicht der Macht zu verwerfen und es durch die Einheit eines Weltstaates zu ersetzen, müssen wir unser *schlechtes* Gleichgewicht verwerfen und es durch ein gutes ersetzen. Wie kann dies aber geschehen?

Wenn das mobile Gleichgewicht, das für alle lebenden Systeme notwendig ist, als Folge eines Überwucherns der Zellen oder durch Vereinigung von Teilen zu mächtigen Stücken entartet, folgt daraus, daß es nur durch das Aufbrechen seiner überwucherten Einheiten und durch die Wiedereinführung eines flexiblen Kleinzellensystems zu ordentlichem Funktionieren gebracht werden kann. Mit anderen Worten: Wenn Kleinheit das geheimnisvolle Prinzip der Gesundheit der Natur darstellt und Größe das Prinzip der Krankheit, muß *Teilung* – die Umwandlung eines kontrollierten stabilen in ein selbstregulierendes mobiles Gleichgewicht durch die Aufteilung seiner Teile – das Prinzip der Heilung darstellen. Dies ist jedoch nicht alles; denn zunehmende Beweglichkeit in beweglichen Systemen bedeutet mehr als nur die bloße Wiederherstellung von Gesundheit. Es bedeutet *Verbesserung* gegenüber dem weniger Mobilen. Als eine Folge repräsentiert Teilung (oder Multiplikation, die einen ähnlichen vermindernden Effekt auf die Größe von Dingen ausübt) nicht nur das Prinzip der Heilung, sondern auch des Fortschrittes, während Einheit (die für so viele so fortschrittlich aussieht), im Gegenteil, nicht nur das Prinzip der Krankheit repräsentiert, sondern auch das des Primitivismus. In politischem Sinne scheint der einzige Weg, die krankhaften Zustände der Welt wieder in ein gesundes Gleichgewicht zu bringen, darin zu liegen, jenes Mittel anzuwenden, das die sozialen Überlegungen der früheren Kapitel als zweckmäßig anboten und das die Gedanken aus diesem Kapitel als eine Voraussetzung aufzwingen: durch die Zersplitterung jener sozialen Einheiten, die funktionsfähige Proportionen überschritten haben; durch die Aufteilung der großen Mächte.

Sollte dies wie eine Einladung zur Rückschrittlichkeit aussehen, brauchen wir nur einen flüchtigen Blick auf andere Modelle des Lebens zu werfen, um zu erkennen, daß überall, an einem gegebenen Punkt, die Fülle der Existenz nicht mehr durch den Prozeß der Vereinheitlichung gefördert wird, sondern durch Aufteilung. Bücher werden lesbarer (also: besser), wenn sie in Kapitel gegliedert werden; der Tag überschaubarer, wenn er in Stunden aufgeteilt wird. Sprachen, wenn sie in Wörter und Ton-Nuancen zerlegt werden. Nur das Primitive ist mit einem einzigen Tarzanschrei zufrieden. Die verwendbare Fläche eines Hauses wird nicht durch Einbeziehen vergrößert, also nicht durch die Vereinigung, sondern durch Aufteilung des Lebensraumes. Ein nicht eingezäunter Garten scheint gar nichts zu enthalten: ein kleiner ummauerter Flecken Land – ein Universum. Partys können nicht vor Langeweile geschützt werden, wenn man alle Gäste in einem großen Kreis arrangiert, der durch eine dominante Persönlichkeit beherrscht wird, sondern indem man das verhaßte Einheitsmuster in eine Anzahl kleiner Gruppen auflöst, die aus sich selbst zu glänzen beginnen. Zu große Steinblöcke, die kaum zu verwenden sind, können in Stücke zerteilt, in feinste Mosaike oder zu luftigen Kathedralen gefügt werden. Sogar Krebs, das gefürchtetste aller „Vereinigungs-Probleme“, könnte geheilt werden, wenn die Ärzte einen Weg fänden, durch den die erfolgreichen Großmacht-Wahnsinnigen unter den Körperzellen entweder aufgeteilt oder zurückgedrängt werden könnten – in die begrenzende Enge ihrer ursprünglichen Grenzen.[8]

Ähnlich ist es in der Technologie keine Indikation einer Verschlechterung, sondern die Verbesserung eines Entwurfes, wenn Kräfte und Komplexe aufgeteilt, Teile vervielfacht und größenmäßig verkleinert werden. Schlachtschiffe werden durch die Aufteilung ihrer zuvor einheitlichen Masse in eine Anzahl isolierter kleiner

Kammern so gut wie unversenkbar gemacht. Sturzbäche werden durch die Aufteilung ihrer Wassermassen gezähmt; vereint zerstören sie das ganze Land; aufgeteilt in kleine Kanäle, bewässern und düngen sie es. Kugellager haben das Problem der Reibung durch das einfache, aber revolutionäre Mittel gelöst, viele kleine rollende Elemente anstatt einiger großer zu verwenden. In einer modernen Maschine ist der Prozeß der Vervielfältigung und Teilung so weit vorangetrieben worden, daß jeder einzelne Teil, wie in einer Kleinstaaten-Welt, fehllaufen kann, ohne das System als Ganzes zu zerstören. Ein Flugzeug, früher einmal völlig von der Motorkraft einer einzigen Maschine abhängig, gleitet mit vier oder sechs Motoren durch den Himmel. Sein Schaltbrett ist zu einem Labyrinth von Knöpfen und Reglern geworden und seine Struktur eine Einheit von nicht Hunderten, sondern von Tausenden Teilen. Und trotzdem: um wieviel sicherer ist es geworden im Vergleich zu seinem einmotorigen Vorgänger. Im primitiven, unausgegorenen Stadium bestehen mechanische Erfindungen nur aus wenigen, großen, einheitlichen Teilen, die mit Schwierigkeit die Kräfte im Gleichgewicht halten, die sie zu koordinieren trachten, und die zusammenbrechen, wenn ein einzelner Teil versagt. Je mehr anderseits ein Mechanismus selbstbalancierend und ausgereift ist, desto mehr Teile hat er. Je vollendeter sein System der Kleinheit ist, desto mehr beginnt es, dem menschlichen Gehirn zu gleichen (welches *scheinbar* ausgleichende Funken von Gedanken und Bewußtsein entwickelt hat, als fast automatische Reflexe, wenn seine Substanz schon so fein aufgeteilt war, daß die Anzahl seiner individuellen Zellen begonnen hat, in die Milliarden zu gehen). Die deutlichste Illustration des evolutionären und fortschrittlichen Charakters des Kleinheitsprinzips und der Teilung bietet jedoch nicht die Geschichte des mechanischen, sondern des organischen Fortschritts. Die moderne Biologie hat klarer als jede andere Wissenschaft gezeigt, daß, wann immer die Natur selbst den Lebensplan verbesserte, sie dies nicht durch Vereinigung, sondern durch Aufteilung zustandebrachte. Julian Huxley hat diesem Prozeß den zutreffenden Namen der anpassenden Ausstrahlung oder Verteilung gegeben. Indem sie sich in eine Anzahl verschiedener Formen, Gruppen, Klassen und Unterklassen aufteilt, diversifiziert sich eine ursprünglich einheitliche Gruppe mit dem Resultat, daß sie, statt das Leben als Konsequenz der verringerten Zusammenarbeit seiner Mitglieder schwieriger zu finden, nun befähigt ist, „ihre Umgebung viel besser auszunützen“, wie auch ökonomischer, als wäre sie uniform und vereint geblieben.[9] Dies bedeutet, daß Verteilung nicht bloß Mutation ist. Sie ist Verbesserung, Voranschreiten, Fortschritt. Der erste Schritt in Richtung zu *höheren* Lebensformen wurde erreicht, als „lebende Substanzen sich in vier Arten von chemischen Mechanismen teilten“, in grüne Pflanzen, Bakterien, Pilze und Tiere. Ein weiterer Fortschritt wurde erreicht, als jeder dieser Hauptzweige seinerseits in endlose Arten, Gattungen und Familien mündete, wobei jede neue Aufteilung die daraus resultierenden Formen „zunehmend leistungsfähiger im Umgang mit ihrem besonderen Sektor der Umwelt“ machte. Allein die Tiere unterteilten sich in Filterernährer, Fangarmernährer, Pflanzenfresser, Raubtiere, Erdschlucker und Parasiten, und „wenn irgendeine Art davon sich nicht entwickelt hätte, wäre ein Teil der vorhandenen Ernährungsquellen unausgenützt geblieben“. Als besonders ins Auge fallendes Beispiel von Verbesserung durch Aufteilung verweist Huxley auf die „spezifische Vogelwelt der Galapagos-Inseln, die Geospicidae, die Darwin mehr als alles andere von dem Prinzip der Evolution überzeugten. Sie stellten eine kleine Gruppe von Singvögeln dar, ohne Zweifel eine Abart einer Spezies der Neuen Welt, die vom Kontinent dorthin übersiedelte und sich erfolgreich an dieses ozeanische Inselreich anpaßte. Die Gruppe besteht heute aus vier getrennten Arten und aus vierzehn separaten Spezies, die sich auf viele verschiedene Lebensformen eingerichtet haben. Einige sind Samenesser, andere allesfressende *Boden*fresser, andere Insektenesser, andere Blatt- oder Knospenesser, während eine Art ein spechtähnliches Leben führt.“

Obwohl Huxley, unter seltsamer Mißachtung der Resultate und der Bedeutung seiner eigenen Forschung, zum Schluß kommt, daß der Mensch sich von allen anderen Gruppen unterscheidet, daß er sich aus unspezifischen Gründen nicht auf dem normalen Weg der Natur voranbewegt, durch Teilung, Aufteilung oder Abtrennung, sondern durch die Schöpfung von Vielfalt-in-Einheit, durch Verschmelzung und durch Zusammenschluß, so deutet die historische Entwicklung doch an, daß die menschliche Rasse keine Ausnahme darstellt.[10]

Denn auch der Mensch, wie die erwähnten Vögel auf den Galapagos-Inseln, ist keine Einheit; er hat sich differenziert, um seine Möglichkeiten zu vergrößern und weiterzuentwickeln. Statt eine ewig wachsende und zunehmend integrierte Einheit zu bleiben, hat er sich in Rassen und Nationalitäten aufgespalten. Um seine Aufteilung auch noch hervorzuheben, hat er sich zusätzlich verschiedene Kulturen und Sprachen geschaffen, von denen jede notwendig war, wenn alle zugänglichen materiellen und intellektuellen Mittel verwendet werden sollten. Wenn alle Menschen Amerikaner geworden wären, wäre die erträgliche Bevölkerungsgröße wesentlich kleiner gewesen und viel Schönes am Leben unerkannt geblieben. Denn welcher Amerikaner lebte gerne am Eiskap oder in der Pracht der dürren Hochländer Zentralasiens? Es wurde dem Menschen zu leben ermöglicht, indem er sich auch in Eskimos und Tibetaner teilte; die neue Vielfalt vergrößerte die Freude am Alten. Und was für einen Verlust hätte die menschliche Kultur in Kauf nehmen müssen, wenn wir alle, in Erfüllung eines Ideals der Vereinheitlichung, die gleiche Sprache gesprochen und einander immer verstanden hätten? Es wäre kein Shakespeare notwendig gewesen, um auf Sophokles zu folgen, kein Goethe nach einem Shakespeare.

6. *Zusammenfassung und Hölle*

Die wissenschaftliche Beweisführung deutet daher an, daß nicht nur eine kulturelle und mechanische, sondern auch eine biologische Verbesserung durch einen fortgesetzten Prozeß der Aufteilung erreicht wird, der darauf achtet, daß nichts je zu groß wird. Es zeigt sich auch, daß im ganzen Universum kein bedeutendes Problem zu bestehen scheint, das nicht grundsätzlich ein Problem der Größe ist oder, um genauer zu sein, ein Problem der Übergröße, der Riesigkeit, da, wie wir gesehen haben, das Problem des Kleinen automatisch vom Prozeß des Wachsens gelöst wird. Die Natur löst auch das Problem der Größe automatisch, indem sie das übergroß Angewachsene spontan zerstört. Mag in der Welt der Physik die Heilung durch Zerstörung eine adäquate Lösung darstellen, so ist sie bei weitem nicht zufriedenstellend, wenn es um soziale und persönliche Probleme geht. Hier müssen wir daher nach einer Lösung durch Teilung suchen, und, statt passiv zuzusehen, wie die Dinge aus der Hand geraten, ihre Größe auf Proportionen reduzieren, die dem Menschen angemessen sind.

Denn im kleinen Rahmen wird alles flexibel, gesund, funktionsfähig und sympathisch, sogar wenn uns ein Baby wild beißt. Im großen aber wird alles unstabil und nimmt Proportionen des Grauens an, sogar das Gute. Liebe verwandelt sich in Besitzsucht; Freiheit in Tyrannei. Harmonie, die auf dem Zusammenspiel von zahllosen verschiedenen kleinen und lebendigen individuellen Aktionen basiert, wird durch Einheitlichkeit ersetzt, die auf magnetischer Starre beruht und nur durch mühsame Koordination und Organisation aufrechterhalten wird. Dies ist ein Grund, weshalb der große Held des „Zeitalters der Größe" weder ein Künstler noch ein Philosoph noch ein Liebhaber ist: Der große Held ist der große Organisator.

Dies bringt mich zu der Geschichte des Professors der Statistik, der nach seinem Ableben, mit seiner Aktenmappe in der Hand, vor Gott erscheint und sich über die armselige und archaische Weise beklagt, auf die Er die Welt organisiert habe. „Ich habe unendlich bessere Pläne als Sie", sagt der Professor, während er seine Tabellen und Diagramme entfaltet. „Wie die Dinge jetzt liegen, ist das Leben in zu viele sich wiederholende kleine Aufgaben und Tätigkeiten aufgeteilt. Wir wachen am Morgen nach acht Stunden Schlaf auf. Wir verbleiben fünfzehn Minuten im Bad. Wir schwätzen fünf Minuten mit unseren Familien. Wir lesen zehn Minuten, und wir essen fünfzehn Minuten lang. Dann verbringen wir eine halbe Stunde Fußweg zu unserem Büro. Wir arbeiten vier Stunden. Wir essen wieder zehn Minuten. Wir legen uns eine halbe Stunde hin. Wir verwenden eine weitere halbe Stunde für den Heimweg, noch eine Stunde plaudern wir mit unseren Familien; eine halbe Stunde für eine weitere Mahlzeit, und dann ziehen wir uns endlich für weitere acht Stunden Schlaf zurück. All diese Aufteilung unserer Lebenszeit ist extrem verschwenderisch. Ich habe kalkuliert, daß der durchschnittliche Mensch 23 Jahre schläft, zwei Jahre ißt, drei Jahre geht, fünf Jahre spricht, vier Jahre liest, zwei Jahre leidet, zehn Jahre spielt und sechs Monate liebt. Warum sollte man nun die Welt nicht einfach organisieren? Warum lassen wir diese Menschen diese verschiedenen Tätigkeiten nicht in einzelnen Blöcken erleben, angefangen mit den zwei unangenehmen Jahren des Leidens und am Ende mit den angenehmen sechs Monaten der Liebe?"

Der Herr, wie es die Geschichte haben will, gestattet es dem Professor, seinen Plan auszuprobieren. Aber dieser schlägt schauerlich fehl und, als Strafe, wird der Statistiker aus dem Himmel gejagt. In der Hölle angekommen, bittet er sofort, vor Satan gebracht zu werden, und, indem er dieses Mal auf bessere Resultate hofft, unterbreitet er einen ähnlichen Plan.

„Satan“, hebt er an, indem er seine Karten und Diagramme auspackt, „ich habe einen Plan, um die Hölle zu organisieren.“

An diesem Punkt unterbricht ihn Satan mit einem Gelächter, das jeden Stein in den feurigen Höhlen der Unterwelt erschüttert.

„Die Hölle organisieren?“ brüllt er: „Mein lieber Professor, die Organisation ist die Hölle!“[11]

Und so ist auch die Vereinheitlichung, die die Organisation kreiert und die auf sie hinausläuft.

KAPITEL VI

Der individuelle und der Durchschnittsmensch

> „Der durchschnittliche Mensch bedeutet in der Geschichte, was die Meereshöhe in der Geographie bedeutet."
>
> Ortega y Gasset

Die natürliche innere Demokratie eines kleinen Staates – Die Position des einzelnen in einem kleinen Staat – Der Massenstaat und sein politisches Teilchen, der Durchschnittsmensch – Die passive Form der Bürgersprache eines Massenstaates – Transformation von Quantität in Qualität – Masse und Mensch – Die größere persönlichere Würde des Bürgers in einem kleinen Staat – Aristoteles über die ideale Größe der politischen Gemeinschaft – Äußere Demokratie in einer Kleinstaaten-Welt – Die Möglichkeit, daß eine Vielzahl politischer Systeme nebeneinander existieren – Freiheit von Streitigkeiten – Der Turm von Babel – Die Blasphemie der Einigung

---

DAS POLITISCHE ARGUMENT

Das vorige Kapitel versuchte aufzuzeigen, daß das Kleinzellenprinzip nicht, wie uns so viele politische Theoretiker weismachen wollen, reaktionär ist im Vergleich zu modernen Vorstellungen der Vereinigung, sondern, im Gegenteil, ein Prinzip des Fortschritts, oder noch besser, das Prinzip, auf dem das Universum aufgebaut ist. Folglich scheint es gerechtfertigt zu sein, daraus abzuleiten, daß das, was auf das Universum wie auf alle spezialisierten Gebiete anwendbar ist (etwa Biologie, Technologie, Kunst oder Physik), auch auf das Gebiet der Politik anwendbar sein sollte. Wenn große Körper im physischen Universum in sich instabil sind, werden sie aller Wahrscheinlichkeit nach auch in einem sozialen Universum instabil sein.

Wie große Zellen im menschlichen Körper, so stellen diese auch in einem politischen Körper Krebs dar. Wenn Gesundheit und richtiges Gleichgewicht ihre Vernichtung in unseren physischen Systemen verlangen, dann scheint es so, als ob ihre Vernichtung auch in unserem sozialen System erforderlich wäre.

Wenn wir dies anerkennen, werden wir den Zweck eines Kleinstaaten-Konzeptes wesentlich besser verstehen, als es zuvor möglich war. Am Anfang unserer Analyse sahen wir es nur als einfaches Mittel der Zweckmäßigkeit, das eine Reihe störender sozialer Probleme, etwa den Krieg, lösbar machen würde. Jetzt erkennen wir, daß es nicht nur ein Mittel der Zweckmäßigkeit darstellt, sondern einen göttlichen Plan, und daß *daher* vieles lösbar wird. Es ist tatsächlich nichts anderes als die politische Anwendung des grundsätzlichsten organisierenden und ausgleichenden Mittels der Natur. Je tiefer wir in sein Mysterium eindringen, desto besser können wir verstehen, warum die primäre Ursache der historischen Veränderung – die unsere sich verändernden Institutionen erklärt, die Regierungsformen, die wirtschaftlichen Systeme, die Philosophien und die Kulturen – nicht in der Methode der Produktion liegt, im Willen der Führer oder in der menschlichen Einstellung, sondern in der Größe der Gesellschaft, in der wir leben. Wenn eine Gesellschaft zu groß ist, brütet sie, wie wir gesehen haben, soziales Elend – Aggressivität, Verbrechen oder Tyrannei – als bloße Folge ihrer Größe aus. Aber auch soziale *Segnungen* sind begleitende Umstände sozialer Größe – *kleiner Größe*. Deshalb kann nur ein Kleinstaaten-System im inneren und nach außen Ideale sicherstellen wie jene der demokratischen Freiheit, des kulturellen Aufstiegs, und deshalb, wie es die folgenden Kapitel aufzeigen werden, vermittelt der schlechteste der kleinen Staaten dem Menschen größere Freude als der beste der großen.

1. Innere Demokratie

Der Grund hierfür scheint klar zu sein. Die größte Freude eines Menschen liegt in seiner Freiheit als Individuum. Diese ist untrennbar mit politischer Demokratie verbunden. Die Demokratie ihrerseits wiederum ist untrennbar mit der Kleinheit des kollektiven

Organismus verbunden, von dem das Individuum einen Teil darstellt. In einem kleinen Staat wird die Demokratie sich in der Regel durchsetzen, unabhängig davon, ob sie als Monarchie oder als Republik organisiert ist oder sogar als Autokratie. So paradox dies auch klingt, müssen wir dies nicht lange diskutieren, um die Wahrheit dieses Vorschlages zu erkennen.

Der kleine Staat ist aufgrund seiner Natur immanent demokratisch. In ihm kann das Individuum nie durch die Macht der Regierung in bedeutendem Maße degradiert werden. Denn ihre Kraft ist durch die Kleinheit des Körpers begrenzt, aus dem sie hervorgeht. Das Individuum muß natürlich die Autorität des Staates anerkennen, aber immer nur als das, was sie wirklich ist. Deshalb wird dieses Einzelwesen nie durch den Glanz der Regierung gleichsam am Boden zerstört werden. Der einzelne ist der Regierung physisch zu nahe, um den Grund ihrer Existenz zu sehen: daß sie da ist, um ihm zu dienen, dem Individuum, und sonst überhaupt keine Funktion hat. Die Herrscher eines kleinen Staates, wenn man sie so nennen kann, sind die Nachbarn des Bürgers. Da er sie aus der Nähe kennt, wird es ihnen nie gelingen, sich hinter mysteriösen Mäntelchen zu verbergen und als kaum sichtbare Superuran-Phantasmen zu erscheinen. Sogar in Fällen, wo die Regierung in den Händen eines absolutistischen Fürsten verbleibt, wird der Bürger keine Schwierigkeit haben, seinen Willen durchzusetzen, wenn der Staat klein ist. Was immer seine öffentliche Bezeichnung sein mag, er wird nie ein *Subjekt* sein. Der Raum zwischen ihm und der Regierung ist so eng, und die politischen Kräfte sind in einem fluktuierenden und mobilen Gleichgewicht, daß er entweder immer den Zwischenraum mit einem mutigen Sprung überbrücken oder sich selbst im Bereich der Regierung bewegen kann. Dies ist zum Beispiel der Fall in San Marino, wo alle sechs Monate zwei Konsuln gewählt werden, mit dem Resultat, daß praktisch jeder Bürger zu irgendeinem Zeitpunkt in seinem Leben zum Staatschef wird. Da der Bürger immer stark ist, ist die Regierungsgewalt immer schwach und kann daher leicht jenen, die sie innehaben, abgenommen werden. Auch dies ist eine essentielle Voraussetzung für die Demokratie.

Während jede Art von Kleinstaat, ob republikanisch oder monarchistisch, von Natur aus demokratisch ist, ist jede Art von großem Staat von Natur aus undemokratisch. Es ist daher keinesfalls unnatürlich, daß einige der größten Tyrannen der Welt, wie Caesar, Napoleon, Hitler oder Stalin, auf dem Boden von großen Staaten wuchsen, im gleichen Augenblick, in dem die Republik und die Demokratie den Höhepunkt ihrer Entwicklung erreicht zu haben schienen. Französische Münzen trugen die Aufschrift: *République Française, Napoléon Empereur*, was nur oberflächlich gesehen ein Widerspruch war. Jede Regierung einer Großmacht muß stark sein, und jede große Vielzahl muß zentral regiert werden. Im gleichen Maße aber, in dem die Regierung stark ist, ist das Individuum schwach, mit dem Resultat, daß selbst, wenn es den Titel *Bürger* trägt, seine Position die eines *Subjektes* ist. Das mobile Gleichgewicht, das unter den Individuen eines kleinen Staates aufrechterhalten wird, übersetzt sich in einer Großmacht in ein schweres stabiles Gleichgewicht, das einerseits von der kolossalen und gefährlichen Masse der Menschen aufrechterhalten wird, anderseits von der ebenfalls kolossalen und gefährlichen Macht der Regierung.

Will ein Bürger des Fürstentums Liechtenstein, dessen Bevölkerung weniger als 14.000 beträgt, Seine Hoheit, den Fürsten und Herrscher, sehen, den Träger vieler Auszeichnungen und den Verteidiger vieler ausgezeichneter Dinge, kann er dies tun, indem er die Glocke des Schloßtores läutet. Wie durchlauchtig Seine Hoheit auch sein mag, er wird nie ein unzugänglicher Fremder bleiben. Ein Bürger der massiven amerikanischen Republik anderseits begegnet bei einem ähnlichen Unterfangen unzähligen massiven Hindernissen. Versucht er seinen ebenbürtigen Bürger, den Präsidenten, zu sehen, dessen Funktion es ist, sein Diener und nicht sein Herr zu sein, kann er zur Beobachtung in ein Irrenhaus gesteckt werden oder, wenn er gesund ist, wegen „unbotmäßigen Benehmens" aufs Gericht zitiert werden. Beides passierte 1950. Im Jahre 1951 gab ein Bürger in elf Monaten eintausendachthundert Dollar aus, versuchend, „die Aufmerksamkeit des Präsidenten zu erwecken",[1] sinnloser Weise. Man kann sagen, daß in einer Großmacht wie den USA informelle Beziehungen, wie sie in kleinen Staaten zwischen Regierung und Bürger existierten, technisch undurchführbar sind. Das stimmt. Aber daran hängt es auch. Die Demokratie in ihrer vollen Bedeutung ist in einem großen Staat unmöglich, der, wie schon Aristoteles bemerkte, fast unfähig ist, konstitutionell regiert zu werden.[2]

2. *Der Durchschnittsmensch*

Die Hauptgefahr für den Geist der Demokratie in einer Großmacht entstammt der technischen Unmöglichkeit, sich als Mensch informell zu behaupten. In Massenstaaten können persönliche Einflüsse nur fühlbar gemacht werden, wenn sie durch Formalitäten, Formulare und Organisationen gelenkt werden. Diese letzteren, eher als das Individuum, werden zunehmend die wahren Handelnden und Geltendmacher politischer Souveränität, so daß wir eher von einer Gruppen- oder Parteien-Demokratie sprechen sollten als von einer individualistischen. Als Folge dessen geht das Individuum unter, und an seinem Platz taucht der hochgelobte Durchschnittsmensch auf, von dem Ortega y Gasset geschrieben hat, „er bedeutete der Geschichte so viel wie der Geographie die Meereshöhe“.[3] Ein Individuum kann jetzt seinen Willen nur mehr in dem Maße durchsetzen, indem es sich diesem mystischen Durchschnitt annähert, und es liegt im Bereich seiner Stärke, ein Durchschnittlicher zu sein, nicht ein Individuum, das seine Wünsche befriedigen kann. In Liechtenstein gibt es keinen durchschnittlichen Bürger. Was der Bürger Berger erhält, ist nicht das, was irgendein durchschnittlicher Bürger will, sondern präzise das, was der Bürger Berger will.

In einem großen Staat, selbst in einer Demokratie wie der amerikanischen, nimmt alles die Maske des Durchschnittsbürgers an, und was der Bürger Thomas Murphy bekommen kann, ist nur das, was der „Durchschnittsbürger“ will. „Irgendwer, der nicht wie jeder ist“, um noch einmal Ortega y Gasset zu zitieren, „der nicht das denkt, was jeder denkt, läuft Gefahr, eliminiert zu werden“.[4]

Aber wer ist dieser mystische, verherrlichte, geschmeichelte, umworbene, berühmte, sich-nicht-entschließen-könnende, gesichtslose „Durchschnittsmensch“? Wenn er weder *ein* Individuum noch *alle* Individuen ist, ist er überhaupt kein Individuum. Und wenn er kein Individuum ist, kann er nur ein Ding sein, das Repräsentative oder der Reflex der Gemeinschaft, der Gesellschaft, der Massen. Was wir in der individualistischen Fiktion des Durchschnittsmenschen anbeten, ist nichts anderes als der Gott des Kollektivismus. Es ist daher kein Wunder, wenn wir vor Emotionen übergehen, wenn wir von einer Regierung hören, die für und durch das *Volk* regiert. Damit drücken wir unseren Glauben an die Ideale der Gruppen- oder

Massendemokratie aus, während wir als wahre Demokraten nichts anderes im Sinn haben sollten als eine Regierung für und durch das *Individuum.*

So demokratisch aber eine große Macht auch sein mag, so kann sie unmöglich eine Demokratie in der wahren (jedoch nicht originalen) Bedeutung und Größe des Wortes sein – ein Regierungssystem, das dem *Individuum* dient. Große Mächte müssen der *Gesellschaft* dienen, und als Folge dessen werden alle ursprünglichen Ideale der Demokratie umgedreht. Ihr Lebensrhythmus kann nicht mehr von der Freiheit und dem Spiel zwischen Individuen abhängen. Statt dessen werden sie von Organisationen abhängig. Gute Organisation setzt aber totalitäre Uniformität voraus und nicht demokratische Vielfalt. Ginge jeder Mensch in einem großen Staate seinen eigenen Weg, bräche die Gesellschaft bald zusammen. Individuen müssen daher in einige wenige Gruppierungen gebracht werden – wie ein Magnet die Eisenfeilspäne orientiert; innerhalb dieser Gruppierungen müssen sie so steif und eng stehen wie die Benützer der Untergrundbahn während der Stoßzeiten, wenn auch diese durch den Zustand der Enge in ein dirigiertes, aufeinander abgestimmtes und „magnetisiertes" Verhalten gezwängt werden. Der individuell aktive Mensch wird in Massenstaaten durch den passiven Typus-Menschen ersetzt.[5]

Nichts veranschaulicht diese Umwandlung bedeutsamer als unsere zunehmende Vorliebe für den passiven Ton unserer Sprache. Wir fliegen nicht mehr nach London. Mit einem Hauch von Stolz sagen wir jetzt, daß wir dorthin von einer Regierung oder von einer Luftfahrtgesellschaft geflogen werden. Wir essen nicht mehr, sondern werden abgespeist oder bedient. Wir werden in vielen wichtigen Aspekten mit einem Haus versorgt, unterhalten, in die Schule geschickt, evakuiert – alles durch Mutter Regierung und Vater Staat. Früher gestatteten wir es uns nur als Babys, Invalide oder als Leichen, passiv behandelt zu werden. Jetzt geht man mit uns unser ganzes Leben lang auf diese Weise um, und, statt diesem Umstand Widerwillen entgegenzusetzen, fördern wir ihn sogar. Unsere Intelligenz scheint in dem Maße kollektivisiert worden zu sein, wie es die notwendige Kollektivisierung der modernen Massenstaaten mit sich brachte, und nistete sich in der Regierung ein, die es sich zur Aufgabe gemacht hat, unser Leben in einem immer größer werdenden

Maße zu dirigieren. So schmerzlich wir dies auch empfinden mögen, der Massenstaat läßt uns in dieser Hinsicht keine Wahl. Das Gesetz des Massenlebens ist Organisation, und andere Worte für Organisation sind: Militarismus, Sozialismus oder Kommunismus, welchen Begriff wir auch immer vorziehen.

Dieser Zustand muß notwendigerweise eine fundamentale Veränderung im Blickfeld des Bürgers eines Massenstaates herbeiführen. Indem er andauernd inmitten riesiger Menschenmengen lebt, ist es nur natürlich, daß er darin Größe zu sehen beginnt, was für den Einwohner eines kleinen Staates ein erstickender Alptraum wäre. Er wird von einem Massen-Komplex besessen. Er wird von Zahlen beeindruckt und schreit vor Begeisterung, wann immer eine neue Million der Bevölkerungszahl hinzugerechnet wird. Er fällt in den Irrtum, vor dem Aristoteles gewarnt hat, und verwechselt einen bevölkerungsreichen Staat mit einem großen. Quantität verwandelt sich vor seinem verblendeten Auge plötzlich in Qualität. Plattheiten verwandeln sich, wenn sie von Massen im Chor gesungen werden, in Hymnen. Eine neue rote, blutbefleckte Sonne erhebt sich aus einem feurigen Morgengrauen – die Gemeinschaft, das Volk, die Nation, die Menschheit oder wie auch immer wir dieses Monster nennen wollen, dessen einziger Existenzbeweis sein wilder Appetit nach Menschenopfern zu sein scheint. Ekstatisch verkündet es, daß das neue Ding, welches sich aus unserem gemeinsamen Fleisch gebildet hat, *größer* ist, als die Summe von uns allen, obwohl dieses größere Ding überhaupt nicht schreiben kann, niemals dazu fähig war, auch nur ein einziges Wort auszudrücken, niemals ein Gedicht erfand oder einen Gedanken ausdrückte und noch niemandem einen freundlichen Klaps auf die Schulter gegeben hat. Es hängt von der Regierung als einem dauernden Interpreten ab, da es während seiner mongoloiden Entwicklung noch nie in der Lage war, sich selber zu artikulieren. Nach Tausenden von Jahren ist es heute endlich Dr. Gallup gelungen, ihm ein Vokabular von zwei Wörtern beizubringen: *ja* und *nein*. Till Eulenspiegel, der mittelalterliche Spaßmacher, erreichte ebenso viel mit einem Esel.

Unser Massenstaaten-Bürger hat jedoch diesen niedrigstehenden, knurrenden Organismus mit Göttlichkeit ausgezeichnet. In Widerspruch zu aller Niedrigkeit der Schöpfung hat er damit angefangen, Vereinigungen über das Individuum zu stellen und das anzubeten, was ihn anbeten sollte. Die Nation bedeutet ihm nicht mehr etwas Abgetrenntes vom Individuum, sondern etwas Überlegenes, auf dessen Befehl man alle opfern muß, die zahlenmäßig geringer sind: seine eigene Frau, seine eigenen Kinder oder sich selbst. Symbole wie die Nationalhymnen oder Flaggen werden sakrosankt, und Ämter werden würdiger als die Personen, die sie innehaben. Als Präsident Roosevelt während seiner ersten Amtseinführung auf einer Plattform stand, deren Geländer mit den Nationalfahnen eingehüllt waren, war er beleidigt und beschuldigte eine Gruppe von Bürgern, sie wären niederträchtig, weil sie gewagt hatten, ihn, ein bloßes Individuum, über die Flagge zu erheben, während der Kodex vorsehe, daß die Flagge, die Nation repräsentierend, zu allen Zeiten über den Köpfen der Individuen zu flattern habe. Als Präsident Truman – im gerechten Zorn eines beleidigten Vaters – einem Journalisten, der den Gesang von Trumans Tochter kritisiert hatte, einen bösen Brief schrieb, wurde er sogar von einigen seiner Freunde kritisiert, die meinten, daß die Würde des Amtes eines Präsidenten keinerlei persönlichen Gefühlen Raum lassen dürfe.

Aber die Anbetung der Massen, der Leute, der Nation und der Institutionen, die sie repräsentieren, ist Kollektivismus, unter welchem Namen er auch laufen mag. Und Kollektivismus ist unvereinbar mit den Idealen der Demokratie, die, wie die westliche Zivilisation, untrennbar mit dem Individualismus verbunden ist. Es ist nur logischer Unsinn, die Marxisten des kollektivistischen Denkens zu beschuldigen, weil sie die Gesellschaft über den Menschen erheben und dann proklamieren, daß die Nation über dem Individuum stehe. Entweder regiert keine Gemeinschaft über das Individuum, oder es tun alle, ob sie nun das Volk, der Staat, das Reich, die Klasse, die Partei, das Proletariat, die Organisation oder die Nation sind. Der Unterschied zwischen dem Individualismus und dem Kollektivismus besteht nicht darin, daß das eine die Existenz der Gruppe und das andere die Existenz des Individuums ablehnt. Der

Unterschied liegt darin, welchen Wert sie dem einen in bezug auf das andere beimessen. Der Kollektivist denkt, daß der Organismus, dessen Zweck wir erfüllen müssen, die Gesellschaft und daß der Zweck des Menschen ein abgeleiteter ist – abgeleitet vom Maße seines Dienstes für die Gemeinschaft.

Daher entstammt die Rechtfertigung des letzteren, andauernd die unzüchtigsten Erklärungen der Zuneigung und Loyalität von seinen Mitgliedern zu fordern. Der Individualist glaubt anderseits, daß wir unseren eigenen Zweck haben, für den wir leben, und daß der Zweck der Gesellschaft ein abgeleiteter ist – abgeleitet von ihrer Nützlichkeit für den Menschen, nicht des Menschen als Tugend, sondern für den Menschen als Individuum. Für den Individualisten stehen daher die Nation und alle ihre Symbole nicht über, sondern unter ihm, und er wird ihr nicht dienen, weil sie einen eigenständigen Wert besitzt, sondern weil das Dienen bedeutet, seinen eigenen Werten nützlich zu sein, seinen eigenen Idealen. So wie er keine Schuhe putzen wird, um ihre Schönheit zu verehren, sondern deshalb, weil schön geputzte Schuhe seine eigene Erscheinung verbessern werden. Für den Individualisten war deshalb Präsident Trumans Drohung, das Gesicht eines Musikkritikers zu Brei zu schlagen, keine Beschimpfung, unwürdig seines hohen Amtes, sondern eine begrüßenswerte Behauptung des immer noch am Leben gebliebenen demokratischen Individualismus im amerikanischen Leben. Ein Element, demzufolge kein Amt der Nation, so hochgestellt es auch sein mag, jemals den Rang der unendlich überlegenen Position ablaufen kann, der Vater einer geliebten Tochter zu sein.

Bevölkerungsreiche, große und mächtige Nationen können jedoch den kollektivierenden Trends des zusammengedrängten Lebens nicht widerstehen. Schwach wie das Individuum ist, wird es zuerst von der Natur unterdrückt und dann durch physische Stärke beeindruckt. Indem das Individuum einen unendlich kleinen Bestandteil der Souveränität eines Landes darstellt, hat es keine Chance, sich dem Einfluß und dem Spektakel der Massenentwicklung zu widersetzen, die es mit der Zeit in einer orgiastischen Wolke keuchenden Nationalismus verschlingen muß. Es ist deklassiert, zahlenmäßig unterlegen und wird von allen Seiten durch Rudel, Gruppen, Banden und Clans verschreckt an die Wand gespielt, so daß es letzten Endes das Vertrauen in seine eigene Bedeutung verliert und dieses durch einen neuen Glauben ersetzt – das Vertrauen in die Wichtigkeit organisierter Gruppen. Die Freude, die der Mensch früher in seinem Haus und in der Gruppe seiner Freunde empfunden hatte, findet er jetzt an Paraden und Brigaden und in der aufregenden, ständigen Kommunikation mit den Massen. Der neue Mensch, der für und durch das Volk lebt, der für immer das Wohlergehen seiner Gemeinschaft in seinem infizierten Geiste mit sich trägt, wird zu einem abgehärteten, brutalen Menschen, wenn sich seine Freunde oder seine Familie unterstehen, persönlichen Anteil an seinem Leben zu fordern. Hört er den Lockruf der Massen, steht er vom Abendbrot auf, nimmt seinen Mantel und seine Flagge und schreitet über die Arme seiner weinenden Kinder hinweg in die Arme seiner neuen Mätresse, in die Arme des Volks, dem er angehört und von dem er glaubt, ihm seine primäre Untertanenpflicht zu schulden. Wenn es die Menschheit fordert, wird er alle Objekte seiner persönlichen Zuneigung vernichten. Seine Stärke und seine Wahl werden ebenso in die heroischen Seiten der Geschichte eingehen, wie wir es insbesondere jenem römischen General angedeihen ließen, von dem uns immer noch Ehrerbietung abgefordert wird, weil er seinen eigenen Sohn exekutierte, der, obwohl er einen großen Sieg errungen hatte, dies durch die Nichtbeachtung der Befehle erreicht hatte.

4. Die Bedeutung der Nachbarschaft

Eine solche Entwicklung kann sich nie in einem kleinen Staate vollziehen. In ihm wird die organisierte Macht des Volkes niemals groß genug werden, um das Individuum aus seinem Glauben an seine persönliche Existenz und an sein Schicksal als Mensch herauszureißen. Im Gegensatz zu seinem Spiegelbild in einem großen, übervölkerten Staat wird der Bürger eines Kleinstaates größere persönliche Würde besitzen und repräsentiert somit nicht einen unendlich kleinen Teil der Staatssouveränität, sondern einen Teil, der sich herausfordernd behaupten kann. Da das Konzept der Souveränität nicht wächst, indem die Bevölkerung wächst – was auch unsere politischen Theoretiker zugeben, wenn sie Staaten eher eine alphabetische als politische oder militärische Rangordnung zuschreiben –, ist der Effekt: zunehmende Bevölkerung und zugleich Abnahme individueller Wichtigkeit. Das Teilstück an der Souveränität seines Landes beträgt bei einem Liechtensteiner 1/13.000, das Teilstück eines Russen 1/260.000.000.

Je größer die Menge, desto zwergenhafter der Mensch. Dies ist noch nicht alles. Denn je mehr der Anteil an Souveränität abnimmt, desto geringer wird auch der Anteil an der Regierung. Da eine *effektive* gesetzgebende Körperschaft ihre Mitglieder nicht im Verhältnis zum Anwachsen ihrer jeweiligen Länder vermehren kann, muß eine zunehmende Bevölkerungszahl letztlich die demokratischen Repräsentanten vermindern. Im Jahre 1790 umfaßte ein durchschnittlicher Wahlkreis für ein Mitglied im Abgeordnetenhaus der Vereinigten Staaten 33.000 Bürger. Wäre diese Zahl im entsprechenden Verhältnis angestiegen, würde das Abgeordnetenhaus heute über etwa 4.560 verfügen, eine Zahl, die jede gesetzgebende Tätigkeit praktisch ausschließen würde. Je mehr also unsere Bevölkerung wuchs, desto mehr ging das nicht auf Kosten der Zahl, sondern der *Belastbarkeit* der Repräsentanten, so daß heute der Wahlkreis eines amerikanischen Kongreßabgeordneten etwa 350.000, in manchen Fällen sogar mehr als 900.000 Bürger beträgt. Wie wir, dazu kontrastierend, sogleich sehen werden, wird die Bürde der Repräsentanten leichter, die Effektivität aber gesteigert, wenn die Bevölkerung eines Landes geringer ist: Der durchschnittliche Wahlkreis in Großbritannien umfaßt 81.000 Bürger, 66.000 in Frankreich, 42.000 in Belgien, 30.000 in Schweden, 24.000 in der Schweiz und 11.000 in Israel.[6]

All dies zeigt, daß nur ein kleiner Staat die Erfordernisse zugleich der individualistischen wie auch der demokratischen Existenz erfüllen kann. Er ist *individualistisch*, weil er zu der kleinen physischen Größe des Menschen viel besser paßt als die kolossalen Roben der Großmacht, die, weit davon entfernt, ihn als Individuum zu schützen und zu kleiden, ihn ersticken. Als *Demokrat* verliert er die Fähigkeit, den Bürger physisch zu unterdrücken. Er ist nicht nur jederzeit in der Lage, an den Regierungsgeschäften teilzunehmen, sondern auch fähig, sich Bedrängungen seitens der Regierung zu widersetzen – ohne die Mittelsmänner mächtiger Organisationen zu brauchen. Der Bürger kann auf der Suche nach seinem Glück seinen eigenen Weg gehen, ohne sich organisierten Meinungen und Lebensarten anzupassen, nur weil diese von der Mehrheit gepflogen werden. Er ist frei, nicht weil die Freiheit als eine seiner Grundsätze festgelegt ist, sondern weil keine Autorität über so viel Macht verfügt, ihn seiner Freiheit zu berauben – was der wesentlich sicherere Weg ist. Er wird nie durch die „Würde" seines Amtes ausgelöscht werden, deren Zweck darin liegt, ihr zu unterstehen und deren Anblick ihn wohl kaum dazu bringen würde, fälschlicherweise zu glauben, die Arbeit seiner Untergebenen sei der seinen tatsächlich unterlegen. In großen Staaten fängt dies ganz anders an: Erinnern wir uns etwa an den öffentlichen Toilettenreiniger. Sobald die Anzahl seiner Toiletten so groß ist, daß man ihn Minister der öffentlichen Hygiene nennen kann, sehen wir es schon als Ehre, wenn er uns nicht länger als fünfzehn Minuten warten läßt.

Endlich erfüllen sich – und dies wieder wegen unserer kleinen physischen Statur – die Grenzen unserer Freude nur innerhalb relativ enger geographischer Grenzen. Wir mögen großsprecherisch „von den Bergen bis zum Ozean" singen, müssen aber nur einen dieser patriotischen Bergsteiger an den Ozean setzen oder den Seefahrer in einen friedlichen alpinen Heuschober, um die Größe ihres Leidens zu erkennen und die Bedeutungslosigkeit von riesigen Flächenkonzepten, wenn es um die Frage persönlichen Glücks geht. Was wir lieben, ist nicht Ferne; wir lieben Nachbarschaft. Sie allein hat für uns persönliche Bedeutung. Deshalb wird der Präsident der Vereinigten Staaten immer zu seinem Hyde Park, Independence oder Gettysburg gehen, wenn er sich wahrhaft glücklich fühlen will. Und Präsident in Washington zu sein, ist trotz des Glanzes und der Macht seines Amtes eine sehr schwere Bürde. Es gibt keinen Charme im Umgang mit Leuten, die mit einem ständigen Schwall von Rhetorik, Gebeten und Gottesbeschwörungen gefüttert werden wollen. Aber unter Nachbarn und Freunden der Präsident der USA sein zu können, unabhängig und keine Reden schwingend, sondern plaudernd, das ist etwas menschlich anderes. Die Bürde wird zur Freude, wie alles innerhalb enger Grenzen leicht und erträglich wird. Nur in kleinen Einheiten kann sich der Mensch zu Hause fühlen.

5. *Die ideale Größe von Staaten*

Im Hinblick auf die Probleme der inneren Demokratie eines Staates gibt es eine weitere Frage: Was ist seine ideale Größe? Bis zu welchem Punkt kann eine Gemeinschaft wachsen, ohne die Souveränität des Individuums zu gefährden? Und, umgekehrt: Bis zu welchem Punkt kann sie schrumpfen, ohne den Zweck ihrer Existenz in Frage zu stellen? Ist es möglich, daß ein und derselbe Staat zugleich zu klein und zu groß sein kann?

Wie wir gesehen haben, wird jede Größe durch die Funktion bedingt, die sie auszuführen hat. Die Funktion eines Staates liegt darin, seinen Mitgliedern Sicherheit und andere soziale Vorzüge zu bieten, die durch eine einsame Pionierexistenz nicht zu haben sind. Dies läßt vermuten, daß ein Staat, der, nehmen wir an: aus fünf oder sechs Familien besteht, zu klein sein könnte. Wir haben aber auch schon gesehen, daß dies kein ernsthaftes Problem darstellt, denn wann immer Dinge, ob sie nun Atome im physikalischen oder im sozialen Sinn darstellen, zu klein oder zu wenig dicht sind, fangen sie an, Gruppen zu bilden und „natürlicherweise für gegenseitige Hilfe zusammenzulaufen und sich bereitwillig zu stabilen Stämmen und Gemeinschaften zusammenzuschließen“. Die Frage lautet also: Wann wird eine Gemeinschaft stabil?

Vom politischen Gesichtspunkt gesehen, erfüllt sie ihre Funktion schon ab einer Bevölkerungszahl, die unter hundert liegen kann. Jede Gruppe kann ein Dorf bilden, kann eine stabile und souveräne Gesellschaft formen. Ein Land wie Andorra, mit einer gegenwärtigen Bevölkerung von weniger als 7.000, hat seit der Zeit Karls des Großen eine vollkommen gesunde und ungestörte Existenz erlebt. Eine Gemeinschaft hat allerdings nicht nur politische Zwecke. Sie hat auch kulturelle Aufgaben zu erfüllen. Während sie an ihrer geringsten Dichte eine ideale Demokratie erzeugen kann, genügt dies nicht, um aus der Vielfalt verschiedener Individuen, Talente, Geschmäcker und Aufgaben eine Kultur erstehen zu lassen. Vom kulturellen Gesichtspunkt aus gesehen muß daher die optimale Größe einer Bevölkerung etwas größer sein. Wirtschaftlich ist sie groß genug, wenn sie Essen, Handwerksarbeiten, Landstraßen und Feuerwehrwagen herstellen kann; politisch, wenn sie die Werkzeuge der Justiz und der Verteidigung bereitstellen kann; und kulturell, wenn sie sich Theater, Akademien, Universitäten und Gaststuben leisten kann. Aber sogar um diese erweiterten Zwecke zu erfüllen, muß eine Bevölkerung, denken wir an die frühen griechischen, italienischen oder deutschen Stadtstaaten, kaum mehr als 10.000 bis 20.000 Einwohner besitzen. Mit einer Einwohnerschaft von weniger als 100.000 produzierte das Erzbistum Salzburg wunderbare Kirchen, eine Universität, verschiedene andere höhere Schulen und ein halbes Dutzend Theater – allein in seiner kleinen Hauptstadt. Wir können daher sagen, daß es zwar für die ideale Größe einer Gemeinschaft eine unterste Größe gibt, daß das aber so gut wie keinen praktischen Wert hat, besonders wenn wir in erster Linie ihren wirtschaftlichen und politischen Sinn beachten. Die Hauptfrage bezieht sich wie immer auf die obere Grenze. Aristoteles hat dies mit Klarheit und Präzision in seiner „Politica“ (VII. Buch) ausgedrückt: „Welches die Grenze des Zuwachses ist, ist aus den Tatsachen leicht zu entnehmen. Die politischen Aufgaben verteilen sich auf Regierende und Regierte. Die Aufgabe des Regierenden ist es, anzuordnen und zu entscheiden. Um aber gerecht zu urteilen und die Ämter dem Würdigsten geben zu können, müssen die Bürger einander nach ihren Qualitäten kennen. Wo dies nicht der Fall ist, da muß es um Regierung und Rechtsprechung schlecht bestellt sein. Denn in beiden Punkten ist es ungerecht zu improvisieren, was doch bei einer Übervölkerung offenkundig geschieht. Auch wird es dann für Ausländer und Zugewanderte leicht, am Bürgerrecht teilzunehmen. Denn in der Masse der Bevölkerung ist es nicht schwierig, unbemerkt zu bleiben. Es ist also klar, daß der beste Maßstab für einen Staat ist: die höchste Zahl der Einwohner, die noch überschaubar bleibt und ein Leben in Autarkie ermöglicht.“[7]

Von einem kulturellen wie auch von einem politischen Gesichtspunkt aus gesehen, ist dies tatsächlich die ideale Grenze für die Größe eines Staates, die eine Bevölkerung vorsieht, groß genug, um ein Leben in Autarkie zu gewährleisten, und doch klein genug, um mit einem einzigen Blick überschaut werden zu können.[8] Diese Art Staat existiert in zahlreichen Schweizer Kantonen, und nur dort können wir die überlieferte und eingewurzelte Einrichtung der Demokratie finden. Die Kantone sind so klein, daß ihre Probleme von jedem Kirchturm aus überblickt und daher von jedem Bauern ohne verwirrende Hilfe tiefgründiger Theorien und außergewöhnlicher Wahrsager gelöst werden können. Die moderne Technik hat jedoch die Auffassung darüber geändert, was sich auf einen Blick erfassen läßt, und dehnte damit die Bevölkerungsgrenze für gesunde und funktionierende Gesellschaften von einigen hunderttausend auf acht bis zehn Millionen aus. Jenseits dieser Zahl wird unsere Sicht unscharf, und unsere Kontrollinstrumente fangen an, Defekte zu entwickeln, die weder die Natur- noch die Sozialwissenschaften überwinden können. Denn hier kommen wir genau zu dem Punkt, an dem die Natur der Übergröße ihre Instabilität eingebaut hat. Glücklicherweise gibt es nur wenige Stämme auf der Welt, die so viele Mitglieder zählen, denn die Großmächte sind keine homogenen Stammes-Staaten, sondern, mit Ausnahme der USA, künstlich zusammengeschmolzene Anhäufungen. Und sogar die USA sind, obwohl homogene Großmacht, aus einer Anzahl kleiner Staaten zusammengesetzt, die letztlich ihre gegenwärtige Homogenität zusammenbrechen lassen können.

6. *Die äußere Demokratie*

Bis jetzt wurde die den kleinen Staaten eigene Demokratie diskutiert. Wenn wir nun zusätzlich die Existenz individueller kleiner Staaten voraussetzen, sogar von Kleinstaaten-*Systemen*, die ganze Erdteile mit einem Netzwerk der Kleinheit überziehen, würde Demokratie auch von außen gesehen eine Realität und brächte damit ihre Vorteile nicht nur einigen wenigen Individuen, sondern vielen verschiedenen Gruppen und größeren Gemeinschaften. Offensichtlich kann der Vielfalt verschiedener Einzel- und regionaler Wünsche in einer Kleinstaatenwelt viel besser gedient werden als in einem Großmachtsystem oder, noch ärger, in einem einzigen superkolossalen Weltstaat. In einem geschlossenen Ein-Macht-Kontinent, der zum Beispiel drei- oder vierhundert Millionen Menschen umfaßt, muß die Staatsform entweder republikanisch oder monarchistisch in seiner ganzen Ausdehnung sein. Seine Regierungsform muß entweder demokratisch oder totalitär sein. Sein Wirtschaftssystem muß entweder sozialistisch oder kapitalistisch sein. In jedem Fall: Das System, das an der einen Ecke vorherrscht, existiert auch an der anderen. Eine riesige Masse von Menschen muß ein bestimmtes

System akzeptieren, obwohl vielleicht fast die Hälfte dagegen ist. Als Italien nach dem Zweiten Weltkrieg darüber abstimmte, ob es eine Republik werden solle, mußte der gesamte südliche Teil des Landes, obwohl er mit großer Mehrheit monarchistisch gewählt hatte, sich mit dem Rest des Landes gegen seine eigenen Wünsche stellen, da er untrennbar mit dem hauptsächlich republikanischen Norden verbunden war, mit einem Norden, der nicht nur die eigenen Monarchisten abwählte, sondern auch jene der Bevölkerung einer völlig außerhalb gelegenen geographischen Region – die des Südens. Die flexible Anpassungsfähigkeit an eine Vielzahl verschiedener individueller Wünsche, die das Wesentliche einer Demokratie ausmachte, fehlt daher vollständig in einem starren Rahmen von Großmachtorganisationen, deren Charakteristikum Unterdrückung und Totalitarismus sind.

Schauen wir nun, wie das Bild der gleichen politischen Landschaft aussieht, wenn sie nach einem Kleinstaatenmuster organisiert ist. Ein Berg-und-Tal-Staat entschließt sich, anarchistisch zu werden und die Regierung überhaupt abzuschaffen. Ein Stadtstaat will zu einer Republik werden; ein weiterer Staat will von erblichen Fürsten regiert werden; ein dritter von einem Erzbischof; ein vierter von einem Triumvirat; ein fünfter von zwei Konsuln; ein sechster durch einen verfassungsmäßigen König; ein siebenter durch Oligarchen; ein achter durch einen Präsidenten, der alle drei Jahre gewählt wird und keine andere Funktion hat, als die fremden Diplomaten zu empfangen und die Hände ihrer Frauen zu küssen; ein neunter will Sozialismus mit Monarchie und Demokratie verbinden; ein zehnter Kommunismus mit Monarchie und Absolutismus; und ein elfter ein kooperatives System mit einem Hauch von Aristokratie.

Würde der Mensch nicht so viele verschiedene politische Temperamente und wirtschaftliche Wünsche zeigen, wäre die Geschichte nicht durch so viele Regierungs- und Wirtschaftssysteme ausgezeichnet gewesen. Keines dieser Systeme besitzt irgendeine ihm innewohnende Überlegenheit über die anderen. Ihr einziger Wert liegt darin, daß sie von ihren Völkern ausgesucht wurden. Da keiner einzelnen Institution ein absoluter Wert zukommt, warum sollten nicht so viele Individuen so viele verschiedene Institutionen haben, wie sie wollen, anstatt daß die Hälfte ein Kostüm trägt, das ihr nicht gefällt? Wenn die Freiheit der Wahl ein wirtschaftlicher Fortschritt ist, warum dann nicht auch ein politischer? Denn wenn in einem Gebiet, das von Hunderten Millionen Menschen bewohnt wird, eine Vielzahl von Systemen besteht, werden sicher viel mehr Individuen das bekommen, was ihre Herzen begehren, als wenn der gleiche Lebensraum nur *ein* System zuließe. Auch in einem Restaurant können viel mehr Leute durch die Speisenkarte befriedigt werden, wenn sie vielerlei Gerichte anbietet anstatt eines einzigen Menüs, das nur der Koch anpreist. Da Mannigfaltigkeit und Veränderung die wesentlichen Voraussetzungen der Demokratie darstellen, müssen uniforme Systeme, so ausgezeichnet sie auch sein mögen, sobald sie sich über riesige Regionen erstrecken, notwendigerweise totalitär im gesamten Raum sein und, da es fast nicht möglich ist, sie zu ändern, totalitär auch in der Zeit.

Der Hauptsegen des Kleinstaatensystems ist nicht so sehr seine Anpassungsfähigkeit für eine viel größere Anzahl von Individuen, als in einem Großstaatensystem befriedigende politische Umstände zu schaffen; es ist vielmehr ein Geschenk der Freiheit, die kaum verzeichnet wird, sobald sie verkündet ist, weil sie von einer Art ist, die schon vor langer Zeit ausgestorben zu sein scheint. Wir fühlen ihre Abwesenheit nicht mehr, so sehr haben wir uns schon an die Alpträume unserer heutigen Tage gewöhnt. Es ist die *Freiheit von Zwistigkeiten*.

7. *Freiheit von Auseinandersetzung*

Neunzig Prozent unseres intellektuellen Elends beruhen auf der Tatsache, daß fast alles in unserem Leben zum „ismus“, zur Auseinandersetzung, geworden ist. Wenn wir ein Haus oder eine Straße errichten wollen, fällt dies in den Aufgabenbereich der Stadtplanung, die ein Schlachtfeld zwischen funktionalen und künstlerischen Entwürfen darstellt, zwischen traditionellen und modernen Schulen. Wenn wir von Bildung sprechen, schwanken wir zwischen Pragmatismus und dem Studium aus Büchern. Wenn wir von Kindern reden, haben wir es mit den Fragen von Gehemmtheit oder Sich-Ausleben zu tun. Wenn wir von Sex sprechen, steht Freud gegen Jung. Wenn wir über Politik diskutieren, können wir kein einziges Wort sagen, das nicht zur Streifrage würde. Künstler verfallen in Schuldkomplexe, wenn sie herausfinden, daß sie etwas gemalt haben, das nichts mit der sozialen Auseinandersetzung unserer Cocktail-Stunden zu tun hat. Professoren werden verstört, wenn sie herausfinden, daß sie eher der Wahrheit als der Gesamtheit gedient haben. Die Anstrengungen unseres Lebens scheinen ausschließlich der Aufgabe gewidmet zu sein, herauszufinden, wo in welcher Schlacht wir gegen das gerade geläufige Streitobjekt stehen.

Was aber sind diese Auseinandersetzungen? Funken, die durch irgendeinen spontanen Verbrennungsprozeß in den Körpern entstanden sind und die ziellos durch die Gehirne von Leuten spuken, die ihnen als unfreiwillige Halbleiter dienen, weil wir in unserem modernen Leben zu nahe aneinander stehen, um nicht einer giftigen Ansteckung ausgesetzt zu werden. Sie sind unkontrollierbare Großraumphänomene, die sich über den ganzen Erdball mitteilen und diejenigen, die mit ihnen in Berührung kommen, zwingen, intellektuell an einer Bewegung teilzunehmen, die gerade an irgendeiner Ecke eines Erdteils entsteht. Wenn ein koreanischer Soldat den 38. Breitengrad überschreitet, werden wir in New Jersey von Schockwellen getroffen, und wenn ein sibirischer Eskimo in der Nähe des Nordpols niest, werden einige Chilenen und Engländer vor den Küsten Argentiniens in Kampfstellung gehen. Die kleinsten Ursachen rauschen wie Flutwellen um die Welt und zwingen uns dazu, Stellung zu beziehen, wo immer wir auch sind. Wir müssen die Streitfragen zum Mittagessen mit unseren Freunden in hundert Sprachen diskutieren und gegen unsere Frauen die Scheidung einreichen, wenn wir im Bett nicht der gleichen Meinung sind. In der intellektuellen Einheit unserer Weltgemeinschaft reagieren wir wie Federn alter Matratzen. Auch wenn wir nicht unmittelbar von ihnen betroffen sind, werden wir doch von ihnen niedergedrückt. Jedes verdammte Ding auf dieser Welt ist zu jedermanns Streitfrage geworden.

Die Segnungen der Kleinstaatenwelt sind jetzt offenbar geworden. Mit ihren isolierenden Grenzen bleiben die Probleme fernab liegender Gebiete weit entfernt. Sie können sich nicht universal mitteilen, weil sie durch die eigenständigen Probleme anderer kleiner Regionen abgehalten werden, von Problemen, die, auf enge Gebiete begrenzt, nicht zu Auseinandersetzungen werden können. Anstatt sich in einem dauernden Stadium des Krieges zu befinden, wird man sich mit ihm nur dann intellektuell abgeben, wenn er in die Nähe der eigenen Grenzen dringt – was relativ selten passiert. Statt daß man jeden Tag unfreiwillig Anteil hat am täglichen Blutvergießen, an Morden und Massakern, was den Grund für unsere höllische Existenz darstellt, werden wir hier nur dann Zeugen, wenn es direkt nebenan passiert – was wiederum nur selten vorkommt. Statt daß wir durch das uns aufgezwungene Zusehen beim Ableben anderer dauernd Trauer tragen, könnten wir die Freuden des Lebens genießen und von der Trauer um Tote nur dann betroffen sein, wenn sie uns unmittelbar berührt – was wieder nur recht selten der Fall ist. Eine Kleinstaatenwelt teilt somit unsere weltumfassenden, dauernden und unpersönlichen Leiden auf in kleine, eher seltene und persönliche Geschehnisse und bringt uns daher von der nebeligen Düsterheit einer Existenz, in der wir nichts anderes darstellen als geisterhafte Schatten bedeutungsloser Zwistigkeiten, zurück zu den Segnungen der Wirklichkeit, die wir nur bei unseren Nachbarn und in unserer unmittelbaren Umgebung finden können. Nur dort ist Liebe auch Liebe, Sex auch Sex und Leidenschaft Leidenschaft. Wenn wir einen Menschen hassen, dann nicht deshalb, weil er ein Kommunist ist, sondern weil er gemein ist; und wenn wir ihn lieben, dann nicht, weil er ein Patriot, sondern weil er ein Gentleman ist. In der Nachbarschaft wird alles zum Teil unserer persönlichen Erfahrung. Nichts bleibt eine unpersönliche Streitfrage. Die Zeitschriften mit ihrer Freude daran, hemmungslos Detektiv-, Sex- und Kriminalgeschichten zu drucken in einer Welt, in der alles andere Bestandteil einer superintellektuellen sozialen Einstellung geworden ist, zeigen unser noch schlummerndes Verlangen nach der einen Freiheit, die kein politischer Theoretiker je ernst zu nehmen scheint und in der trotzdem die Freude der vergangenen Generationen wurzelte, auch in Abwesenheit anderer Freiheiten – der Freiheit von Zwistigkeiten.

8. Die Vereiniger: Aristoteles, Shaw und Gott

Wir haben gesehen, daß die einzige Chance für Demokratie und die ihr zugrundeliegenden Prinzipien, auf denen die westliche Kultur beruht, in einem kleinen Staate und in einem System von Kleinstaaten liegt. Die Hauptgefahr für unsere gehegte und gepflegte Erbschaft persönlicher Freiheit liegt nicht in der Uneinheitlichkeit, die unsere Kleinheit bewahrt, sondern im Prozeß der Vereinigung, der sie verwischt. Und doch schreiben uns unsere Lehrmeister gerade den Vereinigungsprozeß vor. Zerquetscht von dem intellektuell tödlichen, aber die Gefühle ansprechenden Gewicht großer physischer Macht, haben sie die Dolche der Verachtung gegen das Kleine gezückt und alles, was Größe, Umfang oder Masse hat, auf glitzernde Altäre gestellt. Sie haben uns überredet, das Kolossale anzubeten, und waren dann erstaunt, daß wir Hitler anbeteten, der nichts war – außer kolossal. Sie haben die enorme Größe des römischen Imperiums bis in den Himmel gelobt und waren dann erstaunt, daß wir Mussolini, wie die alten Cäsaren, anbeteten – die nichts waren außer enorm. Sie haben die Entwicklung gewaltiger Mächte gelobt, die Vereinigung von Ost und West, die Erschaffung der ersten beiden Welten, und endlich den Gipfel aller Glorie, falls es dazu kommen sollte, die eine Welt, obwohl diese Einstaatenwelt nichts als Totalitarismus wäre, auf die internationale Ebene verlagert. Sie können nicht sehen, daß das große Wort *Einheit*, das sie so feierlich aussprechen und uns von jeder Kanzel predigen, für einen wahren Demokraten das darstellt, was für einen Boxer die Faust seines Gegners ist. Wenn sie zu weit getrieben wird, zerstört sie nicht nur das Individuum, sondern auch den Staat, wie Aristoteles, um noch einmal den scharfsinnigsten aller politischen Denker zu zitieren, so präzis folgert: „Es ist aber doch klar, daß ein Staat, der immer mehr eins wird, schließlich gar kein Staat mehr ist. Seiner Natur nach ist er eine Vielheit. Wird er immer mehr eins, so wird aus dem Staat ein Haus und aus dem Hause ein einzelner Mensch. Denn wir dürfen wohl sagen, daß ein Haus mehr eins ist als ein Staat, und ein einzelner Mensch noch mehr als ein Haus. Auch wenn man also diese Einheit herstellen könnte, dürfte man es nicht. Denn man würde den Staat überhaupt aufheben. Der Staat besteht außerdem nicht nur aus vielen Menschen, sondern auch aus solchen, die der Art nach verschieden sind. Aus ganz gleichen entsteht kein Staat. Denn ein Staat und eine Bundesgenossenschaft sind verschieden. Diese ist begründet in ihrer Quantität, auch wenn keine Unterschiede in der Art vorhanden sind (denn die Bundesgenossenschaft ist ihrem Wesen nach um der gegenseitigen Hilfe willen da), so wie etwa ein Gewicht rein durch seine Größe hinunterzieht.“[9]

Einheit hat nur in Krisenzeiten Sinn, wenn Individuen und Völker in einer „Militär-Allianz“ leben und viele unserer Ideale zeitweilig außer Kraft gesetzt werden müssen. In allen Perioden ist aber Einheit, die das große Ideal der Totalitären und Kollektivisten darstellt, die Hauptgefahr, mit der es die Demokraten zu tun haben. Diese aber wollen nicht eine Einheitspartei haben, sondern mehrere. Ihre Prinzipien sind auf Unterschiedlichkeit und Gleichgewicht aufgebaut, nicht auf Einheit und ihren natürlichen Begleiter – die Tyrannei. Aus diesem Grunde schlossen die Engländer, sobald der Zweite Weltkrieg gewonnen war, ihre Ohren gegenüber allen Forderungen, die so wunderbar funktionierende Geschlossenheit der Kriegsära beizubehalten, und entschlossen sich statt dessen wieder für eine viel weniger taugliche und viel fehlerhaftere Parteienregierung. Ähnlich lehnte die amerikanische Wählerschaft in einer gesunden Bestätigung demokratischer Prinzipien während der Präsidentschaftswahlen 1948 den Kandidaten ab, der den Wahlkampf auf einer in die Wolken ragenden Plattform nationaler Einheit bestritten hatte. Als der Krieg vorüber war, sahen sie nicht länger ein, warum sie nicht zu ihrem gewohnten System von Parteigängertum und Stümperei in der Regierung zurückkehren sollten, die, solange man es sich leisten konnte, immer eine Garantie für die Freiheit von Regierungseinfluß im Hinblick auf das eigene persönliche Leben bildet.

Vereinheitlichung ist für einen Demokraten eine gefährliche Untugend. Sie verwischt die Souveränität des Individuums. Darüber hinaus aber steht sie, wie die vorangegangenen Kapitel gezeigt haben, im krassen Gegensatz zu allen Formen der Schöpfung. Das Gesetz des Universums ist Harmonie, nicht Vereinheitlichung, die wir überdies intellektuell fast gar nicht begreifen können. Wann immer wir unsere Hände auf etwas legen, das wie Einheit aussieht, scheint es sich aufzulösen. Wir können unsere Hände auf den Raum legen, und plötzlich wird er in die unauslotbaren Tiefen der Zeit zerschmelzen. Wir können etwas für tote Materie halten, und plötzlich verschwindet es blitzartig und vibriert als Energie.

Die Konzepte von Einheit und Vereinigung stehen den Zielen und Zwecken des Menschen so konträr entgegen, daß Versuche, ein Eine-Welt-System aufzubauen, fast blasphemisch erscheinen. Es wäre eine gute Tat, wenn unsere modernen Vereiniger die Geschichte des Turmbaus zu Babel nochmals lesen würden, um zu lernen, was Gott selbst von Einheit hielt. Es könnte zumindest einige ihrer geistigen Verwirrungen lösen. Im Morgengrauen der Geschichte, wie auch an unserem heutigen Tag, war der Mensch von einer Manie zu vereinigen besessen, und er wollte nicht nur in einem einzigen Staate leben, sondern auch in einem einzigen gigantischen Turm, der größer hätte sein sollen als selbst das Hauptquartier der Vereinten Nationen in New York. Anders als unseren modernen Politikern und vielen Bischöfen, mißfiel dies alles Gott doch recht sehr. Er sah darin eine arrogante Herausforderung seinem Werke gegenüber. Nachdem er die Menschen als lebenssprühende Individuen nach seinem Ebenbilde geschaffen hatte, grollte er nun verständlicherweise darüber, daß sie nichts Ehrgeizigeres wollten, denn als Massenmenschen in der entpersönlichten Tierwärme eines kommunalen Bienenstockes zu wohnen. Anstatt sie also zu preisen, schätzte er ihre Tat als gotteslästerlich ein und bestrafte sie dadurch, daß er ihnen selbst noch die kleine Einheit wegnahm, die sie bis dahin verbunden hatte – die Einheit der Sprache.

Und das ist die Bedeutung von Einheit heute – Blasphemie, die, wie das die Folge jeder Blasphemie ist, nicht zu Belohnung, sondern zur Bestrafung führt. Die Nationen wurden geschaffen, um getrennt zu leben, nicht gemeinsam, sonst wären sie offensichtlich gar nicht erst verschieden erschaffen worden. Das war sogar die Meinung des Generalsekretärs des Völkerbunds, nicht des wirklichen natürlich, sondern jenes aus George Bernard Shaws politischer Groteske „Genf“, der, als er über den Terror der Einheit nachdachte, meinte: „Die Organisation von Nationen ist die Organisation von Weltkrieg. Wie hält man zwei Männer, die miteinander kämpfen wollen, am besten davon ab? Indem man sie nicht zueinander läßt, nicht, indem man sie zusammenkommen läßt. Als die Nationen auseinander gehalten wurden, war der Krieg eine zeitweilige und außergewöhnliche Sache; jetzt hängt der Bund über Europa wie eine immerwährende Kriegswolke.“[10]

KAPITEL VII

Die Herrlichkeit der Kleinen

„Und doch war es hier in der namenlosen Konstellation der Stadt-Staaten auf dem Festland östlich der Ägäis..., daß zum ersten und fast zum letzten Mal in der Geschichte alle Hauptprobleme der menschlichen Gesellschaft scheinbar gleichzeitig gelöst wurden."

Seton Lloyd

Was bewegt die Herrscher kleiner Staaten, Gönner der Künste zu werden? – Wolf Dietrich von Salzburg – Der Grund, warum kleine Staaten Zeit und Fleiß künstlerischer Tätigkeit widmen – Strenge soziale Anforderungen der Großmächte – Warum Großmächte eher ihre Techniker ehren als ihre Dichter – Toynbee über den Rückzug kreativer Individuen aus dem sozialen Leben – Warum kleinere Staaten kleinere Lernmöglichkeiten bieten als große – Moderne Spezialisten, antike Universalgenies – Geschichtliche Beispiele der Produktivität kleiner Staaten: griechische Stadtstaaten, italienische Stadtstaaten, deutsche Stadtstaaten – Die Entwicklung englischer Zivilisation zur Zeit Englands politischer Kleinheit – Das Ende kulturellen Schaffens als Folge politischer Vereinigung – Toynbee über politische Vereinigung als Zeichen kulturellen Abstiegs

---

DAS KULTURELLE ARGUMENT

Das einzig Beeindruckende an Großmächten ist ihre exzessive physische Kraft. Infolgedessen können sie nur in einer Welt ein Anrecht auf Verehrung geltend machen, die physische Tapferkeit über intellektuelle Werte stellt und die grundsätzlich kollektivistischer als individualistisch ist. Für einen Individualisten bedeutet hervorragende

Stärke nichts als eine Bedrohung seiner Integrität und eine Einladung, die Entwicklung seines Intellekts zu ignorieren. Er verabscheut die physische Kraft jenseits dessen, was für die Aufrechterhaltung eines gesunden Lebens Freude bringt. Er wird Freude an der Kraft empfinden, die es ihm ermöglicht, an athletischen Wettkämpfen oder an anderen Sportarten teilzunehmen, wie bei den mittelalterlichen Ritterturnieren, die deshalb edel, weil sie persönlich waren. Er wird aber keine Freude an einer Akkumulation massiver Macht finden, wie sie von einer wohlorganisierten geistlosen Masse produziert wird und die dadurch in der Lage ist, mit anderen wohlorganisierten geistlosen Massen zu konkurrieren.

Wo immer das Element Masse eingeführt wird, wird das Individuum getötet, auch wenn es physisch überlebt. Das Leben eines Menschen liegt im Geiste, und der Geist kann sich nur unter dem unauffälligen Schutz einer kleinen Gesellschaft entwickeln. Es ist daher kein Zufall, wenn die Kultur der Welt in kleinen Staaten produziert wurde. Nicht *durch* kleine Staaten (das ist ein Punkt, der in unserer gemeinschaftsanbetenden Zeit gar nicht genügend hervorgehoben werden kann, da Staaten, Gemeinschaften, Nationen oder Völker irgendwelcher Art, Form oder Größe dazu da sind, uns mit Straßenbahnen oder Abwasser-Kläranlagen zu versorgen, nicht mit Gedanken; mit materiellen Einrichtungen, nicht mit Ideen), aber *in* kleinen Staaten. Das ist ihre Größe und ihre Herrlichkeit. Und es gibt hierfür verschiedene Gründe.

1. Kulturelle Ableitung aggressiver Energien

Der Bürger eines kleinen Staates ist nicht *von Natur aus* besser oder weiser als sein Gegenstück in einer Großmacht. Er ist auch ein Mensch voller Fehler, Ambitionen und gesellschaftlicher Untugenden. Es fehlt ihm aber die Macht, mit der er sie auf eine gefährliche Art befriedigen könnte, da selbst die mächtigste Organisation, von der er Kraft ziehen könnte – der Staat –, permanent auf eine relativ ineffektive Rolle reduziert ist. Während die Flügel seiner Vorstellungskraft unberührt bleiben, sind die Flügel seiner bösen Taten beschnitten. Das Einzelwesen in einem kleinen Staat mag zwar immer noch morden, überfallen oder vergewaltigen, aber nicht auf die gierige und unbalancierte Art, die innerhalb großer Machtballungen möglich ist, da es fast während seines gesamten Lebens durch vielfältige und immer bereite und mobile ausgleichende Kräfte leicht in Schach gehalten wird.

Politische Machtspiele sind daher in kleinen Staaten selten etwas anderes als eben nur Spiele, die nie den Ehrgeiz des Einzelmenschen bis zum Ausschluß aller anderen Interessen beanspruchen. Was geschieht, wenn es jemandem gelingt, sich in die Position des Präsidenten, Fürsten, Premierministers oder Diktators hineinzuintrigieren? Er kann nicht viel damit anfangen, so groß sein Titel auch sein mag.

Er würde natürlich nach Herzenslust die Welt nach großem historischen Vorbild erschüttern wollen, indem er Terror und Wahnsinn erzeugt wie Hitler oder Stalin – wenn er nur könnte. Aber, *hélas*, er kann nicht. Woher soll er die Waffen nehmen? Woher die Armeen? Er mag ungestraft ein paar Morde anzetteln, aber auch das macht aus ihm keine historische Figur und würde seine Talente nicht lange genug beschäftigen, um ihn vor Langeweile zu bewahren. Er ist ein Herr, aber er hat nicht genügend untertänige Bürger zu beherrschen. Eine Bardame hätte genügend Mut, ihn zurückzuweisen, sollte er sich auf seine Macht anstatt auf seine Galanterie verlassen. Und es wird nicht wenige seiner prospektiven Opfer geben, die, wie Dante, Schiller oder Wagner, sich seiner Jurisdiktion durch einen nächtlichen Fußweg oder Ritt über ein paar Kilometer entziehen und eine Stunde später in einem anderen Staat ankämen. Die Beschäftigung, *Macht* im großen Stil in einem kleinen Staat auszuüben, bringt wenig Befriedigung mit sich.

Aber der menschliche Ehrgeiz zerwühlt trotz allem das Herz des Kleinstaaten-Politikers. Indem er die konventionelle Straße zu historischer Eminenz blockiert sieht wie den Weg zum Schlachtfeld – für den er überhaupt keinen Geist braucht und der genau so erfolgreich von einem afghanischen Wasserträger, einem österreichischen Tapezierer oder von einer byzantinischen Hure betreten werden kann wie von einem Graduierten einer Militärakademie –, hat er keine andere Chance, sich in die ersehnten Seiten der Geschichte hineinzuschleichen, als seine Intelligenz den *höheren* Zielen der Menschheit zu widmen. Dies ist schwieriger, aber es ist die einzige Möglichkeit, neben dem Feldherrn ehrenwert erwähnt zu werden.

Wolf Dietrich, ein berühmter Fürsterzbischof von Salzburg – um eines von unzähligen Beispielen zu geben –, steckte angeblich seine Kathedrale in Brand, wie es Göring mit dem Reichstag tat, nicht, um eine Streitsache zu fördern, sondern um ein Monument nach seinem Geschmack zu errichten, das die Siege Alexanders an Größe überschatten sollte. Ohne Möglichkeit, seine Besitzungen zu vergrößern, wurde seine Aggression auf die Konstruktion einer wunderbaren Renaissance-Kathedrale umgelenkt, deren Fassade die unvergleichliche Kulisse für den „Jedermann" wurde, der noch immer der absolute Höhepunkt der Salzburger Festspiele ist. Seine Nachfolger bauten andere Kirchen, alle völlig unnötig, aber eine schöner als die andere; sie bauten Tunnels durch den Fels, meißelten Theater aus Berghängen, bauten wunderschöne Brunnen und großartige Marmorbecken, in denen ihre Pferde während der Sommerhitze trinken konnten, und liebenswürdig bezaubernde Waldschlösser für ihre fruchtbaren Mätressen. Sie verwandelten Salzburg mit seinen knapp 200.000 Einwohnern, die winzige Hauptstadt eines Staates, in ein architektonisches Juwel. Dies ist natürlich nichts im Vergleich zur Konstruktion von Autobahnen, Maginot- und Siegried-Linien, Schlachtkreuzern, Raketen oder Atombomben, die nur von Großmächten produziert werden *können*, welche scheinbar, weil sie produzieren können, gezwungen sind, nichts anderes mehr tun, als zu produzieren.

Der erste Grund für die intensive kulturelle Produktivität, die man in kleinen Staaten findet, liegt also in der Tatsache, daß das Fehlen von Macht Herrscher, die sonst vielleicht Brandstifter und Aggressoren geworden wären, zu Schutzherren der Gelehrsamkeit und der Künste machte. Sie können sich die Erhaltung einer Armee von Soldaten nicht leisten, aber die Aufrechterhaltung von einem Dutzend Künstlern liegt innerhalb der fiskalen Möglichkeiten selbst des ärmsten Kleinfürsten. Und da in einer Kleinstaaten-Welt jedes Land von einer Vielzahl von anderen kleinen Staaten umgeben ist, wird jede künstlerische Entwicklung in einem in allen anderen die Flamme der Eifersucht entzünden, die nicht unterdrückt werden kann, außer durch Taten, die jene aller Nachbarn übertreffen. Da dies wiederum neue Eifersüchteleien auslöst, kann der Prozeß des kreativen Schaffens in einem Kleinstaatensystem nie zu Ende kommen. Um dies zu erkennen, brauchen wir uns nur die kleinen Städte

Europas anzusehen. Hier und nicht in großen großstädtischen Bereichen finden wir den Großteil der kulturellen Erbschaft, da fast jede kleine Stadt das eine oder das andere Mal Hauptstadt eines souveränen Staates war. Die überwältigende Pracht und der Reichtum an Palästen, Brücken, Theatern, Museen, Kathedralen, Universitäten und Bibliotheken und ihre große Zahl schulden wir nicht der Großzügigkeit großer Imperatoren oder Weltvereinigern, die sich normalerweise ihrer asketischen Lebensweise brüsteten, sondern den einander bekämpfenden Herrschern, die ihre Hauptstadt in ein neues Athen oder in ein neues Rom verwandeln wollten. Und da jeder von ihnen den Stempel seiner besonderen Persönlichkeit diesen Werken aufdrückt, finden wir, anstelle der riesigen Langeweile und Uniformität des späteren Größenwahns, genau so viele faszinierende Unterschiede in der Architektur und in den künstlerischen Stilen, wie es Herrscher und kleine Staaten gab.

2. Befreiung aus sozialer Knechtschaft

Ein zweiter Grund für die kulturelle Fruchtbarkeit kleiner Staaten liegt darin, daß ihre engen Dimensionen und unbedeutenden kommunalen Probleme ihren Bürgern die Zeit und Muße erlauben, ohne die keine große Kunst entsteht. Das Geschäft des Regierens ist so unbedeutend, daß nur ein Bruchteil der Energie einer Person für den Sozialdienst abgezweigt zu werden braucht. Die Gesellschaft läuft fast aus ihrer eigenen Kraft und gestattet daher dem größeren Teil des Lebens eines Bürgers, es sich selbst zu verbessern, anstatt dem Staat zu dienen.

Dies ist im Falle der Großmächte anders, da deren enorme soziale Anforderungen solcher Art sind, daß sie praktisch die gesamte Energie verbrauchen, nicht nur die ihrer direkten Beamten, sondern auch der Bürger – im bloßen Versuch, ihre unbeweglichen und trägen Gesellschaften in Betrieb zu halten und den Kollaps ihrer Sozialdienste zu verhindern. Dauernd voller Angst, unter ihrem eigenen Gewicht zusammenzubrechen, können sie nie ihre Bevölkerung von der Last befreien, ihre kollektiven Schultern gegen die Räder ihres wahnwitzigen Werkes zu stemmen. Ihr Zweck muß sich durch den Zwang der Umstände von der Freude eines individuellen Lebens wegbewegen – hin zur puritanischen Tugend der Kooperation, was in höchst effizienten Tiergesellschaften geschieht, ursprünglich aber nicht dafür geschaffen wurde, das wichtigste Anliegen menschlichen Lebens zu sein.

In der Folge zählen bei großen Mächten nicht länger kulturelle Bildung und die Ausübung der Kunst in einer Atmosphäre der Freiheit von Alltagszwängen, sondern die Ausbildung von Sozialforschern, Massenspezialisten, Effizienz-Experten und Technikern. Es ist nicht mehr der große Dichter oder der große Architekt, der die Ehrungen der Gesellschaft erntet, sondern der sozial nützliche Mechaniker, der Manager oder das, was „Humantechnologe" genannt wird.

Es ist wahr, Künstler und Schriftsteller können immer noch am Applaus der Massen teilhaben, aber nur, wenn sie Dinge *sozialer* Bedeutung schaffen. Können sie das nicht – wenn man ihre Leistung also als individuelle Leistung bezeichnen kann –, werden sie als rücksichtslose Parasiten bezeichnet. Ein Sänger mag noch anerkannt werden, aber nur, wenn er Hysterie auslöst. Seine Kunst, wie immer sie sich manifestieren mag, ist dann sozial wichtig, da sie große Mengen beeinflußt. Die prinzipiellen Ehrungen werden jedoch jenen vorbehalten bleiben, die sich die Hauptaufgabe der Gesellschaft zu eigen machen, sie nämlich *materiell* am Leben zu erhalten. Dies ist gar nicht ungerechtfertigt, weil es eine Aufgabe darstellt, die, wie Aristoteles sagte, in einer Großmacht der Arbeit gleichkommt, „das Universum zusammenzuhalten". Mit unserer Abhängigkeit von dem heutigen Massenstaat für das individuelle Überleben wird jede Beschäftigung, die sich ständig vergrößert, für uns wichtig, während Qualität aufhört, überhaupt noch ein Wertkriterium zu sein. Der Direktor einer öffentlichen Anstalt, dessen Aufgabe in einem kleinen Staate der des einfachen Arbeiters gleicht, steigt daher in eine größere Führungsposition auf. Wenn die Anzahl seiner Rinder 500 übersteigt, hört ein Viehzüchter auf, ein Bauer zu sein, und nimmt königlichen Glanz an. Ein Toilettensäuberer, wie schon erwähnt, trägt Frack, mietet eine Loge in der Oper und nimmt den Titel Exzellenz an, wenn die Anzahl der Toilettendeckel, die er sauber hält, in die Millionen geht. Sogar Verbrecher, wenn sie einmal genügend hohe Beträge gestohlen haben, werden ehrfürchtig behandelt. Dies erinnert wieder an den heiligen Augustinus, diesen heiligen Verächter alles Großen. Er erzählt in „De Civitate Dei“ (Buch IV, Kapitel IV) folgende reizende Geschichte:

„Was anders sind also Reiche, wenn ihnen Gerechtigkeit fehlt, als große Räuberbanden? Sind doch auch Räuberbanden nichts anderes als kleine Reiche. Auch da ist eine Schar von Menschen, die unter Befehl eines Anführers steht, sich durch Verabredung zu einer Gemeinschaft zusammenschließt und nach fester Übereinkunft die Beute teilt. Wenn dies üble Gebilde durch Zuzug verkommener Menschen so ins Große wächst, daß Ortschaften besetzt, Niederlassungen gegründet, Städte erobert, Völker unterworfen werden, nimmt es ohne weiteres den Namen Reich an, den ihm offenkundig nicht etwa hingeschwundene Habgier, sondern erlangte Straflosigkeit erwirbt. Treffend und wahrheitsgemäß war darum die Antwort, die einst ein aufgegriffener Seeräuber Alexander dem Großen gab. Denn als der König den Mann fragte, was ihm einfalle, daß er das Meer unsicher mache, erwiderte er mit freimütigem Trotz: Und was fällt dir ein, daß du das Erdreich unsicher machst? Freilich, weil ich's mit einem kleinen Fahrzeug tue, heiße ich Räuber. Du tust's mit einer großen Flotte und heißt Imperator.“[1]

Da die moderne Gesellschaft vollständig von der Aufgabe erfüllt ist, die erstickenden Verhältnisse, die sie selbst geschaffen hat, rein physisch zu überleben, ist es nicht verwunderlich, daß sie die Errungenschaften der Sozialwissenschaften, der Technologie, der Hygiene und so weiter als die allerhöchsten Errungenschaften der Zivilisation einschätzt.[2]

Das hat aber mit Zivilisation überhaupt nichts zu tun. Rohre, Hochöfen und Badezimmer sind alle wichtig und für den materiellen Komfort sowie für kollektive Vitalität nützlich; sie sind aber alle keine Monumente einer Kultur. Kultur ist das Porträt eines Engels oder eines Gassenjungen; Dinge, die man in einer modernen Welt malen dürfte, wenn sie ein schwerwiegendes Sozialproblem darstellten, die aber ein wahrer Künstler um ihrer Schönheit willen malt. Kultur atmet aus Kathedralen und luftigen Türmchen, deren einzige Funktion darin besteht, schön zu sein. Sozial sind sie völlig unnütz. Man kann ihre Grundflächen nicht als Garagen gebrauchen noch ihre windigen Räume hoch oben in den Türmen als Büroräume noch ihre eigenartigen Wasserspeier als Eisenerzeuger. Daher können sie nicht mehr länger gebaut werden, denn wer könnte in unserer eiligen Welt die Zeit finden, und auch die Muße, um etwas zu schaffen, dessen einziger Wert darin liegt, den Augen des Schöpfers oder seines Gottes Freude zu machen? Die wenigen Monumente, die die Massengesellschaft immer noch in Auftrag gibt (und diese werden nicht zur höheren Ehre Gottes, sondern für ihre eigene errichtet), sind Monumente für jene, die dafür starben, daß die Gemeinschaft leben konnte, und die nicht durch die untröstliche Mutter eines toten Sohnes dargestellt werden, sondern durch einen herzlosen, entpersonalisierten *unbekannten* Soldaten. Diese Denkmäler müssen ihrer Natur nach nützlich sein. So bauen wir anstatt barocker Brunnen, die wertvolles Wasser vergeuden, oder Statuen, die wertvolle Metalle vergeuden, nun Spitäler, Parks und Hallen zu irgend jemandes Gedenken. Alles, aber auch alles, muß den sozialen Bedürfnissen untergeordnet werden. Kulturell wurde das Leben in großen Massen steril. Was die bevölkerungsreichen Nationen der Welt an wahrer Kultur noch besitzen, ist nicht ihre *eigene* Schöpfung, sondern das Erbe einer Vergangenheit, die die essentiellen Voraussetzungen für künstlerische Schöpfung boten: die Zeit für Muße, Beschaulichkeit und, vor allem, Befreiung von den erniedrigenden Sozialdiensten.

Arnold Toynbee hat in seiner *Study of History* („Der Gang der Weltgeschichte") diese lebenswichtige Verbindung zwischen kultureller Produktivität und Befreiung von anspruchsvollen sozialen Aufgaben angeführt, als er die Entwicklung intellektueller Größe nicht auf die Teilnahme, sondern auf den Rückzug vom Gemeinschaftsleben beschrieb. Dies gehe, so schreibt er, hervor aus „dem Leben der Mystiker und Heiligen, der Staatsmänner und Soldaten, der Historiker, Philosophen und Poeten, wie auch aus den Geschichten von Nationen, Staaten und Kirchen."[3] Walter Baghot erkannte die Wahrheit, die wir suchen, als er schrieb: „Alle großen Nationen wurden im stillen und unter Geheimhaltung vorbereitet. Sie wurden fernab jeder Ablenkung geschaffen." Mit anderen Worten ist das, was an großen Nationen groß ist, nicht das Produkt ihrer Machtperioden, die sie damit verbrachten, im Rampenlicht der Geschichte zu stehen, sondern jene Zeit, in der sie unbedeutend und klein waren. Kein mächtiges Land, das sich selbst als größte Ablenkung darstellte, könnte von „jeder Ablenkung" fernbleiben oder „im privaten und im geheimen" große Talente entwickelt haben.

Toynbee erwähnt als Beispiel seiner Theorie Männer wie den heiligen Paulus, den heiligen Benedikt, den heiligen Gregorius den Großen, Buddha, Mohammed, Machiavelli, Dante, und er hätte praktisch jeden großen Künstler bis zu Gauguin und Shaw erwähnen können. Der *Elfenbeinturm*, von dem unsere Zeit jeden Künstler herabzerren will, damit er sich sein Leben durch die Auseinandersetzung mit den täglichen Streitigkeiten verdienen und zu kollektiven Anstrengungen wie Krieg und Frieden beitragen soll (oder was immer es auch sei, das er mit unterstützen sollte), ist ja nichts anderes als ein Platz, wohin man sich zurückziehen kann, ein Platz, wo die wahren Monumente der Zivilisation als trotzige Herausforderung erschaffen wurden, als Protest gegen das Geschrei der Massen.

3. Die Vielfalt menschlicher Erfahrung

Es gibt einen dritten Grund für die intensive kulturelle Produktivität des kleinen und die intellektuelle Sterilität des großen Staates. Dies ist der wichtigste Grund von allen: Gesellschaften können Herrscher als Schutzherren der Künste haben. Aber auch so können sie wenig ohne Künstler ausrichten. Sie können die Möglichkeiten für Freizeit und Muße schaffen. Aber auch diese wiederum mögen den kreativen Impuls nicht fördern. Was zusätzlich gebraucht wird, ist die Möglichkeit für kreative Individuen, nach der Wahrheit zu suchen, ohne die weder Kunst noch Literatur noch Philosophie entwickelt werden kann. Um aber die Wahrheit in einer Welt zu suchen, die so vielfältig ist wie die unsere und die sich in so unzähligen Formen, Geschehnissen und Beziehungen manifestiert, muß ein kreatives Individuum in der Lage sein, an vielen persönlichen Erfahrungen aktiv teilzunehmen. Nicht in großer Zahl, aber in großer Vielfalt. Und dies ist in einem kleinen Staate unendlich einfacher als in einem großen.

In einem großen Staat sind wir gezwungen, in ganz eng spezialisierten Abteilungen zu leben, da bevölkerungsreiche Gesellschaften nicht nur weitverbreitete Spezialisierung möglich, sondern sogar notwendig machen.[4] Als eine Folge ist die Lebenserfahrung auf ein kleines Segment begrenzt, dessen Grenze wir fast nie überschreiten, innerhalb derer wir aber zu sehr einseitigen Experten werden. Wir werden in die verschiedenen Farben des Spektrums zerschlagen und beginnen, das Leben als ganz rot, ganz blau oder ganz grün zu sehen, während es in seiner wahren Farbe, Weiß, nur denen erscheint, die in den hohen Kontrolltürmen der Regierung sitzen und allein fähig sind, die Drehung des Rades der Gesellschaft zu verfolgen. Sie sind aber mit der Aufgabe der Koordination so beschäftigt, daß sie uns ihre Beobachtungen nicht mitteilen können. Wir anderen sind dazu verdammt, Segmentbewohner zu bleiben; nicht geblendet und nicht blendend, bewegen wir uns auf sich bewegenden Teilen, die uns bewegungslos erscheinen, wobei wir die Schrauben kennen, die wir darstellen, aber nicht die Maschine, deren Teil sie bilden.

Anstatt viele verschiedene Dinge innerhalb überschaubarer Grenzen zu erleben, wie es unsere beneidenswerten Vorfahren konnten, erleben wir nur eine Sache auf einer kolossalen Ebene. Diese erleben wir allerdings unzählbare Male. Mechaniker treffen jetzt nur noch Mechaniker, Ärzte nur mehr Ärzte, kommerzielle Künstler nur mehr kommerzielle Künstler, Stoffarbeiter nur mehr Stoffarbeiter, Journalisten nur mehr Journalisten. Indem sie Existenz innerhalb kleiner, funktioneller, homogener Subnationalitäten schaffen, sind unsere modernen Gewerkschaften stolz darauf, daß ihre Mitglieder heutzutage alles haben können, von der Unterhaltung bis zur Bildung, selbst Krankenhausversorgung, Ferien und Begräbnis, ohne je die bequeme Nische ihrer Organisationen zu verlassen. Es wird als snobistisch, unanständig oder sogar als verräterisch empfunden, sich mit Leuten abzugeben, die nicht „zu einem gehören“. Wenn ein Historiker einen Analytiker kennt, wird er verdächtigt, ein Verrückter zu sein. Wenn ein Geschäftsmann einen Bildhauer kennt, wird er verdächtigt, sexuell pervers zu sein. Wenn ein Ingenieur einen Philosophen kennt, wird er verdächtigt, ein Spion zu sein. Wenn ein Volkswirt eine Aussage macht, die per definitionem dem Gebiet der Politologie angehört, wird er als Schwindler abgestempelt. Einer meiner eigenen Studenten beschuldigte mich der Verfälschung, nur weil ich es gewagt hatte, eine Aussage seinerseits, die sich mit Fakten des englischen politischen Lebens befaßte, zu korrigieren. Er lehnte meine Verbesserung ab, indem er vor der ganzen Klasse behauptete, daß ein Wirtschaftler nicht unbedingt ein wohlfundiertes Wissen außerhalb seines Spezialgebietes haben könne. Da er dies trotz allem ernsthaft behauptete, konnte er mich entweder für ein Genie oder für einen Scharlatan halten, wobei er ernsthaft die letztere Möglichkeit in Betracht zu ziehen schien. Und er hatte natürlich recht. Sogar als Wissenschaftler bin ich ein Scharlatan. Das einzige Gebiet, in dem ich wirklich etwas weiß, betrifft die Dokumentation der internationalen Zoll-Unionen. Da weiß ich alles, und, bedeutungslos, wie dies auch sein mag, bin ich darin wahrscheinlich die größte Autorität der Welt. In jedem anderen Gebiet muß ich mich darauf verlassen, was andere Spezialisten ausgegraben haben.

Da es das moderne Leben technisch unmöglich macht, an vielfältigen Erfahrungen teilzunehmen, ist alles heute Geschriebene in den gewaltigen Massenstaaten nicht vom Leben selbst abgeleitet, sondern von der koordinierten *Studie* des Lebens. Die Welt präsentiert sich nicht mehr einem Autor. Er muß seinen Weg verlassen, sich bemühen und sein Wissen indirekt aus Enzyklopädien und Monographien oder aus den Schriften anderer hart arbeitender Studenten ableiten. Wenn er es sich leisten kann, hält er sich eine Gruppe von Forschern, die für ihn arbeiten, ohne zu wissen, wofür das Erarbeitete dienen soll, während er selbst nur als Computer fungiert, dessen Zahlen in sein System hineingefüttert werden und deren Resultate für ihn so sehr eine Überraschung darstellen wie für jeden anderen.[5] Kein einziges Individuum, außer einem echten Supergenie, hat die Möglichkeit, die Vielfalt der sozialen und menschlichen Probleme zu ergründen, die das Leben ausmachen. Aber da die Kultur das Produkt individueller Wahrnehmungen auf dem Gebiet des Lebens ist, kann der große Staat, der das Individuum in seiner Ganzheit und in seinen Dimensionen schädigend einengt, für eine mechanisch effiziente, aber intellektuell sterile Gemeinschaft nie der richtige Boden sein, auf dem eine wahre Kultur sprießen kann.

Der große Vorteil eines Kleinstaates ist daher: Hat er eine Bevölkerungszahl erreicht, die ein angenehmes politisches Leben gewährleistet, so bietet er nicht nur die Vorteile eines gewissen Spezialisierungsgrades, sondern auch Gelegenheit, daß jeder alles erleben kann, indem er lediglich aus dem Fenster sieht. Es gibt keine Leidenschaft und kein Problem, die die Herzen der Menschen beziehungsweise den Frieden eines großen Reiches erschüttern, die nicht auch in einem kleinen Land existieren. Aber im Gegensatz zum großen Reich, wo ihre Bedeutung unter dem Gewicht unzählbarer Vervielfältigungen und in der Mannigfaltigkeit unzusammenhängender, spezialisierter Bereiche leidet, entfalten sie sich ohne Vermittlung der Analytiker und Experten vor den Augen aller und mit einer Klarheit und Zielstrebigkeit, die man anderswo nicht findet. Ein Kleinstaat hat dieselben Regierungsprobleme wie die größte Großmacht der Welt, genauso wie auch ein kleiner Kreis die gleiche Anzahl von Schwierigkeiten zu bewältigen hat wie ein großer. Aber was auch ein ganzes Heer von Statistikern und spezialisierten Experten in einem Großstaat nicht erleben kann, konnte jeder gemütliche Spaziergänger im alten Athen erleben. Daher bleibt uns, wenn wir wirklich der Sache auf den Grund gehen wollen, kein anderer Weg, auch heute nicht, nachdem wir Harvard und Oxford bemüht haben, als von den staubigen Regalen Plato und Aristoteles herunterzunehmen. Eigentlich liegt der Wert eines Harvard und Oxford hauptsächlich darin, daß sie auf ihren Regalen die berühmten Männer kleiner Staaten stehen haben. Die waren aber keine Supermänner. Das Geheimnis ihrer Weisheit liegt darin, daß sie in einer kleinen Gesellschaft lebten, wo sich die Geheimnisse des Lebens vor aller Augen abspielten. Sie sahen jedes Problem nicht als einen riesigen Teil eines unüberblickbaren Tableaus, sondern als einen Bruchteil des Gesamtbildes, von dem es ein Teil war. Philosophen wie auch Dichter und Künstler waren von Natur aus Universalgenies, weil sie immer das Leben in seiner Gesamtheit sahen, in seinem Reichtum, seiner Vielfalt und Harmonie, ohne sich auf Informationen aus zweiter Hand verlassen zu müssen oder übermenschliche Anstrengungen anzuwenden. Ohne einen Umweg zu machen oder sich zu spezialisieren, konnten sie im Laufe eines Tages Eifersucht, Mord, Vergewaltigung, Großzügigkeit und Glück beobachten. Ihr Leben bestand aus der ununterbrochenen Teilnahme an menschlichen und politischen Leidenschaften. Man verbrachte es nicht mit dem modernen eindimensionalen Inzucht-Verkehr zwischen Individuen, die gemeinsame Interessen haben, sondern im tagtäglichen Kontakt mit jedermann, vom Bauernmädchen bis zum Herrscher. Daher konnten sie sachkundig über die Feinheiten politischer Doktrinen wie auch über das Wesen des Universums oder über das Liebesleid schreiben. Und die Charaktere, die sie in Marmor oder Versen schufen, waren nicht synthetische Überbringer von Massenproblemen, sondern menschliche Wesen, so voll, wahr und erdgebunden, daß ihre unübertroffene Glaubwürdigkeit auch heute noch unsere Phantasie beschäftigt.

4. Das Zeugnis der Geschichte

Aus diesen drei Gründen entstammte die überwältigende Mehrzahl der Schöpfer unserer Zivilisation den Kleinstaaten. Und aus dem gleichen Grund hörten sie, wo auch immer produktive Kleinstaatengebiete zusammengelegt und zur gewaltigen Masse einer Großmacht verschmolzen wurden, auf, Kulturzentren zu sein.

Die Geschichte bietet in dieser Hinsicht eine unwiderlegbare Kette von Beweisen. Die großen Reiche des Altertums, das Römische Reich inbegriffen, haben in den Tausenden von Jahren ihrer zusammengezählten Existenz nicht einen Bruchteil jener Kultur hervorgebracht wie etwa die winzigen, sich ständig bekämpfenden Stadt-Staaten der Griechen in ein paar Jahrzehnten. Da sich die Großen so lange hielten, brachten sie natürlich auch einige große Denker und eindrucksvolle Nachahmer hervor, aber ihre Hauptleistungen lagen auf technischem und sozialem Gebiet, nicht auf dem Gebiet der Kultur.

Sie hatten Verwalter, Strategen, Straßenbauer und Steinsammler für Riesenbauten, deren Architektur jedes zweijährige Kind beim Sandspielen erfinden kann. Sie hatten große Gesetzgeber und Regierungsgenies, aber die hatten die Hunnen auch.

Was echte Kultur betrifft, so erhielten sie diese von den Griechen, Juden oder anderen Mitgliedern von kleinen, zerspaltenen und streitsüchtigen Volksstämmen, die sie auf den Sklavenmärkten wie Güter kauften und von welchen sie belehrt und beherrscht wurden wie Barbaren, die sie ja waren. Kathleen Freeman unterstreicht den Zusammenhang zwischen kultureller Produktivität und der Kleinheit der sozialen Einheit in ihrem Buch *Griechische Stadt-Staaten*:[6]

„Die Existenz dieser Hunderten von kleinen Einheiten scheint heutzutage unwirtschaftlich ... Aber einige davon schufen die Anfänge jener Bewegungen, die die Welt veränderten und letztlich dem Menschen seine derzeitige Kontrolle über die Natur ermöglichten."

Es war die kleine Einheit, der unabhängige Stadt-Staat, wo jeder über alles, was vorging, informiert war, der solche intellektuelle Riesen wie Thukydides und Aristophanes, Heraklit und Parmenides hervorbrachte. Wenn diese Voraussetzungen nicht wenigstens teilweise dafür verantwortlich waren, wie kommt es, daß Philosophie, Wissenschaft, politisches Denken und das Beste in der Literatur, daß all das zugrunde ging – mit dem Niedergang des Stadt-Staaten-Systems im Jahre 322 v. Chr. – und uns das interessante, jedoch weniger profunde und schöpferische Werk solcher Männer wie Epikur und Menander blieb? Es gibt lediglich einen wesentlichen Dichter nach 322: Theokrit von Kos, ein Lyriker ersten Ranges, der dennoch (im Gegensatz zur Sappho) auch vieles schrieb, was zweitrangig war, in dem er potentiellen Mäzenen, wie den Herrschern von Alexandrien und Syrakus, schmeichelte. Die moderne Nation, die die Polis als Regierungseinheit ersetzt hat, ist tausendmal weniger schöpferisch, intellektuell gesehen, im Vergleich zu ihrer Größe und ihren Mitteln; selbst in der Architektur und im Kunstgewerbe ist im Geschmack ein Verfall sichtbar; und ebenso in der Produktivität.[7]

Ähnlich war es in England, das eine glänzende Reihe unvergänglicher Namen hervorbrachte. Aber wann? Als es so klein und unscheinbar war, daß es die größten Schwierigkeiten hatte, selbst die seltenen Schlachten gegen die Iren und Schotten zu gewinnen. Es stimmt zwar, daß es einen historischen Sieg gegen Spanien errang, doch das Bemerkenswerte an diesem Sieg war, wie im Falle der Kriege zwischen den alten Griechen und den Persern, daß er nicht von einer Großmacht errungen wurde, sondern von einem der kleinen, unwichtigen Staaten Europas gegen die damals erste Macht der Welt.

Aber während dieser Zeit zerstrittener Bedeutungslosigkeit lieferte England – bei einer Bevölkerung von zirka vier Millionen – den Hauptanteil seines großen Beitrages zu unserer Zivilisation: Shakespeare, Marlowe, Ben Jonson, Lodge und viele andere, die in der Welt der Literatur unübertroffen sind. Als es dann mächtiger wurde, verteilten sich seine Talente auf Krieg, Verwaltung, Kolonisation und Wirtschaft. Wenn es weiterhin überragende Namen zur Kunst und Literatur beitrug, so war dies, weil es hartnäckig überlebende kleine Gruppen innerhalb seines wachsenden Reiches, wie die Schotten und Iren, gab. Es ist kein Zufall, daß viele der fruchtbarsten Schriftsteller der modernen englischen Literatur, Shaw, Joyce, Yeats oder Wilde, Iren waren, also Mitglieder einer der kleinsten Nationen der Welt.

Aber keine zwei Länder können die kulturelle Produktivität der kleinen und die Sterilität der großen Einheit besser aufzeigen als Italien und Deutschland. Beide haben sich in relativ jüngster Zeit von Kleinstaaten zu mächtigen, vereinigten Reichen entwickelt. Bis 1870 waren beide unterteilt in zahlreiche kleine Fürstentümer, Herzogtümer, Republiken und Königreiche. Dann wurden sie unter dem Applaus der Welt und zu ihrem späteren Entsetzen zu großen, reichen und befriedeten Ländern vereinigt. Obwohl die beiden Weltkriege die Begeisterung unserer Intellektuellen über die Vereinigung Deutschlands etwas gedämpft haben, neigten sie immer noch dazu, in Entzücken auszubrechen, wenn sie den Namen des italienischen Bismarck, Garibaldi, hörten.

Solange die Italiener und Deutschen in kleinen, an die komische Oper erinnernden Staaten organisiert beziehungsweise desorganisiert waren, präsentierten sie der Welt die größten Meister der komischen Oper, aber, ähnlich wie in England zur Zeit politischer Bedeutungslosigkeit unter Königin Elisabeth I., auch eine unvergleichliche Reihe von unsterblichen Lyrikern, Schriftstellern, Philosophen, Malern, Architekten und Komponisten. Aus dem Wirrwarr von Staaten, das aus Neapel, Sizilien, Florenz, Venedig, Genua, Ferrara und Mailand bestand, gingen Dante, Michelangelo, Raffael, Tizian, Tasso und Hunderte andere hervor, von denen der geringste größer scheint als der größte Künstler des modernen Italiens. Das Gewirr von Staaten, das aus Bayern, Baden, Frankfurt, Hessen und Sachsen bestand, gab uns Goethe, Heine, Wagner, Kant, Dürer, Holbein, Beethoven, Bach, und wieder Hunderte, deren Unbekanntester den größten Künstler des vereinigten Deutschland, wer immer er sein mag, überragt.[8] Einige, wie Richard Strauss, haben auch im modernen Deutschland Berühmtheit erlangt, aber ihr Ursprung reicht zurück in die Zeit des Partikularismus, der sowohl in Deutschland wie auch in Italien weiter existierte; ebenso in England und Frankreich, selbst nach deren Vereinigung. Er ist für die wenigen letzten schöpferischen Nachzügler verantwortlich.

Was haben die reaktionären kleinen Staaten Italiens und Deutschlands der Welt gegeben? Herrliche Städte, Kathedralen, Opern,

Künstler, Fürsten, einige aufgeklärt, andere böse, einige verrückt, andere genial, alle vollblütig und nicht übermäßig schädlich. Was haben die gleichen Länder uns als eindrucksvolle Großmächte geschenkt? Als vereinigte Reiche rühmen sich sowohl Italien wie auch Deutschland der Monumente einer großartigen Zivilisation auf ihrem Grund und Boden. Aber keines der beiden Länder hatte Großes geschaffen. Was sie hervorbrachten, war eine Schar phantasieloser Herrscher und Generäle, Hitlers und Mussolinis. Auch diese hatten künstlerische Ambitionen und wollten ihre Hauptstädte verschönern, aber anstatt Hunderten von Hauptstädten gab es nur noch zwei, Rom und Berlin, und anstatt Tausender von Künstlern gab es nur noch zwei, Hitler und Mussolini. Und ihre Hauptsorge war nicht die Schöpfung von Kunstwerken, sondern der Bau von Podesten, auf denen sie selbst stehen konnten. Dieses Podest war der Krieg.

Von dem Augenblick an, in dem die kleinlichen, zwischenstaatlichen Zwistigkeiten unter den italienischen und deutschen Fürstentümern und Republiken zu existieren aufhörten, begannen sie imperialistische Ambitionen zu nähren. In Anbetracht des physischen und militärischen Ruhmes, der in Reichweite war, vergaßen sie ihre großen Denker und Künstler und zitterten vor Aufregung, wenn irgendein Held aus ihrer fernen Vergangenheit zur Nachahmung hervorgeholt wurde. Sie begannen, Goethe zugunsten des Armin, eines teutonischen Generals, der die Römer geschlagen hatte, zu vernachlässigen. Sie fingen an, Dante zu vergessen zugunsten Caesars, eines römischen Kriegsberichterstatters, der die Teutonen, Kelten und Briten geschlagen hatte. Sie hatten die Wahl zwischen einer erhabenen Tradition und Kultur und der erhabenen Tradition der Aggressivität, und wie jede Großmacht entschieden sie sich für letztere. Das Italien und Deutschland der Dichter, Maler, Denker, Liebhaber und Ritter verwandelte sich in Fabriken von Boxern und Ringern, Ingenieuren, Rennfahrern, Fliegern, Fußballern, Straßenbauern, Generälen und Trockenlegern von Sümpfen. Statt trotziger Verteidiger kleiner Staaten finden wir kraftstrotzende Vergewaltiger und hinterlistige Meuchelmörder, vorerst der Länder, die sie umgaben, und später der ganzen Welt.

Und wir Heutigen, die wir uns so für Massen, Einheit und Macht begeistern können, waren einfach hingerissen. Bevor unsere Intelligenzler die Diktatoren kriminelle Mörder und Irre nannten, nannten sie sie Genies. Erst als diese anfingen, ihnen das Messer an die Brust zu setzen, revidierten sie ihre Meinung. So fingen sie an, die Diktatoren zu beschimpfen. Aber sie revidierten keineswegs ihre allgemeine kriecherische Unterwürfigkeit gegenüber der Macht, die sie weiterhin glorifizierten. Da sie nicht mehr gut Hitler und Mussolini anbeten konnten, während die Diktatoren ungeheure Siege über uns davontrugen, verlegten sie ihre Zuneigung von den zeitgenössischen Eroberern auf ihre Vorgänger. Was sie nun weniger in Hitler priesen, priesen sie um so mehr in Napoleon – weil dieser Europa vereinigen hatte wollen.

Bis zum heutigen Tag wehren sie sich gegen die Tatsache, daß die ganze Erniedrigung des Einzelmenschen daher stammt, weil die soziale Vereinheitlichung jene Grenzen überschreitet, die für ein erträgliches Leben notwendig sind.

5. Römer oder Florentiner

Ich habe mit Absicht den Vergleich zwischen Deutschland und Italien gewählt und die gleiche Entwicklung beider von hoher Kultiviertheit zu barbarischer Aggressivität aufgezeigt, von den Baumeistern der Kathedralen zu den Erbauern von Weltreichen, von intellektueller Größe kombiniert mit politischer Schwäche zu politischer Größe gepaart mit intellektueller Idiotie. Der Grund dafür liegt darin, daß immer noch allzu viele Schriftsteller einen Unterschied machen zwischen deutschen und italienischen Charakterzügen und kultureller Produktivität, als ob eine Nation gewisse Talente hätte und die andere nicht. Nach außen hin wird angenommen, daß sich beide unter ihren jeweiligen Diktatoren abscheulich benommen haben. Aber, die Italiener haben es nicht wirklich so gemeint, sagt man. Im Gegensatz zu den Deutschen seien sie kunstliebend, heiter, sorglos und keineswegs militaristisch oder imperialistisch. Dieses reizende Volk jedoch, dem unsere verliebten Berichterstatter insgesamt die Liebe zu allem Künstlerischen zuschreiben, hatte sich als Gruppe so wenig um sein kulturelles Erbe gekümmert, daß es fast seine alte, ruhmreiche Architektur verfallen ließ. Was für unsere begeisterten Augen noch gerettet wurde, das haben preußische und englische Professoren der Vergessenheit entrissen und nicht das kunstliebende italienische Volk, das die Steine römischer Tempel benützte, um Aborte zu bauen, und als sie begriffen, daß man damit Geld machen könne, verkauften sie alles an Münzen und Statuetten, dessen sie habhaft werden konnten, an gierige Ausländer. Was jeder Medicäer sorgfältigst gehütet hätte, opferten die Garibaldis für Profit. Und was ihren Anti-Militarismus und Anti-Imperialismus betrifft, ist ihr ganzer politischer Verrat auf die Tatsache zurückzuführen, daß man ihnen nach dem Ersten Weltkrieg nicht genügend Kolonien gegeben hatte. Und kaum hatte man sie im Zweiten Weltkrieg besiegt, begannen sie wieder, Kolonien zu fordern.

Seit ihrem ersten Auftreten als Großmacht im Jahre 1871 wollten die Italiener nicht mehr als Künstler, sondern als Herrscher, nicht als Friedensengel, sondern als Eroberer, nicht als Florentiner, sondern als Römer bekannt sein. Die Macht hatte sie in Preußen verwandelt, wie die Preußen selbst, und der Stechschritt, den Mussolini passenderweise in seiner Armee einführte, war der italienischen Mentalität 1871 keineswegs fremd, wie ja auch Sanftheit, Künstlertum, Grazie und Zartgefühl keineswegs den Deutschen fremd waren, früher, als ein Großteil von ihnen noch in einem Gewirr von Kleinstaaten lebte. Kultur ist nicht das Produkt von Völkern, sondern von Einzelpersonen, und wie wir festgestellt haben, können schöpferische Einzelpersonen in der zerstörenden Atmosphäre der Großmächte nicht gedeihen. Es ist ganz egal, ob das betreffende Volk deutsch, französisch, italienisch oder englisch spricht. Wo der Vereinigungsprozeß seinen Ablauf nimmt, verdorren die Früchte der Kultur. Solange die Demokratie mit ihrem System der Teilungen, Cliquen und einem Kleingruppengleichgewicht existiert und so lange der Prozeß der internen Konsolidierung noch nicht zu Ende ist, können sogar scheinbare Großmächte von dem Abglanz intellektueller Vitalität profitieren, ohne jedoch dafür verantwortlich zu sein. Großmächte und Demokratie sind auf die Dauer, wie das vorhergehende Kapitel gezeigt hat, unvereinbar, da Größe in ihrer endgültigen Form nur durch totalitäre Organisationen aufrecht erhalten werden kann.

6. Der Weltstaat – Symbol und Ursache des kulturellen Niedergangs

Toynbee hat in seinem Buch *A Study of History („Der Gang der Weltgeschichte")*, welches eine Studie über den Niedergang von Zivilisationen ist, eine ähnliche Beziehung zwischen politischer Vereinigung und intellektuellem Verfall aufgezeigt. Er weist auf das „Phänomen" hin, daß das vorletzte Stadium jeder Zivilisation durch „seine gewaltsame politische Vereinigung zu einem Weltstaat" charakterisiert ist.[9] Dabei versteht er, wie ich, unter Großmacht einen Staat, der aus Mitgliedern einer spezifischen Zivilisation besteht, nicht aus allen Nationen der Welt. Aber er übersieht den wichtigsten kausalen Zusammenhang, wenn er den Weltstaat nur als Symptom, als „Phänomen", als „Zeichen des Verfalls" betrachtet und nicht als Ursache und Ratifikation des kulturellen Zusammenbruchs. Abgesehen davon aber dringt er bis zum Kern des Problems in seiner Analyse vor, wenn er schreibt: „Für einen abendländischen Studenten ist das klassische Beispiel das Römische Reich, in das die hellenische Welt gewaltsam eingegliedert wurde. Wenn wir jetzt jede der lebenden Zivilisationen, abgesehen von unserer eigenen, betrachten, bemerken wir, daß ein Großteil der Christenheit im Ottonischen Reich bereits einen Weltstaat gebildet hat; daß ein Zweig der orthodoxen Christenheit in Rußland gegen Ende des fünfzehnten Jahrhunderts nach der politischen Vereinigung von Moskau und Nowgorod gegründet wurde. Und daß die Hindu-Zivilisation ihre Periode als Weltstaat im Mughal-Reich und seinem Nachfolger, dem britischen Raj, durchgemacht hat; der Großteil der fernöstlichen Zivilisation im mongolischen Reich und seine Wiederbelebung durch die Mandschus; und der japanische Zweig der fernöstlichen Zivilisation in Form des Togkugawa-Shogunate. Was die islamische Welt betrifft, können wir vielleicht eine ideologische Vorahnung eines Weltstaates in der panislamischen Bewegung erkennen."[10]

Um dem langsamen, aber ständigen Feuer eines Weltstaates, in dem wir über kurz oder lang zu Staub und Asche verwandelt werden,[11] zu entgehen, schlägt Toynbee nicht die Gründung eines allumfassenden Einheitssystems vor, sondern eine Form der Weltordnung, vielleicht ähnlich der Homonoia, die von gewissen hellenistischen Staatsmännern und Philosophen vergeblich gepredigt wurde.[12]

Aber es gibt nur einen Weg, um eine solche Homonoia oder Harmonie zu gründen: die Wiederherstellung der Kleinstaatenwelt, aus der unsere individualistische westliche Zivilisation hervorgegangen ist und ohne die sie nicht weiterleben kann. Denn die Großmachtentwicklung treibt uns unweigerlich in das Zeitalter der Kontrolle, der Tyrannei und des Kollektivismus.

Da Toynbee die Ursache für ein Symptom hielt, ist er nicht zu dieser Erkenntnis gelangt, die sich aber auf Grund seiner eigenen großartigen Argumentation dem Leser aufdrängt. Darum beschließt er sein Werk mit dem Ton eines unberechtigten, aber charakteristisch modernen Optimismus. Er meint, „daß es kein bekanntes Gesetz eines historischen Determinismus gäbe, der die westliche Welt dazu zwingen würde, denselben Weg des Untergangs einzuschlagen, den jede andere Zivilisation gegangen ist, den Weg eines westlichen Weltstaates oder Reiches, für das die letztere Bezeichnung treffender wäre". Er erkennt nicht, daß diese Entwicklung unvermeidlich wird in dem Augenblick, in dem Staaten größer werden als die optimale Größe im aristotelischen Sinn und Großmachtkomplexe bilden. Von da an bedeutet ein Weiterwachsen den herannahenden Ruin. Heute, von den Vereinten Nationen und ihrer kulturellen Filiale, UNESCO, getrieben, ist der westliche Weltstaat bereits weit über die verschwommenen Umrisse einer „ideologischen Vorahnung" hinaus gediehen. Es scheint tatsächlich so zu sein, daß unsere Staatsmänner nichts anderes im Kopf haben als unsere Vereinigung, die unsere Existenz sichern soll, unsere Zivilisation jedoch zum Tode verurteilt.

So scheint wieder die soziale Größe das Grundübel zu sein, sowohl des Guten wie auch des Bösen der kulturellen Produktivität und der menschlichen Weisheit, wenn sie begrenzt ist, der spezialisierten Unwissenheit und bedeutungslosen Vortrefflichkeit im sozialen Utilitarismus, wenn sie zu groß ist. Und wiederum, obwohl historische und wirtschaftliche Faktoren – wie mächtige Führer, nationale Traditionen oder Produktionsmethoden – viel erklären können, scheint doch die Theorie der Größe mehr zu erklären.

KAPITEL VIII
Die Funktionsfähigkeit der Kleinen

„Luxus geht hier wesentlich mehr in die Richtung des Vergnügens als in die des Konsums."

Arthur Young

Höherer Lebensstandard in Kleinstaaten – Moderne Massenproduktion eher ein Zeichen von Versklavung als von steigendem Lebensstandard – Das Leben im Mittelalter – Periodisch auftretende Wirtschaftskrisen nicht ein Kennzeichen des Kapitalismus, sondern einer überdimensionierten Wirtschaft – Das Gesetz der abnehmenden Produktionsfähigkeit – Größere Funktionsfähigkeit von kleinen Produktionseinheiten – Aneinanderreihungen: das Opiat der Ökonomen – Richter Brandeis über die Grenzen der Größe – Monopole verhalten sich in der Wirtschaft wie Großmächte in der Politik – Kleinstaaten stellen kein Hindernis für große Freihandelszonen dar – Internationale Dienstleistungsgewerkschaften – Zollunionen

---

DAS ÖKONOMISCHE ARGUMENT

Wir haben festgestellt, daß das Prinzip der kleinen Einheiten dem der großen Einheiten in fast allen Bereichen überlegen ist, von der Physik bis zur Technologie, von der Politik bis zur Kultur. Ebenso haben wir herausgefunden, daß praktisch alle die Existenz betreffenden Probleme aus dem Überwachstum resultieren und demzufolge durch Aufsplitterung der Großen und nicht durch den Zusammenschluß der Kleinen gelöst werden müssen.

Trotz allem gibt es ein Gebiet, auf dem unsere Argumente für eine Rückkehr zu einem System von Kleinstaaten ihre Gültigkeit zu verlieren scheinen. Das ist die Wirtschaft. Würde eine solche Rückkehr nicht ein wirtschaftliches Chaos bedeuten? Würde es nicht geradezu reaktionär sein, von neuem die unzähligen Barrieren zu errichten, die die zahlreichen Regionen voneinander trennen, Handel und Verkehr behindern und den gigantischen Prozeß außer Betrieb setzen, der die Existenz der Großflächenstaaten und die daraus resultierende Großplanung wie auch die Möglichkeiten der Massenproduktion eingeleitet hat? Wenn Zusammenschluß Sinn hat, so sicherlich im wirtschaftlichen Bereich, wobei zu berücksichtigen wäre, daß ohne diesen sich mit aller Wahrscheinlichkeit unser Lebensstandard auf dem niedrigen Niveau befinden würde, der für das Mittelalter charakteristisch war.

Wie können wir diese Fragen beantworten, die, wie wir bald sehen werden, nicht nur von derselben Art, sondern auch von derselben Oberflächlichkeit sind wie jene, die sich gegen die *politische* Aufteilung der Großmächtebereiche stellen. Statt die Gültigkeit der modernen Theorien zu unterstützen, stellen sie die Verallgemeinerung unseres Denkens dar. Selbst in der Wirtschaft deutet jede einzelne Tatsache an, daß Zusammenschluß nicht die Lösung unserer Probleme, sondern ihr eigentlicher Grund ist.

Wie das auch immer sei, es ist nicht das System, das falsch ist, sei es kapitalistisch oder sozialistisch, sondern es ist dessen Anwendung auf zu breiter Ebene. Wenn der Kapitalismus außerordentlichen Erfolg in seinen frühen Stadien gehabt hat, dann war dies sicherlich nicht nur wegen des Anreizes, der vom Privateigentum ausgeht. Stalin führt zu den gleichen Ergebnissen: Dies auf Grund des Leistungsprinzips, dessen fundamentale Voraussetzung die „Nebeneinander-Existenz" nicht einiger weniger großer, sondern vieler kleiner Einrichtungen ist, die nicht die große Verschwendung der breiten, sondern die Sparsamkeit intensiver Vorgänge benötigt. Und wenn in den späteren Stadien Brüche entstanden, dann nicht auf Grund der sozial Benachteiligten, sondern durch die Infektion mit Massenorganismen wie Monopolen oder unübersichtlich großen wirtschaftlichen Marktbereichen, die, weit entfernt davon, für den wirtschaftlichen Fortschritt verantwortlich zu sein, das hauptsächliche Hindernis zu sein scheinen.

1. Das Argument Lebensstandard

Bevor wir die theoretischen Auswirkungen wirtschaftlicher Übergröße besprechen, lassen Sie uns das überzeugendste Argument analysieren, das wiederholt für die Entwicklung in großem Maßstab vorgebracht wurde: das Argument, daß es den angeblich niedrigen Standard der früheren Kleinstaaten-Wirtschaft verbessert habe.

Um sich mit dieser wichtigsten Entschuldigung für wirtschaftliche Größe zu beschäftigen, ist es in erster Linie nicht so notwendig, zu wissen, was wir unter Lebensstandard, sondern was wir unter *steigendem* Lebensstandard verstehen. Unter der Annahme, daß sich das Existenzminimum am Besitz lebensnotwendiger Güter messen läßt, bedeutet ein Anstieg des Lebensstandards, daß mehr Konsumgüter verfügbar werden, als für das Überleben erforderlich sind, Güter, die über das Lebensnotwendige hinausragen. Mit anderen Worten, ein Ansteigen des Lebensstandards solle nicht mit dem Begriff „Güter“, sondern mit dem Begriff „Konsumgüter“ gemessen werden, weil diese allein – im Gegensatz zu „Produktionsgütern“ – zur Erhöhung der Lebensfreude beitragen können. Überdies sollte dieses nicht mit Konsumgütern generell geschehen, sondern nur mit den im *Übermaß* vorhandenen Konsumgütern, also den Luxusgütern. Wo Entwicklung auf breiter Ebene vom Ansteigen des Lebensstandards begleitet wurde und ihre Anhänger dies mit Worten beschreiben wie: phänomenal, phantastisch, unglaublich und unvorstellbar, hat sich dies durch eine zunehmende Menge an Luxusgütern offenbart. Dies befähigte den modernen Menschen, eine größere Anzahl von materiellen Wünschen zu befriedigen oder eine größere Vielfalt als vorher zu ermöglichen.

Was als Folge von Massenproduktion und Großraummärkten tatsächlich geschah, war ein ungeheurer Anstieg in der Produktion der *wesentlichen*, nicht der unwesentlichen Konsumgüter, welche von einem noch eindrucksvolleren Anstieg in der Produktion von *Investitionsgütern*, wie Fabriken, begleitet wurde. Diese wiederum befriedigen nicht direkt die Wünsche des Menschen, wurden aber notwendig, um uns zu befähigen, unseren ständig ansteigenden Bedarf für das Notwendige zu erfüllen. Betrachtet man die enorme statistische Bedeutung der Produktionszahlen in diesen beiden Bereichen, ist es nicht sehr überraschend, daß unseren Analytikern der überdimensionierten Wirtschaft ein wesentlich weniger angenehmer Faktor entgangen ist. Hierbei handelt es sich um die Produktion von Luxusgütern – von Gütern, die sich oberhalb der Nullinie des Überlebens befinden, an welcher sich allein der Grad des Lebensstandards eines Landes messen läßt –, die mit dem Anstieg der Produktion anderer Güter nicht Schritt halten konnte; es scheint, daß sie einen ernsthaften Abstieg erlitten hat. Das, was statistisch gesehen wie ein Fortschritt aussah, stellte sich im Endergebnis nicht als ansteigender, sondern als absinkender Lebensstandard heraus.

Um uns das zu vergegenwärtigen, brauchen wir nur den prahlerisch-fortgeschrittenen Lebensstandard unserer modernen Großflächenstaaten, jenen der Großmächte, mit jenem der kleineren Wirtschaftsgrößen, wie dem der heutigen Schweiz oder dem mittelalterlichen Nürnberg, zu vergleichen. Da die wirtschaftliche Entwicklung der kleinen Staaten des Mittelalters als langsam betrachtet wurde im Vergleich zu jener von Kleinstaaten der heutigen Zeit, lassen Sie uns unsere Aufmerksamkeit lieber auf diese richten als auf ihre modernen Gegenstücke. Sogar die Staaten des Mittelalters werden zeigen, daß wir trotz aller unserer Autos, Badezimmer, Gesundheits- und Erziehungsdienstleistungen, welche durch die Großwirtschaft ermöglicht wurden, schlechter dastehen als diese so oft bespöttelten kleinökonomischen Königreiche ohne diese Einrichtungen, nicht, weil sie ärmer, sondern weil sie reicher waren.

Lassen Sie uns einige Beispiele aufzeigen. Wir müssen natürlich einräumen, daß kein Staat im Mittelalter in einem Jahrhundert so viele Waren produzieren konnte, z. B. Schuhe oder Hemden, wie eine einzige Fabrik das heute in einem Jahr zustandebringt. Aber dies steht auf einem anderen Blatt, denn der Zweck der wirtschaftlichen Aktivität ist nicht der Anstieg der Produktion, sondern die Befriedigung der menschlichen Bedürfnisse. In diesem Punkt war der mittelalterliche Staat ebenso leistungsfähig wie die moderne Großmacht, besonders wenn wir uns vor Augen halten, daß die Güter, welche langsamer und mit der Hand hergestellt wurden, am Ende besser waren als ihre modernen Gegenstücke. Die Tatsache, daß sie sich in einem nutzbaren Zustand über Generationen erhielten, bewies nicht das Elend eines Zeitalters, welches nicht in der Lage war, Reparaturen zu bezahlen, sondern die ausgezeichnete Qualität, die die quantitative Leistungsfähigkeit unnötig machte, selbst wenn sie möglich gewesen wäre. Wenn Stühle, Tische, Türen, schmiedeeiserne Arbeiten und Kommoden in früheren Tagen in kleinen, hochqualifizierten Werkstätten produziert wurden und auch heute noch wesentlich höhere Preise haben als ihre modernen Gegenstücke aus der Massenproduktion, so kommt dies sicher nicht daher, weil sie rar sind. Niemand zahlt nur deshalb für etwas, bloß weil es alt ist und nicht mehr hergestellt werden kann. Sie erreichen diese hohen Preise, weil sie besser als unsere modernen Produkte sind. Man sollte sich demzufolge nicht vorstellen, daß diese Möbel, die ihren heutigen Besitzern ein gewisses Prestige geben, sich früher nur in den Häusern der Reichen vorfanden. Man findet sie bis zum heutigen Tage, Hunderte Jahre später, in den Bauernhäusern vieler europäischer Länder, welchen sie einen Ausdruck von Solidität und Stattlichkeit geben, den wir vergebens in den Fertighäusern der mechanisierten, fernseherbesitzenden Bauern unserer Tage suchen.

Obwohl die Massenproduktion ohne Frage mehr Warentypen für den einzelnen hervorbringt als die Werkstättenherstellung, bedeutet dies zweifellos nicht ein Erlangen von höherem Lebensstandard. Die *Qualität* dieser wesentlich zahlreicheren Güter und ihre Fähigkeit, unsere Bedürfnisse zu befriedigen, scheint im Verhältnis zu ihrer wachsenden Nutzbarkeit abzusinken. Wir *haben* nicht nur mehr Hemden und Schuhe; wir *brauchen* auch immer mehr Hemden und Schuhe, allein, um den Standard der Vergangenheit *halten zu können*. Als Ergebnis können wir sagen, daß die derzeitige Befriedigung unserer Bedürfnisse nicht irgendeine Vermehrung erfahren hat, nur deshalb, weil die *wesentlichen* Güter zahlreicher geworden sind mit unserem steigenden *Bedürfnis* nach ihnen.

Aber wie sieht es mit jenen Gütern aus, mit Autos oder Flugzeugen, die mehr als irgend etwas anderes die Erlangung einer integrierten, modernen und großangelegten Wirtschaft symbolisieren? Hier gibt es keinen Zweifel, daß diese niemals in der Kleinstaatenwirtschaft hätten produziert werden können, zumindest nicht in einer solchen Anzahl. Aber auch hier stellt sich wieder die Frage: Hat ihre ansteigende Produktion die Befriedigung unserer Reisebedürfnisse anwachsen lassen? Schwerlich! In einer Welt kleiner Staaten wurden keine Kraftwagen gebraucht. Die Genugtuung, die wir von unseren Reisen erwarten, liegt nicht im Überbrücken von Entfernungen der Entfernung wegen, sondern es geht um das Vergnügen, das wir dabei empfinden, wenn wir zahlreiche verschiedene Erfahrungen machen, welche uns verschiedene Länder und Lebensgewohnheiten bieten. Was wir vom Reisen erwarten, ist Abenteuer und nicht Autos. Eine Welt kleiner *Staaten*, die gleichzeitig eine Welt kleiner *Maßstäbe* ist, gab uns all die Abenteuer weiter Reisen mit dem Unterschied, daß wir alles nah beieinander fanden. Eine Reise über 50 Meilen überraschte den Reisenden mit einer schier unendlichen Mannigfaltigkeit an neuen Eindrücken und bis dahin unbekannten Erfahrungen. Zu Fuß konnte man Abenteuern begegnen, Kurieren, Räubern, Händlern, Mönchen und hohen Herren, und da sie nicht vorüberflogen mit einer Geschwindigkeit von 130 km/h, wie es heutzutage passiert, konnte man ihnen nicht nur begegnen, sondern sie auch kennenlernen. Am Wege lagen rauchende Schmieden und stattliche Gasthöfe, Weinberge und Zinnbergwerke. Jede fremde Stadt war eine neue Welt mit anderen Gewohnheiten, Architekturen, Gesetzen und Fürsten. Schon das Gespräch mit Zöllnern brachte mehr Information als die Lektüre Dutzender moderner Reiseführer, deren Hauptanliegen übrigens ist, die Reisenden durch die Überreste der Vergangenheit zu führen. Auf einer 50-Meilen-Reise durchquerte man Welten, lernte neue Waren kennen und bekam Anregungen, die man niemals zuvor gekannt hatte. Um in eine unbekannte Gegend in einer Entfernung von 50 Meilen aufzubrechen, brauchte es weder Flugzeuge noch Kraftwagen.

Um eine solche Genugtuung in einer Großraumwelt zu erhalten, müssen wir heute nicht fünfzig, sondern Tausende von Meilen reisen.

So brauchen wir heute in der Tat Autos und Flugzeuge und Geschwindigkeiten von 150 Stundenkilometern oder auch mehr. Aber was bringen sie uns an Erfahrung? Fast nichts. Wenn wir fast 5.000 Kilometer von New York nach Los Angeles reisen, finden wir den gleichen Stadttyp vor, den wir hinter uns gelassen haben. Begeben wir uns in das kleine Hudson, das nördlichst gelegene Dorf längs der staatlichen kanadischen Eisenbahnlinie, herausgehackt aus der Wildnis unberührter Wälder, und betreten ein Restaurant, werden wir die gleiche Umgebung vorfinden, wie wir sie in Brooklyn zurückgelassen haben. An Dingen, die vielleicht anders gewesen waren, sind wir vorbeigefahren, weil unsere Super-Schnellstraßen in einer solchen Weise eben und gerade gebaut sind, daß wir es nicht mehr schaffen, Zeit durch Langsamfahren zu verlieren. Wir können den gesamten nordamerikanischen Kontinent kreuz und quer durchrasen und überall nichts als die gleichen Hauptstraßen sehen, mit den gleichen Menschen, die die gleichen Geschäfte betreiben, die gleiche Art von Witzblättern und Kommentaren lesen, die gleichen Filmstars vergöttern, die gleichen Gedanken haben, die gleichen Gesetze, die gleiche Moral, die gleichen Überzeugungen. Deshalb müssen wir heutzutage, wenn wir wirklich spannende Abenteuergeschichten lesen wollen, auf Homer oder Stevenson zurückgreifen, die in ihre Reisen über wenige hundert Meilen mehr faszinierende Zufälle hineinpackten als unsere modernen Trickzeichner, deren Weltraumschiffe mit Lichtgeschwindigkeit reisen und uns zu entfernten Sternen in entfernte Galaxien führen – doch um was zu finden? Daß Kilroy schon dagewesen ist und eine Kopie der amerikanischen Verfassung dortgelassen hat sowie eine Dose des berühmten Milwaukee Bieres. Wenn in einigen europäischen Großflächenstaaten wie Italien, Frankreich oder Deutschland so viele unterschiedliche Dinge, die aber auch im Begriff sind zu verschwinden, auf relativ kurzen Reisen zu erleben sind, so kommt dies daher, weil die Verschiedenheit der mittelalterlichen Kleinstaaten eine bleibende Spur hinterlassen hat, die kein noch so vereinigender Vorgang in der Lage gewesen ist auszulöschen. Ironischerweise ist oft das Haupteinkommen einiger dieser Großflächenstaaten nicht in ihrer Großindustrie zu finden, auf welche sie sehr stolz sind, sondern in dem Geld, welches die Touristen ausgeben, um sich an dem Charme der „Alten Welt“ und deren Komfort zu erfreuen, der jedoch nicht von diesen Staaten herrührt, sondern von ihren sogenannten „rückständigen“ Vorgängern.

Bald werden jedoch auch diese letzten Zufluchten der Lebensform kleinen Maßstabes von den bevorstehenden weiteren Verbesserungen unserer Reise- und Transportmittel verschluckt werden. Wenn wir in der Lage sind, immer schneller Entfernungen zu überwinden, wird es sowohl unwirtschaftlich wie auch unmöglich werden, irgendwo anzuhalten, außer an einer Würstchenbude längs der Straße oder den Grenzstädten an großen Autobahnen, in welchen jeder Unterschied zu anderen Grenzstädten für immer verschwunden sein wird. Und damit wird jede Art des Reisens ihren Sinn verlieren.

2. *Die Erweckung von Bedürfnissen*

Die Autos scheinen uns weniger Befriedigung gebracht zu haben als das, was ein guter alter Hengst oder ein Paar derber Schuhe unseren Vorvätern bedeuteten. Man kann jedoch sagen, daß Autos oder andere hochleistungsfähige Mittel des modernen Transports, wie Untergrundbahnen oder Busse, nicht länger einen Luxus bedeuten, um unsere Reisebedürfnisse zu befriedigen. Sie sind eine Notwendigkeit geworden, um unsere Grundbedürfnisse zu stillen. Dies ist fast wahr. Aber bis zu welchem Punkt ist das Wecken neuer Bedürfnisse ein Zeichen von Fortschritt? Unsere phantastischen Verkehrs- und Transportmittel, welche wir für ein Zeichen von höherem Lebensstandard halten, sind nichts anderes als das Symbol unserer wachsenden Versklavung. Ohne sie würden wir nicht nur zurückgeführt werden auf das Niveau hoffnungslosen Verhungerns; zum Unterschied von unseren Vorvätern, die diese nicht brauchten, würden wir zum Aussterben verdammt sein. Ihre Einführung hat uns viel gekostet, aber keinen Gewinn gebracht. Vorher hätten wir unsere Arbeitsplätze gemächlich gehend vom zweiten Stock unseres Hauses zum ersten, oder über die Straße, erreicht. Da wir den größten Teil unserer Zeit in der Nähe unserer Häuser verbrachten, verschönerten wir sie, und so entstanden die liebenswürdigen Städte der früheren Zeiten, in welchen es Freude machte zu leben, während es heute nur Agonie bedeutet. Niemand träumte davon, aus ihnen zu entfliehen. Alles, die Kirche, die Wirtshäuser, die Behörden, die Theater, unsere Freunde und selbst die ländliche Umgebung konnte von jedermann leicht erreicht werden. Solange die Dinge, die zu einem reichen und vollen Leben gehörten, nicht unterteilt wurden in Wohngegend, Theater-, Geschäfts-, Banken-, Regierungs- und Fabriksbezirke, reichte ein gemächlicher Gang von einem Kilometer pro Tag für alle ökonomischen Bedürfnisse aus. Es war keine Abhängigkeit vom „besten Computer-Service der Welt" notwendig, dessen erstklassiges Funktionieren ein Anzeichen für das Elend eines modernen, auf breitem Maßstab aufgebauten Lebens ist. Professor Schrödinger hat diesen Zustand sehr gut beschrieben: „Wir brauchen nur die ‚erstaunliche Verminderung der Größe' der Welt durch die fantastischen Verkehrsmittel zu betrachten. Alle Entfernungen sind fast auf ein Nichts zusammengeschrumpft, wenn man diese nicht in Meilen, sondern in Stunden *schnellsten* Transportes mißt, haben sie sich in den letzten zehn, zwanzig Jahren verdoppelt oder verdreifacht. Das Resultat davon ist, daß viele Familien und Gruppen enger Freunde über den gesamten Globus verstreut sind wie nie zuvor. In vielen Fällen sind sie nicht reich genug, um sich jemals wieder zu treffen, in anderen Fällen geschieht dies nur unter großen Opfern und auf kurze Zeit, was dann letztlich mit einem herzzerreißenden Abschied endet. Sollte dies zum Glück des Menschen gemacht sein?"[1]

Alles, was die moderne Entwicklung in großem Stil hervorgebracht hat, scheint ein an Wunder grenzendes Wachstum in der Produktion zu sein, nicht von Luxusgütern, die durchaus einen höheren Lebensstandard bedeuten würden, sondern von Gütern, die wir *brauchen*, um den ungeheuren Schwierigkeiten, die dieses Wachstum mit sich gebracht hat, gewachsen zu sein. So sind Geräte auf uns herabgeregnet, ohne den Wert unseres Besitzes zu vermehren. Es wurden unnötige Entfernungen zwischen Freunden und Familien, Büros und Wohnung gesetzt, und um diese wiederum zu überbrücken, hat man uns mit nun *notwendig* gewordenen Erleichterungen versorgt, jedoch mit einem Aufwand an Kosten, welche wesentlich weniger Menschen aufbringen können, ohne andere Bequemlichkeiten aufgeben zu müssen. Es hat uns Klimaanlagen gebracht, nicht als Verbesserung, sondern als einen *notwendigen* Zusatz, denn die modernen Bauten haben das Geheimnis angenehmer Temperaturen verloren, das den dickwandigen Häusern früherer Zeiten eigen war. Mit den neuen Kühlsystemen haben wir gleichzeitig eine Technik entwickelt, uns Lungenerkrankungen zuzuziehen, die uns vorher völlig unbekannt waren. Unsere Arbeitszeit hat sich verkürzt, aber unsere unproduktive Zeit mehr verlängert, als wir durch weniger Arbeiten gewonnen haben. Wachstum hat uns dazu gebracht, in die Peripherie zu ziehen statt in den nun verhaßten Städten zu wohnen. Aber die Funktion unserer Wohnstädte ist herabgesunken auf unbequeme, entfernte Schlafstädte und hat uns zu müden, ewig abwesenden Besitzern gemacht. Es hat uns mit den berühmten Badezimmern versehen, von denen unsere Theoretiker glauben, daß wir in ihnen den größten Teil unserer Zeit verbringen, so stolz sind sie auf dieses besondere Symbol eines hohen Lebensstandards. Aber zur gleichen Zeit sind wir am Ende des Tages so schmutzig geworden, daß man schwer behaupten kann, die tägliche Dusche hätte uns sauber gemacht. Es hat uns befähigt, mit unseren eigenen Autos zu unseren Büros zu fahren, nur um uns um den Verstand zu bringen, wenn wir versuchen, einen Parkplatz zu finden. Das bedeutet, daß wir jetzt nicht nur Platz brauchen, welcher durch das Übermaß an Autos immer seltener wird, sondern auch eine psychoanalytische Behandlung, die notwendig geworden ist, um die geistigen Folgen unserer quälenden Suche nach Platz aufzulösen. Es hat unsere Todesrate im Vergleich zu den Geburten herabsinken lassen, aber die sich ergebenden Bevölkerungsdichten haben dementsprechend eine ansteigende Todesrate im mittleren Alter produziert. Eine Untersuchung, die im Jahre 1951 durchgeführt wurde, hat gezeigt, daß in den USA die „Todesrate insgesamt gesehen eine der niedrigsten der Welt ist; aber nach dem Überschreiten des 45. Lebensjahres haben die Amerikaner keine so hohe Lebenserwartung wie ihre Zeitgenossen in vielen anderen Ländern, z. B. England, Kanada, den Niederlanden und besonders Dänemark und Norwegen ... Ein Blick in die Archive zeigt, daß amerikanische Männer mehr verhängnisvolle Unfälle und mehr Herzkrankheiten haben. Amerikanische Frauen haben mehr Unfälle und mehr Diabetes."[2] Aber warum sollte es mehr Herzkrankheiten und mehr Unfälle in den so fortschrittlichen USA geben (Bevölkerung 155 Millionen) und in absinkender Folge in England (51 Millionen), Kanada (15 Millionen) und in den Niederlanden (9 Millionen), dann „besonders" in Dänemark (4 Millionen) und in Norwegen (2,5 Millionen), außer durch die Tatsache, daß die Spannungen eines integrierten, modernen, auf großen Stil eingestellten Lebens sich vermindern, wenn die Größe der Bevölkerung eines Landes kleiner wird und deren Lebensrhythmus langsamer?

Man sagt, daß das moderne Leben uns letzten Endes alle lesen und schreiben gelehrt hat. Das ist wahr. Aber es scheint, daß es ihm nicht gelungen ist, unseren Bildungsstandard anzuheben. Das bedeutet, daß der moderne, gebildete Mensch nichts begreift, wenn es ihm nicht vorgekaut, zusammengefaßt und in „Cartoon"-Sprache zerlegt wird. Das „Kommunistische Manifest" von Marx, eine glänzende Abhandlung, welche 1848 von den Arbeitern der Welt, an welche es sich wendete, verstanden wurde, übersteigt heute, im 20. Jahrhundert, das Fassungsvermögen eines durchschnittlichen, massenerzogenen Universitätsstudenten. Seine prahlerische Gelehrtheit scheint ihm keine andere Fähigkeit gegeben zu haben, als jene, mit Ja oder Nein auf genau gestellte Fragen zu antworten und Formulare auszufüllen, die ihn vom 20. Lebensjahr an zu einer Intellektuellen-Senilitätspension berechtigten. Unsere Vorfahren, die weder fähig waren zu lesen oder zu schreiben, scheinen mehr Bildung in ihren Fingerspitzen gehabt zu haben als wir in unseren Köpfen. Als die Gebrüder Grimm ihre Märchen niederschrieben, welche sie gesammelt hatten, indem sie Ungebildeten zuhörten, brachten sie eines der Meisterwerke der Literatur heraus. In der Antike war nicht nur die Bevölkerung unfähig zu schreiben oder zu lesen, wie etwa in Griechenland, sondern sogar einige ihrer größten Poeten. So *sangen* sie ihre Epen! Und was waren das für Epen! Und was für Zuhörer hatten sie! Niemals wird es wieder einem Poeten möglich sein, in der Melodie seiner Zeilen das Geräusch der See oder das der im sanften Winde raschelnden Blätter einzufangen, denn unsere fortschrittliche Technologie hat uns befähigt, dies wesentlich realistischer und modischer durch das Zerbrechen von Eiswürfeln in einen Champagnerkübel zu tun.

Bleiben wir also dabei, daß kleinere Ökonomien weniger Güter produzierten, diese dauerhafter als die unsrigen waren und befriedigender in der Erfüllung der Wünsche einer Gesellschaft, die gewohnt war, ihre Freizeit und ihr Vergnügen einem langsameren Rhythmus anzupassen. Das Leben dort war so, als ginge man auf einem *Laufband*, das sich unter den Füßen in die entgegengesetzte Richtung bewegte. Aber solange die Bewegung des *Laufbandes* langsam war, brauchte es nur eine geringfügige Anstrengung, um das Gleichgewicht mit der Geschwindigkeit zu halten. Wenige Schuhe wurden abgetragen, und geringe Energie wurde für die Aufgaben des Lebens verbraucht.[3] Auf der anderen Seite hat das Leben in großem Stil die Geschwindigkeit des *Laufbandes* furchtbar ansteigen lassen, mit dem Ergebnis, daß das erfolgreiche Individuum nun nicht mehr in der Lage ist, zu gehen. Es muß laufen. Unsere Produktions- und Lebensstandard-Experten zeigen mit Stolz auf den Läufer und sagen: „Seht seine Gesundheit an, seinen Körper, seine Muskeln, seinen Brustkasten, nehmt Notiz von der Nahrung, den Vitaminen, den Schuhen und dem Badewasserzusatz, welche ihm die moderne Wissenschaft verschafft hat." Von all dem werden wir überschüttet.

Doch was wir zu sehen versäumen, ist, daß er all dieses verzweifelt *braucht*, jedoch um was zu erreichen? Das gleiche, was der Kleinstaaten-Spaziergänger mit Muße und Vergnügen erreichte – indem er die Geschwindigkeit des *Laufbandes* aufrechterhielt. Nicht mehr und vielleicht nicht einmal das, denn je größer die Geschwindigkeit ist, desto wahrscheinlicher ist es, daß selbst der beste Läufer zurückbleibt. Das ist in der Tat das, was die Geschichte uns zu beweisen scheint: daß die ökonomische Ausweitung in großem Stil keinen Fortschritt, sondern einen Abfall des Lebensstandards verursacht hat und daß das, was wir dem phantastischen Anwachsen in der Produktion gegenüberstellen, nichts anderes ist als eine Form von Inflation. Viele neue Güter scheinen uns weniger Befriedigung zu geben als wenige alte Güter.[4]

3. *Von Prinzen zu Bettelleuten*

Der Vergleich von Lebensstandards ist vielleicht zu allgemein geraten, um völlig glaubhaft zu sein. Um ein realistischeres Bild zu erhalten, wird es von Nutzen sein, die relative Wirkung der ökonomischen Entwicklung von Klein- und Großflächen am Lebensstil einiger bestimmter Berufe zu testen, angefangen von Königen bis hinunter zu den Arbeitern. Das wird zeigen, daß, von welcher Seite wir das Problem auch angehen, das Endergebnis immer dasselbe ist, d. h. auf der gesamten Linie zeigt sich kein Anstieg, sondern ein Abstieg.

Um mit den Herrschern zu beginnen: Es kann kein Zweifel bestehen, daß die Landesherren kleiner Staaten in weit größerer materieller Pracht lebten als ihre Großmachtnachfolger der modernen Zeiten. Könnte die Königin von England sich heutzutage das leisten, was sich jeder geringste Prinz früher leisten konnte? Eine Reitschule bauen, ein Theater, eine Kunstgalerie? Was sie noch als königlichen Besitz hat, wie Paläste und Schlösser, hatte ihr nicht die reiche Gegenwart, sondern die arme Vergangenheit verschafft. Würde der Präsident der USA ein Schwimmbad für seine Pferde bauen, würde man eine Untersuchung einleiten und ihn sicherlich wegen leichtsinniger Verschwendung anklagen. Selbst wenn er sich die Extravaganzen unserer Vorfahren leisten könnte, würde unser sozialbewußtes Zeitalter ihm nicht erlauben, dies öffentlich zu zeigen, selbstverständlich nicht wegen des höheren, sondern wegen des niedrigeren Standards der Massen. Wie wohlhabend unser Jahrhundert auch sein mag, man kann unseren Herrschenden schwerlich nachsagen, daß sie ihren Nutzen daraus gezogen haben. Noch haben das die Reichen getan. Nirgends ist die Verminderung des Lebensstandards drastischer zu bemerken als unter den Reichen und den Häuptern jener Staaten, deren Ökonomie am sichtbarsten fortgeschritten ist.

Aber wie sieht es mit den anderen Berufen aus, wie z. B. dem der *Gelehrten*? Universitätsprofessoren von Bologna oder Prag in früheren Tagen, oder des heutigen Dänemark oder der Schweiz, hatten einen Lebensstil, der weit über jenen amerikanischer Bankdirektoren der fünfziger Jahre hinausreichte. Sie besaßen stattliche Häuser, hatten Kutscher und Dienstmädchen, gaben zwei oder drei Vorlesungen pro Woche, beherbergten Gelehrte aus nahen und fernen Ländern und bewirteten ihre Gäste mit kulinarischen Köstlichkeiten, die mit jenen der besten Gastwirtschaften wetteifern konnten. Ihre heutigen Kollegen in den reichsten Ländern der Welt, die in ihren Klassenräumen die Verbesserungen des modernen Lebens predigen, lehren 12 bis 15 Stunden pro Woche, leben in kleinen Landhäuschen mit winzigen Räumen, wenn sie wohlhabend sind, oder in Wohnwagen auf Betonsockeln und ergänzen ihr Einkommen durch Nebenarbeiten; wenn sie mehr als einmal im Jahr eine Cocktailparty für ihre Kollegen geben müssen, geht das bereits über die eigenen Verhältnisse.

Die *Universitäts-Studenten* in früheren Zeiten – in den Ländern mit „niedrigem Lebensstandard" – benutzten ihre Sommerferien zum Lesen, Nachdenken, zum Umherreisen oder taten allgemein wenig, außer die Früchte des Gelernten ganz zu verarbeiten. Auf der anderen Seite müssen die Studenten von heute stets voller Stolz über das Ansteigen des Lebensstandards, welcher von allen gepriesen, aber von niemandem empfunden wird, während ihrer gesamten Ferien als Tellerwäscher, Postboten oder Lastwagenfahrer arbeiten, um im Herbst genügend bares Geld zu haben, um ihre Ausbildung zu beenden, von welcher sie nicht profitieren können, weil der moderne „Reichtum" ihnen nicht genug Muße gibt, um diese geistig zu bewältigen. Was dieses Argument betrifft, muß ich gerechterweise unterstreichen, daß die Studenten in früheren Zeiten nicht immer die hier dargestellte üppige Behaglichkeit hatten. Auch sie mußten gelegentlich arbeiten. Professor G. G. Coulton schreibt, um die sentimentalen Liebhaber des Mittelalters zu den Tatsachen des Lebens zurückzuführen, über das Ende des 15. Jahrhunderts, daß, „wenn wir selbst Männer der Cambridge Universität jener Tage wären, würden wir sehr gut einige Studenten unter den Ernteeinbringern wiedererkennen; die langen Ferien von damals bedeuteten für manche sowohl Heu- wie auch Getreideernte, und einige Studenten mußten, so wie ihre Mitbrüder im heutigen Amerika, fähig sein, körperlich zu arbeiten, um einen Teil ihrer Unkosten zu bezahlen."[5]

Das war unzweifelhaft der Fall. Aber wir müssen uns in Erinnerung rufen, daß erstens das wenn auch kleine England des 15. Jahrhunderts im Gegensatz zu Bologna oder Florenz noch nicht den Grad ökonomischer Reife erreicht hatte und demzufolge nicht mit *ausgereiften* Großökonomien verglichen werden kann. Und zweitens, trotz seines sicherlich verzögerten Entwicklungsstadiums, das Schlimmste, was Professor Coupon in einem Versuch, den niedrigen Lebensstandard des Mittelalters zu beweisen, fand, war, daß „einige" Studenten jener Zeit das taten, was eine große Anzahl ihrer Kommilitonen heute im hockentwickelten, reichen Amerika tun müssen – nämlich arbeiten, um einen Teil ihrer Unkosten bezahlen zu können. Was auch immer dies beweist, es scheint nicht tatsächlich irgendeinen Fortschritt in Bezug auf den Lebensstil eines Studenten zu beweisen.

So könnten wir fast alle Berufe durchlaufen und doch immer wieder zu demselben Schluß kommen. *Schuhmacher* oder *Schneider* des Stadtstaates Nürnberg, zeitgenössischen Beschreibungen oder dem Zeugnis malerischer Darstellungen nach zu urteilen, lebten in einem feudalen Stil, so wie es sich nur einige wenige wohlhabende, moderne Großhändler leisten können. *Tagelöhner* waren in der Lage, ein Leben zu führen, welches jetzt vielleicht Universitätsprofessoren in den USA genießen. *Arbeiter* hatten den materiellen Komfort und die Güter, welche ihre modernen Zeitgenossen auch haben, mit dem Unterschied, daß sie nicht mehr fähig sind, diese im Zeitalter der Hetze, der Oberflächlichkeit und vielseitigen Funktionen in der gleichen Art zu genießen.

Und die *Hausfrauen*? Ja, Hausfrauen hatten Dienstmädchen, diese so angenehmen Symbole hohen Lebensstandards, welche niemand in den Ländern des hohen Lebensstandards der heutigen Welt sich anscheinend mehr leisten kann. Und diejenigen, die es noch können, haben bemerkt, daß sie sich jene bei guter Laune erhalten müssen und daß es nicht länger der Mühe wert ist, sie überhaupt zu haben. In England z. B. müssen die Hausfrauen, um sicherzustellen, daß ihre Dienstmädchen am nächsten Tag wieder erscheinen, die Teller nach dem Abendessen selbst abwaschen. Ein Dienstmädchen wird sich nicht mehr zu arbeiten herablassen, außer in einer Atmosphäre, die anzeigt, daß die meiste Arbeit bereits von der Hausfrau gemacht worden ist. Dies kann wiederum nicht Fortschritt im Sinne des Wortes genannt werden. Der einzige Beruf, welcher einen gesunden Fortschritt erfahren hat, ist der des Dienstmädchens selbst. Und dies ist, ironischerweise, der einzige Beruf, dessen wachsender Lebensstandard dabei ist, ihn aussterben zu lassen.

Trotz allem heißt es, daß das Verschwinden der Dienstmädchen einer der überzeugendsten Beweise für das Voranschreiten des Lebensstandards ist. Jene, die früher Bedienstete waren, sind jetzt Hausfrauen, Sekretärinnen oder Geschäftsfrauen. In diesem Fall jedoch müssen sie natürlich nicht mit Dienstmädchen vergangener Zeiten verglichen werden, sondern eben mit Hausfrauen, Sekretärinnen oder Geschäftsfrauen. Dies konnten, wie wir gesehen haben, die Dienstmädchen erreichen; ihre Nachfolger von heute können das nicht länger. Daß man nun mehr Einzelpersonen in höheren Berufen findet als vorher, zeigt durchaus nicht an, daß das Niveau dieses Berufes angestiegen ist. Im Gegenteil! Die Gesetze kleiner werdender Grenzproduktivität sagen uns, daß ein quantitativer Anstieg in einer Berufsgruppe den Einzelstandard sehr wahrscheinlich nicht anheben, sondern herabsenken wird. Das ist genau das, was passiert ist. Alles, was uns das Verschwinden der Dienstmädchen anzeigt, ist nicht die Verbesserung ihres Standes, welcher sinnlos wurde, seit ihr Beruf im Aussterben begriffen ist, und der Tod kann keinerlei Standard haben. Aber es kam zu einer Niveausenkung in jenen Berufen, die in Erwartung größerer Einkommen überlaufen waren und gerade dadurch immer geringere Chancen boten. Als nun die Dienstmädchen selbst zu Damen des Hauses wurden, hofften sie jetzt, selbst Dienstmädchen zu haben. Aber was mußten sie entdecken? Daß ihr „gestiegener“ Lebensstandard erfolgreich die altmodischen Annehmlichkeiten der Vergangenheit entfernt hatte. Statt jedes Dienstmädchen in eine Hausfrau zu verwandeln, hat der Fortschritt jede Hausfrau in ein Dienstmädchen verwandelt.[6]

Das, was für die einzelnen Berufe gilt, ist ebenfalls gültig für die sozialen Klassen und die Gemeinschaften. Natürlich hatten auch die Kleinstaaten ihren Teil von Armut; doch solange sie wenige Einwohner hatten, gab es auch weniger Arme. Und diese machten nicht einmal einen Bruchteil der Sozialprobleme aus, die sich so skandalös in den Arbeitslosenziffern der reichen Großmächte unserer Zeit niederschlugen. Außerdem muß bemerkt werden, daß der „Arbeitslose“ in vergangenen Zeiten, der Bettler, kein frustrierter Proletarier war, sondern Mitglied einer alten und ehrwürdigen Kaste, welche sich der Härte der Arbeit entzog, nicht als ein Ergebnis einer erbarmungslosen Depression, sondern – wie Könige – im Streben nach einer würdevollen und glücklichen Lebensart. Wenn ein Reformer ihnen Unterstützung angeboten hätte, wäre er mit aller Wahrscheinlichkeit den gleichen Einwänden begegnet, die 1951 bei den Bettlern von Lhasa zu hören waren, als die chinesischen kommunistischen Eindringlinge in Tibet versuchten, sie zu „rehabilitieren“, sie von der „Unterdrückung“ zu befreien und ihre ökonomische Lage durch Arbeitsbeschaffung zu verbessern. Statt Dankbarkeit zu zeigen, verwarfen sie standhaft diese Idee, indem sie erklärten, daß sie ihren traditionellen Beruf ausübten, als ein Ergebnis der „Sünden im vorherigen Leben“ und nicht auf Grund irgendeiner „Unterdrückung“. Wie sehr sie es genossen haben, für ihre vorherigen Sünden zu leiden, geht aus der Aussage eines ihrer Repräsentanten hervor, der behauptete, daß „wir glücklich sind zu betteln, und außerdem nicht gewöhnt zu arbeiten“.[7]

Häufig beklagen wir die Armut des Mittelalters, und im selben Atemzug klagen wir die Verschwendungssucht seiner Prinzen an, die prunkvollen Feste, die sie für ihre Untertanen veranstalteten, die oft Wochen dauerten, und den ökonomischen Wahnsinn ihrer Bischöfe, die jeden Monat ein halbes Dutzend Tage zu Feiertagen erklärten. So schreibt Prof. Pasquale Villari in seinem Werk über Savonarola, daß Lorenzo der Prächtige „die schlimmsten Tendenzen des Zeitalters ermutigte und die Korruption vervielfachte. Sich selbst dem Vergnügen hingebend, trieb er die Menschen in die finsteren Tiefen des Sichgehenlassens, um sie in die Lethargie des Rausches zu stürzen. In der Tat war Florenz unter seiner Herrschaft ein Schauplatz ständiger Gelage und Ausschweifungen".[8]

Wir wissen aus vielen anderen Quellen, daß dieses Bild von fürstlichen und volkstümlichen Gelagen und Ausschweifungen weder übertrieben noch einzigartig ist. Es herrschte in vielen anderen Kleinstaaten ebenfalls vor. Aber wenn sie sich diese Extravaganzen an arbeitsfreien Tagen leisten konnten und die „Lethargie des Rausches", welche sogar der ehrgeizigste Gewerkschafter unserer Tage nicht für seine Schützlinge zu fordern wagen würde, muß ihr Lebensstandard wesentlich höher gewesen sein, als wir uns vorstellen. Und der letzte Bettler muß lustiger gelebt haben als ein Auto und Badewanne besitzendes Mitglied der machtvollen John-L.-Lewis Bergarbeitergewerkschaft. Das ist alles um so eindrucksvoller, wenn man im Gegensatz dazu die sterile Extravaganz der modernen Wohlstandswelt sieht, besonders da die früheren Zeiten nicht nur materiellen, sondern auch intellektuellen Überfluß produzierten. Inmitten dieser Gelage und der Verschwendung wuchsen Städte ohne Elendsviertel von unvergleichlicher Schönheit, wurden Bücher von unvergleichlicher Tiefe geschrieben und Bilder von unübertrefflichem Reiz geschaffen.

4. Die Größen-Theorie der Produktionszyklen

Wenn wir das alberne Konzept überwinden könnten, uns selbst für die fortschrittlichste aller Generationen zu halten, obwohl keine andere Generation sich selbst als so gänzlich unfähig im Lösen ihrer Probleme erwiesen hat wie die unsre, könnten wir uns letztlich dem Beweis von Tatsachen beugen und wirklich erkennen, daß eine Welt kleiner Staaten wirtschaftlich so glücklich und zufrieden war, wie es irgendeine vom Menschen bewohnte Welt nur sein konnte. Es scheint, als habe sie ihren Menschen mehr Befriedigung gebracht als das Großraumdenken, das sie ablöste. Aber warum sollte das so gewesen sein? Bis jetzt haben wir mit Vergleichen argumentiert. Nun müssen wir den Grund liefern. Der Grund für die Verschlechterung der modernen ökonomischen Entwicklung ist, wie im Falle aller Probleme des Weltalls, daß etwas zu groß geworden ist. Und das Ding, welches zu groß geworden scheint, ist nicht die Produktions-*Einheit*, auf die wir später zurückkommen werden, sondern der Produktions-*Umfang*, der Markt, das integrierte, ökonomische Gebiet der modernen Großmächte.

Wie schon angedeutet wurde, scheint nicht irgendein bestimmtes Wirtschafts-*System* schuld zu sein, sondern die wirtschaftliche *Größe*. Wenn etwas bestimmte Grenzen überschreitet, beginnt man unter dem unvermeidbaren Problem der nicht mehr bewältigbaren Größenverhältnisse zu leiden. Wenn dies mit einer Gemeinschaft geschieht, so werden die Probleme nicht nur schneller anwachsen als das Wachstum; sie werden auch aus einer Ordnung bestehen, die sich nicht mehr mit dem Leben selbst befaßt, sondern nur mehr mit dem Wachstum. Statt daß das Wachstum dem Leben dient, muß das Leben jetzt dem Wachstum dienen und verdreht so den eigentlichen Zweck des Daseins. Ökonomisch gesprochen heißt das: Wenn eine Gesellschaft einmal ihre richtige Größe überschritten hat – eine Größe, die durch ihre Funktion bestimmt ist, den einzelnen mit den größtmöglichen Vorteilen zu versehen –, so muß ein stets wachsender Anteil ihrer Produkte und ihrer Produktion dazu benutzt werden, nicht den persönlichen Standard ihrer Mitglieder, sondern das soziale Niveau der Gemeinschaft zu erhöhen. Bis zu einem gewissen Punkt ergänzen sich beide und können gleichzeitig anwachsen; aber danach schließen sie sich gegenseitig aus, das perfekte Werkzeug verwandelt sich in einen selbstsüchtigen Meister und die angeschwollenen Mittel in einen sich selbst dienenden Zweck. Je mächtiger eine Gesellschaft wird, desto aufwendiger ist es, jene Probleme zu meistern, die durch den Anstieg der Macht hervorgerufen wurden. Und je mehr man fortschreitet, desto mehr wird durch die Probleme verschlungen, die sich durch eben diesen Fortschritt ergeben.

Beispiele solcher Wachstumsprodukte der ersten Kategorie, welche den Standard einer Gesellschaft erhöhen, ohne dem materiellen Wohlstand ihrer Mitglieder etwas hinzuzufügen, könnten *Macht-Produkte* genannt werden, wie Panzer, Bomben oder die zunehmende Zahl von Regierungsämtern, die notwendig werden, um die anwachsende Macht zu verwalten. In den USA stieg die Produktion auf diesem Gebiet von 1950 auf 1951, bestimmt durch den Anstieg der Regierungskosten, die sich auf nicht weniger als 18 Milliarden Dollar beliefen, um 72% des Bruttosozialproduktes von 25 Milliarden Dollar.[9]

Die Wachstums-Produkte der zweiten Kategorie oder Produkte der Bevölkerungsdichte wurden notwendig als Ergebnis zunehmender Einwohnerzahlen, tragen aber zum Glück des einzelnen nicht mehr bei als Bomben; dies sind Güter wie Verkehrsampeln, Erste-Hilfe-Bedarf, Untergrundbahnen oder Ersatzgüter für Verluste, welche in weniger belasteten Gemeinschaften niemals vorgekommen wären. Im Jahre 1950 wurden in den USA Neuanschaffungen infolge von Feuerverlusten in der Höhe von beinahe 700 Millionen Dollar notwendig;[10] die Kosten, verursacht durch die 9 Millionen Unglücksfälle im selben Jahr (von welchen 35.000 tödliche Autounfälle waren, mehr also als in einem großen Krieg), beliefen sich auf 7.700,000.000 Dollar.[11]

Die Wachstums-Produkte der dritten Kategorie, welche man *Fortschritts-Produkte* nennen könnte, sind (a) Verbesserungen, die durch die Verfeinerung der Flugabwehrgeschütze notwendig wurden, deren Kosten zwischen 1945 und 1950 von 10.000 Dollar auf 275.000 Dollar anstiegen, also um mehr als das Siebenundzwanzigfache, so daß sie mit jenen Verbesserungen Schritt hielten, die in der gleichen Zeit an Flugzeugen vorgenommen wurden, welche wieder weiter verbessert werden mußten, um die zunehmende Vernichtungskraft der verbesserten Flugabwehrgeschütze auszugleichen; und (b) jene *unerwünschten* Abhängigkeitsprodukte, die wir zusammen mit *erwünschten* Früchten des Fortschritts erwerben müssen, wie Autokennzeichen mit Parkplätzen für Autos, Ausbesserungsarbeiten mit Fernsehgeräten, unbeschäftigte Orchester mit Schallplatten. Der Großteil dieser angeberischen Produktion und Produktivität geht in den heutigen Großmächten in diese unfruchtbaren, aber sozial notwendigen Wachstums-Produkte. Es läßt nicht unseren echten, sondern unseren unechten Lebensstandard ansteigen, indem man uns die Illusion von ansteigendem Reichtum gibt, während es wie eine Währungsinflation nichts anderes bringt als einen enormen Anstieg der Preise und der Mühen, die eine wachsende Gesellschaft uns auferlegt, um uns die Güter zu geben, die wir wirklich wünschen.[12]

Doch selbst wenn wir uns einen Augenblick durch die maßlosen Produktionszahlen von Ökonomien überwältigen lassen, und selbst wenn wir zugestehen, daß heute die Produktion so verblüffende Zahlen erreichen kann, daß sie nicht nur den Überschuß an Wesentlichem, sondern auch an Luxus anzuheben vermag, können wir nicht die Tatsache übersehen, daß nur aus dem Wirtschaftsdenken im großen Maßstab das Phänomen der Wirtschaftszyklen entstand, durch die – so wie es einst Penelope mit ihrem Teppich machte – in den Nächten der Depression all das zunichte gemacht, was in den Tagen der Konjunktur zustandegebracht wurde. Und Wirtschaftszyklen sind nicht länger nur im *kapitalistischen* System zu Hause; sie behaupten sich bei kapitalistischen Theoretikern ebenso wie bei sozialistischen. Das kommt daher, weil beide irgendeine Form der *kontrollierten Ökonomie* als Lösung unserer gegenwärtigen ökonomischen Schwierigkeiten befürworten. Mit der ihnen innewohnenden Zerstörungskraft sind sie in wirtschaftlichen Großsystemen zu Hause. Sie entstehen durch Überwachstum. Ein besserer Name für sie wäre deshalb Wachstumszyklen, denn ihre zerstörende Natur und ihr Maßstab hängen nicht vom Geschäft, sondern vom *Wachstum des* Geschäftes ab, und nicht nur vom Wachstum des *Geschäftes*, sondern von der wachsenden *Industrialisierung* und *Integration.*[13] Nichts beweist dies besser als ein Blick auf Rußland, wo der Kommunismus unter der Voraussetzung eingeführt worden ist, daß dieser ein für allemal die Misere der periodisch auftretenden Wirtschaftsschwankungen beenden würde. Trotz strengster Kontrollmaßnahmen treffen die Wirtschaftskrisen Rußland dennoch so regelmäßig wie irgendeinen anderen Großflächenstaat. Der einzige Unterschied ist, daß sie dort weder so genannt noch als solche erkannt werden. Unfähig, dies zu verstehen, weil es ein typisch kapitalistisches Phänomen ist, welches dem Bestreben des Geschäftsmannes, seinen Gewinn zu erhöhen, zugeschrieben wird, könnte es jedoch auch Verwüstungen im Ursprungsland des Kommunismus anrichten, wo Gewinn kein Motiv ist und angenommen wird, daß alles unter Kontrolle ist. Sowjetische Behörden haben das Dilemma gelöst, indem sie die mysteriösen, immer wiederkehrenden Auf und Ab ihrer Ökonomie entweder der Untüchtigkeit einzelner zuschreiben oder der kriminellen Nachlässigkeit der „Feinde des Volkes, dem Trotzkisten-Bucharin und den nationalistischen bürgerlichen Zersetzern und Spionen“.[14]

Als Ergebnis haben die russischen Wirtschaftskrisen die Eigenschaft, daß sie oft von Säuberungswellen unter den Führungskräften begleitet sind, die den respektlosen, aber sehr treffenden Ausdruck

Liquidierungszyklen erhalten haben. Anderseits zeigen sie all die traditionellen Merkmale altmodischer, periodisch auftretender Störungen, wie fehlgeleitete Produktionen, ungenützte Hilfsmittel und die unheimliche Unfähigkeit, Vorräte nach Bedarf zu verteilen.

Harry Schwartz führt in seinem Buch über „Rußlands Sowjet-Ökonomie" einen sowjetischen Schriftsteller im Jahr 1933 an, der behauptet, daß „Bergwerke, Stahlwerke und Betriebsanlagen in der Leicht- und Nahrungsmittelindustrie vollständig ersticken an unverladenen Produkten... Die Eisenbahnen können weder Schienen, Schwellen oder Röhren anfertigen noch den Transport selbst bewältigen". Am Ende des Jahres 1934 hatte sich die Situation so weit verschlimmert, daß „dort mehr als drei Millionen Tonnen Bauholz auf die Bahnverladung warteten, gleichzeitig zwei Millionen Tonnen Steinkohle und fast eine Million Tonnen Erz. Ein Total von 15 Millionen Tonnen Schiffsladung warten zur Zeit auf Verladung. Die Schwerindustrie allein hatte 650.000 Güterwagen angesammelt, die auf Transport warteten".[15] All dies in einer *kontrollierten* Wirtschaft.

Wer bewirkte das? Der Kommunismus? Sicherlich nicht, denn dergleichen Dinge passieren auch im Kapitalismus. Schlechte Verwaltung? Das war noch weniger wahrscheinlich, denn der sowjetische Manager weiß, daß sein Verfehlen, im Gegensatz zu kapitalistischen Ländern, nicht nur den Verlust seines Arbeitsplatzes und seines Wohlstandes bedeuten kann, sondern auch den seiner Freiheit und vielleicht auch seines Kopfes. Mangel an Erfahrung und technischem Wissen? Auch das kann nicht der Grund sein, denn ihr unbestrittener Besitz in kapitalistischen Ländern konnte *ihre* Wirtschaftskrisen ebensowenig verhüten. Es ist die Unfähigkeit, die volle, reine, unverfälschte Unfähigkeit des Menschen, den Problemen von Gesellschaften gewachsen zu sein, die zu groß geworden sind. So wie Thomas Malthus über das Verhältnis zwischen Nahrung und Bevölkerung sagte, daß die Bevölkerung ihren Nahrungsvorrat übertreffen muß wegen ihrer Tendenz, sich in geometrischen Reihen zu vermehren, während die letztere nur in einer arithmetrischen Reihe ansteige – so stimmt dies auch für das Verhältnis zwischen menschlicher Begabung und den Problemen der Größe. Während sich letztere in einer geometrischen Reihe vermehrt, beginnt ein Organismus erst einmal seiner äußersten Grenze zu entwachsen; die menschliche Fähigkeit aber, sich mit ihm zu messen, scheint nur in einem arithmetischen Verhältnis anzusteigen, und auch dies nur bis zu einem gewissen Punkt. Kein Grad oder Training, Universitätsausbildung oder Organisation, kann den Schritt ersetzen, mit welchem die Probleme der Größe unsere Anstrengung, sie einzuholen, weit hinter sich lassen.

Darum kann kein Maß menschlicher Kontrolle, ob von Karl Marx oder Lord Keynes vorgeschlagen, eine Lösung für Probleme darstellen, welche gerade darum angestiegen sind, weil ein Organismus jeglicher menschlichen Kontrolle entwachsen ist. Die Probleme der modernen Wirtschaftszyklen haben ihre Ursache weder im *natürlichen* Funktionieren des Kapitalismus noch in den schlecht verwalteten oder unausgereiften Funktionen des Kommunismus. Die Ursache liegt in der Überdimensioniertheit der modernen Wirtschaftssysteme. Sie ist in dem zu finden, was ein heller sowjetischer Schriftsteller fähig war, aus dem Text eines Beschlusses vom 26. Februar 1938 herauszulesen, als er in unfreiwilliger Abweichung von der strengen marxistischen Doktrin schrieb, daß „der größte Mangel in der Planung und der Konstruktion die übertriebene Vorliebe für das Riesige ist“.[16] Und diese Gigantomanie ist die natürliche Begleiterscheinung nicht nur des Kapitalismus, sondern jeder überdimensionierten Entwicklung.

Die Idee, daß zyklische Schwankungen, insoweit sie ein Hauptproblem ausmachen, Größenphänomene sind und nicht Phänomene des Kapitalismus, scheint auch von der Tatsache bestätigt zu sein, daß zur Zeit, als sie im kommunistischen Rußland, welches groß ist, auftraten, ihre zerstörerische Natur in kapitalistischen Ländern, die sowohl politisch als auch wirtschaftlich kleingeblieben sind, ausblieben.[17] Noch hat je jemand von wirtschaftlichen Problemen im kapitalistischen Liechtenstein oder in Andorra gehört. Ihre Grenzen haben die Wirkung von Hafendämmen und Mauern, die die Gewalt der Stürme der großen Ozeane brechen und sie in der geschützten Kleinheit des Hafens nur als harmlose gekräuselte Wellchen spürbar machen. Die Schweiz, Dänemark, Norwegen oder Schweden haben eine Anzahl von Industrien, welche die einengenden Grenzen ihrer Staaten durchbrochen haben. Und sind etwas verletzbar; aber da sie klein sind, haben die Probleme der Wirtschaftszyklen bis jetzt niemals die naturliche Fahigkeit ihrer starken Führer überfordert. Man könnte sagen, daß in Dänemark, Norwegen oder Schweden dies dadurch entstand, daß der Kapitalismus durch ein gerüttelt Maß an sozialistischer Führung gemäßigt wurde, und das ist es, warum die skandinavischen Länder den Keim der Depression erfolgreicher als die anderen bekämpfen können. Es ist wahr, daß sie ihn bekämpft haben, aber nicht wegen ihrer sozialistischen Führung. Alles, was sie bewiesen, war einfach, daß *alles* in kleinem Maßstab gut läuft, der Kapitalismus *genauso* wie der Sozialismus. In Kleinstaaten kann nur die Natur einen schwächenden Einfluß haben, und daran kann sich das Genie des Menschen messen. In großen Staaten anderseits ist es nicht die Natur, die zu Depressionen führt, sondern die Unfähigkeit des Menschen, mit monströsen Verhältnissen fertigzuwerden. Als Ergebnis finden wir nur dort „Armut" inmitten von „Überfluß"; außer in Rußland, wo wir Armut inmitten von Armut finden. Nur dort finden wir Fabriken, die produzieren wollen. Arbeiter, die arbeiten wollen, Arbeitgeber, die produzieren wollen, neben einer totalen, unerklärlichen Unfähigkeit, irgend etwas zu tun. Die Konsequenz der Größe ist also immer die gleiche: die Unfähigkeit, den Problemen, die sie schafft, gewachsen zu sein. Was auch immer eine überdimensionierte Wirtschaft an Produktion zustande gebracht hat, in dem Bereich, der den steigenden Lebensstandard ausmacht, im Bereich der Luxusartikel, ist sie von zyklischen Zerstörungen verschlungen worden. Und was nicht von Zerstörungen verschlungen worden ist, wurde abgetragen durch die Notwendigkeit, das größere Produkt unter einer größeren Anzahl von Menschen aufzuteilen, um größere Bedürfnisse zu befriedigen oder um es als Vorrat für unvorhergesehene Notfälle aufzuheben.

Nur wenn man sich mit Gesamtziffern und Zahlen des *Nationaleinkommens* beschäftigt, die, nach Marx Opiate für jene sind, die sich an der beruhigenden Makroökonomie erfreuen (die eine traurige Notwendigkeit des makrosozialen Lebens geworden ist), sieht man, daß die modernen Zeiten wirklich eindrucksvolle Steigerungen des *totalen* Einkommens und des *totalen* Wohlstandes zeigen. Aber wir leben nicht in makroökonomischen Gesamtheiten, wie es die Bemerkung eines jungen Mannes zeigt, der klagte: „Nach statistischen Angaben sind für jeden Mann zweieinhalb Frauen vorhanden – und ich habe keine." So lange die Gesellschaft nicht ein gleichgeschalteter honigproduzierender Bienenkonsumverein geworden ist, werden wir in einer Mikrowirtschaft von Einzelpersonen leben, am Rande der Wirklichkeit, und nicht in einem tröstlichen Durchschnitt. Dies ist das einzige Niveau, das zählt. Dort begreifen wir, was wir niemals durch das Lesen unserer Textbücher erfahren würden – daß unsere angeberische moderne überdimensionierte Entwicklung nichts anderes zu sein scheint als eine Rutsche nach unten. Sie rennt vergeblich gegen die eisernen Gesetze der Wirtschaft an, welche, wie jene des Weltalls, eine Grenze für jede Ausbreitung und Ansammlung setzen. Die Gesamtziffern mögen ansteigen, aber die Überschüsse können absinken. Doch die Überschüsse zeigen den Lebensstandard an, und wir sehen, daß mit jeder neuen Bekanntmachung von Rekordziffern, die Fortschritt und Zusammenschluß preisen, Straßen, die vorher sauber waren, schmutzig werden und daß mit jeder neuen wirtschaftlichen Konzentration in der Innenstadt neue Elendsviertel an den sich ausdehnenden Peripherien heranwachsen, ihre Sozialstruktur auflösen und Elend erzeugen, wie sie keine Kleinstaatenwirtschaft je gekannt hat. Im kleinen Rahmen fransen die Ränder nie. Manche unserer Modernisten, ohne ihre Inkonsequenz zu ahnen, weisen darauf hin, daß Kleinstaaten einen leichten Stand hatten, weil sie hinsichtlich Größe und Bevölkerung so unbedeutend waren. Aber das ist es ja gerade: Weil sie klein waren, konnten sie nicht nur ihre Probleme besser lösen als ihre großen Gegenparteien; sie konnten dies tun ohne die Unterstützung solch brillanter Köpfe wie Marx, Schacht, Cripps oder Keynes. Sie brauchten sich nicht mit Gesamtziffern abzugeben, welche in großen Ländern nur Statistiker abschätzen können und deren Ansicht selbst die Experten nicht immer verstehen. Sie konnten jederzeit ihre Wirtschaft zu ihren Füßen liegen sehen – offen, überschaubar und lenkbar. Sie brauchten sich nicht auf Annahmen zu stützen, die niemand auf Erden beweisen kann, wie groß auch immer seine Kenntnisse und die Zahl seiner akademischen Grade seien. Sogar ein Finanzminister konnte verstehen, was vor sich ging, und konnte die wirtschaftlichen Aktivitäten mit Klarheit ohne Risiko lenken. Und jeder Volksschullehrer konnte Finanzminister sein.

Das, was unsere Großökonomen tun könnten, ist, sich nicht zu beschweren, daß die Kleinstaaten keine großen Probleme hatten, weil sie so klein waren, um alsdann selig ihre Zerstörung im Interesse des wirtschaftlichen Fortschritts vorzuschlagen. Sie könnten die Zerstörung des Zustands befürworten, der es nötig machte, in erster Linie das großökonomische System einzuführen. Wenn die Gigantomanie das Hauptproblem unserer Wirtschaft ist, so wie es auch unser politisches Hauptproblem zu sein scheint, ist die Lösung natürlich nicht die weitere Vereinigung ad infinitum, sondern die Wiederherstellung eines wirtschaftlichen Kleinzellensystems, in welchem alle Probleme reduziert sind auf Verhältnisse, in welchen sie von jedermann gelöst werden können; und nicht nur von *einem* Genie, welches nicht immer zur Verfügung steht. Ein Kleinzellenmodell muß nicht notwendigerweise ein Kleinstaatmodell bedeuten. Aber es ist ein so einleuchtendes Heilmittel, daß sogar Rußland zu dem Ergebnis gekommen ist, seinen ursprünglichen Traum zu vergessen, das gesamte Land in eine einzige Fabrik zu verwandeln. Es wird vielmehr immer sichtbarer, daß es dabei ist, ein Modell von kleinen, selbständigen Wirtschaftsregionen zu entwickeln. Statt wirtschaftliche Grenzen zu zerstören, hat die Sowjetunion begonnen, diese neu zu schaffen, jedoch nicht mit Zollschranken, sondern mit unsichtbaren Mauern, hinter welchen unzählige lokale Wirtschaftseinheiten sich entwicklen, die von gewöhnlichen Menschen gemeistert werden können.[18] Die gleiche Tendenz hat auch in kapitalistischen Ländern die Schaffung von *Kooperativen* gezeigt.

Die wichtigste Methode zur Beseitigung der Schrecken gewaltsamer wirtschaftlicher Schwankungen ist, Produktions- und Markteinheiten von einer so kleinen Größe zu schaffen, daß ihre Aktivitäten jederzeit übersehen und vorausgesehen werden können. Denn die Folgen wirtschaftlichen Verhaltens können nur in kleinen Einheiten vorhergesehen werden; die Kleinheit eines wirtschaftlichen Komplexes ist nicht ein Zufall, sondern die grundlegende Charakteristik kooperativer Konzepte. Sie schließt die Gigantomanie durch ihre Beschaffenheit aus, so wie der frühe Kapitalismus dies durch die Konkurrenz tat. Die produktive Überlegenheit einer kleinen Wirtschaft, die sich zusätzlich noch auf relativ kleine wirtschaftliche *Einheiten* stützt, wurde in einem US-Senatsbericht von 1946 gezeigt. David Cushman Coyle gibt davon folgende Zusammenfassung: „Ein Senatsbericht verglich im Jahre 1946 das Leben in verschiedenen mittelgroßen Städten, welche von großen oder kleinen Gewerben abhängig, anderseits jedoch fast gleich sind. In den Städten A und C waren um die 95% der Fabrikarbeiter von großen

Gesellschaften angestellt worden; in den Städten B und D waren es nur 13 bis 15%. Die Löhne waren in den Städten A und C der Großgeschäfte höher, die Arbeitslosigkeit während der Depression aber schlimmer. In A und C waren die Läden auf Grund des großen Risikos der Arbeitslosigkeit ärmlich, und viele Menschen zogen in andere Städte. Natürlich hatten die Kleingeschäftsstädte B und D mehr Ladenbesitzer und mehr Beamte, und dort gab es des öfteren ein 10.000-$-Einkommen und 50 bis 100% mehr Einkommensteuerzahler. Das kommt daher, daß dort eine größere Mittel- und Oberklasse mit einer lokal beschränkten Loyalität existierte. Demgemäß hatten die Städte mit weniger Handel mehr bürgerlichen Unternehmungsgeist, bessere Zusammenarbeit mit Arbeitern in Gemeindeangelegenheiten und lebten in einer besseren Stadt. Die Statistik hat diesen Punkt untersucht. Die Städte mit kleinem Handel hatten weniger als halb so viele Elendsquartiere und eine wesentlich niedrigere Kindersterblichkeit. Sie hatten mehr Abonnenten für ihre Zeitschriften, mehr private Telephone und elektrische Zähler, mehr Kirchenmitglieder und größere Bibliotheken und Parks."[19]

5. Warum der Fortschritt eine Illusion ist

Von welcher Seite wir auch immer die Idee betrachten, daß der Lebensstandard durch unsere moderne Großraum-Wirtschaft steigt, so erkennen wir dennoch, daß sie nicht mehr als ein durch ständige Wiederholung gewachsener Mythos ist, der uns heute wie eine unanfechtbare Wahrheit erscheint. Aber wie kann das geschehen sein, besonders in einer Zeit des wissenschaftlichen Anspruchs, daß alles durch Fakten und Zahlen bewiesen werden sollte? Die Erklärung ist nicht allzu schwer.

Erstens sind unsere Analytiker, trotz der enormen Menge an Ziffern, die ihnen zur Verfügung stehen, zu ängstlich, um Interpretationen von sich zu geben, die den akzeptierten Vorurteilen zuwiderlaufen. Sie tun eben, was ein „kirchenergebener" Meinungsforscher aus Denver, Colorado, vor den Präsidentschaftswahlen im Jahre 1948 getan hat, als alle seine Zahlen auf einen Sieg von Präsident Truman hinwiesen. Da nämlich alle bekannten Fürsterzbischöfe der Meinungsforschung *„ex cathedra"* behaupteten, daß der Präsident keine Chance hätte, begann er an seiner eigenen Forschung zu zweifeln und „änderte“ – was er später selbst zugab – seine Zahlen aus Angst davor, daß die echten Zahlen niemand glauben würde.

Zweitens geben die Analytiker, die ihre Zahlen nicht verfälschen, oft einen falschen Eindruck wieder, weil sie ihre falschen Schlüsse mit „falsch“ vergleichen: Statt ausgereifte große Wirtschaftsstrukturen, wie sie in den Vereinigten Staaten zu finden sind, mit ausgereiften kleinen der modernen Schweiz oder dem mittelalterlichen Florenz zur Zeit seiner höchsten Entwicklung zu vergleichen, tun sie das mit unausgereiften kleinen Strukturen, wie dem modernen Haiti oder dem mittelalterlichen England. Der Grund für letzteres ist teilweise, daß England das einzige Land ist, dessen mittelalterliche Geschichte wir gut kennen. Leider ist es auch eines jener Länder, dessen Entwicklung im Mittelalter sehr rückständig war. Wenn man natürlich das mittelalterliche England und das mittelalterliche Florenz vor Augen hat oder an Venedig oder Nürnberg denkt, können wir eine Illusion des Fortschritts konstruieren, die mit der Wirklichkeit nichts zu tun hat. Die gleiche Situation entsteht auch, wenn wir unsere Bauernhäuser mit den modernen Häusern in Haiti vergleichen, die, obwohl klein, trotzdem rückständig sind. Um ein richtiges Bild zu erhalten, müßten wir sie mit den Bauernhäusern von kleinen ausgereiften Staaten – etwa in Liechtenstein oder in der Schweiz – vergleichen. Dann würden wir auch sehen, daß es sicherer ist, den modernen Fortschritt in Haiti eher vorwärtszutreiben als in den Alpentälern Europas.

Der größte Irrtum jedoch wurde in bezug auf Zeiträume und nicht auf Länder begangen. Da die großen Wirtschaftspublizisten uns einen Reichtum an Informationen zugänglich gemacht haben, sind wir in den Fehler verfallen, das gut dokumentierte zwanzigste Jahrhundert mit dem gut dokumentierten neunzehnten Jahrhundert zu vergleichen. Beide sind durch dasselbe ungeheure Entwicklungswachstum gekennzeichnet. Innerhalb dieses Zeitraumes kann man wirklich sagen, daß wir einen wirtschaftlichen Fortschritt erzielt haben. Aber es ist zu bedenken, daß die erste Folge der wirtschaftlichen Zusammenschlüsse und Großraumentwicklung nicht nur einen Zuwachs an Reichtum, sondern auch einen Zuwachs an Elend mit sich gebracht hat. Marx hat dieses Phänomen in seinem „Gesetz kapitalistischer Akkumulation“ formuliert, dessen einziger Fehlschluß darin liegt, daß er alles dem Kapitalismus in die Schuhe schiebt, was nur durch ein Über-Wachstum seiner Einrichtungen zustandegekommen ist.[20] Bevor der Kapitalismus seinem kompetitiven Modell der kleinen Einheiten entwuchs, hat er wenig unter den darauf folgenden Nöten gelitten, die durch Akkumulation entstanden sind. Denn solange seine Zellen klein waren, hat er automatisch für das gesorgt, was man heute so verzweifelt durch Regierungsdirektiven zu erreichen versucht, nämlich eine harmonische Verteilung, die von Anfang an zu großen Reichtum und zu großes Elend ausgeschlossen hätte.[21]

Diese Zeit war nicht durch die Entstehung des Kapitalismus gekennzeichnet, sondern durch den Beginn überdimensionierter Wirtschaftszusammenschlüsse. Diese wieder wurden durch die Industrielle Revolution ausgelöst. Kennzeichnend für diesen „unglaublichen Fortschritt" sind Beschreibungen von Armut und der Mißbrauch der Kinderarbeit, wie wir sie aus den Berichten des rückständigen Mittelalters nicht kennen. Und das war auch die Zeit, die die größten sozialen Reformen der Welt gebracht hat. Die Zunahme von sozialen Reformen aber ist ein Zeichen von sich verschlechternden Zuständen, nicht von sich verbessernden. Wenn es früher weniger Sozialreformer gegeben hat, so war das ja nur, weil damals alles besser war. Sicherlich war der Mensch im vierzehnten Jahrhundert nicht weniger mutig oder weniger auf sein Glück bedacht als im zwanzigsten. Alles, was man daher für unseren scheinbaren Fortschritt sagen kann, ist, daß der Lebensstandard der einstigen Kleinstaatenperiode unter dem ersten Zusammenprall mit der Industriellen Revolution, mit seinen vernichtenden, weitreichenden Konsequenzen, so gesunken war, daß die darauf folgenden Verbesserungen nur bedeuten, daß unser heutiger Lebensstandard höher ist als der des *neunzehnten* Jahrhunderts, aber nicht notwendigerweise höher als jener der *früheren* Jahrhunderte. Was nicht heißt, daß er höher ist, als man ihn heute in so ausgereiften kleinen Ländern wie der Schweiz oder Schweden vorfindet.

Weit davon entfernt, daß die unwichtigen Probleme kleiner Wirtschaftsstrukturen gelöst sind, haben die Großraumstaaten sie so vergrößert, daß eine Lösung gar nicht möglich ist. Wenn das nicht so wäre, wie könnte man sich dann die erniedrigende Abhängigkeit so großer Staaten wie Italien, Frankreich oder Deutschland von amerikanischer Hilfe erklären? Wie könnte man erklären, daß Großbritannien, das so heldenhaft darum kämpft, ohne diese Hilfe auszukommen, seinen Bewohnern nur eine mehr oder weniger eingeschränkte Lebensweise bieten kann? Oder warum Rußland, ganz ohne amerikanische Hilfe, seinen geplagten Bewohnern keine Annehmlichkeiten des modernen Lebens bieten kann und außerdem noch so von der Wirtschaft seiner kleinen Satelliten abhängig ist, daß es sich nicht leisten könnte, schon aus diesem Grund auch nur einen von ihnen aus seinem Machtbereich zu entlassen. Oder wie könnte man sonst erklären, warum die Geburt der neuen Großmacht Indien sich nicht dadurch anzeigte, daß diese wirtschaftlich unabhängig wurde, sondern daß sie auf die Liste derer gesetzt wurde, die um amerikanische Hilfe ansuchen. So könnte man sagen, daß zumindest Amerika ein Beispiel des Erfolgs der Groß-Enwicklung ist. Aber wo wären die Vereinigten Staaten, wenn die anderen großen Mächte sie nicht so dringend brauchen würden? Wir sind genau so abhängig von ihnen, wie sie von uns, und je mehr sie von uns abhängen, desto schlechter geht es uns.

Anderseits können die großen Mächte, während sie säbelrasselnd große Reden führen, nichts für sich buchen außer ihre Unfähigkeit, sich selbst zu versorgen. Sie entsenden eine erbärmliche Erpressungsmission nach der anderen nach Washington in der Hoffnung, daß sie noch etwas von ihrer geschrumpften früheren Größe erhalten können: die kleinen Staaten aber, die sie so gerne wegen ihres scheinbaren Anachronismus aus der Welt geschafft hätten, gedeihen weiter auf Grund ihrer eigenen Mittel. Es gibt keinen Hinweis darauf, daß die Schweiz, Schweden, Liechtenstein oder so entfernte Himalajastaaten wie Nepal, Sikkim, Bhutan und viele andere um Hilfe gebeten hätten; es gibt ihn nicht, weil sie noch nie um etwas gebeten haben und weil sie ihren Einwohnern einen höheren Lebensstandard bieten können als ihre mächtigen Nachbarn, ohne um amerikanische Hilfe anzusuchen, sich leisten könnten. Wenn sich ihre Vertreter hie und da einmal in Washington zeigen, dann nur, um dem Präsidenten Grüße zu übermitteln, nicht um etwas zu erbitten. Das klingt so unglaublich, daß die Presse Washingtons es kaum glauben konnte, als der neuseeländische Premierminister Sidney G. Holland während seines Besuches im Februar 1951 sagte: „Ich bin auf der Heimreise, wissen Sie, und ich kam, um Ihnen meinen Respekt zu erweisen. Ich habe dem Präsidenten gesagt, daß wir Wünsche haben. Wir benötigen nichts, was wir nicht auch aus eigenen Mitteln bezahlen können. Ich sagte nur, daß wir weder Geschenke noch Anleihen brauchen!“[22]

Welcher Vertreter der großen Wirtschaftsreiche – wie Frankreich, Großbritannien, Italien, Indien, China oder Rußland – könnte heute noch so eine Erklärung abgeben? Kein einziger! Wenn kleine Staaten hie und da einmal in wirtschaftliche Schwierigkeiten geraten, so ist das nur, weil ihre Probleme, wie im Falle des Marshall-Planes, mit denen ihrer Nachbarn verschmolzen waren. Aber sogar dabei erwiesen sie sich als die gesünderen Partner in der Not, was man daran sehen kann, daß die kleineren Staaten, wie Belgien, Dänemark, Luxemburg oder die Niederlande, sich viel schneller als die großen Mächte von den Folgen der Wirren des Zweiten Weltkrieges erholten.

6. Das Grenznutzengesetz

Das wichtigste Argument gegen den Fetischismus der Groß-Ökonomien ergibt sich aber nicht aus einer Gegenüberstellung der wirtschaftlichen Entwicklungen großer und kleiner Staaten, sondern aus den Gesetzmäßigkeiten der Wirtschaft. Jeder Student der Wirtschaftswissenschaften muß sich in einer seiner ersten Lektionen mit dem *„Grenznutzengesetz“* bekannt machen als einem der ersten wirtschaftlichen Prinzipien. Das ist jedoch nichts anderes als die wirtschaftliche Version des Kleine-Einheiten-Prinzips, das, wie wir gesehen haben, die ganze Schöpfung durchzieht.

Das Grenznutzengesetz besagt, daß, wenn wir variable Einheiten irgendeiner Sache zu einer fixierten Einheit einer anderen Sache addieren, wir einen Punkt erreichen, über den hinaus jede zusätzliche Einheit des variablen Teiles weniger zum Endprodukt beiträgt als die vorhergehende.

Was heißt das nun? Wirtschaftswissenschafter unterscheiden zwischen Voraussetzungen für Produktion, Grundbesitz, Arbeitskraft, Kapital und für Unternehmer. Nehmen wir an, daß der variable Faktor die Arbeitskraft ist und daß wir ihn in variablen Einheiten zur fixen Einheit „ein Stück Land“ addieren. Der Ertrag dieser fixen

„Landeinheit", wenn sie von einem einzigen Arbeiter bearbeitet wird, ist – sagen wir – ein Sack Weizen. Zwei Arbeiter können das Ergebnis auf zwei Säcke hinauftreiben, drei auf drei Säcke und vier auf dreieinhalb Säcke. Wenn wir dem einen fünften Arbeiter dazugeben, könnte der ganze Ertrag zurückgehen, weil jeder dem anderen im Weg wäre, statt ihm bei der Arbeit zu helfen. An diesem Beispiel können wir sehen, daß der Ertrag bis zum vierten Arbeiter stieg, aber daß der Ertrag schon nach dem dritten proportionell geringer war. In Ziffern ausgedrückt, heißt das, daß wir, wenn wir nur zwei Arbeiter anstellen, einen Ertrag von zwei Säcken bekommen, und daß der Ertrag pro Mann ein Sack ist. Wenn wir uns entschließen, vier Arbeiter anzustellen, erhöhen wir den Ertrag um nur eineinhalb Säcke. Das heißt, obwohl wir mehr Leute anstellen, ist der Ertrag pro Mann in Säcken gerechnet geringer, und zwar pro Mann nur mehr sieben Achtel eines Sacks. Die Verwendung von zu vielen Arbeitskräften in einer statischen Produktionseinheit hat also den Langzeiteffekt, die einzelne Arbeitsleistung zu vermindern, statt sie zu erhöhen, obwohl das vorerst durch Anstieg des Gesamtertrages nicht auffallen wird. Im Falle unseres Beispiels wäre es deshalb viel profitabler, vorausgesetzt, daß noch genug Land zur Verfügung steht, das verwendet werden kann, daß man die anderen beiden Arbeiter auf der zweiten Landwirtschaft einsetzt. Auf diese Art haben wir beide Faktoren veränderlich gemacht; der Ertrag pro Landeinheit würde dann von dreieinhalb Säcken auf zwei Säcke abfallen, aber der Ertrag würde von sieben Achtel auf einen Sack steigen, der Gesamtertrag wäre statt dreieinhalb Säcken vier. Wenn man nun andere Faktoren auch veränderlich macht und das Kleine-Einheiten-Prinzip ausweitet, statt eine einzelne fixierte Zelle in einen Produktionskonzern zu verwandeln, kann man die allgemeine Leistung durch Ausweitung erhöhen und *eine Zeitlang* das Grenznutzengesetz umgehen.

Aber könnte man nicht sagen, daß das eher für das Argument der größeren und nicht der kleineren Einheiten spricht? Bis zu einem gewissen Punkt sicherlich, wie ja das Grenznutzengesetz selbst beweist, das besagt, daß es zum Rückgang kommt, wenn eine gewisse Expansionsgrenze erreicht ist. Es ist deshalb nicht nur logisch, sondern auch ökonomisch richtig, mehrere Felder zu vereinigen, bis sie ein optimales Ausmaß erreicht haben und zu einer Farm werden.

Danach aber kann der Leistungsverfall nicht mehr umgangen werden, indem man sich weitere veränderliche Faktoren zunutze macht, da einer der wichtigsten Faktoren der Produktion, an welchem das Gesetz auch angewendet werden kann, darin besteht, daß er nicht veränderlich ist. Das ist der Unternehmer oder, wie in unserem Beispiel, der Farmer. Die Fähigkeit, ein Unternehmer zu sein, ist aber auch begrenzt und nicht mehr weiter ausdehnbar, wenn einmal der volle persönliche Einsatz erreicht ist; sie kann sich nur mit den Problemen eines begrenzten Unternehmens befassen. Deshalb ist das Grenznutzengesetz kein Argument für die unbegrenzte Ausdehnung, sondern eher für eine begrenzte, eine Ausdehnung, die sich der geringen intellektuellen Größe des Menschen anpaßt.

Jeder Produzent weiß das und folgt diesem wirtschaftlichen Gesetz, ob er es nun kennt oder nicht. Und jeder Verbraucher verfolgt eine andere Version desselben Gesetzes, das unter dem Namen *Gesetz des Verbrauchsrückganges* bekannt ist und bei dem es sich nicht um die Produktion von Gütern, sondern um die Erfüllung von Wünschen des Verbrauchers handelt. Wir könnten unseren Hunger auch mit einem zehn Einheiten schweren Stück Brot stillen. Aber wenn wir die Möglichkeit haben, hätten wir lieber nur *eine* Einheit Brot und eine Einheit von irgend etwas anderem, etwa Fleisch; eine weitere Einheit Milch, und vielleicht noch eine Einheit Mehlspeise. Nehmen wir stets je eine Einheit verschiedener Dinge statt mehrerer Einheiten eines Dinges, so entgehen wir dem *Befriedigungsrückgang*. Es würde auch den Nutzen unserer Mahlzeiten erhöhen, wenn wir sie in kleinen Einheiten zu uns nehmen.

In anderen Worten, die *Erhöhung* der Quantität, Masse, Macht oder welches Elementes auch immer, ergibt weder größere Produktivität noch größere Befriedigung. Bis zu einer bestimmten Grenze vielleicht doch! Aber jenseits dieser Grenze: nein! Es gibt eben eine Grenze. Und die ideale Grenze ist immer ziemlich eng gesteckt. Wieder hat Aristoteles die Bedeutung der Über-Größe so trefflich in seiner *Politika* aufgezeigt: „Außerdem gibt es ein bestimmtes Maß für die Größe eines Staates, wie auch für alles andere, die Tiere, Pflanzen und Werkzeuge. Auch da besitzt jedes seine Fähigkeit nur, soweit es an Kleinheit oder an Größe das Ausmaß nicht zu sehr überschreitet; sonst wird es bald seine eigentümliche Natur überhaupt verlieren oder in schlechtem Zustande sein."[23]

Dieses Zugrundegehen erleben wir heute, wenn wir versuchen, Obst und Gemüse von riesigen Ausmaßen zu züchten. Die Früchte sehen zwar äußerst attraktiv aus, sind aber nicht nur ruiniert, sondern auch unnatürlich. Es ist, als ob man eine Prämie für extreme Fettleibigkeit aussetzte, die ja, wie wir wissen, nicht zum Funktionieren des Körpers beiträgt, sondern ihm schadet. Wie wenig können wir uns darüber freuen, wenn wir Erdbeeren essen, die zwar riesengroß sind, aber wie halbvergorenes Bier schmecken? Oder bei Tomaten, die halb so groß wie Grapefruit sind, aber nach schmutzigem Wasser schmecken? Es ist ja der Geschmack, der uns beim Essen reizt, und nicht die Menge. Geschmack aber, so wie Lebensfreude, Kraft und Tüchtigkeit, wächst nicht mit der Größe. Was größer wird – natürlich, wenn wir Krafteinheiten zu fixierten Quantitäten addieren –, ist das Endprodukt, das noch lange über die Grenze des Grenznutzens hinaus wächst. Aber obwohl das nicht rühmlicher ist als die Gewichtszunahme einer Frau, nachdem sie ihr Optimalgewicht erreicht hat, lassen wir uns ständig von derselben Sache, wenn sie sich auf wirtschaftlichem Gebiet abspielt, beeindrucken, vergessen dabei aber, daß unser erstes Ziel Qualität und nicht Quantität sein sollte, nicht das Volumen einer Sache, sondern der Geschmack der Einheit, nicht die Gesamtleistung, sondern die Leistung pro Mann. Vier Arbeiter produzieren mehr Weizen als zwei, aber wenn vier gemeinsam an der Arbeit sind, auf demselben Stück Land, dann ist die Leistung jedes einzelnen viel geringer als die von nur zwei Arbeitern. Das zählt. Da das Leben aber immer gedrängter wird, können wir auch den Produktivitätsrückgang nicht verhindern. Das heißt aber nicht, daß wir unsere Aufmerksamkeit von der eisernen Realität ablenken sollten, daß unsere Einkommen ständig fallen und daß wir uns nicht immer damit trösten sollten, daß sinnlose Dinge im Ansteigen sind, wie zum Beispiel das Bruttonationalprodukt.

7. Unternehmen: groß oder klein

Wie sich in der Landwirtschaft der Ertrag pro Einheit und Arbeitseinsatz ab einem bestimmten Punkt verringert, so auch in Betrieben. Denn nach dem Grenznutzengesetz beginnt die Leistung eines Unternehmens, wenn es eine bestimmte Größe erreicht hat, im selben Verhältnis abzusinken, in dem man neu investiert, trotz der irreführenden Tatsache, daß der Gesamtertrag ständig im Ansteigen ist. Über diese grundlegende Tatsache referierte Louis Brandeis:

„Ein großer Teil aller Leute hat begriffen, daß Leistung im Unternehmen nicht ewig mit der Größe des Unternehmens wächst. Sehr oft wächst die Leistung eines Unternehmens, solange es sich vom kleinen Unternehmen zu einem großen Unternehmen entwickelt. Aber es gibt für ein Unternehmen eine bestimmte kritische Größe, ebenso wie es ein kritisches Mindestmaß gibt."[24]

Daher wird ein weiser Unternehmer seine Produktion nicht zu einem Ertragsmaximum, sondern zu einem Ertragsoptimum führen. Wie auch immer, das Optimum ist sicherlich stets geringer als das Maximum. Das Unternehmen wird nie zu einem Giganten, dessen Kräfte nicht ganz ausgenützt werden können. Wenn man nämlich sein Unternehmen bis zum letzten auspreßt, heißt das, daß man dies meist zu einem sehr hohen Preis tut; es wäre also besser, es nicht so weit zu treiben. Statt dessen sollte der Unternehmer, wenn er seine Produktion erhöhen will, eine neue Firma aufbauen, die in ihrer Mechanik von der alten unabhängig ist, und den Krieg gegen den Produktivitätsrückgang von neuem beginnen, jedoch mit neuen Kräften, indem er wieder mit dem Kleinzellensystem beginnt. Wenn die optimale Größe der zweiten Firma erreicht ist, wird er eine dritte aufbauen, oder, was noch besser ist, er überläßt die zweite und dritte Firma anderen, damit sie nicht nur arbeitsmäßig, sondern auch finanziell unabhängig ist und damit neuen Kräften und neuem Talent eine Chance gegeben werden kann. Das ist die Basis eines gesunden *Kapitalismus*. Das wichtigste Geheimnis seines Erfolges: die Konkurrenz. Und da Konkurrenz das Nebeneinandersein einer großen Anzahl einzelner Firmen bedeutet, bedeutet sie auch, daß jede einzelne Produktionseinheit notwendigerweise relativ klein sein muß. Deshalb wird auch eine gesunde kapitalistische Wirtschaft nicht auf Großplanung aufgebaut sein, sondern mehr als jedes andere System sich auf individuelle Vielfalt, das heißt auf kleine Firmen stützen.[25] Gerade das hat uns größte Vorteile und unseren Firmen die größte Leistungsfähigkeit gebracht, was wir leicht sehen können, wenn wir ein paar persönliche Erfahrungen mit unpersönlichen Fakten vergleichen.

Jeder weiß, was es heißt, in einem unserer großen Shopping Center etwas zu kaufen. Sicher, wir finden allerlei in einem einzigen Gebäude. Aber ist das wirklich vorteilhafter? Wenn es in einer der großen Städte liegt, brauchen wir oft schon eine Stunde, um es überhaupt zu erreichen. In einem überfüllten Gebäude weist uns freches Auskunftspersonal zurecht, diskrete Detektive überwachen uns, und wir werden so lange herumgestoßen, bis wir endlich an unserem Ziel angelangt sind. Dort warten wir schön brav in langen Reihen, bis wir abgefertigt werden; auf die Vorteile der individuellen Betreuung und Höflichkeit verzichtend. Statt dessen gibt es Neonzeichen auf den Balkonen; an die Busen überarbeiteter Verkäuferinnen geheftet Schildchen, die besagen, daß Sie *„in unserem Laden freundlich bedient werden"*; oder *„unsere Parole heißt Freundlichkeit"*. Das ist hiermit abgetan. Es ist sozusagen eine kollektive Entschuldigung im voraus für alle individuellen Gemeinheiten, die einem Kunden angetan werden. Aber es ist sinnlos, sich zu beschweren, denn Frechheit steht – wie jede andere soziale Untugend – in direktem Verhältnis zur Größe der sozialen Einheit, in der man sich bewegt.

Zum Mittagessen stellen wir uns an einen Platz, wo es ein übliches Anliegen ist, innerhalb von sechzig Sekunden – gleich einem Wasserfall – Besteck, Sandwichs, Kaffee und die Rechnung zu übernehmen, so daß wir innerhalb von fünf Minuten unsere Kräfte wieder aufgefüllt haben. Zum Schluß werden wir mit unglaublicher Geschwindigkeit, die uns die Knöpfe von den Mänteln reißt, wieder ausgestoßen und in eine Untergrundbahn gedrückt. Wenn wir endlich zu Hause ankommen, brauchen wir ein Dampfbad und einen Brandy, um uns wieder zu erholen. Aber wir haben eine Krawatte gekauft und zehn Cents dabei erspart und auch sonst die Vorteile, alles unter einem Dach kaufen zu können, genossen.

In einer kleinen Stadt, die sich weder Untergrundbahnen noch Großkaufhäuser leisten kann, bekommt man genau die gleichen Dinge, vielleicht zu etwas höheren Preisen, aber unter riesiger Zeit- und Energieersparnis. Wir werden nicht abgefertigt, sondern bedient. Wir werden nicht gefüttert, sondern wir essen. Jede Anstrengung bringt unverhältnismäßig mehr Befriedigung, die, wenn man sie in die Fachsprache der Wirtschaft übersetzt, größere Leistungsfähigkeit bedeutet.

Diese persönliche Erfahrung illustriert den Eindruck des Konsumenten, der seine Energien damit verschwendet, daß er in Riesenwarenhäusern in Riesenstädten einkauft, in der Illusion, daß er dabei gewinnt. Dazu einige Daten und Fakten, die den Produzenten angehen. Wenn ein Unternehmen durch die Fusion mehrerer kleiner Produktionseinheiten zu einem großen Unternehmen wird, sind wir immer durch die unglaublich hohen Produktionsziffern beeindruckt. Was wir aber übersehen, wenn wir hypnotisiert die Gesamtziffern und -mengen anstarren, ist, daß diese verschmolzenen Imperien weniger produzieren, als die vorher unabhängigen Einheiten gemeinsam produziert haben, es sei denn, sie funktionieren auf einer physisch getrennten Basis. Aber auch dann können sie nicht die unaufhaltsamen Folgen des Grenznutzengesetzes ausschalten. Um Louis Brandeis noch einmal zu zitieren:

„Die Arbeit des Menschen läuft oft den Fähigkeiten des einzelnen davon; ganz gleichgültig, wie die Organisation funktioniert, bestimmen die Fähigkeiten eines einzelnen Menschen gewöhnlich den Erfolg oder das Versagen eines bestimmten Unternehmens, nicht nur finanziell den Unternehmern gegenüber, sondern auch gegenüber der Gemeinschaft. Organisation kann oft viel dazu beitragen, daß ein Konzern leistungsfähiger wird. Aber auch die Leistungsfähigkeit hat ihre Grenzen; und Organisation kann nie Urteilskraft, Initiative, Unternehmungsgeist oder Autorität beistellen, denn diese müssen von den leitenden Angestellten kommen. Die Natur setzt eine Grenze ihrer äußersten Leistung. Wie die Deutschen sagen: ‚Es ist vorgesorgt, daß die Bäume nicht in den Himmel wachsen.‘“[26]

Eine Anzahl jüngster Studien hat ganz klar ergeben, daß der Glaube an eine größere Produktivität, Leistungsfähigkeit oder Einträglichkeit größerer Produktionseinheiten großteils ein Aberglaube ist. Der „Twentieth Century Fund“ fand auf Grund einer Einkommensstatistik für das Jahr 1919 heraus, daß die größeren Konzerne weniger als der Durchschnitt kleiner Konzerne verdienten; und daß jene mit einer Investition von mehr als 50 Millionen Dollar am wenigsten verdienten, jene mit einer Investition von weniger als 50.000 Dollar am meisten. Der Verdienst sank fast ohne Unterbrechung mit zunehmender Größe.[27] Eine andere Studie, die Industrieprofite in den Vereinigten Staaten untersuchte, fand nach einer Analyse der Daten von 2.046 Produktionsgesellschaften während der Periode

1919–1928 heraus, daß jene mit einer Investition von unter 500.000 Dollar einen größeren Ertrag hatten als jene mit mehr als 5,000.000 Dollar und doppelt so hoch als jene mit mehr als 50,000.000 Dollar.[28] Das Bild ist so gleichbleibend, daß eine Studie der *„Federal Trade Commission“*, die sie für das *„Temporary National Committee“* angestellt hatte, zu folgender Schlußfolgerung kam:

„Die Resultate aller Tests zeigen, daß die größten Betriebe im großen und ganzen schlechter abschnitten ... Weiters: Laut Testergebnis im Hinblick auf Gruppenleistungen hatten die Betriebe, die wir als mittelgroß oder klein einstuften, überwiegend Durchschnitts-Produktionskosten oder höhere Ertragsraten auf ihr investiertes Kapital zu verzeichnen als die großen Betriebe, mit welchen wir sie verglichen.“[29]

Überraschend aber war, daß (abgesehen von den wenigen Unternehmen, wie der Eisenbahn oder der Stahlindustrie, die im wesentlichen von der Massenproduktion ihrer Geräte und einer großen Organisation abhängig waren) nicht einmal die Massenproduktion von Betrieben großen Umfangs profitiert. Denn, wie die Erfahrung gezeigt hat, ist die Massenproduktionswirtschaft in Wahrheit mehr eine Frage der Spezialisierung in einer einzigen Fabrik als eine Frage der Größe des ganzen Betriebes.[30]

Noch scheint es, daß Großunternehmen in einer anderen Sparte, in der der Mythos ihnen viel mehr Erfolg zuschreibt, als die Zahlen beweisen, bedeutende Beiträge geleistet haben: in der Forschung. Nehmen wir einmal die elektrische Geräteindustrie als Beispiel für den Mangel an Erfindungsgeist in modernen Laboratorien, die die großen Unternehmen mit riesigem Geldaufwand betreiben. Mr. T. K. Quinn, selbst Großunternehmer und früher Vizepräsident der General Electric Company und Präsident der Monitor Equipment Corporation, weist darauf hin, daß nicht ein einziges neues Haushaltsgerät je von einem der großen Konzerne erfunden wurde – weder die erste Waschmaschine, Elektroherd, Trockner, Bügeleisen oder Bügelapparat, elektrische Lampe, Eiskasten, Radio, Toaster, Ventilator, Thermophor, Rasierapparat, Rasenmäher, Tiefkühlgerät, Klimaanlage, Staubsauber, Geschirrspüler oder Griller. Die Leistung der Giganten besteht aus Einsteigen, Aufkaufen und Absorbieren.[31]

Aus all diesen Gründen sind es gerade die Wirtschaftswissenschafter, die aufs neue entdecken, wie wertvoll das *Kleine-Einheiten-*

Prinzip ist, und die ein vielzelliges Arrangement mit so vielen unabhängigen Unternehmern vorschlagen, als wirtschaftlich tragbar ist, weil es viel gesünder, produktiver, leistungsfähiger und profitabler ist als jenes Prinzip, das lauter Riesenkonzerne schafft, die sich über die ganze Welt ergießen, ohne Grenzen anzuerkennen. Sie entdecken auch wieder, daß das Grenznutzengesetz mehr als eine bloße Formulierung ist, die man in den ersten Stunden einer Wirtschaftsschule durchnimmt. Es ist grundlegend. Bis zu einem bestimmten Punkt bedeutet das Addieren einzelner Einheiten produktiver Faktoren, wie bei zusätzlicher Nahrung für den menschlichen Körper, ein Zunehmen schöpferischer Kraft. Danach aber wird daraus steriles Fett. Vor der Erreichung optimaler Größe, sei es in Gesellschaften oder in Gewerkschaften, dienen solche Zuwächse der Erfüllung wirtschaftlicher Funktionen, danach aber werden sie verzettelt in persönlicher und politischer Ausschweifung, in unnötigen Spekulationen, in unzulässiger politischer Plänkelei, in ebenso unzulässiger Machtentfaltung oder in der verschwenderischsten aller wirtschaftlichen Beschäftigungen: der Errichtung eines sinnlosen Sicherheitsgürtels, mit welchem übergroße Betriebe sich gerne umgeben, um Katastrophen standhalten zu können, die vielleicht nie stattfinden oder, wenn sie stattfinden, nicht überwunden werden können.

Kapitalistische Theoretiker und sogar kapitalistische Geschäftsleute sind deshalb schon dort angelangt, wo sie wirtschaftliche Konzentration verneinen, statt sie zu unterstützen, und viele haben eine bösartige Geistererscheinung heraufbeschworen, wenn sie die Konzentration zum äußersten getrieben hatten, nämlich zum Monopol. Aber was bedeutet Monopol in der Welt der Wirtschaft? Nicht mehr als das, was jede große Macht in ihrer politischen Welt bedeutet. Es schränkt die Produktion materieller Güter ein und zwingt uns undifferenzierte und standardisierte Güter auf, so wie eine große Macht unsere intellektuelle Produktion einschränkt und uns zu standardisierten Platitüden zwingt. Aber das Problem der Macht manifestiert sich immer auf dieselbe Art, ob es jetzt auf der physischen, wirtschaftlichen oder politischen Ebene liegt. Wie Professor Henry Simon es beschrieb:

„Niemandem und keiner Gruppe kann man viel Macht anvertrauen; und es ist einfach dumm, wenn wir uns beschweren, weil sich eine Gruppe der Macht egoistisch bedient. Der Fehler liegt darin, sie ihnen überhaupt gegeben zu haben. Uneingeschränkte Macht muß immer mißbraucht werden. Sie kann nicht gebraucht, sondern nur mißbraucht werden."[32]

Nun sind wir wieder beim Problem der Macht angelangt, und wieder drängt sich die Folgerung auf, daß die einzige Art, sie handzuhaben, nicht darin besteht, sie zu kontrollieren, weil sie von Natur aus unkontrollierbar ist, sondern das abzuschneiden, was zu groß geworden ist. Auch unsere Makro-Ökonomen sind für das Abschneiden, aber am falschen Ende. Sie versuchen, die Umschichtungsprobleme, die sich aus der ungleichen Ansammlung von Reichtum und Elend ergeben, dadurch zu lösen, indem sie die Konsequenzen bekämpfen statt die Ursachen. Immer haben sie neue Ideen, wie man das Einkommen, das aus dem schnellen Strom der Produktion in stehendes Gewässer abgeleitet wurde, parzellieren, wieder zerteilen und neu verteilen könnte. Statt dessen aber sollte man nicht das Einkommen aus der Produktion zerteilen, sondern die Größe der produktiven Einheit. Denn in kleinen Firmen kann nur wenig sich in stillen Gewässern akkumulieren. Es wäre also nur nötig, die zu groß gewachsenen Einheitsbetriebe kleiner, beweglicher und vielseitiger zu machen. Auf diese Weise würde die richtige Verteilung des Einkommens, mit Recht eine der wichtigsten Voraussetzungen einer gesunden Wirtschaft und eine gute Vorbeugungspolitik gegen besonders arge zyklische Schwankungen, nicht die Zeit eines einzigen Reform-Ökonomen beanspruchen. Denn es würde sich *automatisch* aus der richtigen und gut ausgewogenen Verteilung der Produktionseinheiten ergeben. Ein Kleinzellensystem hat immer und überall einen großen Vorteil: Es löst die Probleme, die keine Planung bewältigen kann, wenn sie in großem Maße auftreten, indem man sie auf jene Verhältnisse reduziert, in welchen sie sich von selbst lösen.

8. Wirtschaftlicher Zusammenschluß

Wir sehen also, daß es weder nach wirtschaftlicher Erfahrung noch in wirtschaftlicher Theorie angezeigt ist, daß große, vereinte, territoriale Einheiten zu einer gesunden Entwicklung notwendig sind.

Wenn die produktivste Form von Betrieben in fast allen Gebieten die kleine Einheit ist, dann ist kein Grund vorhanden, es mit einem gigantischen einheitlichen Hinterland zu umgeben. Als Resultat wird eine Klein-Wirtschaft, obwohl sie nicht unbedingt eine Kleinstaatumgebung braucht, dadurch nicht beeinträchtigt. Sie repräsentiert das gleiche wirtschaftlich, was ein kleiner Staat politisch repräsentiert, und ist aus denselben Gründen auch gesund. Es ist deshalb paradox, daß diejenigen, die schon entdeckt haben, daß Schwäche mit wirtschaftlicher Größe zusammenhängt, und die jetzt ausgezogen sind, um Großbetriebe und Trusts zu praktikablen kleinen Betrieben zu zerschlagen, auf politischer Ebene genau das Gegenteil vertreten. Da hat nämlich die Konzentration sie so gefangengenommen, daß sie nichts so sehr befriedigen könnte wie die Vision einer Riesen-Holdinggesellschaft eines Weltstaates. Wirtschaftlich gesprochen, mehr als von irgendeiner anderen Warte, würde es sich jedoch mit unseren Idealen eher vertragen, wenn wir Tausende kleine Staaten hätten als einen großen: wenn unsere Ideale individualistischer Art sind. Für einen Kollektivisten ist das sicher anders. Aber sogar Kollektivisten und Totalitaristen scheinen kleine, sich selbst versorgende regionale Ökonomien dem unkontrollierbaren Großraumzentralismus vorzuziehen, wie jüngste Versuche in der Sowjetunion gezeigt haben.

All das deutet darauf hin, daß die Wirtschaft, die das Hauptargument für die Vereinigung der Menschheit in Großraumordnungen, ja sogar in einen Weltstaat liefern sollte, tatsächlich mit dem Grenznutzengesetz das Argument für Kleinzellenstaaten liefert. Statt zentralisierter Integration weist es darauf hin nicht als Prinzip der Reaktion, sondern als Prinzip des Fortschritts, daß alle Organismen, wie Trusts, Kartelle, Märkte oder Großmächte, vom Krebsgeschwür der Übergröße befallen sind.

Die Aufgabe der heutigen großen Einheitssysteme der großen Mächte aber würde nicht notwendigerweise die Zerstörung aller wirtschaftlichen Einheiten bedeuten, genauso, wie die Aufgabe einer zentralisierten Diktatur zugunsten einer *individuellen* Selbstbestimmung nicht die Zerstörung aller früheren *sozialen* Bande bedeutet. In anderen Worten bedeutet politischer Partikularismus nicht automatisch wirtschaftlichen Partikularismus, wie wir sehr gut in den Vereinigten Staaten sehen können oder in der wirtschaftlichen Zusammenarbeit der sonst ganz unabhängigen Benelux-Staaten. Er beinhaltet keinesfalls die Neuerrichtung irgendwelcher *künstlicher* wirtschaftlicher Hindernisse, wie Zölle, Verkehrsbarrieren entlang der politischen Grenze kleiner Staaten.

Es ist dieser Alptraum der Wiedereinführung von Grenzen, der die Einheitstheoretiker so bedrückt, aber nur, weil sie sich nicht vorstellen können, daß Grenzen nicht notwendigerweise Barrieren bedeuten und daß sie ohne den Beigeschmack einer Barriere die Quelle unseres Glücks und nicht unseres Unglücks sind. Deshalb treiben uns unsere Instinkte immer danach, Grenzen zu errichten, nicht aber, sie niederzureißen. Wir ziehen sie um unsere Gärten als Zäune und in unseren Häusern in Form von Wänden, die unsere Zimmer trennen. In den Häfen errichten wir Dämme, um die Stürme abzuwehren. Grenzen sind Schutzräume, und deshalb müssen sie uns nahe sein und eng. Sie aus der Gesellschaft herauszureißen wäre so, als würde man den Panzer einer Schildkröte von ihrem Leibe reißen oder das Ufer vom Ozean. Aber Grenzen sind keine Barrieren. Was wir vom Hafen fernhalten wollen, ist der Sturm, aber nicht das Meer. Wenn man aus einer schützenden Grenze eine Barriere macht, würde das heißen, daß man das Meer mit dem Sturm ausschließen würde, was den Sinn zum Unsinn machte.

Es sind Barrieren also, die sich in der Entwicklung der Menschheit unheilvoll auswirken, nicht die schützenden Grenzen, deren Funktion es ist, die Dinge in gesunden Bahnen zu halten. Und Barrieren, die man als unnatürliche Grenzen bezeichnen könnte, würden paradoxerweise sinnlos werden in einem idealen Staat eines konkurrenzierenden Kapitalismus, wo jede Geschäftseinheit ihre eigenen Grenzen zieht, bis sie auf die Kräfte der Konkurrenz trifft. Das ideale Bild einer Kleinstaatenwelt wäre demnach ein Ort der frei atmenden, wechselnden, selbstkontrollierten Grenzen, aber frei von allen unnatürlichen Hindernissen, wie Zoll- und Verkehrsbarrieren.

Überraschenderweise wäre das Resultat eines wirtschaftlichen Kleinzellensystems der Zerfall der echten wirtschaftlichen Hindernisse: Denn die Verkehrs- und die Handelsbarrieren würden ihren Sinn verlieren, ohne zur gleichen Zeit die politischen oder andere natürliche Grenzen zu zerstören. Die neue Wirtschaftskarte von Europa zum Beispiel würde überhaupt keine Grenzen zeigen. Es könnte sogar etwas werden, was die Ökonomen eine *Zollunion* nennen, ein Gebiet, das dem Warenfluß keine Hindernisse mehr in den Weg legt. Es wäre eine einzige Region, aber keine vereinigte Region. Es würde aus einer Reihe sich überlappender Kreise bestehen, manche kleiner, manche größer, die die wirtschaftlichen Bereiche der einzelnen Firmen anzeigen würden. Jede Firma würde so ihre eigene Geschäftsnation darstellen. Lokale Händler hätten dann, was sie sowieso schon haben: eine Grenze von ein paar Kilometern; die Großhändler, die durch den Mechanismus der Konkurrenz in einer optimalen Größe gehalten würden, hätten vielleicht ein paar hundert Kilometer. Sie könnten mit ihren Geschäften über die politischen Grenzen hinaus reagieren. Einige Firmen, die besonders seltene Produkte erzeugen, hätten einen Diameter von ein paar tausend Kilometern. Letztlich hätten einige, die von Natur aus schon ganze Kontinente oder die ganze Welt beliefern, sowie einige Transport- und Kommunikationsfirmen ganze Kontinente oder die ganze Welt als ihre wirtschaftliche Domäne. Auf diese Weise entstünde eine Verflechtung der wirtschaftlichen Gebiete, jedes seine Größe dem Zweck anpassend, und jedes würde sich ohne politische Einwirkung entwickeln. So gelangen wir zu einer besonderen Einheit, die akzeptabel ist, da sie keine machtaufbauenden Organisationsformen beinhaltet, mit all deren Gefahren, sondern eine physische Einheit mehrerer aneinandergrenzender Gebiete und Marktflecken darstellt. Hier hat Einheit Sinn. Erstens existiert sie, mit und ohne Grenzen. Zweitens, da sie eine Realität ist, muß sie versorgt werden, und so entsteht fast automatisch ein eigenes Versorgungssystem, über alle vom Menschen erfundenen Grenzen hinweg. Solche internationale Service-Gemeinschaften sind zum Beispiel die „International Dining and Sleeping Car Company", die Internationale Postunion oder die Montanunion. Sie gleichen den natürlichen Monopolen[33] der heimischen Wirtschaftsstrukturen und sind als solche nur Produktionseinheiten: eine Großraumentwicklung ist hier berechtigt. Ihre Funktion aber ist nicht, Produktions- oder politische Einheiten zu verbinden, sondern, im Gegenteil, sie mit den Mitteln zu versorgen, damit sie getrennt und klein bleiben können. Sie sind dazu da, um zu verbinden, nicht um zu fusionieren, sind da, um anzupassen, und nicht, um zusammenzuschließen – Straßen, die durch das Flickwerk der Felder laufen, sind nicht da, um alles zu einem großen Besitz zu vereinen, sondern um sicherzustellen, daß das jeweils unabhängige Eigentumsrecht und die Aufrechterhaltung des Vertriebs gewährleistet sind. Zusammenfassend können wir also sagen, daß sogar die Wirtschaft keine Argumente mehr gegen eine Kleinstaatenwelt aufbringt. Denn sogar im Bereich der Wirtschaft scheint das einzig ausschlaggebende Problem das Problem der Über-Größe zu sein, was nahelegt, daß die Lösung nicht im Wachstum, sondern in der Beschränkung des Wachstums, nicht in der Vereinigung, sondern in der Aufteilung liegt. Wir haben festgestellt, daß ein hoher Lebensstandard in großen Staaten eine makroökonomische Illusion darstellt, aber eine mikroökonomische Realität in reifen kleinen Staaten darstellt. Wir haben ferner festgestellt, daß in dem Maß, in dem die Größe einer Produktionseinheit wächst, ihre Produktivität letztlich absinkt, bis sie, statt Energie zu erzeugen, nur noch Fett ansetzt. Wir haben festgestellt, daß der Grund hierfür in dem Gesetz des Produktivitätsrückganges liegt, das jedem Ding Grenzen der Größe auferlegt. Und schließlich haben wir das einzige Gebiet entdeckt, auf dem Vereinigung einen Zweck hat: internationale Zoll- und Dienstleistungsgemeinschaften. Aber sogar in ihrem Fall haben wir gesehen, daß ihr Zweck nicht darin liegt, die scheinbar altmodischen vielfältigen Kleinstaatenmächte mit ihren beeindruckenden Begrenzungen, Gewohnheiten, Geschmäckern, ihrer Erziehung, Kunst, Musik, Philosophie, Literatur und Cuisine zu verneinen – sondern im Gegenteil, diesen zu dienen und sie zu erhalten.

KAPITEL IX

Vereinigung durch Teilung

„Diese Ungeheuer Nationalismus und Merkantilismus müssen zerstört werden.“

Henry C. Simons

Kleinheit, der Quell der Glückseligkeit – Das bezauberndste Bildnis Gottes: ein Kind in den Armen Marias – Das Kleinzellenprinzip als Prinzip des Staatenbundes – Erfolgreiche Föderation: die Vereinigten Staaten, die Schweiz, das Heilige Römische Reich – Erfolglose Föderationen: der Völkerbund, der Vor-Bismarcksche deutsche Bundesstaat, die Vereinten Nationen, die Indonesische Staatengemeinschaft – Der Grund ihrer Erfolglosigkeit – Krebs: Das Kleinzellenprinzip als Prinzip jeder Regierung – Seine Anwendung in zentralisierten Staaten: Großbritannien, Frankreich, Hitlers Deutschland – Seine Anwendung in Städten – Die Notwendigkeit der Zergliederung der Großmächte, wenn die Vereinten Nationen überleben sollen

---

DIE VERWALTUNGSFRAGE

Bis jetzt haben wir uns bemüht, das Prinzip der kleinen Zelle als grundlegendes Prinzip der Gesundheit und das Prinzip der Teilung als das grundlegende Prinzip der Heilung darzustellen. Indem wir bei beiden die wichtigsten Manifestationen untersucht haben, konnten wir feststellen, daß fast alle Probleme sich auf unproblematische Proportionen verringern, wenn der Organismus, deren Teil sie sind, sich in seiner Größe reduziert. Das ist der Grund, warum wir in unseren kleinsten sozialen Einheiten wie Familie, Dorf, Bezirk oder Provinz, fast immer glücklich sein können, auch wenn wir nicht übermäßig begabt sind. Eigentlich sind dies die einzigen Einheiten, in denen wir überhaupt glücklich sein können. Denn dort kommen keine Probleme auf, die nicht leicht behoben werden können.

Aber wenn wir einmal unseren Blick über den Horizont hinausschweifen lassen und unsere Zuneigung auf riesige Menschenmengen wie ganze Nationen oder sogar die ganze Menschheit ausweiten, beginnt uns alles zu entgleiten. Was uns gehörte im Teich, verliert sich im Meer, und unsere einst ruhigen Gemüter werden heute dauernd von Störungen beeinflußt, deren Ausmaß sich ununterbrochen ausbreitet. In unseren Dörfern gibt es vielleicht einmal alle zehn Jahre einen aufregenden Mord. Die restliche Zeit leben wir unerschüttert in Frieden. In einer großen Gemeinde jedoch gibt es stündlich Mord, Vergewaltigung und Raub an irgendeinem entlegenen Ort. Da wir aber mit jedem entlegenen Ort verbunden sind, wird aus jedem lokalen Ereignis ein Problem, eine Streitfrage, eine nationale Kalamität, die unseren Himmel verdüstert, nicht einmal in zehn Jahren, sondern am laufenden Band. Aus unserer Lokalzeitung ersehen wir, daß sich keiner der großen Unglücksfälle, die die Welt erschüttern, in unserer eigenen Stadt ereignet. Wir müssen aber leiden, weil unsere Einheitsfanatiker uns zwingen, an Millionen von Schicksalen teilzunehmen, die nicht die unseren sind. Das ist der Preis, den wir für das moderne Großraumleben bezahlen müssen. Weil wir die gesamte Menschheit an unsere besorgte Brust drücken, müssen wir ihr ganzes Elend teilen.

Also scheint es, daß Größe der eigentliche Grund unseres Unglücks ist und Kleinheit der Quell unserer Glückseligkeit. Das ist es auch, warum wir uns Gott nicht als eine riesige Unendlichkeit vorstellen, die wir nicht begreifen können, sondern als Individuum. Ja, unser bezauberndstes Bild von Ihm ist das eines Kindes, eines Babys, in den Armen Marias. Um Ihn in der Kleinheit unserer Person aufzunehmen, müssen wir Ihn uns auch als Person vorstellen. Wie Er uns nach Seinem Ebenbild erschaffen hat, so haben wir Ihn nach unserem erschaffen. Unsere höchste Vorstellung von Macht, Weisheit, Gerechtigkeit und Liebe erstreckt sich nicht auf etwas, das als Gruppe oder Nation existiert, von denen so viele unserer Politiker sagen, daß sie wichtiger sind als der einzelne Bürger, sondern auf jemand, der als scharf umrissenes Individuum lebt. Nur der Kollektivist denkt hier anders. Sein Gott ist so unpersönlich wie die Massen, die er vergöttert – die Partei, das Volk, der Staat oder die Menschheit.

Dieses dauernde Beharren auf Kleinheit verärgert unsere globalen Einheitsfanatiker, denen alles, was groß ist, auch erhaben scheint. Aber da der Weg zur Größe kein Ende hat, und da die Einheitsfanatiker kein Ding finden, das sich nicht doch noch vergrößern ließe, können sie nirgends landen außer in der Irrenanstalt der Unendlichkeit. Dort machen sie sich die größten Sorgen über die Menschheit und hören niemals auf mit ihrem Gejammer, da es immer irgendwo etwas gibt, worüber man sich sorgen kann. Sie können keine ruhige Minute genießen, sie müssen ununterbrochen ihre derzeitigen Probleme in die Zukunft versetzen und damit künftiges Elend vorwegnehmen, um die Gegenwart doppelt sauer zu machen; sie beschwören Gefahren herauf, die noch gar nicht existieren, aber durch die Vorausahnung leiden sie schon jetzt darunter. Sie versuchen, die Probleme aller künftigen Generationen zu lösen, und sterben daran, weil sie nicht imstande sind, mit ihren eigenen fertig zu werden. Wie die unglücklichen Bewohner von Laputa „sind sie dauernd so beunruhigt durch die Vorahnung dieser und ähnlicher bevorstehender Gefahren, daß sie weder ruhig schlafen noch die alltäglichen Annehmlichkeiten oder Unterhaltungen des Lebens genießen können". Jetzt haben wir uns jedoch in eine eigenartige Position versetzt. Nachdem wir die Ziele der Vereiniger und Einheitsfanatiker mißbilligt und das Kleine auf das Podest gestellt haben, von dem wir versuchten, das Große zu stürzen, sind wir an einem Punkt angelangt, an dem uns die Welteinheitsfanatiker noch loben werden. Denn die Prinzipien der Kleinheit und Teilung, die so viele andere Probleme lösen, lösen auch das Problem der Vereinigung. Sie sind eigentlich die grundlegendsten Prinzipien, die allen *erfolgreichen* regionalen oder kontinentalen Vereinigungen, internationalen Föderationen oder Weltstaaten zugrunde liegen. Nur *kleine* Staaten können sich zu gesünderen, größeren Organismen vereinigen. Nur *kleine* Staaten sind föderalisierbar. Wo immer sich ein großer Staat an einem Staatenbund beteiligt, kann dieser Bund nicht von Dauer sein. Im Laufe der Zeit wird er entweder ein zentralisierter Staat werden, der im Interesse seines größten Mitgliedstaates wirkt, oder er zerbricht in seine verschiedenen Teile, sobald der unmittelbare Anlaß für seine Gründung – wie zum Beispiel Angst vor einem gemeinsamen Feind – verschwunden ist. Wenn der Wunsch zu überleben dennoch vorhanden ist, kann er nur durch die Anwendung des Teilungsprinzips von all den übermäßig großen Mitgliedstaaten verwirklicht werden, denn diese Staaten sind bei einer Föderation so etwas wie Krebsgeschwülste an einem menschlichen Körper. Diese Teilung mag nicht möglich sein. Aber wenn große Staaten wie die Mitglieder der Vereinten Nationen, des Nordatlantikpakts oder des Europarats teilnehmen und nicht zerteilt werden können, kann ihre Vereinigung nicht dauerhaft sein, auch wenn es technisch möglich ist, sie zu gründen. Das einzige, was eine bleibende Vereinigung gewährleisten kann, ist ein krebsfreies Kleinzellenmodell.

1. *Erfolgreiche föderalistische Experimente*

Um dies besser zu verstehen, wollen wir zuerst einige erfolgreiche und dann einige erfolglose Vereinigungen untersuchen. Die beiden hervorragendsten Beispiele der ersten Kategorie sind die Vereinigten Staaten und die Schweiz, deren Regierungen außer in Krisenzeiten so schwach sind, daß das Geheimnis ihres Zusammenhaltens viele politische Theoretiker, die eine Formel für Vereinigungen suchten, vor ein Rätsel gestellt hat. Da sie anscheinend fast aus ihrer eigenen Triebkraft funktionieren, ohne einer starken Regierung zu bedürfen, die sie zusammenhält, kam man zu dem Schluß, daß das Geheimnis ihres Erfolges der gute Wille ihrer Bürger und die gemeinsame kulturelle Grundlage ihrer Völker sei. Als Resultat ist es das erste Ziel jedes Welteinigers, den guten Willen auf Erden herzustellen sowie eine gemeinsame kulturelle Basis, „unabhängig von Rasse, Farbe und Geschlecht". Dazu dienen solche Apparate wie die UNESCO, deren eifrige Vertreter des Evangeliums der Einheitlichkeit mit entsprechender Abscheu von einem geistreichen Franzosen „jene Leute ohne Rasse, ohne Farbe, ohne Geschlecht" genannt worden sind.

Jedoch weder die Vereinigten Staaten noch die Schweiz sind auf gutem Willen oder gemeinsamen kulturellen Grundlagen aufgebaut. Wenn sie es wären, wären sie nicht nur schon längst zusammengebrochen; sie wären von vornherein nie gegründet worden. Warum sollten die Völker der Schweiz ein Bündnis eingehen mit Fremden anstatt mit ihren deutschen, französischen und italienischen Blutsverwandten? Und warum hat sich Amerika von England entfernt, mit dem es noch heute eine gemeinsame Kultur verbindet? Kulturelle Bindungen sind für politische Bündnisse so irrelevant, so daß George Bernard Shaw mit Recht die tiefliegende Feindseligkeit, die die Engländer von den Amerikanern trennt, darauf zurückführt, daß sie nicht eine andere, sondern dieselbe Sprache sprechen und daß sie nicht nach gegensätzlichen, sondern nach denselben Idealen strebten.

Die große Lehre, die man aus den Vereinigungen der Schweizer oder der Amerikaner ziehen kann, ist nicht guter Wille oder gemeinsames Kulturgut, das ihnen zum Erfolg verhalf, sondern daß beide trotz schwerer Ausbrüche von *bösem* Willen und, wie in der Schweiz, sogar in Abwesenheit eines gemeinsamen Kulturgutes erfolgreich waren. Weder der eine noch der andere Staat ist ein Schönwetterstaat, der sich auf die immerwährend fromme Veranlagung und überirdische politische Weisheit seiner Bürger verläßt. Im Gegenteil! Ihre Grundlage ist von einer solchen inhärenten Festigkeit, daß – im Gegensatz zu den Vereinten Nationen, die bei der leisesten Schwierigkeit zusammenzubrechen drohen, obwohl sie sich brüsten, daß dort die größte Anzahl von diplomatischem Talent der ganzen Welt versammelt sei – sie imstande sind, fast jede Spannung oder jeden politischen Schwachsinn ohne die geringste nachteilige Auswirkung zu bewältigen.

Wie bereits angedeutet, ist der Grund ihres Erfolges sehr einfach. Es ist nicht, daß die beteiligten Einheiten nicht den Wunsch hätten, sich von der Vereinigung zu trennen. Dies ist aus den vielen sezessionistischen Meinungen ersichtlich, die mit unverhohlenem Genuß in Gebieten wie Oberst McCormicks Mittelwesten oder in Texas geäußert werden. Sie sind nicht in der Lage, sich loszulösen. Und sie sind dazu nicht in der Lage, weil ihre Vereinigungen auf einem Modell aufgebaut sind, das nicht von politischen Krebsgeschwüren befallen ist. Weder die Vereinigten Staaten noch die Schweiz (eines der größten und eines der kleinsten Länder der Welt) besitzen unter ihren Mitgliedern ein einziges, das stark genug wäre, die föderalistische Autorität wirkungsvoll in Frage zu stellen. Denn ob absichtlich oder durch Zufall haben beide in ihrer Struktur das gesundheitserhaltende Prinzip der kleinen Zelle beibehalten. Und das ist es, was den Erfolg gewährleistet, nicht Weisheit, Wille oder Kultur. Warum?

Das grundlegende Problem jeder Bundesregierung ist der Besitz von genügend Verwaltungsbeamten, um ihre Gesetze in allen Bundesländern durchzusetzen. Um erfolgreich zu sein, muß sie etwas stärker sein als das stärkste Bundesland. Dies ist nicht politische Theorie, sondern verwaltungsmäßige Arithmetik. In einer Kleinzellenorganisation ist die Überlegenheit der föderalistischen Macht seinem stärksten Land gegenüber leicht gegeben, da auch die stärkste Einheit schwach ist. In einer *Groß*-Machtordnung jedoch ist dies mehr oder weniger unmöglich. Erstens wären die Kosten der dafür nötigen Polizei untragbar. Zweitens wäre keines der mächtigen Mitglieder bereit, eine Exekutive zu finanzieren, die imstande wäre, seine eigene Position zu gefährden. Und die kleinen Mitgliedsländer könnten keinesfalls das Defizit der großen ausgleichen. Daher liegt die klägliche Betonung der Großmachtvereinigungen, wie zum Beispiel der Vereinten Nationen oder des Europarates, auf ihrem guten Willen. Aber der gute Wille hat keine Exekutive, und ohne Exekutive gibt es kein politisches Organ. Demgemäß können Großmachtvereinigungen nur von Gnaden ihrer großen Mitgliedstaaten leben. Diese können sie jederzeit mit einem Veto vernichten, und das tun sie auch, wenn ihnen danach zumute ist.

Wie wesentlich das Kleinzellenprinzip im Hinblick auf den Erfolg von Bündnissen ist, können wir erkennen, wenn wir uns vorstellen, was geschehen würde, wenn zum Beispiel die Vereinigten Staaten, derzeit ein Flickwerk von einem halben Hundert kleiner Staaten, sich entschließen würden, auf das Großzellenprinzip überzugehen. Wir würden dann wie folgt argumentieren: „Schaffen wir den ganzen Haufen uneinheitlicher politischer Gebilde ab, die kostspielige Vervielfältigung lokaler Regierungen, Legislaturen, Gerichtshöfe und Gesetze. Vereinfachen wir ihre Organisation, indem wir ihre Zahl auf vier oder fünf regional integrierte Einheiten verringern. Dies wäre um so vernünftiger, als, *wirtschaftlich* gesehen, die Vereinigten Staaten sich von vornherein nicht in rund fünfzig, sondern nur in vier oder fünf Regionen aufteilen."

Was wäre das Resultat einer solchen Gliederung, die, wie wir sofort erkennen, ungefähr dem Modell entspricht, das die Welteneiniger in noch größerem Ausmaß propagieren? Auch sie befürworten die Gründung von vorerst regionalen Vereinigungen durch Weglassung von bestehenden staatlichen Einheiten und dann deren endgültige Zusammenlegung in eine Supervereinigung. Wendet man es auf die Vereinigten Staaten an, wäre dies das Ende der Vereinig ten Staaten. Die Emotionen der Dissidenten und Sezessionisten, wie sie charakteristisch sind für alle Föderalisten oder Provinzler, aber völlig harmlos in kleinen politischen Einheiten, würden in größeren Mengen so erschreckende Proportionen annehmen, daß man sie nicht mehr bändigen könnte. Während die ganze Welt darüber lachte, als der verstorbene Oberst McCormick von Illinois, eine wichtige Figur in einem unwichtigen Staat, die Mitglieder der nationalen Regierung in Washington „diese Ausländer" nannte, wäre dieselbe Welt von panischem Schrecken erfüllt gewesen, wenn derselbe Oberst dasselbe gesagt hätte als wichtige Figur eines *wichtigen* vereinigten und großen Mittelweststaates. Sein Ausspruch hätte dann vielleicht tatsächlich die Mitglieder der Regierung in Washington in Ausländer verwandelt. Und während ein Huey Long oder Herman Talmadge selbst einer schwachen Bundesregierung nur geringfügige Probleme hatten bereiten können, solange sie sich in Louisiana oder Georgia befanden, als Gouverneure eines großen Südstaates, der glücklicherweise nicht existiert, wären sie schauerliche Hitler-Figuren gewesen, die nicht einmal eine mächtige Bundesregierung hätte bändigen können.

Um seine Gesetze durchzudrücken, muß Washington, als Hauptstadt eines Kleinstaatenbundes, lediglich stärker sein als New York, ein Staat, der sich wie ein Riese ausnimmt, wenn man ihn mit dem winzigen Rhode Island vergleicht, der aber dennoch unwesentlich ist im Verhältnis zur gesamten Union. Als Hauptstadt eines *Groß*machtbundes jedoch, der aus vier oder fünf Mitgliedern besteht, darunter, sagen wir, ein Mittelweststaat von 50 Millionen Einwohnern, würde New York unmöglich die Vollstreckungsorgane aufbringen können, solche Ungeheuer zusammenzuhalten. Wie die Vereinten Nationen könnte sie nur mit der Billigung ihrer Großen Vier oder Fünf funktionieren, die nicht nur das Recht für sich beanspruchen, um gegen irgendeine oder alle Entscheidungen des Bundes ein Veto einzulegen, und selbst wenn es nicht anerkannt würde, es dennoch ausüben. Denn das Veto basiert nicht auf Recht, sondern auf Macht – ein Zustand, der sich der regulierenden Autorität auch der stärksten Bundesregierung entzieht.

Eine vereinfachte Großstaatenorganisation auf dem Boden der derzeitigen Vereinigten Staaten würde daher nicht einen leistungsfähigeren Bund begünstigen, wie man vielfach glaubt, sondern den bestehenden vernichten, indem sich das rein mathematische Problem der Einhaltung der Bundesgesetze als unlösbar erweisen würde. Anstatt eine reibungslosere Abwicklung zu gewährleisten, würde es ein Gegenstück zur europäischen Erfahrung von ununterbrochenem Zwist und Krieg werden. Und tatsächlich gab es damals – als die amerikanische Union am Anfang nur aus so wenigen Mitgliedern bestand, daß einige davon als quasi Großmächte im Vergleich zu anderen angesehen werden konnten – unter den Staaten manchmal so feindschaftliche Gefühle, daß sie oft so intensiv waren wie jene, die sich gegen England richteten, und Kriegsdrohungen und sezessionistische Bewegungen waren so alltäglich, wie sie heute selten sind. Wenn das alles in unserer Zeit undenkbar scheint, ist dies nicht, weil wir gescheiter geworden sind, sondern weil die Macht der regionalen Ambitionen – unter der Einwirkung unseres derzeitig hermetisch verschlossenen, abgegrenzten Kleinstaatenmodells – geringer ist. Aber wenn mitten im Wachstum eine Anzahl von Staaten, die bis dahin lediglich durch Washington verbunden waren, plötzlich in ein krebsartiges regionales Modell verschmilzt, droht nicht nur der Bund zusammenzubrechen; die vereinfachte Nord-Süd-Trennung präsentierte der Welt eine der größten Katastrophen, den Amerikanischen Bürgerkrieg von 1861. Gleiche Bildung, gleiche Sprache, gleiche Geschichte, gleiche Helden, der gute Wille – sie alle erwiesen sich als bedeutungslose Vorzüge gegenüber den Verwaltungsproblemen, die weder auf Unzulänglichkeiten der menschlichen Natur noch auf lokale Feindschaften zurückzuführen waren, sondern auf das Gewicht, das man ihnen verlieh durch das übermäßige Wachstum ihrer integrierten Provinzen.[1]

Ein ähnliches Bild ergibt sich, wenn wir den hervorragend funktionierenden Schweizer Bund betrachten, den so viele unserer politischen Experten gerne aus den falschen Gründen loben. Sie zeigen ihn der Welt als Beispiel des friedlichen Zusammenlebens von einigen der unterschiedlichsten Völker der Erde. Tatsächlich ist aber nichts weiter von der Wahrheit entfernt. Die Prozentsätze der drei Nationalgruppen der Schweiz (unter Außerachtlassung der rätoromanischen, ihrer winzigen vierten Nationalität) sind ungefähr: 70 Prozent deutsch, 20 Prozent französisch und 10 Prozent italienisch sprechende Bevölkerung. Wenn das die Grundlage ihrer berühmten Union wäre, so wäre das Ergebnis, daß der große deutsch sprechende Block gegenüber den anderen Nationalitäten, die auf den logischen Status von Minderheiten degradiert würden, die Regierungsgewalt ausübte, da sie ja tatsächlich nicht mehr als 30 Prozent der Gesamtbevölkerung ausmachen. Die Regeln der Demokratie würden eine solche Entwicklung nicht verhindern, sondern befürworten, und die Rechtfertigung für die französisch und italienisch sprechenden Gemeinden, in einem hauptsächlich deutschsprachigen Unternehmen zu bleiben, wäre nicht mehr vorhanden. Ein Bündnis dieser Art wäre nicht erfolgreicher gewesen als ein Bündnis der Nationalstaaten Deutschland, Frankreich und Italien.

Aber die Gründe des Schweizer Erfolgs liegen nicht darin, daß sie ein Bund von drei Nationalitäten ist, sondern ein Bund von zweiundzwanzig Ländern, den Kantonen, die, anstatt ihre ungleichen nationalen Blöcke zu vereinen, diese in so viele kleine Stücke zerteilt haben, daß keine einzelne Bundeseinheit größenmäßig einer anderen überlegen ist. Dadurch wurde die wesentliche Vorbedingung jedes gutfunktionierenden Staatenbundes geschaffen: ein Modell, das Harmonie und Lenkbarkeit bietet, indem es das physische und zahlenmäßige Gleichgewicht aller Teilnehmer garantiert, und zwar in einem Umfang, der klein genug ist, um auch einer schwachen Zentralbehörde die Möglichkeit zu geben, ihre Entscheidungen zu exekutieren.

Die Größe der Schweizer Idee ist daher die Kleinheit der Zellen, aus denen sie ihre Garantien erhält. Der Schweizer aus Genf steht dem Schweizer aus Zürich nicht wie ein Franzose einem deutschen Verbündeten gegenüber, sondern als Verbündeter der Republik Genf einem Verbündeten der Republik Zürich. Der Bürger des deutsch sprechenden Uri ist dem deutsch sprechenden Bürger aus Unterwalden genauso fremd wie dem Bürger des italienisch sprechenden Ticino. Wie es zwischen Wisconsin und Washington keine Zwischenregierung der Prärie gibt, so gibt es keine Zwischenorganisation zwischen dem Kanton St. Gallen und dem Schweizer Staatenbund in Form einer deutsch sprechenden Subföderation. Die Macht, die Bern übertragen wird, stammt von der kleinen Mitgliedsrepublik und nicht von der Nationalität. Denn die Schweiz ist ein *Bundesstaat*, nicht ein Bund der *Nationen*.

Darum ist es wichtig, sich darüber im klaren zu sein, daß in der Schweiz (grob geschätzt) 700.000 Berner, 650.000 Zürcher, 160.000 Genfer usw. leben, und nicht 2,500.000 Deutsche, 1,000.000 Franzosen und 500.000 Italiener. Die große Zahl der stolzen, demokratischen und fast souveränen Kantone und die geringe Zahl der einzelnen kantonalen Bevölkerungen schalten alle vielleicht aufkommenden imperialistischen Ambitionen irgendeines einzelnen Kantons aus, weil dieser immer durch die Zusammenschließung auch nur einiger anderer, die jederzeit der Bundesregierung zur Verfügung stünden, in die Minderheit geriete. Sollte jemals, unserer modernen Vereinigungs- und Vereinfachungsmanie zufolge, der Versuch gemacht werden, die Schweiz auf Grund ihrer Nationalitäten zu reorganisieren, so würden die zweiundzwanzig „überflüssigen" Staaten mit ihren eigenen Parlamenten und Regierungen drei Provinzen ergeben – jedoch nicht Provinzen der Schweiz, sondern von Deutschland, Italien und Frankreich.

2. *Weitere erfolgreiche Bündnisse*

Der Kleinstaatenapparat, der allein für den Erfolg der amerikanischen und der Schweizer Bündnisse verantwortlich ist, weil er allein das äußerst wichtige Problem einer wirksamen Exekutive lösen kann, ist auch die Erklärung aller anderen erfolgreichen Experimente internationaler Bündnisse. Er überwiegt bei den Bundesstaaten Argentinien, Brasilien, Mexiko und Venezuela, in Australien und Kanada. Wenn er auch in dem letztgenannten Land etwas weniger wirksam ist, wo manchmal nationale Schwierigkeiten zwischen englisch bzw. französisch sprechenden Bürgern aufkommen, so ist dies so, weil Kanada seine Anwendung nicht mit der nötigen klinischen Objektivität durchführt. Zwei seiner Provinzen, Ontario und Quebec, die mehr als sieben von insgesamt vierzehn Millionen Einwohnern aufzuweisen haben, sind im Vergleich mit den anderen acht so groß geworden, daß sie schließlich den kanadischen Bund durch ihre sich bemerkbar machenden intraföderativen Großmacht Strukturen zerstören könnten. Da die Wiederherstellung eines reibungslos funktionierenden Gleichgewichts unter den ungleichen Provinzen nur durch das Prinzip der Teilung bewirkt werden kann, gibt es Vorschläge „zur Regelung von Differenzen zwischen dem Dominion und den Provinzen durch Aufteilung Kanadas in zwanzig Provinzen“.[2] Die besondere Gefahr in Kanada besteht in der Tatsache, daß, im Gegensatz zur Schweiz, eine der beiden Nationalitäten in einem einzigen großen Staat lebt, in der Provinz Quebec, wodurch die Grundlage einer nationalen *Solidarität* sowie ein nationales Bewußtsein entstanden, das in der Schweiz durch die Trennung der Nationalitäten wegfiel und statt dessen ein *kantonales* Bewußtsein schuf.

Das treffendste Beispiel des Kleinstaatenprinzips als treibende Kraft des föderativen Erfolges jedoch ist nicht unter zeitgenössischen Beispielen zu finden, sondern in einer der einmaligsten politischen Strukturen der Vergangenheit, obwohl es unweigerlich nur belustigtes Schmunzeln bei unseren intellektuellen modernen Theoretikern hervorruft, sobald es erwähnt wird. Das ist das Heilige Römische Reich, von dem Lord Bryce sehr treffend bemerkt hat, daß es weder heilig noch römisch noch ein Reich war. Es war ein loses Bündnis, das die meisten deutschen und italienischen Staaten vereinigte und seltsamerweise tausend Jahre lang währte. Dennoch belächeln es unsere Theoretiker, die so vernarrt sind in die kraftstrotzende Langlebigkeit, deren Werke trotzdem selten auch nur ein Jahrzehnt überdauern. Aber in seiner ganzen Schwäche erreichte es mehr, als Napoleon, Hitler oder Mussolini mit all ihrer Stärke erreichen konnten. Und mit all seinem abergläubischen Mystizismus erzielte es, was unsere modernen Leistungsexperten trotz all ihrer Aufklärung durch die Wissenschaft nicht erreichen können.

Der Grund seines einzigartigen Erfolges und seiner außerordentlichen Dauer war, daß es leicht zu regieren war. Und es war leicht zu regieren, weil es aus kleinen Komponenten bestand. Wie jeder politische Organismus war es von Tausenden Schwierigkeiten und Problemen geplagt. Aber kein einziges davon wuchs über die kleine Macht seiner zentralen Regierung hinaus. Selbst seine größte Einheit war so schwach, daß ein bedeutungsloser Schweizer Graf, ein bayerischer Markgraf oder ein Luxemburger Herzog sie mit einer Handvoll Soldaten und dem Symbol der Kaiserkrone zusammenhalten konnte. Die letztere jedoch trug so wenig zu ihrer kleinen Macht bei, daß Edward Gibbon vom großen Karl IV., der von 1347 bis 1378 regierte und aus dem Herzogtum Luxemburg stammte, schreiben konnte, „die Armut des Römischen Kaisers wäre so schändlich, daß er von einem Metzger in den Straßen von Worms festgenommen wurde und in einem Wirtshaus zurückgehalten wurde, als Pfand oder Geisel für die Zahlung seiner Schulden".[3] Als das Reich schließlich zusammenzubrechen begann, geschah dies nicht, weil es wackelig oder schwach geworden war. Das war der Grund seines Erfolges. Es war, weil endlich, nach fast tausend Jahren einer romantischen und kraftlosen Existenz, sich an seiner Peripherie Stärke entwickelte, die auf seinem Boden die vereinigten Großmächte von Preußen und Österreich hervorbrachte. Regionale Einheit bedeutete somit nicht die Erhaltung, sondern die Zerstörung dieses vielverspotteten, aber großen und wahrlich internationalen Königreiches. Was ein Millennium durch seine Kleinstaatenexistenz überdauert hatte, wurde schließlich durch das Krebsgeschwür seiner eigenen Großmächte zertrümmert.

Jede erfolgreiche internationale Gemeinschaft zeigt somit das gleiche administrative System: das Modell der kleinen Einheit. Demzufolge scheint der Schluß weder vermessen noch weit hergeholt zu sein, daß das ihnen allen gemeinsame Element nicht ein phänomenaler Zufall sein kann. Es muß der eigentliche Grund des Erfolges sein, während anderseits sein Fehlen bei föderalistischen Organisationen unweigerlich zu deren Versagen führen muß, ungeachtet der Voraussetzungen, unter denen sie ins Leben gerufen worden sind: dem guten Willen, der sie beseelt, oder der Entschlossenheit, mit der sie ausgeführt werden. Dieser Schluß erweist sich um so mehr als unausweichlich, wenn wir zusätzlich zu den erfolgreichen Bündnissen einige erfolglose Versuche – wie den Vor-Bismarckschen deutschen Staatenbund, den Völkerbund, *The Western Union*, die Vereinten Nationen – betrachten. Es mag respektlos, ja makaber sein, Leichenreden zu halten, während einige von ihnen noch leben. Es wäre jedoch mehr makaber, sich auf die Annahme zu verlassen, daß sie überleben werden, wenn die Erkenntnis ihres sicheren Zusammenbruchs uns davor retten kann, unvorbereitet zu sein und unnötig desillusioniert zu werden.

3. *Erfolglose föderalistische Versuche*

Wie es einen gemeinsamen Charakter gibt, der allen erfolgreichen föderalistischen Experimenten zugrunde liegt, so gibt es auch einen gemeinsamen Charakter aller Erfolglosen. Keiner hat das Kleinzellenprinzip bei seinem Administrationssystem angewandt. Alle leiden sie unter dem politischen Krebsgeschwür. Alle haben etwas versucht, was kein gesunder sozialer Organismus überleben kann – die Vereinigung von kleinen mit großen Staaten, ohne vorher die letzteren entsprechend zu stutzen, was eine reibungslose Unterordnung unter eine föderalistische Regierung ermöglicht hätte. Die Konsequenzen solcher Versuche scheinen immer gleich zu sein. Das Ende ist die Zerstörung. Nur die Art der Zerstörung ändert sich. Wenn ein Bündnis *mehrere* Großmachtteilnehmer hat, wird es zerbrechen. Es wird sich auflösen. Wenn es nur *einen* hat, wird es die kleineren Mitglieder zu Werkzeugen des größten machen. Es wird in der Zentralisierung enden.

Beide dieser Variationen des Zusammenbruchs konnte man im Vor-Bismarckschen Deutschland beobachten. Zuerst löste sich das Bündnis auf Grund des Konfliktes um die Führung unter den zwei Großmächten, Österreich und Preußen. Diese Phase endete mit der Ausschließung Österreichs im Jahre 1866. Dann kam ein neuer Bund, der die kleineren deutschen Staaten mit dem siegreichen Koloß Preußen zusammenschloß. Dies mußte ebenfalls zerbrechen, wie es fast der Fall war, oder seine Zentralorgane mußten das administrative Problem dadurch lösen, daß sie eine Macht zuzogen, die in ihrer Größe jener seiner größten Einheit glich: nämlich Preußen. Aber es gab nur eine einzige durchführbare Möglichkeit, eine Macht herzustellen, die groß genug war, die Bundesgesetze nicht nur bei den kleinen Mitgliedstaaten durchzusetzen, sondern auch bei Preußen. Das war, indem man Preußens eigene Macht heranzog. Die Durchsetzung von Gesetzen in schwächeren Staaten wie Bayern oder Sachsen hätte keinerlei Verwaltungsprobleme mit sich gebracht, da die nötige Macht jederzeit leicht durch militärische Beiträge von einem halben Dutzend anderer Staaten erreicht worden wäre. Aber keine Zusammenschließung der Mitgliedstaaten hätte eine Macht ergeben, die imstande gewesen wäre, die Bundesgesetze den Preußen aufzuzwingen. Das konnte nur Preußen selbst. So hatte der neue Deutsche Bund, wenn er als eigener politischer Organismus überleben wollte, keine andere Wahl, als das Werkzeug seines größten Mitglieds zu werden, gegen dessen Opposition er nichts durchsetzen und ohne dessen Mitwirkung er nicht bestehen konnte. Trotz der echten Kleinstaaterei, die in den deutschen Staaten bestand und von ihren monarchischen Institutionen unterstützt *wurde*, *wurde* die föderalistische Struktur, sobald man sich für diesen Weg entschied, eine historische Fiktion; und was tatsächlich dabei herauskam, war nicht ein Großdeutschland, sondern ein Großpreußen. So endete das deutsche föderalistische Experiment zweimal mit dem Zusammenbruch, einmal durch die teilweise Auflösung, die durch den Ausschluß von Österreich, der rivalisierenden Großmacht, bewirkt wurde, und dann durch die Zentralisierung, die von der verbleibenden Großmacht, Preußen, durchgeführt wurde.

Eine faszinierende zeitgenössische Parallele, und ein weiteres Beispiel von Destruktion durch Zentralisierung, wenn ein föderalistischer Bund eine unverhältnismäßig große Macht beinhaltet, zeigte sich in der kurzlebigen indonesischen Staatengemeinschaft. Als diese im Dezember 1949 gegründet wurde, bestand sie aus sechzehn Mitgliedstaaten, wovon einer so groß war, daß seine Unterordnung ohne seine eigene Zustimmung unmöglich war – die Jogjakarta-Republik. Das bedeutete, daß der Bund mit einem Krebsgeschwür geboren wurde. Es war unter diesen Umständen unvermeidlich, daß Jogjakarta prompt die selbstherrliche Rolle der Vereinigung übernahm und, wie die *New York Times* vom 8. April 1950 schrieb, „die föderalistische Idee systematisch und schrittweise sprengte". Das Ergebnis war eine Gegenbewegung von seiten der betrogenen Mitglieder, die den lebensunfähigen Bund von der anderen Seite her durch Sezession vernichten wollten. Da sie aber so klein waren, hatten sie sich voreilig und vertrauensvoll auf ein Bündnis mit Jogjakarta eingelassen und konnten sich nun ebensowenig dem imperialistischen Einfluß von Jogjakarta entziehen, wie es den deutschen Staaten nicht gelungen war, nach dem Ausschluß von Österreich der preußischen Herrschaft zu entrinnen. Sie wurden in wohlbekannter Großmachtmanier eingeschüchtert und unterdrückt, bis sie sich, sechs Monate nach der Gründung, zum Status von zentralisierten Provinzen eines erdrückenden Einheitsstaats degra diert sahen. Das Bündnis war zusammengebrochen, nicht mangels an gutem Willen oder dem Wunsch nach autonomer Freiheit, sondern mangels der einzigen administrativen Möglichkeit, die Erfolg verspricht – das Modell der kleinen Einheiten.

Die gleiche strukturelle Schwäche, und nichts anderes, war der Grund des Zusammenbruchs des *Völkerbundes*. Dieses idealistische Unternehmen funktionierte nur in bezug auf seine kleinen Mitglieder zufriedenstellend. Natürlich, denn diese waren Einheiten von einer Größe, die sich kontrollieren ließ. Aber, wie andere schlecht organisierte Körperschaften, krankte es am Krebs der Großmächte. Während es einfach war, die Kleinen an der Kandare zu halten, hätte der Bund, wieder rein zahlenmäßig gesehen, eine exekutive Macht benötigt, die größer war als sein größtes Mitglied, wenn er sich *allen* seinen Komponenten gegenüber leistungsfähig erweisen sollte. Diese hätte nur das größte Mitglied selbst, Deutschland, bieten können. Daher hätte der Bund nur als ein Werkzeug Deutschlands funktionieren können, wie auch der Deutsche Bund nur als Werkzeug Preußens funktionieren konnte. Da er aber aus mehr als nur einer Großmacht bestand, konnte seine Zerstörung nicht durch Zentralisierung, sondern durch Auflösung bewirkt werden. Und dies geschah auch. Als er sich im Falle der japanischen Aggression gegen China hilflos zeigte, der italienischen Aggression gegen Äthiopien und der russischen Aggression gegen Finnland, zerfiel er in Staub. Und warum? Wieder, weil kein politischer Organismus, der große untergeordnete Einheiten beinhaltet, die Durchsetzungskraft besitzt, diese zusammenzuhalten.

Was den Bund zugrunde richtete, richtete auch die *Westliche Union* zugrunde, diesen bereits vergessenen Versuch einer Gruppe von Mitgliedstaaten der Vereinten Nationen, ein separates *regionales* Bündnis einzugehen zu dem bedeutsamen Zweck, sich gegen eine andere Gruppe von Mitgliedern derselben Vereinten Nationen zu wenden – einer Organisation, die vorgeblich geschaffen wurde, um solche separaten Hilfsgemeinschaften unnötig zu machen. Obwohl sie aus engen Freunden bestand – Großbritannien, Frankreich, Holland, Belgien und Luxemburg –, scheiterte die Westliche Union bald nach ihrer Gründung, nicht weil es an Eifer fehlte, sondern weil zwei von ihren Mitgliedern zu groß waren, um inkorporiert werden zu können. Dies bedeutete wiederum, daß ein Bund mit politischen Krebsgeschwüren geboren worden war. Und wiederum war das Resultat dasselbe. Nicht nur konnten ihre Gründer das Problem der Exekutiven nicht lösen; jeder Beweis seiner Existenz drohte ein Problem zu werden, und jedes Problem drohte sofort ungeheure Proportionen anzunehmen. In einem Kleinstaatenbund wie den Vereinigten Staaten, zum Beispiel, wäre es nie jemandem eingefallen, gegen die Ernennung eines Stabschefs zu protestieren, weil er ein Mann aus Virginia oder Missouri, oder *kein* New Yorker sei. Aber in der Westlichen Union verursachte 1949 die Ernennung eines Engländers als Stabschef und eines Franzosen als Chef der Marine einen derartigen Ausbruch nationaler Befürchtungen unter jenen Völkern, die angeblich in Harmonie leben wollten, daß sowohl Großbritannien wie auch Frankreich sich gezwungen sahen, ihren Bürgern zu versichern, daß die Franzosen weiterhin von einem französischen General kommandiert würden, die britische Marine von einem britischen Admiral.[4]

Was ungefähr bedeutete, daß keine der beiden teilnehmenden Großmächte je daran gedacht hatte, den tieferen Sinn des Bündnisses zu akzeptieren, außer sie hätten sich dieses Bündnis zunutze machen können. Daher starb ein weiteres föderalistisches Experiment als Opfer eines politischen Krebsgeschwürs, das man nicht behandelt hatte.

So bleiben uns der *Europarat* und die *Vereinten Nationen*. Aber es gibt keinen Grund, anzunehmen, daß es ihnen besser ergehen wird als ihren jeweiligen Vorgängern. Denn auch sie stellen Beispiele eines jämmerlichen Versuchs dar, mit einem Krebsgeschwür zu leben, indem sie in ihre Organisation etliche noch nicht behandelte Großmächte aufgenommen haben. Milton Eisenhower empfahl bei der UNESCO-Konferenz in Beirut im Dezember 1949 bezüglich der Vereinten Nationen – und dies könnte man ebenso auf den Europarat beziehen –, daß, wenn sie leistungsfähig werden wollten, man ihnen eine Polizei zur Verfügung stellen müßte, die stärker wäre als die Armeen irgendeiner Nation oder eines „möglichen Staatenbundes".[5] Auch hier wären es bei diesen beiden Organisationen lediglich die Großmächte, die gemeinsam die Mittel eines solchen Kolossalheeres zur Verfügung stellen könnten. Aber was sind denn Großmächte? Staaten, die schon ihrer Bestimmung nach keine Obrigkeit anerkennen. Verständlicherweise sind sie nicht im geringsten daran interessiert, die Gründung einer internationalen Autorität, deren Wirken ihr eigenes wieder fragwürdig machen würde, zu unterstützen. Kein Wunder, daß die Großen Fünf ausnahmsweise in brüderlicher Einigkeit übereinstimmten, als sie durch das *Military Staff Committee* der Vereinten Nationen vorschlugen, es möge eine internationale Armee von solch lächerlichem Ausmaß, daß sie nur Auseinandersetzungen zwischen kleinen und mittleren Mächten bewältigen könnte, gegründet werden, da die Vereinten Nationen sowieso „nichts unternehmen könnten im Falle der Aggression einer der fünf Großmächte".[6] Als wären die kleinen Staaten die Friedensstörer, vor denen sich eine aufgeblasene Weltorganisation in acht nehmen müsse!

Aber nehmen wir an, die Großmächte wären bereit, einer internationalen Organisation wie dem Europarat oder den Vereinten Nationen eine Streitmacht zur Verfügung zu stellen, die ausreichen würde, auch gegen ihre größten Teilnehmer wirksam einzugreifen. Das Resultat wäre eine militärische und wirtschaftliche Last für die ganze Welt in so enormem Ausmaß, daß es auf die Dauer untragbar wäre, da die Großmächte, zusätzlich zu ihren föderalistischen Beiträgen, auch weiterhin ihre eigenen horrenden Rüstungsausgaben hätten, um nicht ihrer beneideten diplomatischen Überlegenheit verlustig zu gehen. Und selbst wenn es auf die Dauer tragbar wäre, würde die Gründung eines so gewaltigen Kontrollorgans bedeuten, daß die Welt zwar vielleicht an Eintracht gewinnen würde, dafür an Freiheit verlieren. Denn nur eine Exekutive von äußerster tyrannischer Allmacht könnte einen solch schwerfälligen und krebsartigen Koloß daran hindern, sich durch eine gewaltige Explosion selbst zu vernichten.

Das erklärt, warum uns keines unserer derzeitigen großangelegten Vereinigungsexperimente Trost spenden kann. Statt uns von Krieg und Angst zu befreien, haben sie diese zu unseren ständigen Begleitern gemacht, da wir im Unterbewußtsein längst wissen, daß, je mehr sie sich konsolidieren, sie sich um so mehr der kritischen Masse nähern, bei der die Spaltung einsetzt, hilflos, hoffnungslos und automatisch. Ehe es „die Großen" gab, konnte sich die Welt wenigstens von Zeit zu Zeit eines ungestörten Friedens erfreuen. Jetzt ist sie zur Arena geworden, in der die Verfechter einer vereinigten Menschheit versuchen, uns einzuschüchtern, indem sie uns ein

Bild ausmalen wie manch ein Priester in seiner Sonntagspredigt, das nicht die Wonnen des Paradieses zeigt, sondern die Schrecken der Hölle. Es stimmt zwar, daß sie uns Einheit und Frieden bieten, aber es ist ein Frieden durch Drohung und eine Einheit durch Angst.

Wenn wir demgemäß daran interessiert sind, internationale Bündnisse zu schaffen, die nicht nur wirkungsvoll, sondern auch wirtschaftlich, friedlich und demokratisch sind, müssen wir auf ein Organisationsprinzip zurückgreifen, das einzig und allein das Geheimnis des Erfolgs birgt: auf das Kleinzellenprinzip. Und dieses heilende Prinzip der Teilung müssen wir auf alle föderalistischen Organisationen, denen Großmächte angehören, anwenden. Daher müssen unsere derzeitigen Einheitsfanatiker, wenn sie wirklich Einheit wollen, zuerst Uneinigkeit herbeiführen. Wenn Europa unter der Schirmherrschaft des Europarates vereint werden soll, müssen vorerst seine teilnehmenden Großmächte in solch einem Maß reduziert werden, daß, wie in der Schweiz oder in den Vereinigten Staaten, keine seiner Komponenten eine bedeutende Übermacht im Vergleich mit den anderen, was Größe und Stärke betrifft, besitzt. In ihrer heutigen Form können Deutschland, Frankreich und Italien niemals erfolgreich vereint werden. Auch Frankreich und Großbritannien könnten es nicht, wie man bei der Westlichen Union gesehen hat. Aber das Elsaß, Burgund, Navarra, Bayern, Sachsen, Wales, Cornwall, Schottland, die Lombardei und Parma könnten es. Nicht nur haben sie die föderalistische Größe; im Gegensatz zu den derzeitigen Großmächten ist ihre Geschichte auch frei von Hypotheken, wie die ausgedehnte Feindschaft, die die Beziehungen zwischen Frankreich und Großbritannien trübt, und Deutschland in einem Ausmaß belastet, die nicht einmal seine Vereinigung ausmerzen könnte. Dasselbe gilt für die Vereinten Nationen, sollte jemand daran interessiert sein, sie zu erhalten. Ihre derzeitigen zwei Hauptwidersacher, die Vereinigten Staaten und die Sowjetunion, müssen ebenfalls zerkleinert werden, wenn ihr Kampf um Hegemonie das Unternehmen, das beide entweder dominieren oder verlassen müssen, nicht zerstören soll. Die Großmächte sind jedoch beharrlich in ihrem Widerstand gegen die Teilungsbehandlung, wie es ja auch bei Krebs der Fall ist, und eine Zergliederung mag auch nicht praktikabel sein.

4. *Das Regierungsprinzip*

Ein letzter Punkt hinsichtlich der kleinen Einheit muß noch als einzig brauchbare Grundlage der sozialen Organisation erwähnt werden. Auf ihr beruhen nicht nur alle erfolgreichen *föderalistischen* Regierungen, sondern *alle* Regierungen, die föderalistischen gleichermaßen wie die zentralisierten. Mit anderen Worten stellt sie nicht nur ein Regierungsprinzip, sondern *das* Regierungsprinzip schlechthin dar, und die Politik, so unglaublich dies den Politikern des Mißerfolges scheinen mag, kann dies genausowenig ignorieren, wie man in der Physik das Prinzip der Schwerkraft ignorieren kann.

Darum haben tüchtige Verwaltungsbeamte, Herrscher und Eroberer, anstatt es lächerlich zu machen, es zur Strategie ihres Erfolges erhoben. Seit undenkbaren Zeiten haben sie versucht, die Macht ihrer Regierung auszuweiten und gleichzeitig die Regierungsprobleme zu verringern; nicht durch die schwierige Methode der Vergrößerung der Regierungsmacht, sondern durch die einfache Methode der Reduzierung des Ausmaßes der regierten Einheit. Die Meder und Perser bauten die ersten großen zentralisierten Reiche der Geschichte, indem sie das von ihnen eroberte Land in viele kleine *Satrapien* aufteilten, deren Kontrolle sehr einfach war, während die von ungeteilten Blöcken entsprechend schwieriger gewesen wäre. Alexanders Reich, das es verabsäumte, diese Idee anzuwenden, benötigte einen Alexander, um es zusammenzuhalten, und zerfiel prompt nach seinem Tod. Aber die Römer wendeten es wieder an, indem sie ihr riesiges und lang bestehendes Reich in unzählige kleine und kontrollierbare *Provinzen* teilten, in denen sich niemals eine Macht entwickeln konnte, die die relativ geringe Macht der römischen Prokonsuln konkurrenzieren hätte können.

Sie waren es, die diesem Prinzip die klassische Bezeichnung gaben: *divide et impera* – teile und regiere. Und die katholische Kirche wendete es in einem noch viel größeren Ausmaß an, indem sie die ganze Welt in ein feingesponnenes Netz von Diözesen aufteilte, so daß sie ihre Herrschaft lediglich durch die moralische Autorität auszuüben brauchte.

So wie es Reiche einsetzten, wurde es auch von einzelnen Staaten angewendet. Als der tüchtige Administrator Napoleon Frankreich in eine moderne, zentralisierte Macht umorganisierte, wurden die wenigen unterschiedlich großen und partikularistischen Herzogtümer, etwa Burgund, in mehr als neunzig kleine, mathematisch entnationalisierte *départements* aufgelöst. Nur so konnte man sie von Paris aus erfolgreich regieren, ohne daß man dazu ein unverhältnismäßig großes Heer benötigte, das aus den ehemals feindlichen Staaten rekrutiert werden mußte und daher zusätzlich eher eine Gefahr als eine Hilfe für die zentralistische Regierung dargestellt hätte. *Politisch* kennt daher Frankreich heute weder ein Burgund noch eine Pikardie noch ein Elsaß. Sie wurden nicht nur in eines, sondern in mehrere *départements* aufgeteilt, um die künftige Entwicklung zu einer autochthonen regionalen Macht auf dem Boden der früheren konstituierten, selbständigen Herzogtümer zu verhindern.

Großbritannien wendete ein ähnliches Verfahren an, als es seine ungleich großen und einander feindlichen Nationen zusammenschloß, indem es sie als politische Einheiten zerstörte und durch kleine und leicht kontrollierbare Regionen von ungefähr gleicher Größe ersetzte: die *Counties*. *Politisch* gesehen gibt es heute weder ein England noch ein Schottland noch ein Wales. Die geringe Chance, daß eine Vereinigung von britischen *Nationen* im Gegensatz zu britischen *Counties* bestehen hätte können, ist daraus ersichtlich, daß in dem Moment, in welchem sich eine von ihnen, die Iren, erfolgreich als eine nationale Einheit loslöste, dies den Rahmen des Vereinigten Königreiches sprengte. Es gibt ähnliche Versuche von *nationaler* Reorganisation in Schottland und Wales. Sollten sie ebenfalls erfolgreich sein, würde dies das Ende des Vereinigten Königreiches überhaupt bedeuten. Es würde die Klein-County-Organisation sprengen, die es London derzeit ermöglicht, bis in jeden Winkel der Britischen Inseln wirksam zu herrschen. Wenn es einmal einer *nationalen* Organisation weichen muß, wäre London mit der Anhäufung von politischer Macht konfrontiert, die man nur durch einen so enormen militärischen Druck unter Kontrolle halten könnte, daß es sich, wie der Fall Irland beweist, nicht *einmal* eine Großmacht leisten kann, diesen auf die Dauer auszuüben.

Eine ähnliche Verwaltungsmaßnahme wurde in Deutschland angewendet, als man es zu einem streng zentralisierten Staat unter den Nazis umorganisierte. Um seinen Einfluß zu untermauern, verwandelte Hitler die ursprüngliche Groß-Einheit in ein Modell der kleinen Einheiten. Denn die historischen deutschen Staaten mit ihrer ungleichen Größe und Macht wären ein Gefahrenmoment gewesen, selbst für solch gewaltige Herren wie die Nazis. Frankreich hatte seine uralten und gefährlich glorreichen Staaten in *départements* verwandelt, Großbritannien seine in *Counties*, und nun verwandelte Deutschland seine alten historischen *Länder* in nichtssagende Gaue. In jedem der drei Fälle war der Grund der gleiche. Die neuen, künstlich geschaffenen Einheiten hatten keine Geschichte, keinen brisanten Haß, keine wetteifernden Ambitionen und keine Macht, die zentrale Regierung, die darauf aus ist, ein möglichst großes Gebiet mit möglichst geringen Mitteln zu beherrschen, daran zu hindern. Das Kleinzellensystem ermöglichte dies. Preußen wurde von Hitler zerteilt und nicht von den Alliierten, wie die Alliierten glaubten. Wenn er auch die historischen Namen und Titel unangetastet ließ, war dies lediglich, um die Enormität seiner Neuerung zu kaschieren und die Auswirkung seiner revolutionären Maßnahmen zu lindern. Aber dort, wo er sie hemmungslos anwendete, wie im Falle Österreich, das ihm in seiner Jugend so viel Kummer verursacht und ihm so lange widerstanden hatte, vernichtete er nicht nur den Staat als administrative Einheit, sondern versuchte sogar, den uralten Namen für ewige Zeiten aus den Geschichtsbüchern auszulöschen.

Schließlich, um das Bild abzurunden, findet sich das Modell der kleinen Einheiten, dessen Weg wir durch föderalistische wie zentralistische politische Organisationen verfolgt haben, auch auf der Ebene lokaler Regierungen. Die einzelnen Staaten des amerikanischen Bundes sind selbst in eine Anzahl von Regionen von ungefähr jeweils gleicher Größe unterteilt. Und sobald einer von ihnen Anzeichen von übermäßigem Wachstum zeigt, zücken die Verwalter ihrer übergeordneten Einheiten, die instinktiv bestrebt sind, das Kleinzellenmodell beizubehalten, sofort ihre Messer und beschneiden sie, indem sie die Grenzen neu festlegen oder ganz neue Bezirke schaffen. Dasselbe gilt schließlich auch für Städte, die wir auf Grund des Prinzips der gesunden Verwaltung in Bezirke aufteilen müssen. Aber selbst das ist nicht der letzte Schritt, denn Bezirke werden in Viertel und Viertel wieder in Reviere eingeteilt. Darunter beginnt der soziale Organismus sich in die Sphäre der Einzelexistenz aufzulösen, und erst dann hört der Teilungsprozeß auf. Wir sind am Ende angelangt.

So finden wir, wo immer wir uns im politischen Universum umsehen, daß erfolgreiche soziale Organismen, seien es Reiche, Bünde, Staaten, Regionen oder Städte, trotz ihrer unterschiedlichen Sprachen, Bräuche, Traditionen und Systeme, ein und nur ein einziges gemeinsames Merkmal haben – das Kleinzellenmodell. Es durchdringt alles und wird immer wieder in endlosen Teilungs- und Unterteilungsprozessen angewendet. Das faszinierende Geheimnis eines gut funktionierenden sozialen Organismus scheint daher nicht in seiner oberflächlichen Einheit, sondern in seinem Aufbau zu liegen. Seine Gesundheit ist darauf zurückzuführen, daß der lebenserhaltende Mechanismus der Teilung durch Abertausende Zellspaltungen und Verjüngungen herbeigeführt wird, die sich unter der glatten Haut eines anscheinend unverändert bleibenden Körpers vollziehen. Wenn irgendwo altersbedingt oder auf Grund schlechter Planung dieser Verjüngungsprozeß der Unterteilung einem Verkalkungsprozeß der Zellenvereinigung weicht, beginnen die Zellen jetzt unter dem Schutz ihrer verhärteten Gehäuse über die ihnen von Gott gesetzten Grenzen hinaus zu wachsen und, wie bei einem Krebsgeschwür, jene feindlichen, arroganten Großmachtkomplexe zu entwickeln, die nicht entfernt werden können, bis das angegriffene Organ entweder „aufgesaugt" oder durch eine zwangsmäßige Operation wieder zu einem Kleinzellenmodell rückentwickelt wird.

Darum sind solche Versuche einer internationalen Vereinigung – wie der Europarat oder die Vereinten Nationen sie darstellen – zum Scheitern verurteilt, wenn sie weiterhin darauf bestehen, in ihrer derzeitigen Zusammensetzung zu wirken. Da sie im Rahmen ihrer Organisationen eine Anzahl von unabsorbierbaren Großmächten beherbergen, leiden sie unter der tödlichen Krankheit der politischen Krebsgeschwüre. Um sie zu retten, wäre es notwendig, Professor Simons zu folgen, der über die wuchernden Nationalstaaten schrieb:

„Diese Ungeheuer des Nationalismus und Merkantilismus müssen zerstört werden, sowohl zur Erhaltung der Welt wie auch zum Schutz des inneren Friedens. Ihre Macht, Krieg zu führen und den Welthandel einzuengen, muß einem übernationalen Staat oder Völkerbund geopfert werden. Ihre anderen *Machtbefugnisse* und Funktionen müssen zugunsten von Staaten, Provinzen und, in Europa, kleinen Nationen verringert werden."[7]

Das ist wahrlich die einzige Art, in der man das Problem lösen kann. Die Großmächte, jene Ungeheuer des Nationalismus, müssen zerteilt und durch *Kleinstaaten* ersetzt werden; denn, wie sogar vielleicht unsere Diplomaten einst begreifen werden, es sind nur die Kleinstaaten weise, bescheiden und vor allem schwach genug, um eine Autorität, die höher ist als ihre eigene, zu akzeptieren.

KAPITEL X

Die Auflösung der großen Mächte

Die Unbeständigkeit heutiger Vereinigungen – Die Teilung der großen Mächte ist wesentlich – Die Frage lautet nicht: Ist es möglich?, sondern: Wie kann es vor sich gehen? – Teilung durch Krieg – Teilung durch Interessenvertretungen – Durch Zuteilung einer größeren Anzahl von Wählerstimmen an die großen Mächte, unter der Voraussetzung, daß Abgeordnete nicht auf einer nationalen, sondern auf einer Bezirksebene gewählt werden – Die Föderalisierung der großen Mächte – Ihre stille und unmerkliche Auflösung – Die Bezirke korrespondieren mit den antiken Staatseinheiten und sind deshalb nicht künstlich herbeigeführt – Vertretung der lokalen Interessen, die allgemeinen Konsens sichern – Man kann die Uhr nicht zurückdrehen – Verhinderung eines neuen Zusammenschlusses kleiner Staaten

---

KANN ES GESCHEHEN?

Das vorhergehende Kapitel hat gezeigt, daß keine lokale, nationale oder internationale Organisation funktionieren kann, wenn sie nicht auf kleine Einheiten aufgebaut ist. Es ist das einzige Modell, das alle Probleme wirksamer Administration lösen kann. Deshalb kann wahrscheinlich weder eine Vereinte Welt noch ein Vereintes Europa längere Zeit überdauern, wenn sie sich nach den heute existierenden Methoden vereinen, indem sie nämlich kleine wie auch große Staaten kunterbunt zusammenlegen. Solche Organisationen entbehren vor allem der inneren Balance, die ihrem Bündnis Erfolg bescheren könnte. In ihrer heutigen Form können solche Unionsversuche nur durch eine Kraft zusammengehalten werden, die von außen kommt, wie zum Beispiel durch eine drohende Aggression. Wenn diese Drohung vorbei ist, zerbrechen sie, lösen sie sich auf oder zerfallen in Einzeldiktaturen. Sie können als freie demokratische Bündnisse nicht überleben.

Theoretisch könnte ein Gleichgewicht auf Bundesebene auch geschaffen werden, wenn es sich auf das Großeinheitsmodell stützte, indem es nämlich die großen Mächte zwar intakt ließe, als Gegenmaßnahme aber die kleinen Staaten zusammenschlösse, so daß auch sie mächtige Blöcke bilden. So ein Gleichgewicht wäre allerdings so plump und unbeweglich, daß der kleinste Anstoß seine Existenz gefährdete. Deshalb müssen internationale Bündnisse praktisch, statt sich auf das schwerfällige, stabile Gleichgewicht von Großmachtorganisationen zu stützen, das leicht bewegliche Gleichgewicht von vielzelligen Kleinstaatenordnungen vorziehen. Die Lösung aller Probleme liegt auf der mikro- und nicht auf der makropolitischen Ebene. Aus dem System sind nicht die kleinen Staaten, sondern die großen Mächte zu eliminieren. Das allein wird es ihnen ermöglichen, die täglichen Schwierigkeiten im sozialen Leben zu lösen, ohne eine riesige Regierungsmaschine aufzubauen, die nicht mehr zu bewältigen wäre, vorausgesetzt man brächte sie erst überhaupt zustande.

Nun aber stellt sich die Frage, auch für jene, die von den Argumenten dieses Buches überzeugt wurden: Kann das geschehen? Können die Großmächte geteilt werden? Würden Amerika oder die Sowjetunion ihre eigene Auflösung zulassen, nur um den Vereinten Nationen zu helfen? Würden Frankreich, Italien, Großbritannien oder Deutschland je die Zustimmung zu ihrer eigenen Auflösung geben, nur weil das weise wäre? Kann man die Uhr zurückstellen?

Man könnte leicht sagen, daß das ja nicht die primäre Frage sei. Wenn Regionen wie Europa wirklich ein Bündnis anstrebten, wäre die Frage nicht zu stellen, ob die großen Mächte eliminiert werden könnten, sondern wie sie eliminiert werden. Wenn Regionen, die große Mächte umfassen, sich zusammenschließen wollen, dann müssen sie diese großen Mächte teilen. Und was getan werden muß, das kann auch getan werden. Sogar die Uhr kann zurückgedreht werden – um von den stereotypen Antworten unserer Theoretiker nur eine aufzugreifen, die immer angewendet wird, wenn eine Sache, die zu behandeln wäre, von ihnen schon im Keim erstickt wird. Diejenigen, die diesen Slogan verwenden, daß sich nämlich bei der Auflösung von Großmächten unüberbrückbare Schwierigkeiten einstellen, sind meist die gleichen, die auf wirtschaftlicher Ebene für die Entflechtung von ökonomischen Strukturen eintreten und die Auflösung großer wirtschaftlicher Einheiten befürworten, ohne dabei zu bedenken, daß auch das bedeutet, daß man die Uhr zurückstellt. Was sie nämlich politisch reaktionär nennen, nennen sie auf wirtschaftlicher Ebene fortschrittlich. Kein Ingenieur würde sich hinter diesen Slogan stellen, wenn er entdeckt, daß seine fast fertiggestellte Brücke einen Konstruktionsfehler hat. Statt nämlich zu sagen, daß man die Uhr nicht zurückdrehen kann, wird er genau das tun, um sein Prestige zu retten. Er wird die ganze Konstruktion niederreißen und von neuem beginnen. Kein Schriftsteller, der in eine Sackgasse geraten ist, wird aufs Weiterschreiben beharren, nur weil er nun den Weg schon einmal eingeschlagen hat und weil man die Uhr nicht zurückdrehen kann. Vielleicht gelingt es ihm nicht; dann wird sein Werk ein Mißerfolg. Bewältigt er es, so kann daraus ein Meisterwerk entstehen. Letztlich, wenn man den Slogan mit der Uhr wörtlich nimmt, der schon so viel unnütze intellektuelle Verwirrung geschaffen hat, gibt es ja keine Analogie zur Wirklichkeit, denn nichts ist leichter, als die Zeiger einer Uhr zurückzudrehen. Versuchen Sie es einmal. Es ist so leicht, daß es keiner großen Anstrengung von außen bedarf. Ohne viel Hilfe oder Druck kommt der Zeiger alle vierundzwanzig Stunden genau zu dem Punkt zurück, an dem er seinen langsamen und unbeirrbaren Weg begonnen hat.

Die Uhr also kann zurückgestellt, die großen Mächte können eliminiert werden, genauso wie einst Frankreich oder Hitlerdeutschland ihre eigenen Machtblöcke im Inneren eliminiert haben, ohne auf die Partikularisten zu hören, die behaupten, daß so etwas nicht möglich wäre. Es war möglich, und sie haben es getan. Dann bleibt nur mehr die Frage: Wie kann es getan werden?

Eine Möglichkeit, die großen Mächte zu zerstören, wäre Krieg. Ein Mann wie Hitler hätte es tun können. Die siegreichen Alliierten haben es mit Deutschland getan, das zum ersten Male seit hundert Jahren mit einem in mehrere gleich große Kleinstaaten geteilten Preußen eine Chance hatte, sich in Bünde aufzulösen. Auf dieselbe Weise hätten die Alliierten noch einen Schritt weiter gehen und den restlichen deutschen Staatenbund auflösen können. Es kann jedoch niemand eine so grobe und grausame Art, andere Staaten zu zerstören, befürworten, ohne dafür als Kriegshetzer verschrien zu werden. Hier sei dies nur angeführt als Antwort auf das Argument, daß die Zerteilung großer Mächte unmöglich ist. Wenn es nicht anders geht, dann kann es immer mit Waffengewalt bewerkstelligt werden, und da das ja auch eine Methode ist, kann man sagen, daß sie jedenfalls möglich ist.

Aber Gott sei Dank ist der Krieg nicht die einzige Möglichkeit, große Mächte zu teilen. In einem Meer infantiler Emotionen treibend, legen sie ungeheuren Wert auf die Tatsache, daß sie groß und mächtig sind, und deshalb können sie nicht *überredet* werden, sich selbst aufzulösen. Aber da sie eben infantil und emotional sind, können sie vielleicht überlistet werden. Während sie sich gegen eine Teilung wehren würden, würde man sie von ihnen verlangen, wären sie vielleicht gewillt, eine solche zu akzeptieren, wenn sie sich unter dem Deckmantel eines Geschenkes birgt. Und dieses Geschenk wäre: eine proportionelle Vertretung in allen Gremien der Staatenunion, der sie ja schon angehörten. Die Annahme dieses Geschenks würde nicht weniger als ihr allmähliches Verschwinden bedeuten.

1. Teilung durch proportionelle Vertretung

Das konventionelle föderative Regierungsprinzip erlaubt jedem einzelnen unabhängigen Teil einer Föderation die gleiche Anzahl Stimmen, unabhängig von der Zahl ihrer Bevölkerung. Das ist auch vernünftig, da das internationale Recht auch bei Staaten keine Unterschiede macht und den Grad der Unabhängigkeit nicht nach quantitativen Maßstäben mißt. Frankreich mit seinen 45 Millionen Einwohnern ist nicht souveräner als Liechtenstein mit kaum dreizehntausend. Während es mehr Macht hat als Liechtenstein, hat es nicht mehr Recht als das kleine Fürstentum. Noch hat es mehr an rein physischer Existenz. Deshalb schreien auch die Mitglieder großer Staaten in internationalen Organisationen immer nach einer proportionellen statt nach einer staatlichen Vertretung, damit ihre numerische Stärke realistischer ins Spiel gebracht werden kann. Aber solange das internationale Staatsrecht jede Nation als gleichberechtigt ansieht, können die Großmächte ihren leidenschaftlichen Wunsch nicht erfüllt sehen, daß ihnen auf Grund ihrer Größe und Macht auch mehr Rechte eingeräumt werden.

Dieser unbefriedigte Wunsch aber ist der Trick, mit dem die Großmächte überlistet werden können, ihrer eigenen Liquidierung zuzustimmen. Das, was sie so ersehnen, wird ihnen zwar gegeben, aber mit einem Vorbehalt. Lassen Sie uns das an Hand eines Beispiels illustrieren: Der Europarat besteht aus den vier Mächten Großbritannien, Frankreich, Deutschland und Italien und aus einer Reihe kleiner Staaten wie Belgien, Luxemburg, Dänemark oder den Niederlanden. Das Hauptproblem seines Überlebens liegt in dem Egoismus der vier unkooperativen großen Mächte. Frankreich, um die Teilungstechnik eines Landes zu zeigen, das mit besonderer Zähigkeit an Macht- und Herrlichkeitskonzepten festhält, würde nie zustimmen, sich in seine historischen Regionen aufzuteilen. Aber es hätte sicherlich nichts dagegen, wenn man es einladen würde, in der Europaratsvertretung mit zwanzig Abgeordneten zu sitzen, wenn aus Luxemburg ein Vertreter, aus Dänemark drei Vertreter und je fünf Vertreter aus Belgien und den Niederlanden zugelassen würden. Während Frankreich und das ebenso begünstigte Großbritannien oder Deutschland natürlich so eine Stimmenverteilung sehr befürworten würden, wären Luxemburg, Belgien, Dänemark oder die Niederlände nicht dafür, einfach, weil dies die Vormachtstellung der großen Mächte im Europarat nicht ändern würde. Außerdem würde es eine schon erwiesene Tatsache noch legalisieren. Jedoch würden die kleineren Staaten nichts einzuwenden haben, wenn die zwanzig Mitglieder der französischen Delegation nicht auf nationaler, sondern auf regionaler Ebene gewählt würden und deshalb nur mit regionaler Verantwortung und mit regionaler Vertretung betraut wären. So eine Veränderung in der Zusammensetzung der Delegationen würde das ganze Bild verändern, und zwar nicht in einer allzu offensichtlichen, aber trotzdem radikalen und fundamentalen Weise. Und genau das würde die langsame Auflösung Frankreichs bewerkstelligen. Warum? Frankreich, das seinen Staat aus internen Verwaltungsgründen in mehr als neunzig Departements geteilt hat, würde sich nun, um auch wirklich aus seinem Stimmzuwachs profitieren zu können, in zwanzig Bundesregionen teilen, schon im Interesse des Europarates. Jede dieser Regionen würde Vertreter für die einzelnen Körperschaften wählen und allein ihre Mandate formulieren sowie direkte Instruktionen geben können. Auf diese Weise würden die zwanzig Mitglieder der verschiedenen Regionen nicht als eine Person auftreten, sondern als zwanzig einzelne Mitglieder, die nicht einen Wahlkreis, sondern zwanzig Wahlkreise, nicht eine, sondern zwanzig Mehrheiten, und nicht eine gemeinsame, sondern zwanzig verschiedene Regionen vertreten. Diese Mitglieder würden nur zwei politischen Körperschaften angehören, ihrer Region und dem Europarat, so wie die Schweizer nur zwei organisierten Einheiten angehören, ihrem Kanton und der überregionalen Föderation. Und, wie erwähnt, so wie die Schweiz keine Unterteilung in deutsche oder französische Kantone anerkennt, was einen störenden Zwischenträger zwischen Kanton und Föderation darstellen könnte, so würde auch der Europarat, oder was vielleicht einmal die Vereinigten Staaten Europas genannt werden wird, nie einen störenden Zwischenträger in der Form von separaten Vereinigungen der französischen Regionen enthalten. Von einem föderalistischen Standpunkt aus würden daher Frankreich, Großbritannien, Deutschland und Italien aufhören, Teile einer europäischen Vereinigung zu sein.

Jedoch wäre die simple Aufteilung Frankreichs in Europaratsregionen nicht genug. Frankreich ist ein sehr zentralistisch regiertes Land und verdankt, wie viele andere, seine Entwicklung zu einer Großmacht dieser Tatsache. Solange die Zentralisierung besteht, besteht auch die große Macht, und unter diesen Umständen ist jede Teilung eine Fiktion. Um eine Teilung zu bewerkstelligen, müßten die großen Mächte eine fundamentale innere Wandlung durchmachen. Als ersten Schritt müßten sie ihr zentralistisches in ein dezentralisiertes föderalistisches System umwandeln. Das erst würde ihre Teilung ermöglichen und ihre weitere Auflösung einleiten. Es ist ein Merkmal echter Föderationen, daß der Hauptanteil an öffentlicher Macht einer kleinen Einheit vorbehalten ist, während immer weniger Macht für die oberen Regierungsschichten vorbehalten ist. So liegt die Macht dort, wo sie weniger schaden kann, und wird von jenen ferngehalten, die sie mißbrauchen könnten. Da die höchsten Organe in einer Föderation für sich selbst wenig Macht besitzen, kann sich kein störender Machtfaktor an der Spitze bilden. Daraus resultiert, daß es relativ einfach wäre, die letzte noch übrige nationale Macht einer größeren internationalen Autorität zu übertragen. Auf diese Weise wäre durch die harmlose Methode einer internen Föderalisierung eine Teilung der großen Mächte durch das Angebot einer proportionellen statt einer nationalen Vertretung zustande gekommen. Professor Henry Simons hatte eine ähnliche Idee, als er schrieb:

„Eine große Tugend des extremen Föderalismus und der Dezentralisierung in großen Staaten ist, daß dies eine Erweiterung in Richtung einer Weltorganisation – oder ihre einfache Absorbierung in noch größere Föderationen – erleichtert. Wenn Zentralregierungen nur große Speicher unausgeübter Macht wären, wie es eigentlich sein sollte, die nur durch Verbände oder von der Regierung unabhängigen Organisationen daran gehindert werden, ihre Macht zu gebrauchen, dann wäre eine übernationale Organisation nicht nur möglich, sondern natürlich. Tatsächlich ist so eine Großmachtdezentralisation oder De-Organisation Sinn und Zweck internationaler Organisationen.“[1]

Die Frage ist nun: Könnte Frankreich oder irgendeine andere große Macht dazu gebracht werden, solch eine Selbstteilung durch Föderalisierung zu akzeptieren? Die Antwort ist: ja, und das aus verschiedenen Gründen. Erstens, wie wir schon bemerkt haben, würde die Teilung als eine Art Geschenk präsentiert werden. Statt einer Stimme im Europarat würden den Franzosen (nicht aber Frankreich) zwanzig Stimmen angeboten werden. Da Föderalisierung eine schrittweise und in Etappen erfolgende Veränderung bedeutet, wobei die Regierungsmacht nicht abgeschafft, sondern nur verteilt würde, ohne daß ein offizieller Staatsakt das Ende Frankreichs deklariert, würden auch keine patriotischen Gefühle verletzt werden. Der revolutionäre Wandel hätte rein internen Charakter. Es wäre eine Zerstörung, ohne daß etwas Wesentliches zerstört würde. Es wäre eine Liquidierung ohne Opfer. Es gäbe keine fremden Gesetze, keine fremde Besatzung, keine Änderung im Verkehr oder im Handel; anderseits kommt die Regierung, also die Staatshoheit, plötzlich in Reichweite des einzelnen und verleiht ihm innerhalb der neuen souveränen Einheiten eine Würde und Wichtigkeit, die er vorher nie gekannt hatte. Er würde das als angenehm und nicht als widerlich empfinden. Sein Bezirk würde neu belebt werden, seine Provinzhauptstadt würde neuen Glanz erfahren, und der oberste Regierungsbeamte wäre ein erwähltes Staatsoberhaupt statt eines bestellten Funktionärs. Eine ganze Reihe interessanter Aktivitäten würde sich nun in nächster Umgebung abspielen statt, wie früher, im fernen Paris. Neue Regierungen und Parlamente würden entstehen und könnten die Ambitionen nicht von wenigen, sondern von vielen befriedigen.

Die wirkliche Auflösung Frankreichs würde auf diese Weise ganz unbemerkt vor sich gehen. Trotzdem wäre sie nicht weniger wirksam. Provinzdelegierte aus der Normandie, Pikardie oder Pau würden sich nicht mehr in Paris treffen, sondern in einer neuen Bundeshauptstadt, die sich in Straßburg oder sonst wo entwickeln könnte. Da dies dann die Hauptstadt einer größeren Region wäre, als es Frankreich ist, würden sich dort die Delegierten aller anderen föderalistisch aufgelösten Regionen treffen, die zur Union gehören. Während dann noch immer eine gewisse traditionelle Einigkeit unter den französisch, italienisch oder englisch sprechenden Delegierten anhalten würde, könnten regionaler Partikularismus und individuelle Verschiedenheit bald die letzten Reste der heutigen Großmachtblöcke zerbrechen. Durch die Abwesenheit irgendwelcher dazwischengeschalteter Autoritäten würden bald konservative Burgunder sich mit konservativen Bayern gegen sozialistische Sachsen oder Normannen stellen, aus denselben Gründen, aus welchen schweizerische oder amerikanische politische Delegierte sich nicht auf der Basis regionaler, sondern intellektueller oder ideologischer Gruppierungen für eine Sache entscheiden. Am Ende der Entwicklung wird Paris, wie einst Olympia oder Athen im alten Griechenland, nur mehr das kulturelle Zentrum der französisch sprechenden Welt sein, während seine politische Autorität die Grenzen der Île de France nicht überschreiten würde. Mit der Überführung der Staatsmacht von der Nation zum Bezirk würden die Bezirke automatisch die souveränen Mitglieder der Europäischen Föderation werden. Danach könnte die proportionelle Vertretung wieder in eine Staatenvertretung umgewandelt werden. Da alle Bezirke ziemlich dieselbe Größe hätten, könnte das Prinzip gleicher Stimmen für gleiche Staaten wieder eingeführt werden.

2. Die Wiederherstellung der alten europäischen Staaten

Das bringt uns nun zum zweiten Grund, warum Frankreich und andere große Staaten dazu gebracht werden können, ihre Teilung zu akzeptieren. Ich habe die neuen Unterteilungen Bezirke genannt. Aber es sind nicht einfach Bezirke. Wie das Kapitel III zeigte, sind dies die ehemaligen Nationen Frankreichs und Europas. Ihre Wiederherstellung würde nicht die Errichtung einer künstlichen Struktur bedeuten, sondern eine Rückkehr zu Europas einstiger politischer Landschaft. Man müßte keine neuen Namen erfinden. Die alten sind ja noch da, wie auch die Regionen und Menschen da sind, die sie repräsentieren. Es sind die großen Mächte, die keine echte Basis für ihre Existenz und die weder autochthone noch andere selbsterhaltende Quellen der Kraft haben. Sie sind die künstlichen Strukturen, die eine Schar mehr oder weniger williger Stämme zusammenhalten. In Großbritannien gibt es keine „Große Britische Nation“. Wir finden dort Engländer, Schotten, Iren, Menschen aus Cornwall, Waliser und die Menschen von der Insel Man. In Italien finden wir Lombarden, Südtiroler, Venezianer, Sizilianer oder Römer. In Deutschland finden wir Bayern, Sachsen, Hessen, Rheinländer oder Brandenburger. Und in Frankreich finden wir Normannen, Katalanen, Elsässer, Basken oder Burgunder. Diese kleinen Nationen entstanden von selbst, während die großen Mächte durch Gewalt geschaffen wurden und durch eine Reihe von blutigen einigenden Kriegen. Nicht ein einziger Teil davon schloß sich freiwillig an. Sie mußten alle hineingezwungen werden und konnten darin nur gehalten werden, indem man sie zu Counties, Gauen oder Departements machte. Die Anhänger der Vereinigungsthese werden sagen, daß, obwohl dies alles wahr sei, die Jahrhunderte des gemeinsamen Schicksals diese Einheiten nun untrennbar miteinander verschmolzen haben und daß ihre Auflösung eine reaktionäre Tat wäre. Man kann – hélas – die Uhr nicht zurückdrehen. Aber es hat sich nichts verändert. Es hat so wenig Fusion gegeben, daß, wann immer die Staatsgewalt etwas erlahmt, diese Einzelteile, statt dem Staate zu Hilfe zu eilen, sich sofort befreien wollen. Als Hitlers Macht zerbrach, wollte sich Bayern sofort von dem Rest Deutschlands trennen und sein altes Königreich wiedererrichten. Ebenso wollten die Sizilianer nach dem Fall Mussolinis wieder einen unabhängigen Staat errichten. Die Schotten sind heute schottisch, so wie sie es vor dreihundert Jahren waren. Ihr Zusammenleben mit den Engländern hat nur ihren Willen bestärkt, unabhängig zu leben. Im Jahre 1950 baten sie den König um ein unabhängiges Parlament in

Edinburgh, und ein paar Monate später gaben sie einen dramatischen Beweis ihrer nationalen Existenz, indem sie den „Stone of Scone" aus der „fremden" Erde in der Westminsterabtei befreiten. In Cornwall belehren Reiseprospekte die Engländer auf humorvolle, aber doch bestimmte Art, daß sie, so lange sie sich auf kornischer Erde befänden, als Ausländer angesehen würden. Und in Frankreich, sogar in ganz ruhigen Zeiten, gibt es einen ständigen Strom von separatistischen Bewegungen, nicht nur unter den Elsässern, sondern auch unter den Katalanen, Basken, Bretonen und unter den Normannen.

Man sieht also, daß in großen Einheitsländern trotz langer Perioden der Unterwerfung, während derer sie einem ständigen Trommelfeuer von Einheitspropaganda ausgesetzt waren, es noch immer partikularistische Gefühle in unverminderter Stärke gibt, und nur wenige der vielen kleinen Nationen, die heute im Rahmen der großen Mächte existieren, könnten auch nur eine Woche allein gelassen werden, ohne daß sie nicht sofort darangehen würden, ihre eigenen Hauptstädte, Parlamente und Staaten zu gründen. Es gibt natürlich Volksschullehrer, nationale Politiker, Armeeangehörige, Kollektivisten, professionelle Menschenfreunde und andere, die in Einheitsentwicklungen schwelgen, die die Idee der kleinen demokratischen Staaten ablehnen, und zwar mit Fanatismus und dem Schrei: Reaktion – als ob die Wege der Natur je reaktionär sein könnten. Aber das Gros der Einwohner jener Gebiete, die wieder zu Staaten würden, hat immer wieder bewiesen, daß sie anders denken. Sie wollen nicht leben in riesigen sinnlosen Reichen. Sie wollen in ihren Provinzen, in ihren Bergen und in ihren Tälern leben. Sie wollen zu Hause leben. Deshalb haben sie so hartnäckig an ihrem Lokalkolorit und Provinzialismus festgehalten, während sie in den großen Reichen verschüttet waren. Am Ende aber war es immer der kleine Staat und nicht das Reich, das überlebte. Deshalb müssen kleine Staaten nicht künstlich geschaffen werden. Sie müssen nur befreit werden.

3. Die Erhaltung von Kleinstaatenmodellen

Eine letzte Frage wäre noch zu beantworten: Würden die kleinen Staaten nicht sofort wieder neue Bündnisse eingehen und sich zu großen Mächten zusammenschließen? Letztlich würden sie es, da ja nichts ewig dauert. Es würde aber Jahrhunderte dauern, so wie es Jahrhunderte gedauert hat, bis sich die jetzigen großen Mächte gebildet hatten. Auch darf nicht vergessen werden, daß die Schaffung eines Kleinstaatenmodells vielleicht zu einer größeren internationalen Föderation führen kann. Das würde heißen, daß es eine funktionierende föderalistische Regierung geben würde, deren Aufgabe es wäre, die Mitgliedstaaten nicht nur zusammen-, sondern auch auseinanderzuhalten. Es gibt keinen Grund, anzunehmen, daß in einem Kleinstaatensystem, das nur dazu geschaffen wurde, um eine föderalistische Regierung wirksam zu gestalten, die Verhinderung von Staatsallianzen schwieriger wäre als zum Beispiel für die Regierungen von Amerika, Kanada, Mexiko oder der Schweiz. Da die föderalistische Regierung nur wenig Gewalt über die einzelnen kleinen Staaten hätte, wäre die Neugruppierung in große Machtzentren eine sehr entfernte Möglichkeit.

All das zeigt uns, daß die technischen Schwierigkeiten, die einer Teilung der großen Mächte und der Errichtung eines Kleinstaatenmodells entgegenstehen, keinesfalls unüberbrückbar sind. Indem man die proportionelle Vertretung als Ausgangspunkt nimmt und zugleich einen Appell an die beträchtlichen partikularistischen Gefühle richtet, die in Gruppierungen von Menschen immer vorhanden sind, könnte die Kleinstaatenwelt, die eine so wichtige Voraussetzung für eine erfolgreiche internationale Zusammenschließung wäre, ohne Gewalt oder Kraftanstrengung zustandekommen. Es bedürfte nur des Aufgebens einiger dummer, obwohl liebgewonnener Slogans, wie dem des Uhrenzurückdrehens, ein wenig Diplomatie und etwas Geschick. *Es kann gemacht werden!* Und wenn Bündnisse überleben sollen, dann *muß* es gemacht werden!

KAPITEL XI

Wird es geschehen?

Nein!

KAPITEL XII

Das amerikanische Imperium

„Es gibt heute zwei große Nationen in der Welt, die dem gleichen Ende zusteuern, obwohl sie von sehr unterschiedlichen Ausgangspunkten ihren Weg begannen: ich meine damit die Russen und die Amerikaner... Ihre Ausgangspunkte sind verschieden, und ihr Kurs ist nicht derselbe; trotzdem scheint es durch himmlische Vorsehung bestimmt, daß jeder von ihnen die Geschicke einer Hälfte der Erde beeinflussen würde.“

Tocqueville

Der Geist der Zeit – Die Anzahl der großen Mächte schwindet – Tocquevilles Voraussage – „Wir gestalten unsere Gebäude, und un-sere Gebäude gestalten uns“ – Amerikas Anti-Imperium – Unsere neuen Kolonien – Imperialismus durch Schlagzeilen – Die Errichtung amerikanischer Oberherrschaft – Imperium durch Opfer – Coca-Kolonisierung – Freuen wir uns über das Imperium – Die Rolle der Vereinten Nationen als ein Werkzeug des Imperialismus – Die beiden Vereinten Nationen – Der endgültige Weltstaat – Und wieder kleine Staaten

---

NEIN! ES WIRD NICHT GESCHEHEN!

Das sieht jetzt aus wie ein trauriges Ende für ein Buch, dessen Hauptaufgabe darin bestand, zu beweisen, daß es so leicht ein besseres gegeben hätte! Und ein trauriges Ende paßt so gar nicht in den *Geist unserer Zeit*, von dem uns unsere Meinungsexperten sagen, daß er rein destruktive Analysen nicht zuläßt, dabei aber nicht wahrhaben will, daß sein wichtigster intellektueller Sprößling, der

Existentialismus, die wildeste Zerstörungswelle auslöste, die die Welt seit Jahrhunderten gekannt hat. Niemand würde so naiv sein, von Sartre ein Happyend zu erwarten. Wenn aber der Wunsch eines altjüngferlichen Publikums nach einer rosigen Zukunft in der Literatur und in der Philosophie als kindisch verschrien wird, warum sollte das nicht auch in der Welt der Politik so sein? Und wer ist schon dieser neue Autokrat, der sich *Zeitgeist* nennt, der sogar die Grenzen der Diskussion bestimmt und Kritik nur zuläßt, solange unsere Selbsttäuschung nicht zerstört wird? Es ist derselbe schlaue alte Tyrann, dem wir schon unter so vielen anderen Mäntelchen begegnet sind, hier als Durchschnittsmensch, als die Mehrheit, als Leute, dort als Vaterland, als Proletariat, Parteipolitik. Heute tarnt er sich als der Wille der Zeit, wahrscheinlich, damit ich dieses Buch mit einer weniger zynischen Note beende und nicht meiner Unfähigkeit, die Anwendung meiner eigenen Konklusionen zu glauben, Ausdruck verleihe.

Trotzdem, obwohl das unbedeutend wäre, bin ich weder zynisch noch destruktiv. Der Sinn einer Analyse ist, zu analysieren, zu folgern und vorzuschlagen. Das habe ich gemacht. Wenn man von mir großartige Aufrufe an die Menschheit und Glaubensbeweise für meine Weisheit, wie das heute so modern ist, erwartet, dann ist das eine ganz andere Sache. In diesem besonderen Falle werden die meisten mit mir übereinstimmen, daß der Glaube an den Willen der großen Mächte, ihre eigene Zerstörung einzuleiten, um eine Welt ohne Angst zu schaffen, eine Angst, für die sie sich selbst verantwortlich zeichnen, nicht ein echter Glaube wäre, sondern ein Wahn, so wie es ein Wahn wäre, zu glauben, daß Atombomben erzeugt werden, die man aber nicht notwendigerweise anwendet.

Doch auch ich meine, daß man diese Analyse nicht einfach damit beenden kann, daß man ihre Unglaubwürdigkeit bestätigt. Es bleibt nun noch eine Frage zu beantworten. Wenn es wegen der Ablehnung der großen Mächte, das Prinzip der Teilung auf sich selbst anzuwenden, keine Chance gibt, die Kleinstaatenwelt einzuführen, was dann?

1. Der Weg zur Größe

Offensichtlich ist die einzige Alternative zur Kleinheit die Größe, und das einzige, was die Welt tun kann, wenn sie den Weg zurück nicht gehen will, ist, den Weg der großen Macht bis zu seinem logischen Ende weiterzugehen. Wohin aber führt uns dieser? Es wurde schon vorher erwähnt, daß der Weg zur Größe darin besteht, daß die Anzahl der großen Mächte langsam geringer wird. Das war nicht immer so, da ja früher einmal jeder seinen Appetit auf Expansion an den kleinen Staaten stillen konnte. Aber das Angebot der letzteren war zu Ende des 19. Jahrhunderts praktisch erschöpft, als sie für weitere Expansionsversuche dadurch ausschieden, daß sie sich in den Machtbereich ihrer großen Nachbarn flüchteten, ohne ein Teil dieser Länder selbst zu werden. Seit damals blieb den großen Mächten nichts anderes mehr, als übereinander herzufallen. Der Erste Weltkrieg erwies so, zum ersten Mal seit vielen Jahrhunderten, daß nicht kleine, sondern große Staaten von der Bildfläche verschwanden; die Türkei und Österreich-Ungarn. Der Zweite Weltkrieg entfernte drei weitere, Japan, Italien und Deutschland. Und das war nicht alles. Als der Friede wieder einkehrte, befanden sich zwei weitere im Zustand totaler Erschöpfung: China und Frankreich. Zuerst unfähig, sich wieder zu beleben, und dann, neu belebt, unfähig, sich aus eigener Kraft oben zu halten, tragen sie noch immer den Namen großer Mächte, aber dieser trifft auf sie nicht mehr zu.

Von den neun großen Mächten, die in das 20. Jahrhundert mit dem üblichen Glauben an ihre Unzerstörbarkeit eingetreten sind, haben nur drei die Grenze des halben Jahrhunderts erreicht: Rußland, Großbritannien und Amerika. Und sogar unter ihnen hat der Prozeß der Schrumpfung schon eingesetzt, so daß es in Kürze nur mehr zwei Überlebende geben wird, Rußland und Amerika. Obwohl diese zwei den Kreis der Gewaltigen erst als letzte betreten haben, hat das Zusammenwirken ihres hohen Bevölkerungspotentials mit der riesigen Ausdehnung ihrer Territorien sie schon von Anfang an dazu bestimmt, alle anderen zu überleben. Tatsächlich war ihr Kurs so unaufhaltsam, daß Alexis de Tocqueville schon 1840 jeden Schritt dieser Entwicklung voraussehen konnte, und zwar in solchem Detail, daß seine Schriften zu den großen Prophezeiungen der Geschichte gehörten, wenn sie nicht ein Meisterwerk logischer Deduktion wären und aus seiner Sicht keinen anderen Schluß zuließen:

„Es wird deshalb eine Zeit kommen, in der es in Nordamerika 150 Millionen Menschen geben wird, die unter denselben Bedingungen leben, die einer Rasse angehören, die ihre Herkunft gemeinsam haben, die dieselbe Zivilisation bindet, dieselbe Sprache, dieselbe Religion, die gleichen Sitten, dasselbe Benehmen, von denselben Meinungen überzeugt, die auf dieselbe Weise zustande gekommen sind. Der Rest ist nicht sicher, aber das ist sicher. Und es ist in der Welt etwas Neues, etwas, das so unglaubliche Konsequenzen mit sich bringt, daß es alle Phantasie übersteigt.

Es gibt heute zwei große Nationen in der Welt, die dem gleichen Ende zusteuern, obwohl sie von sehr unterschiedlichen Ausgangspunkten ihren Weg begannen: ich meine damit die Russen und Amerikaner. Beide sind unbemerkt groß geworden; und während die Welt anderwärts beschäftigt war, haben sie ganz plötzlich eine Vorrangstellung unter den Nationen eingenommen; und die Welt erfuhr von ihrer Existenz fast zur gleichen Zeit.

Alle anderen Nationen scheinen die Grenzen ihrer natürlichen Grenzen fast erreicht zu haben und haben nun nichts zu tun, als ihre Macht in diesen zu erhalten; jene aber sind noch immer im Wachsen begriffen; alle anderen haben entweder aufgehört oder können sich nur schwer weiterbewegen; jene aber gehen schnell und mit Leichtigkeit voran, und zwar auf einem Weg, den das menschliche Auge kaum verfolgen kann. Der Amerikaner kämpft gegen die natürlichen Hindernisse, die sich ihm in den Weg stellen. Die Gegner der Russen aber sind Menschen; der erstere kämpft gegen die Wildnis und die Barbarei; der letztere bekämpft die Zivilisation mit all ihren Künsten. Die Siege des einen sind deshalb Siege des Pfluges; die des anderen Siege des Schwertes. Der Anglo-Amerikaner stützt sich auf sein persönliches Interesse, um zu seinem Ziel zu gelangen, und läßt den Bürgern freien Lauf in ihrem führungslosen Streben und verläßt sich auf den gesunden Menschenverstand. Der Russe vereint alle Autorität über die Gesellschaft in einem einzigen Arm; das wichtigste Instrument des ersteren ist die Freiheit; des letzteren die Sklaverei. Ihre Ausgangspunkte sind verschieden, und ihr Kurs ist nicht derselbe; trotzdem scheint es durch himmlische Vorsehung bestimmt, daß jeder von ihnen die Geschicke einer Hälfte der Erde beeinflussen würde."[1]

Inzwischen ist dieser Zustand, der hier so klar beschrieben wurde, politische Realität geworden. Die unumstößliche Konsequenz dieses Weges zur Größe, dem die Welt den Vorzug vor dem Kleinstaatenweg gegeben hat, ist mit einer solchen Pünktlichkeit eingetreten, daß es heute nur mehr zwei souveräne Staaten gibt, die USA, heute wirklich schon ein Staat mit „einhundertfünfzig Millionen Einwohnern", und Sowjetrußland. Das Resultat aber ist, daß wir nicht eine Welt vor uns haben, deren eine Hälfte von Rußland dominiert und deren Prinzip die Sklaverei ist, während die andere Hälfte von einer großen Menge freier Nationen beherrscht wird, die sich zu einem gemeinsamen Zweck zusammengeschlossen haben. Was wir heute haben, sind zwei Imperien, von welchen jedes die Geschicke einer Welthälfte lenkt, dabei aber niemandes Zweck verfolgt, außer den ihrer eigenen zentralen Gewalt. Und das beantwortet die Frage nach der Alternative zur Welt der kleinen Staaten. Es ist eine Welt zweier großer Imperien, die einander in einem Angst und Schrecken verbreitenden unsicheren Gleichgewicht halten.

2. Das Anti-Imperium

Wir haben es natürlich nicht sehr gerne, wenn man dieses Wort auf Amerika anwendet. Wenn wir seine eigentliche Bedeutung überhaupt akzeptieren, müssen wir es unter ständigen Unschuldsbezeugungen tun. Ist unsere ganze Geschichte denn nicht ein ständiger Kampf gegen und nicht für imperialistische Machtherrschaft? Sogar heute kämpfen wir vor allem für die Befreiung der Welt, nicht für ihre Versklavung. Wenn wir aber so entschlossen sind, die eine Hälfte der Welt unter unsere Führung zu bekommen, dann soll das doch nicht dazu dienen, ein Imperium zu schaffen, sondern ein Anti-Imperium.

Das ist sicherlich wahr. Aber Situationen erzeugen ihren eigenen Geist, ungeachtet dessen, was wir wollen. Das entspricht nun eher einer materialistischen Einstellung zur Geschichte, aber ist es nicht wieder das, was Winston Churchill gemeint hat, als er dafür plädierte, daß man das House of Commons in seiner ursprünglich länglichen und schmalen Form wieder aufbauen sollte? „Wir gestalten unsere Gebäude, und unsere Gebäude gestalten uns." So wie die Quintessenz der britischen Demokratie mit ihrer Kultivierung brillanter Debatten und ihrer Ablehnung oberflächlicher Rhetorik von einem ihrer stärksten Verteidiger dargestellt wurde, nicht weil er dem nationalen Charakter schmeicheln wollte, sondern weil die Enge des Versammlungsortes allen eine Vertraulichkeit aufzwang (und man könnte hinzufügen, dieselbe Vertraulichkeit, denen die Bürger in einem englischen Pub ausgesetzt sind), so ist auch die imperialistische Vorherbestimmung eines Landes nicht Resultat geschichtlicher Ambitionen, sondern eher Resultat einer physischen Komponente des Landes, das dieses Imperium aufbaut.

Ein Imperium kann allem, was wir planen und wertschätzen, widersprechen. Aber wir wollten es ja nicht, wir hätten uns so organisieren sollen, daß eine derartige Situation unmöglich geworden wäre. Wir hätten unser Haus anders bauen sollen, so wie die Neuseeländer, die sich damit begnügten, am Rande einer relativ kleinen Inselwelt zu leben. Statt dessen begannen wir schon am Anfang unserer Geschichte, alle einschränkenden Grenzen zu entfernen und ein neues Land zu erbauen, das in seiner Größe und in seinem Reichtum so enorm wurde, daß, wenn seine Bevölkerung einmal eine bestimmte Dichte erreicht hätte, es unausweichlich zu einer Großmacht würde, die letzten Endes nur einen Rivalen hätte. Wir waren im Begriff, ein Imperium zu werden.

Obwohl es wahr ist, daß wir nie die Weltherrschaft wollten, ist uns diese mehr oder weniger in den Schoß gefallen. Was aber kümmert es die fremden Untertanen unseres neuen Imperialismus, wie wir dazu gekommen sind? Wie Tocqueville schon sagte, unser Ausgangspunkt war ein anderer als der der Russen. Wir glaubten an Freiheit und sie an Sklaverei; wir an den Pflug und sie an das Schwert. Und unsere Wege waren nicht dieselben. Wir erreichten, fast ohne unsere Zustimmung, was die Russen so gierig mit Gewalt erreichten. Die Nationen auf unserer Seite kamen durch ihren eigenen Willen, während die, die Moskau folgten, dazu gezwungen wurden. Trotzdem ist das Resultat dasselbe. Wir sehen uns genauso wie die Russen im Besitz der halben Welt. Unser Plan war es, ein

Anti-Imperium zu bauen. Aber auch ein Anti-Imperium ist ein Imperium, wie wir aus der Tatsache sehen können, daß die Metropole unserer Seite nicht der Sitz der Vereinten Nationen ist, sondern Washington. Dorthin gehen die Staatsmänner der freien Welt ihren Respekt erweisen.

3. Imperium inbegriffen

Wenn wir uns auch über die imperialistischen Folgen unserer Macht Illusionen machen, andere machen sich weniger Illusionen. Denn obwohl sie sich uns aus freiem Willen angeschlossen haben, haben sie längst entdeckt, daß ihre Partnerschaft, trotz aller materiellen Vorteile, die sie daraus ziehen, nicht eine der Gleichheit ist und daß es nur eine wirklich freie Nation in diesem Arrangement gibt, nämlich eine imperiale Nation, die Amerikaner.[2] Deshalb geben sie uns dieselbe Mischung aus Haß, Verachtung und Unterwürfigkeit, die alle unterdrückten Völker ihren Herren gegenüber empfanden. Sie sind unterwürfig, weil sie ohne unsere Hilfe ihren Lebensstandard nicht aufrecht erhalten können. Sie hassen uns, weil sie unsere Hilfe nicht in Anspruch nehmen können, ohne von uns dirigiert zu werden. Und sie schmähen uns, weil wir, obwohl wir unbestritten als Imperium auftreten, die Fiktion aufrecht erhalten, all dies für ihre Freiheit zu tun, nicht so sehr aus Respekt für *ihre* Gefühle als für *unsere*. Denn wir sind es, die nicht an unser Imperium glauben, nicht sie. Wir sind auf Grund unserer Traditionen daran gewöhnt, nichts Anziehendes an einem Imperium zu finden, während sie, durch die unmittelbare Nähe des russischen Imperiums, lange vor uns begriffen, daß ihre einzige Alternative zur Einverleibung in den Osten darin bestand, sich unter unsere Protektion zu stellen. Aber was bedeutet Protektion anderes, als daß die Staaten, die sie suchen, zu Protektoraten werden?

Selbst so stolze Staaten wie Frankreich, Italien, Griechenland oder Jugoslawien existieren nur durch unsere Gnade. Anders als Großbritannien haben sie nie wieder versucht, den harten Weg zu gehen und sich ohne unsere Hilfe durchzuschlagen, eine Hilfe, die sie nicht nur heute fordern, sondern auch für die Zukunft gesichert wissen wollen, und zwar nicht nur auf militärischem Gebiet, zu ihrer Verteidigung, sondern auch wirtschaftlich, um ihren Lebensstandard nicht aufgeben zu müssen. Aber was sind solche Länder wirklich, die so total und ständig auf unsere Hilfe angewiesen sind, daß sie dies fast in ihre Verfassung aufnehmen, anderes als unsere Untertanen, unsere Kolonien? Da sie all das besser begreifen als wir, haben sie keine Zeit verloren, ihre Politik danach einzurichten. Auf der einen Seite behandeln sie uns genau so, wie wir es wollen. Sie senden uns einen endlosen Strom von Missionen und Persönlichkeiten, nennen uns Befreier und versprechen uns, daß sie loyal sein werden, daß unsere Feinde auch die ihren wären und daß sie auf Neutralität verzichten, wenn es zu einem Krieg kommen sollte. Als Frankreichs Präsident Auriol Washington besuchte, schrieb die *New York Times* in Schlagzeilen: „Oberhaupt des Pariser Regimes erklärt, daß seine Nation die Neutralität ablehnt und sich seines US-Verbündeten als würdig erweisen wird."[3] Aber es ist doch selbstverständlich, daß jedes Land, das sich irgendeiner anderen Macht als sich selbst würdig erklärt, dies doch nur tun kann, wenn es diesem Land untertan ist. Kein französischer Präsident könnte seine Regierung dazu zwingen, Englands wert zu sein, ohne dabei Hochverrat zu begehen. Ebenso unmöglich wäre es, wenn ein amerikanischer Präsident versprechen würde, daß die Vereinigten Staaten ihr Bestes tun würden, um sich Frankreichs als würdig zu erweisen, ohne dabei von Kommentatoren und Wählern zerrissen zu werden. Sich eines anderen würdig zu erweisen bedeutet eindeutig eine einseitige Beziehung – die des Untergebenen zu seinem Herrn.

Anderseits überhäufen sie uns mit Schmähungen, diesmal weniger ihrer Abhängigkeit wegen als wegen der Tatsache, daß wir die volle Konsequenz unserer Machtherrschaft noch nicht begriffen haben. Wann immer wir einen Schritt tun, der uns von ihrer politischen Szene entfernt, unserer ursprünglichen Illusion folgend, daß wir ja nur zu ihrer Befreiung gekommen sind, sagen sie uns offen, daß wir verrückt sind. Statt Dankbarkeit zeigen sie uns Arroganz, und statt uns unserer Mitwirkung zu entheben, drohen sie ganz offen, daß sie eben kommunistisch zu werden gedenken, wenn wir unsere Hilfe nicht nur fortsetzten, sondern auch verstärkten, vergrößerten, verschnellerten, wobei sie sich über unsere Malaise freuen, wie es eben nur unter hoffnungslos Versklavten möglich ist. Dabei sind sie fast pathologisch, so als ob es ihnen nichts ausmachen würde, ob sie nun in unserem oder in Moskaus Lager wären, weil sie wissen, daß ihre Anwesenheit in unserem Lager ungleich wichtiger für uns ist als für sie. Und eigentlich haben sie recht. Während 100% der Amerikaner daran interessiert sind, Italien zu sehen, sind zum Beispiel nur 60% Italiener daran interessiert, die USA zu sehen. Aber warum sollten wir in Washington eigentlich eine Bedrohung unserer Interessen darin sehen, daß ein scheinbar unabhängiges Italien kommunistisch würde, es sei denn, es wäre ein Teil unseres Verteidigungssystems, aus dem wir es nicht entlassen könnten, wenn wir es auch wollten, denn seine einzige Alternative wäre, sich dem Verteidigungssystem unserer Rivalen anzuschließen? Jedoch, Italien liegt in unserem Verteidigungssystem eingebettet, und unsere eigenen Grenzen liegen in Italien. Das aber heißt, daß, was immer wir auch behaupten, wir unterbewußt und tatsächlich Italien als eines unserer Herrschaftsgebiete ansehen, das frei entscheiden nur in den Grenzen unserer Großmut kann. Und dasselbe trifft auf alle anderen Länder diesseits des Eisernen Vorhangs ebenso zu. Um das zu begreifen, brauchen wir nur die Schlagzeilen unserer Zeitungen und Zeitschriften zu lesen, die in ihrer verkürzten Form oft ein präziseres Bild irgendeines Artikels geben als der Artikel selbst. So schrieb der *New Leader*, ein großes liberales Blatt und sicher das letzte, das imperialistische Ambitionen unterstützen würde, in einigen seiner Schlagzeilen, die den Advent unseres Imperiums aufzeigen: „Der Prokonsul von Japan"; „Nur Amerika kann Frankreich retten"; „Die Türkei, eine mittelöstliche Bastion."[4] Wessen Bastion? Jedenfalls nicht eine Bastion Belgiens oder Italiens, die sicher keinen Pfennig für ihren Bau ausgeben würden. Es ist die Bastion eines Organismus, dessen Nervenzentrum in Washington liegt. Da eine Bastion innerhalb und nicht außerhalb des Radius einer Macht liegen muß, muß die Türkei als innerhalb des Machtradius Amerikas angesehen werden. Aber ein Machtradius, der größer ist als die Grenzen einer Nation, bedeutet, daß es ein imperialistischer Radius ist. Nur ein Imperium kann über seine Grenzen hinausreichen.

Das imperiale Denken ist jedoch auch schon in unseren eigenen Reihen nicht mehr nur eine unterbewußte Ahnung, die sich in die Schlagzeilen schleicht, ohne in unseren Gehirnen registriert zu werden. Jene unserer Beamten, die auf Grund ihrer Position direkt in Kontakt damit gekommen sind, zeigen schon ein bewußtes Herrschaftsdenken, das dann zu so kritischen Bemerkungen wie jener General Eisenhowers führt, der sich auf politische Führer bezog: „Manchmal glaube ich, daß die Politiker nicht sehr fähig sind“[5], oder zu solch verzweifelten Angriffen, wie sie der kanadische Außenminister, Mr. Lester B. Pearson, führte, als er verkündete, daß die „guten und automatischen Beziehungen“ mit den Vereinigten Staaten eine „Sache der Vergangenheit“ wären und daß Kanada nicht gewillt wäre, „nur das Echo eines anderen zu sein“.[6] Vielleicht waren sie nicht gewillt, aber sie werden die unausweichliche Logik historischer Entwicklung nicht aufhalten können.

Viele andere Ereignisse beweisen diesen Trend. Wann immer in den letzten Jahren jedoch ein fremdes Land zu weit in seinem Bestreben ging, die Souveränität, die es einmal hatte, wieder zu erlangen, haben unsere Staatsmänner nicht gezögert, die neue Lage zu erklären, und meistens taten sie das in viel groberen Tönen als General Eisenhowers leichte Anspielung auf die Unfähigkeit fremder Politiker, deren Aufgabe es ja ist, ihre Wählerschichten zu befriedigen und nicht einen amerikanischen General.

Als zum Beispiel Israel im April 1951 einige Grenzsiedlungen in einem Vergeltungsschlag gegen Syrien bombardierte, kümmerte das weder die Vereinten Nationen noch Paris, noch nahm London besondere Notiz davon. Aber Washington sandte sofort einen strengen „Verweis“, ohne auch nur einen Moment über die Legalität nachzudenken, die ihr doch gar kein Recht einräumte, Autorität auszuüben über eine Nation, die fünftausend Meilen entfernt an den östlichen Ufern des Mittelmeeres liegt.[7] Ein ähnlicher Verweis, obwohl aus anderen Gründen, wurde nach Italien entsandt, als es voller Stolz erklärte, daß es ihm gelungen sei, sein Staatsbudget 1950 in Ordnung zu bringen. Obwohl Italien dabei hoffte, bewiesen zu haben, daß es die amerikanische Hilfe sehr weise eingesetzt hatte, hatte es nicht begriffen, daß ein ausgeglichenes Budget in Amerika längst nicht bedeutete, daß der Staatshaushalt der Vereinigten Staaten in Ordnung sei. Und so erklärt es sich, daß ein kleinerer ECA-Beamter in Rom erschien und einen strengen Sermon über Keynessche Prinzipien hielt, vor allem über „Deficit Spending", zusammen mit einer ernsten Warnung, daß ein weiteres ausgeglichenes Budget ihnen alle weitere amerikanische Hilfe versagen würde. Darauf konnte die teils verwirrte, teils erfreute italienische Regierung doch nichts anderes tun, als den Befehl des Herrn zu befolgen und prompt das befohlene Defizit zu erbringen.

Eine noch härtere Lektion wurde Griechenland erteilt, als seine Regierung sich sehr weise entschloß, dem König eine Yacht zu kaufen, um die traurige Situation der Bevölkerung etwas aufzuhellen und zumindest seinem Herrscher ein wenig jene Glorie und jenen Prunk zu geben, die ihr versagt waren. Das ist ja eine der großen Funktionen eines Königshofes, die die Briten in den langen Jahren der „Austerity" so gut demonstrierten. Unsere Botschaftsangestellten aber sind anders großgezogen worden, und da sie selbst nie den emotionellen Hunger erlebt haben, der mit materiellem Elend Hand in Hand geht, wurden sie dieser Provokation nicht Griechenland, sondern Amerikas öffentlicher Meinung wegen so wütend, daß der beschämten Athener Regierung nichts übrigblieb, als zu bereuen, einen Keuschheitseid abzulegen und den Kauf rückgängig zu machen, bei dem nicht ein einziger amerikanischer Dollar involviert war.[8]

Die massivste Durchsetzung unseres imperialen Willens aber war gegen Großbritannien gerichtet, das trotz allem noch immer eine Fast-Großmacht ist. Als es sich entschloß, seine Zusage bezüglich der von Amerika unterstützten Resolution, die China als Aggressor deklarierte, zurückzuziehen, was mehr in seinem eigenen Interesse lag als in unserem, und das der Haltung seiner öffentlichen Meinung eher als unserer entsprach und der Entscheid seiner gewählten Führer war, wurde es sofort so massivem Druck ausgesetzt, daß auch Großbritannien den Weg der Unterwerfung gehen mußte. Und was benutzten wir als Waffe? Eine Atombombe? Nein! Die einfache Drohung katastrophaler Konsequenzen für die öffentliche Meinung Amerikas, die der Herr vieler ist, aber selbst keinen Interessenkonflikt mit uns gibt. Dann ist es aber *unsere* Wahl und Interpretation, die zählt, und nicht die irgendeines anderen, nicht einmal die einer internationalen Autorität, wie man der Karikatur eines aufgeregten Senators entnehmen konnte. Während er nämlich darum fleht, daß sich Amerika an den Internationalen Gerichtshof hält, deklariert er in freudig imperialistischem Ton: „Da wir noch nie einen Krieg verloren haben, werden wir auch in Zukunft keinen verlieren." Und so ist es.

5. Imperium durch Opfer

Jedoch manifestiert sich das amerikanische Imperium nicht nur durch seine mittelbare oder absichtliche Deklaration unwidersprochener Führungsmacht. Es zeigt auch, daß es eine schwere Bürde trägt. Da es ein herrschendes Imperium ist, ist es auch ein Imperium, das Opfer bringt. Und zumindest in diesem Bereich agiert es anders als das Imperium der Russen. Ungleich diesem tragen wir die Kosten der Verteidigung unserer Sphäre selbst und lassen sie nicht von unseren Satelliten tragen. Während Rußland den Koreakrieg führte, ohne selbst offiziell daran teilzunehmen und das Sterben hauptsächlich den Chinesen zu überlassen, waren wir bis zum Hals darin involviert. Obwohl wir den Krieg einen Krieg der Vereinten Nationen nannten, wurden die betroffenen Armeen mit Material versorgt, das nicht von den Vereinten Nationen kam, sondern aus den Vereinigten Staaten, und die Soldaten, die auf den Schlachtfeldern starben, waren hauptsächlich amerikanische Soldaten und nicht Mitglieder jener Vereinigung, in deren Namen diese Schlachten gefochten wurden, wie die folgende Liste der Gefallenen vom April 1951 zeigt.

Vereinigte Staaten	57.120
Türkei	1.169
Vereinigtes Königreich	892
Frankreich	396
Australien	265
Niederlande	112
Siam	108
Griechenland	89
Kanada	68

Philippinen	55
Neuseeland	9
Südafrikanische Union	6
Belgien	0
Luxemburg	0

Bis zum April 1951 hatten also die Vereinigten Staaten von Amerika mit einer Bevölkerungszahl von 150 Millionen 57.120 Verluste, während alle anderen Teilnehmer auf unserer Seite mit einer Gesamtbevölkerung von 220 Millionen – Korea nicht inbegriffen,[9] ein Nicht-Mitglied, noch die nicht teilnehmenden Mitglieder der Vereinten Nationen – nur 3.169 Verluste hatten. Keine amerikanische öffentliche Meinung würde so eine unglaublich unterschiedliche Verteilung der Verluste hingenommen haben, wenn sich nicht dabei wirklich die Verteilung der Interessen daran widerspiegelte.

Da wir den Hauptanteil der Kosten für unsere imperiale Konsolidierung auf militärischem Gebiete tragen, tun wir dasselbe natürlich auch in wirtschaftlicher Hinsicht. Während die Russen aus den Speisekammern ihrer Satelliten alles nehmen, was an ihrem hungrigen Auge vorüberzieht, füllen wir jene unserer Satelliten mit einem unendlichen Strom an Gütern, die aus unseren eigenen Lagerhäusern kommen. Während das Sowjetimperium den potentiell höheren Lebensstandard seiner Untertanen jenem der Herrenrasse anpaßt, erhöhen wir den Standard unserer Untertanen zu dem noch immer hohen Standard, an den wir gewöhnt sind. Wann immer wir kommen, kommen wir mit den Produkten unserer Pflüge mehr als mit der Macht des Schwertes.

Und das ist es gerade, was den Hauptunterschied in der Handhabung des jeweiligen Imperiums durch die Russen einerseits und die Amerikaner anderseits ausmacht. Wir verwenden Verführung, die anderen Gewalt. Wir gleichen die Welt durch unsere Güter uns an, die anderen durch ihre Ideologie. Während die Einigkeit im Osten dadurch zustande kommt, daß jeder Tscheche, Russe oder Chinese zum Kommunisten wird, wird die Einigkeit des Westens dadurch herbeigeführt, daß jeder Franzose, Holländer oder Italiener zum Amerikaner wird. Ich nehme an, daß das besser ist, aber es bedeutet die Auslöschung aller Nationen, die einbezogen sind. Wir könnten als Amerikaner sagen, daß sie zumindest frei wären, aber so frei sind auch alle Tschechen und Chinesen, die überzeugte Kommunisten geworden sind. Assimilation zerstört die Freiheit nicht. Nur macht es sie sinnlos. Das geschieht deshalb in unserem Zeichen und nicht im Zeichen Europas, daß die Europäer assimiliert und vereint werden. Wenn ihre Armeen schon jetzt wie ein einziges Kriegsinstrument aussehen, so ist das nicht, weil sie ein gemeinsames europäisches Äußeres haben und sich unter gemeinsame europäische Kommandanten gestellt haben. Es ist, weil sie alle amerikanisches Material verwenden und amerikanischen Kommandanten folgen. Ebenso sieht man, wie Unterschiede in Sitten und Geschmack unter ihnen langsam verschwinden, aber nicht, weil sie alles Europäische bejahen, sondern weil sie alles Amerikanische annehmen. Ihre neue Einigkeit ist ein Produkt Amerikas. Es ist nicht italienischer Chianti, französischer Burgunder, dänischer Aquavit oder deutsches Bier, das sie zusammenhält. Tatsächlich trennen diese Dinge sie nur, unterscheiden sie voneinander. Was sie zusammenbringt, ist, daß sie alle eine fatale Vorliebe für Coca-Cola entwickeln. Obwohl das das harmloseste aller amerikanischer Lebenssymbole ist, ist es doch bezeichnend für unsere „soft drink"-Methode im Aufbau unseres Imperiums, zum Unterschied von der harten „Gorilla"-Methode der Russen. Trotzdem hat diese Methode die Franzosen so erbost, daß sie ihre Freiheit mehr gefährdet sehen als durch irgend etwas sonst, und so haben sie auch ein geeignetes Wort dafür gefunden: *Coca-Kolonisation.* Sie haben schon lange begriffen, daß eine Flasche Coca-Cola, eine kleine Aufmerksamkeit, die bei der geringsten Wunschäußerung uns so großzügig angeboten wird, eine viel stärkere Waffe ist als ein Schwert, und noch dazu eine gefährlichere. Da nämlich jeder das Schwert fürchtet wie auch die Wunde, die es schlägt, wird er dem leichten Drogeneffekt des Coca-Cola viel leichter zum Opfer fallen. Wir brauchen es ihm nur auf den Tisch zu stellen. Mit der Zeit wird er selbst danach greifen. Wer immer aber davon trinkt, wird am Ende des Prozesses aufgehört haben, ein Italiener, ein Franzose oder ein Deutscher zu sein und wird, zumindest im Geiste, ein Amerikaner werden.

Und das sind die Europäer und viele andere in diesem Moment schon im Begriff zu tun. Amerikanische Produkte, Ideen, Geschmäcker, Berater und Generäle sind ihr einziger gemeinsamer Nenner geworden, und die einzige Vereinigung, die sie erfahren werden, wird unter der Flagge amerikanischer Waren und der amerikanischen Nation sein. Deshalb hat ein Land wie Syrien, das dem Strudel der Coca-Kolonisation entkommen wollte, trotzig erklärt, obwohl es niemand dazu eingeladen hat, daß es nicht um Hilfe unter dem „Point Four"-Programm ansuchen würde, weil es der westlich imperialistischen Einflußnahme in Form von Geschenkpaketen entgehen wollte. Wie richtig das war, konnte man an der leicht beleidigten Art sehen, wie die *New York Times* ihre Lektion für Amerika kommentierte: „Es genügt nicht, rückständigen Völkern Hilfe anzubieten. Die Vereinigten Staaten müssen deren Führer auch *überreden*, die Hilfe zum Wohle ihres Volkes anzuwenden, oder *Männer finden, die mit den Vereinigten Staaten kooperieren.* Das ist eine sehr schwierige Aufgabe, die Amerika bis jetzt nur sehr erfolglos angegangen ist; aber wenn es nicht gut getan wird, würden alle Pläne, den unterentwickelten Ländern zu helfen, zum Scheitern verurteilt sein."[10]

Die Hervorhebungen sind von mir, aber die konzentrierte Dosis eines Vokabulars, wie es eigentlich hinter dem Eisernen Vorhang üblich ist, von der erzwungenen Überredung bis zur Suche nach Leuten, die gewillt sind zu kooperieren und die die echten Vorteile, die sie erwarten, auch richtig verstehen, findet man in *Time*, einem amerikanischen Magazin von besonderem Einfluß. Sogar die Sprache des amerikanischen und russischen Imperialismus beginnt gleich zu klingen in ihrer päpstlichen Auslegung von dem, was oder was nicht vorteilhaft ist.

6. *Die zwei Vereinten Nationen*

Und so sehen wir, wohin wir auch immer schauen, den untrüglichen Beweis, daß die Welt nicht nur in zwei politische Hälften geteilt ist, sondern daß die zwei Hälften mit verschiedenen Zielen und verschiedenen Methoden fast dieselben Merkmale entwickeln. Beide konsolidieren sich um je ein Herzland, und beide bilden Imperien, die aus gigantischen Zentralgewalten bestehen, umgeben von einem Ring von Satelliten. Am Schluß werden die Blöcke nicht Rußland und Vereinte Nationen heißen, sondern Rußland und die Vereinigten Staaten.

Man muß kein Tocqueville sein, um das vorauszusehen, da die Situation, die beschrieben wurde, ja schon eingetreten ist. Ich verstehe deshalb nicht, warum wir einem Schicksal, das unser Schicksal ist, weiter widerstehen sollten, wenn wir es auch nicht gewollt haben, und nicht die Konsequenzen eines Imperiums, das uns verschluckt, tragen sollten, nur weil, wie einer meiner Schüler einmal mit dem unglücklichsten Gesicht, das ich je gesehen habe, so gut formulierte: Imperium ist so ein häßliches Wort. Wie dem auch sei, wenn wir nicht eine offenere und positivere Einstellung dazu aufbringen, werden wir entweder zu einer Nation von Heuchlern oder Neurotikern und trotzdem nicht die Anerkennung ernten, die wir so sehr begehren. Viele Völker hatten Imperien; statt sich ständig zu geißeln, freuten sie sich sehr darüber. Warum sollten wir das nicht auch tun? Ob wir uns nämlich darüber freuen oder nicht, wir haben es nun einmal und würden beschuldigt werden, danach zu streben, wenn wir es nicht hätten. Das heißt nicht, daß ich das Imperium befürworte. Ich befürworte eine Welt der kleinen Staaten. Aber wir *haben* ein Imperium, und ich befürworte nun nicht etwas, was wir gar nicht haben, sondern die Freude an dem, was wir besitzen. Wenn wir die Masern haben, dann ist es besser, sich daran zu freuen. Denn wenn wir es nicht tun, haben wir dennoch die Masern.

Was ist nun mit den Vereinten Nationen? Sind sie nicht doch ein Zeichen dafür, daß unsere Hälfte des Globus anders ist als die der Russen und sich zu einer Welt freier Verbündeter entwickeln kann? Warum hängen wir dann an ihnen mit so viel wachsendem Vertrauen und Enthusiasmus? Warum sollten wir wirklich? Offensichtlich entdecken wir, daß sie in zunehmendem Maße ein Deckmantel, ja Werkzeug unserer imperialistischen Herrschaft sind. Daraus entsprang auch unsere wirklich populäre Begeisterung für ihre Existenz am Anfang des Koreakrieges, eines Krieges, in den sie nicht hineingezogen wurden durch ihren eigenen Willen, sondern durch unseren. Bis dahin hatten wir sie mehr als ein Werkzeug russischer Obstruktionspolitik angesehen, was sie sicher auch noch wären, wenn die Russen nicht unkluger Weise ein bißchen zu sehr Obstruktion betrieben hätten und nie zu den Versammlungen erschienen wären. Das gab uns die erste Chance, sie zu unserem Werkzeug zu machen, und seither sind sie unser Instrument geblieben. Die *Washington Banktrends*, ein realistischer und unsentimentaler Nachrichtendienst, schreibt folgendes:

„Diese Nation ist anscheinend für die heroische Rolle im Weltgeschehen ausersehen. Die Welt zu führen und zu überwachen, ist eine kostspielige Angelegenheit und wird viele Veränderungen mit sich bringen. Zum Beispiel wird eine permanente Waffenindustrie entwickelt werden müssen ... Die Nation muß sich jetzt einer neuen Wirtschaft zuwenden. Das ist eine Wirtschaft einer Weltmacht mit globalen Verteidigungsverpflichtungen, die permanenter Natur sind. Mit einer ständigen Waffen- und Munitionsproduktion aber gehen ein großes stehendes Heer, Marine und Luftwaffe Hand in Hand. Irgendeine Wehrpflicht wird notwendig sein, um die heroische Rolle in der Weltpolitik erfüllen zu können. Der Umweg über die Vereinten Nationen wird notwendig sein, um die Zeit der Umstellung zu erleichtern für alle jene, die es hart trifft, der Realität ins Auge zu sehen, aber die ganze Last der Durchführung wird allein auf den Vereinigten Staaten liegen.“[11]

Es hat keinen Zweck, über den Zusammenbruch eines großen Ideals Tränen zu vergießen, weil die Vereinten Nationen nie so ein großes Ideal dargestellt haben. Obwohl sie von Anfang an nicht geschaffen waren, ein Instrument unserer imperialen Konsolidierung zu werden, waren sie auch nicht designiert, ein Instrument der freien Nationen zu werden. Wenn das so gewesen wäre, dann hätten sie das undemokratische Vetorecht nicht einführen oder den Sicherheitsrat nicht zu einem Machtbereich machen dürfen, in dem die Großmächte ihre Privilegien nur auf Grund ihrer Stärke und nicht auf Grund ihrer Weisheit geltend machten. Das Beste, was man von diesem großen Ideal sagen könnte, wäre, daß es ein Instrument der Großen und nicht der Freien sei und daß es zwar nicht nur für ein Imperium agierte, aber unter den Mäntelchen demokratischer Floskeln das Imperium der Fünf perpetuierte.

Richtig ist jedoch, daß die ursprüngliche Idee der Gründer der Vereinten Nationen so idealistisch war, wie sie schien, aber daß die weitere Entwicklung trotzdem nicht aufzuhalten war. Wir haben in der Analyse ähnlicher Experimente gesehen, daß es keiner internationalen Organisation je gelungen ist, eine Organisation von gleichberechtigten Mitgliedern zu bleiben, wenn sich unter diesen Mitgliedern unverhältnismäßig große Mächte befanden. Wenn es so war, resultierte das in politischem Krebsgeschwür. Und die Konsequenzen waren immer dieselben. Wann immer so etwas versucht wurde, begann der Kampf um die Vormachtstellung unter den wichtigsten Mitgliedern fast im Augenblick, in dem die Organisation geschaffen wurde, und hörte nicht auf, bevor einer oder der andere im Finale entweder unterworfen oder hinausgeworfen wurde. Wenn die Rivalen von so riesiger und fast gleicher Macht waren, wie es einst Preußen und Österreich in der Bismarck-Föderation waren, oder wie Rußland und Amerika es heute in den Vereinten Nationen sind, war natürlich die Unterwerfung eines von ihnen unmöglich. Die einzige Alternative zu einem inneren Zerfall der Organisation selbst aber war die Ausweisung, was aber bewirkte, daß die Rumpforganisation langsam, jedoch unaufhaltsam in den Sog der einen übrigbleibenden Macht geriet, die noch Mitglied war.

Wie wir schon gezeigt haben, hat sich die letzte Zerschlagung einer Föderation in dem deutschen Staatenbund abgespielt, welcher nach der Ausweisung Österreichs im Jahre 1866 ein Instrument Preußens wurde. Aber es beginnt sich in den Vereinten Nationen schon abzuzeichnen, daß wir sie bereits als Hauptakteur der nichtrussischen, also amerikanischen Welthälfte betrachten, obwohl Rußland noch immer Mitglied ist. Das einzige, was letzterem übrig bleibt, ist seine geistig schon vollzogene Ausweisung nunmehr auch tatsächlich durch einen Austritt zu manifestieren. Rußland hat das schon angedroht, und es ist nur eine Frage der Zeit, wann es den Eisernen Vorhang für immer herunterlassen wird.

Aber was dann? Rußland hat, wenn es auch auf der verlierenden Seite war, jedoch sehr wohl die Vorteile eines multinationalen Resonanzbodens erkannt, so daß es sich mit einem einfachen Austritt nicht zufrieden geben wird. Es ist eher möglich, daß es einen offiziellen Austritt mit der Ankündigung koppeln wird, eigene Vereinte Nationen gründen zu wollen, eine Organisation, die diesmal *wirklich* aus freien und demokratischen Völkern bestehe, die über jede Frage *korrekt* urteilen würde und deren Sitz Leningrad wäre, das in genau so einem bequemen Abstand von Moskau liegt wie das Hauptquartier der westlichen Vereinten Nationen von Washington. Dadurch hätten wir dann zwei Vereinte Nationen statt einer, und wir stünden nicht mehr so anders und anstandig da und hätten noch etwas mit dem östlichen Imperium gemeinsam.

So sieht also die Zukunftsperspektive der Welt aus. Die Konsolidierung wird fortschreiten, und die beiden Imperien in Ost und West werden sich als zwei liberale Vereinte Nationen tarnen. In beiden Fällen wird ihre Funktion darin bestehen, ihren imperialen Meistern zu dienen – auf einer nützlichen Bühne, auf der die Mächtigen sich in ihrer liebsten Rolle sehen können: als die Schwachen. Im Unterschied zu den heutigen Vereinten Nationen werden weder Rußland noch die Vereinigten Staaten Anspruch auf das nun sinnlos gewordene Veto erheben noch auf eine Beteiligung der großen Mächte in den Gremien. Im Gegenteil! Statt Ehrenplätze zu beanspruchen, werden sie sich mit den Plätzen begnügen, die man ihnen auf Grund alphabetischer Rangordnung zuweist. Sie werden auf allgemeiner Gleichheit bestehen, sie werden die Mitglieder der kleinsten Staaten lange und ausführlich reden lassen und werden ihnen jovial auf die Schulter klopfen. Die Präsidentschaft wird im Rotationsprozeß erfolgen, und die Versammlungen werden dem Senat im antiken Rom gleichen, wo Caesar einst beweisen konnte, daß er, wie alle anderen, nur ein bescheidenes Mitglied eines wichtigen Gremiums war, der seine Kollegen ersuchte, ihn doch in dieser oder jener Frage zu unterstützen, vorausgesetzt, daß sich das mit ihrem Willen verbinden ließe, dem er sich jederzeit zu beugen bereit war. Aber so wie sich im alten Rom niemand durch Caesars großartige Bescheidenheit täuschen ließ, so wird sich auch dann niemand über die Rolle der verschiedenen Vereinten Nationen täuschen lassen. Wie der römische Senat werden sie nur Menschen sein, die in irgendwelchen großartigen Bauwerken sitzen, mit dem Privileg ausgestattet, die Entscheidungen, die ihnen von ihren echten Herren aus Moskau oder Washington überbracht werden, mit den notwendigen Lobesworten zu empfangen. Es wird noch andere Analogien zum alten Rom geben, dem großen Pionier der kunstvollen Manöver imperialer Herrschaft. Rußland hat schon begonnen, damit zu experimentieren, indem es das Recht, in den großen kommunistischen Gremien zu sitzen, auf prominente Persönlichkeiten kleiner Satellitenstaaten ausgedehnt hat. Ähnlich werden auch wir damit bald beginnen, indem wir verdienstvollen Ausländern das wichtigste Recht unserer Hemisphäre verleihen: die amerikanische Staatsbürgerschaft. Unsere erste Wahl wird auf ausländische Staatsoberhäupter fallen, Regierungsmitglieder, Politiker und Soldaten, die sich bereit erklären, in unseren Armeen zu kämpfen, als nächsten Schritt, gepaart mit Staatsbürgerschaft, werden wir nicht nur ein persönliches Privileg, sondern ein Ex-officio-Recht hervorragenden ausländischen Vertretern – während ihrer Besuche der Vereinten Nationen in ihrem Hauptquartier in New York – übertragen, auch den amerikanischen Kongreß, das Zentrum der Macht, adressieren zu dürfen.

Daß es solche Trends gibt, kann man schon ablesen. Letztlich werden wir auch Mitgliedschaft am Kongreß anbieten, und zwar nur jenen, die sich allerhöchste Verdienste erworben haben, bis sie eines Tages erkennen werden, daß sie ihre Länder nicht mehr auf Grund ihrer einheimischen Wahl regieren, sondern weil sie das Privileg haben, Senatoren der Vereinigten Staaten zu sein. Wenn dieses Ziel einmal erreicht ist, können wir vielleicht auf das Etikett „Vereinte Nationen" verzichten und uns einfach nach unserem imperialen System die Vereinigten Staaten nennen.

Und so wie Rom die Welt römisch gemacht hat, indem sie seine Staatsbürgerschaft in immer größeren Wellen imperialer Großzügigkeit vergab – und zwar an entfernteste Völker –, so werden auch wir die Welt durch einen identischen Prozeß amerikanisch machen.[12] Nur Amerikaner werden das volle Privileg der Freiheit haben, aber das wird bald nicht sehr viel bedeuten, denn fast jeder wird schon amerikanischer Bürger sein. Eine ähnliche Entwicklung wird sich auf der russischen Seite abspielen, mit dem einzigen Unterschied, daß der gemeinsame Nenner eine Ideologie und nicht eine Nationalität sein wird. Aber auch das wird nicht bewirken, daß wir viel anders aussehen werden, wenn wir bedenken, daß der Kommunismus nicht nur ein *natürliches* System großer Organismen ist, sondern das *einzige* System, womit er sich aufrecht erhalten kann. Enormität braucht, wie wir gesehen haben, eine starke Führung, Überwachung, Kontrolle, Gehorsam, Gleichschaltung, Effizienz, Standardisierung, Disziplin, uniforme Sitten und Denkweise, Einheit, Zentralismus – alles Konzepte, die in ihrer Summe die Essenz und Funktionsgrundlage des Sozialismus ausmachen. Da unser Imperium so groß ist wie das Rußlands und denselben Grad an ständiger Bereitschaft benötigt, wird es ebensoviel Zentralisierung und Führung brauchen, und wenn wir auch unsere Version Anti-Kommunismus nennen, oder vielleicht den Zeitgeist, dann ist es dennoch Kommunismus. Und so wird es eine Zeit geben, in der die beiden Hälften der Welt, wenn auch auf verschiedenen Wegen organisiert, so doch identisch sein werden in allem, außer dem Namen. Und der Grund dafür wird derselbe sein wie jener, daß es nur ein Ding in der Welt gibt, das genau so wie der Nordpol aussieht, und das ist der Südpol. Das wird das Ende des Konsolidierungsprozesses sein.

7. Krieg, Weltstaat und eine Welt der kleinen Staaten

Aber das wird nicht das Ende der Geschichte sein. Als Resultat der Koexistenz der beiden letzten Machtblöcke Rußland und Amerika wird es zum Krieg kommen. Nicht weil einer der beiden den anderen erobern will. Im Gegenteil. Die zwei Überlebenden in dem Eliminierungsprozeß der großen Mächte werden die stärksten Anhänger eines Weltfriedens sein, die die Welt je gekannt hat. Sie werden spüren, daß nur der Wahnsinn sie in die endgültige Katastrophe stürzen könnte, und deren Schatten wird ihre Gedanken mit einem ständigen Nebel der Angst lähmen. Es ist wahr, daß nur der Wahnsinn unter diesen Umständen zu Krieg führen könnte. Aber die ständige Angst und der Terror des Potentials des Gegners, wenn schon nicht seine Absicht, können den Normalsten wahnsinnig machen. Wenn man aber solche Proportionen anvisiert, kann keine menschliche Kraft die Macht dieser zwei letzten Gegner kontrollieren, eine Macht, die keiner aufgeben will, weil keiner dem anderen traut.

Deshalb wird, wenn nicht durch ein Wunder die beiden Imperien aus sich selbst heraus zerfallen, das Unabänderliche geschehen. Die Masse der Macht, die sich auf beiden Seiten angesammelt hat, wird ein kritisches Volumen erreichen und irgendwo, irgendwann die andere berühren und mit der gefürchteten Kraft einer Atomexplosion explodieren.

Der darauffolgende Krieg wird dann eine Woche oder einen Monat oder ein Jahrhundert dauern. Wie lang er immer ist, es wird nur einen Überlebenden geben. Dieser Überlebende wird endlich das monströse Ideal unserer trostlosen Planer verwirklichen, das sinnlos und durch so einen hohen Preis zustande gekommen ist – den Weltstaat. Das Imperium totaler Einheit, Gleichheit und des Friedens.

Da ich Amerikaner bin, hoffe ich, es wird ein Amerikaner sein, obwohl das für die künftigen Bürger nichts bedeuten wird, so wie es den späteren Römern nichts bedeutete, daß ihre Ahnen von den Karthagern geschlagen wurden, die einst die Welt unter ihrer Flagge vereinen wollten. Der Mensch hat die Tendenz, jede Nationalität oder Ideologie, die ihm aufgezwungen wird, mit genügend Entschlossenheit zu ertragen und kann, wie eine Vielfalt politischer Systeme zeigt, mit fast allem glücklich sein, was zwar nicht für ihn spricht, aber seine Rettung bedeutet.

Wir werden also dann endlich die Eine Welt haben, die mit so viel Begeisterung prophezeit wurde. Jedoch kann keine Autorität mächtig genug sein, um sie eine längere Zeit hindurch zusammenzuhalten. Besonders, wenn so große Nationen, wie die Deutschen, die Engländer, die Italiener oder die Franzosen, intakt blieben, auch wenn sie unter der strikten Aufsicht äußerst loyaler Prokonsuln stehen würden. Nur allzu früh würden die alten Mächte wieder zu Kräften kommen und die zentrale Autorität in Frage stellen, wie groß diese auch immer sei. Als Resultat wäre das überlebende Imperium gezwungen, den Gesamtglobus von einem einzigen Kontrollturm aus zu verwalten, ohne das Gleichgewicht eines großen Rivalen, und wird das machen müssen, was auch die Perser, die Römer und die katholische Kirche, Karl der Große, Napoleon und Hitler getan haben. Es muß das Prinzip der Teilung der übriggebliebenen nationalen Blöcke veranlassen, muß sie in Einheiten zerschneiden, die klein genug sind, um regiert werden zu können, ohne die Einführung von unerschwinglich teuren Verwaltungsinstrumenten. In anderen Worten, wenn der Weltstaat totaler Einheit länger überleben will als die Dekade seiner blutigen Geburt, dann wird er genau das wieder erschaffen müssen, das er als für immer zerstört geglaubt hat – eine Welt der kleinen Einheiten, eine Welt der kleinen Staaten.

Deshalb hoffe ich, daß diese Studie letztlich nicht als zu frivol, destruktiv und negativ aufgenommen wird, wie sie vielleicht erschien, als ich im Kapitel XI, in dem einzigen Wort, das es beinhaltet, behaupte, daß die Prinzipien der Teilung und die kleine Einheit, die ich in den zehn vorangehenden Kapiteln erläuterte, nicht angewendet würden. Sie werden angewendet werden, aber leider nicht vor einem weiteren Großmachtkrieg und nicht um der Freiheit, sondern um der Herrschaft willen. Aber sie werden durch den endgültigen Weltstaat angewendet werden, ob nun von Rußland oder den Vereinigten Staaten. Da jedoch nichts in dieser sich ständig verändernden Schöpfung endgültig ist, kann man ruhig Tocquevilles Prophezeiungen oder besser, seine logischen Folgerungen einen oder zwei Schritte weiter führen und behaupten, daß, was immer auch kommen mag, der endgültige Weltstaat denselben Weg gehen wird, wie alle endgültigen Weltstaaten es in der Geschichte getan haben. Nach einer Periode der sprudelnden Vitalität wird er sich verausgaben. Es wird keinen Krieg geben, um ihn zu beenden. Er wird nicht explodieren. So wie die alten Kolosse des stellaren Universums wird er langsam in sich zusammensinken und seiner Nachwelt als seinen Beitrag nur einzelne Fragmente hinterlassen – die kleinen Staaten –, bis der Konsolidierungsprozeß einer Großmachtentwicklung wieder von neuem beginnt. Das ist nicht gerade ein schöner Ausblick. Was aber schön daran ist, ist die Entdeckung, daß sich in der Periode zwischen der intellektuellen Eiszeit der Großmachtherrschaft die Geschichte wahrscheinlich wiederholen wird und die Welt, klein und wieder frei, noch einmal eine jener Zeiten kultureller Größe erleben wird, die die Kleinstaatenwelt des Mittelalters und des alten Griechenlands kennzeichnete.

ANHANG

Anmerkungen

Vorwort zur englischen Ausgabe

1 Aus der Perspektive des Jahres 1982 gesehen, scheint das Problem der Katholiken Nordirlands die Folge gerade dieser Teilung, nicht die Vereinigung der Iren zu sein. Wie das Problem der Türken auf Zypern, der Palästinenser in Israel oder, bis vor kurzem, der Französischsprachigen des Juragebietes im sonst deutschsprechenden Kanton Bern in der Schweiz, rührt es jedoch nicht von der Tatsache her, daß die Insel *geteilt* ist, sondern daß sie *schlecht* geteilt ist. Und die Alternative zu einer schlechten Teilung ist natürlich nicht Vereinigung, sondern eine *gute* Teilung – außer man adoptiert die von Northcote Parkinson im Jahre 1974 bei einer Konferenz über Föderalismus in Aberystwyth vorgeschlagene „endgültige" Lösung, die er auf eine Frage, was er mit Nordirland tun würde, mit lapidarer Einfachheit zum Ausdruck brachte: „Es im Ozean untertauchen und zwanzig Minuten unter Wasser halten."

2 Ich erinnerte mich daran viele Jahre später, als ich in der tropischen Brise eines Terrassen-Restaurants hoch oben am El Yunque in Puerto Rico mit Dr. Rómulo Betancourt, dem damals exilierten vorherigen und späteren Präsidenten von Venezuela, und seiner Frau bei einem Glase Wein saß, im Beisein übrigens von Robert J. Alexander von der Rutgers-Universität, seinem Biographen. Umgeben vom grünen Dschungel der Regenwälder Puerto Ricos, mit dem blauen Wasser des Atlantiks, das von tief unten herauf durch die Blätter schimmerte, fragte ich Frau Betancourt, was sie in ihrem Leben am schönsten fand. War es die Präsidentschaft ihres Gatten? „Nein", antwortete sie etwas wehmütig und ohne Zögern, „das Exil."

3 Tatsächlich reichte ich diesen Artikel im Namen meines Bruders, Hans Kohr, ein, in der Erwartung, die Herausgeber würden mich mit der bekannten Autorität für Nationalitäten-Fragen, Hans Kohn, verwechseln. Ich hoffte aber, daß sie nach Aufklärung des Irrtums den Artikel dann doch annehmen, wenn sie sahen, daß Kleinheit mehr Argumente auf ihrer Seite hatte als Größe.

4 Mein Vortrag während der Bostoner Konferenz war weder im Programm vorgesehen, noch schien er in den Akten auf, da ich ihn aus dem Stegreif auf Einladung von Professor Harold Innis, eines alten Freundes aus Toronto, hielt. Innis, der mit meinen Theorien schon lange vertraut war, bat mich als Vorsitzender eines Meetings der Versammlung, für einen erkrankten Kollegen einzuspringen. Als Titel meines Vortrages wählte ich: *Die Grenzen des Wachstums*, der später als Untertitel in „The Aspirin Standard" aufschien – einer von zwei Artikeln, die ich in Anlehnung an meinen Bostoner Vortrag in den Sommerheften des *Canadian Business*

Quarterly von 1956 und 1957 veröffentlichte, sechzehn Jahre, bevor der Club of Rome *The Limits to Growth* zu seiner Zentralthese machte.

Kapitel 1 – Die Philosophien des Elends

1 Die Kulturtheoretiker scheinen dieser Tatsache in der Erklärung der Nazi-Greuel große Bedeutung zugeschrieben zu haben. Um ein typisches Beispiel anzuführen: Sterling North, ein bekannter Buch-Rezensent, sah sogar in den Märchen der Gebrüder Grimm und in der Dichtung Goethes Beweise, „daß a) es im deutschen Volksgeist nichts gibt, das einem moralischen oder ethischen Kodex auch nur nahekäme", und b), „daß wenige andere Stämme auf unserem Planeten den Deutschen in ihrer bestialischen, sadistischen Freude am Blutlassen nahekommen". Er fährt fort, daß „der Teufel natürlich eine wichtige Rolle spielt, nicht nur bei Grimm und Goethe, sondern quer durch die deutsche Literatur. Faust – der Mann, der dem Teufel seine Seele verkauft – ist der große deutsche Held." (*Washington Post,* 3. Dezember 1944).

2 William Shakespeare, *Richard III*, New York: Grosset and Dunlap, 1909.

3 In der St.-Peters-Basilika in Rom sehen wir ins Antlitz Michelangelos, und nicht in das der italienischen Bevölkerung, die das Kunstwerk dort aufstellte. Dies ist der wichtigste Unterschied zu den massiven Steinsammlungen in Ägypten, die nicht von Menschen, sondern von einer entindividualisierten Gesellschaft aufgebaut wurden, die charakteristischerweise ihre kreative Energie hauptsächlich in die Errichtung von Gräbern steckte.

4 John A. Symonds, *Renaissance in Italy*, New York: The Modern Library, 1935, Band I, S. 55.

5 Ebenda, S. 56.

6 F. A. Hyett, zitiert in G. F. Young, *The Medicis,* New York: The Modern Library, 1933, S. 278.

7 Alexandre Dumas, *Celebrated Crimes,* New York: P. F. Collier and Son, 1910, Band 2, S. 425–429.

8 Henry M. Baird, *History of the Rise of the Huguenots*, London: Hodder and Stoughton, 1880, Band 2, S. 501.

9 Ebenda, S. 517.

10 Dieser Vorfall wird von Johann Wilhelm von Botzheim erzählt, einem Studenten, der die Universität von Orléans besuchte und der, nicht ohne Bedauern für dieses traurige Benehmen, seine eigenen Bücher mit ergreifender Aufrichtigkeit „zu den Regalen von Laurent Godefroid, Professor der Pandekte" zurückverfolgt, wie auch „die gesamte Bibliothek seines Bruders Bernhard zu den Regalen von dessen Nachbar, Dr. Beaupied, Professor des kanonischen Rechts". (Ebenda, S. 579).

11 Dumas (wie Anm. 7.), S. 496.

12 Manchmal wird gesagt, daß die besondere Verderbtheit der deutschen Greuel unter den Nazis in der Tatsache liege, daß die Deutschen die ersten waren, die Massenvernichtung auf die Ebene einer offiziell gutgeheißenen

Staatspolitik erhoben. Daß sie dies taten, steht außer Zweifel. Es ging ihnen jedoch diesbezüglich jede Regierung voraus, die für Direktiven jener Art verantwortlich war wie die Befehle des französischen Königs, „die Ketzerei auszurotten“, oder wie die anderen, die in diesem Kapitel zitiert sind.

13 Stephen Alexis, *Black Liberator,* New York: Macmillan, 1949, S. 211.

14 Richmond (Virginia), *Times-Dispatch,* 8. Juni 1945.

15 Edward Gibbon, *The History of the Decline and Fall of the Roman Empire,* London: Methuen, 1900, Band 7, S. 216 f.

16 George P. Bible, *The Acadians*, Philadelphia: Ferris and Leach, 1906, S. 95.

17 A. Frank Reel, *The Case of General Yamashita*, Chicago: The University of Chicago Press, 1949, S. 109.

18 *The Nation,* New York, 24. Januar 1920, S. 121.

19 Zitiert nach einem Artikel von Simone de Beauvoir über die „Sexuelle Einweihung von Frauen“. In: *Anvil,* New York, Winter 1950, S. 24, *Uriel Report.*

20 Die *New York Times* vom 21. April 1950 berichtet: „Es war in den 386 Jahren seit der Geburt des Barden der erste Besuch, den ein britischer König der Geburtsstadt Shakespeares abstattete.“

21 *New Yorker,* 8. Februar 1947.

22 *Time,* 25. Dezember 1950.

23 Edmund Gosse, *Father and Son*, London: Penguin Books, 1949, S. 54.

24 *Time,* 6. Februar 1950, S. 19.

25 *The Listener,* das offizielle Organ der British Broadcasting Corporation, dachte, dies sei höchst bezeichnend für die inhärente kriegerische Einstellung der Deutschen. In einem Leitartikel, der Goethes 200. Geburtstag feiert, wies das Blatt darauf hin, daß Goethe „einmal als Kriegsminister gedient hatte“ – für den Herzog von Weimar, daß er essentiell ein Deutscher war und daß er die „meisten der Qualitäten und fast alle der Fehler des deutschen Charakters besaß. […] Als Enkel eines Gastwirts pries er die Aristokratie; als Diener eines verteidigungslosen Fürstentums empfahl er den Krieg.“ (*The Listener,* 25. August 1949, S. 300.) Diese Darstellung ist ein gutes Beispiel für die nationale Theorie in ihrer Auslegung des Zweiten Weltkrieges.

26 Francis Bacon, *Essays and New Atlantis*, New York: Walter Black, 1942, S. 121.

27 *Time,* 22. Januar 1951.

28 Siehe die Zusammenstellung der Carnegie Endowment for International Peace: Memoranda Series No. 1, Washington, D. C., 1. Februar 1940. Um ein Beispiel aufzuführen: Zwischen 1861 und 1945 war Frankreich, abgesehen vom Französisch-Preußischen Krieg und von den beiden Weltkriegen, in die folgenden Kriege verwickelt: 1861–67 mit Mexiko, 1873–74 mit Tongking, 1867 gegen Garibaldi in Rom, 1881–82 mit Tunis, 1883–85 mit Tongking, 1884–85 mit China, 1883–85 mit Madagaskar, 1890–94 mit dem Sudan, 1893 mit Siam, 1893–94 mit Marokko, 1894 mit Tongking, 1895–97 mit Madagaskar, 1900 Boxeraufstand, 1897–1912 mit Marokko, 1925–26 Rif-Krieg. Man kann sagen, daß keine dieser Aggressionen gegen

Großmächte gerichtet war; dies wäre aber weder ein Zeichen für eine friedliche Gesinnung noch ein Kompliment.

29 P. A. Sorokin, *Social and Cultural Dynamics*, New York, Cincinnati u. a., American Book Company, 1937, Band 3, S. 348. Die Tabelle führt für jedes erwähnte Jahrhundert das Land mit der größten Armee zuerst auf, das mit der kleinsten zuletzt:
XII. Jh. Rußland, England, Frankreich, Österreich.
XIII. Jh. Rußland, England, Frankreich, Österreich.
XIV. Jh. England, Frankreich, Rußland, Österreich.
XV. Jh. England, Polen, Frankreich, Rußland, Österreich, Spanien.
XVI. Jh. Spanien, Frankreich, Österreich, Polen, England, Rußland, Holland, Italien.
XVII. Jh. Österreich, Frankreich, Spanien, Polen, Holland, Rußland, England, Italien.
XVIII. Jh. Österreich, Frankreich, Rußland, England, Deutschland, Polen, Spanien, Holland, Italien.
XIX. Jh. Frankreich, Rußland, Deutschland, Spanien, Österreich, England, Italien, Holland.
XX. Jh. Rußland, Deutschland, Frankreich, England, Österreich, Italien, Spanien, Holland.

30 Ebendort, S. 352. Sorokins vollständige Liste sieht folgendermaßen aus: Spanien 67%, Polen und Litauen 58%, Griechenland 57%, England 56%, Frankreich 50%, Rußland 46%, Holland 44%, Rom 41%, Österreich 40%, Italien 36%, Deutschland 28%. Die fast unaufhörliche Verstrickung Frankreichs in Kriege betrachtend, schreibt der Herzog von Sully, einer von Frankreichs hervorragendsten Staatsmännern: „Die geringste Kenntnis unserer Geschichte ist ausreichend, um jeden davon zu überzeugen, daß es im Königreich Heinrichs III. bis zum Frieden von Vervins keine Ruhe gab; kurz gefaßt kann dieser lange Zeitraum ein Krieg von fast 400jähriger Dauer genannt werden. Nach dieser Prüfung, aus der ohne Zweifel hervorgeht, daß unsere Könige selten an etwas anderes gedacht haben als daran, wie sie ihre Kriege führen sollten, können wir nicht ohne Skrupel ihnen den Titel zugestehen, wirklich große Könige gewesen zu sein." (*Memoirs of the Duke of Sully*, London: Henry G. Bohn, 1856, Band 4, S. 223).

Kapitel II – Die Machttheorie der Aggression

1 Wie später aufgezeigt werden wird, ist die Geschwindigkeit des Anwachsens einer Bevölkerung ein bestimmender Faktor ihrer Dichte, und beide bedingen die Größe einer Gemeinschaft. Wie eine schneller zirkulierende Währung den Effekt hat, die Quantität der Währung zu vergrößern, so hat eine sich schneller bewegende Gesellschaft den Effekt, ihre soziale Masse zu vergrößern.

2 *The Field Glass*, Hausorgan der Marshall Field Co., Chicago, 6. Oktober 1952, S. 4.

3 Die folgenden Zahlen, ein Auszug aus dem *Municipal Yearbook* 1951, geben ein klares Bild dieser Progression: North Plainfield, N. J., 12.760 Einwohner, braucht eine Polizeieinheit von 15; Plainfield, N. J., 42.212 Einwohner: 78; Elisabeth, N. J., 112.675 Einwohner: 257; Buffalo, N. Y., 577.394 Einwohner: 1.398; Chicago, 3,606.439 Einwohner: 7.518 und New York City mit 7,835.099 Einwohnern: 19.521.

4 Alexandre Dumas beschreibt einen Vorfall, der die Feiertags-Massaker-Mentalität von Menschenmengen gut illustriert. Nach dem Sturz Napoleons im Jahre 1815 begann eine Anzahl der Bürger von Nîmes, *vive le roi* schreiend, nach einem bestimmten Menschen zu suchen, gegen den sie Groll empfanden. Unfähig, diesen Menschen zu finden, ermordeten sie statt dessen, „da ein Opfer unbedingt notwendig war", dessen Onkel und zerrten seinen Körper auf die Straße. In den Worten von Dumas „kam die ganze Stadt, um den Körper des unglücklichen Mannes zu sehen. Tatsächlich war der Tag, der auf ein Massaker folgte, immer ein Feiertag, an dem jeder seine Arbeit stehenließ und herbeieilte, um die abgeschlachteten Opfer anzustarren. In diesem besonderen Falle nahm ein Mann, der die Menge belustigen wollte, seine Pfeife aus dem Mund und steckte sie zwischen die Zähne der Leiche – ein Witz, der einen wunderbaren Erfolg hatte, wobei die Anwesenden vor Lachen schrien." Alexandre Dumas, *Celebrated Crimes*, New York: P. F. Collier & Son, 1910, Band 2, S. 794.

5 AP-Bericht aus London, 25. September 1952.

6 Die einzige uns zugute kommende Eigenschaft liegt in der Tatsache, daß das Gesetz abnehmender Sensitivität auch auf uns zutrifft, wodurch wir unsere großangelegten Ungeheuerlichkeiten so nebenbei akzeptieren wie die Deutschen die Nazis akzeptierten.

7 Dies erklärt, warum der echt gefühlte weltweite Schock, der von den ersten Naziverbrechen ausging, zu einer Zeit registriert wurde, als es noch wenige Opfer gab. Der später von den alliierten Beobachtern ausgelöste Schock über die waggonweise gefundenen Opfer scheint weitgehend künstlich und propagandistisch eingesetzt gewesen zu sein. Dies läßt sich daraus schließen, daß in den Ländern, deren Politik sie gegen eine unfreundliche Interpretation immun machte, kaum jemand angesichts dieser schockiert war. Das ist kein heimliches Einverständnis, sondern es demonstriert, daß im Gegensatz zu den offensichtlich abgebrühten Augenzeugen und der Bedeutung solch legaler Konstruktionen wie Völkermord die Häufigkeit eines in Auftrag gegebenen Verbrechens das Verbrechen selbst nie schlechter macht. Es wird bloß normalisiert. Wir können den Grad feststellen, in dem unser Gewissen durch unsere Gewöhnung an massive Verbrechen abgestumpft wird, indem wir uns ausrechnen, wie viele Cocktailpartys abgesagt wurden, nachdem man Berichte über das Benehmen unserer koreanischen „Mitverteidiger der Zivilisation" gelesen hatte. Nachdem er den Koreakrieg einen „häßlichen Krieg" genannt hatte, beschrieb ihn ein Korrespondent der *Time* in folgenden Worten: „Dies ist nicht die normale und unausweichliche Grausamkeit der Feldschlacht, sondern Grausamkeit im Detail – das Auslöschen von Dörfern, wo sich der Feind *vielleicht* versteckt; das Beschießen

von Flüchtlingen, unter denen sich Nordkoreaner befinden *könnten,* mit Gewehren und Kanonen ... Die südkoreanische Polizei und die südkoreanische Marine, die ich an der Front sah, sind brutal. Sie morden, um sich den Transport der Gefangenen ins Hinterland zu ersparen; sie ermorden Zivilisten, bloß um sie aus dem Weg zu räumen." *Time,* 21. August 1950.

8 Die Situation ist etwas anders in einer Gesellschaft, die zu *klein* ist und die daher ihren Mitgliedern eine größere beschützende Dichte auferlegt, als es in einer Gesellschaft optimaler Größe notwendig wäre. Zu große und zu kleine Gesellschaften haben daher immer gewisse Ähnlichkeiten. Da sie nur als kollektive Organismen anstatt als eine Anzahl von Individuen sich bewegen und leben, können zu kleine Gesellschaften leicht eine kritische Größe im Hinblick auf verachtete und ausgeschlossene Individuen erreichen. Der grundsätzliche Unterschied zwischen zu großen und zu kleinen Gesellschaften wird in den späteren Kapiteln besprochen werden.

9 Die Macht-Theorie hätte auch die englisch-französisch-israelische Invasion von Ägypten abwenden können, wie ich in einem Brief an die *New York Times* vom 19. September 1956 vorhersagte. Der Krieg wurde paradoxerweise unausweichlich, nachdem Amerika erklärte, daß es an dem Krieg nicht teilnehmen werde. Dies machte es wahrscheinlich, daß die Sowjetunion, auch nicht begierig, sich in einen Weltkrieg verwickeln zu lassen, ebenfalls am Rande des Konflikts verharren würde. Auf sich allein gestellt, veränderte sich die Macht nicht nur Englands und Frankreichs, sondern auch Israels in Beziehung zu Ägypten von einer subkritischen in eine kritische, mit dem Resultat, daß binnen weniger Wochen Ägypten nicht nur in *einen* Krieg, sondern in zwei verwickelt war.

10 Öffentliche Dienstleistungen sind immer dem Erschleichungs-Unwesen ausgesetzt, sogar seitens der Besten, wie etwa der ehrlichen englischen Öffentlichkeit. Als die britische Post am 1. Oktober 1951 ihre Telefonraten von zwei auf drei Pence erhöhte, hoffte sie, Verluste aus dem unmöglich ausführbaren Umbau aller ihrer Telefonzellen zu vermeiden, indem sie das ganze Volk bei seiner Ehre nahm. Inoffizielle Meinungsforschungen (UP-Aussendung, London, 30. September 1950) ließen erkennen, daß die Post dies zu bereuen hatte. Eine Zeitung fand heraus, daß das Beschwindeln des Steuereintreibers von vielen Personen nicht für ein Verbrechen gehalten werde – von Personen, die ansonsten eine westenweiße Integrität an den Tag legen. Und sie fand heraus, daß die Post eben auch in diese Kategorie fiel. Vor allem aber fällt sie in jene Kategorie von Einrichtungen und Behörden, die ein großes Feld für kriminelle Gelegenheiten bieten, so daß es selbst vollkommen integren Personen schwerfällt, zu widerstehen.

11 Präsident Truman, 29. September 1952.

12 *Time,* 23. Dezember 1946.

13 *Time,* 3. Dezember 1951. Der *Washington News* zufolge fanden es nicht einmal US-Senatoren unter ihrer Würde, sich hin und wieder der „blinden" Zeitungsverkäufer in der Eingangshalle des Senatsgebäudes gratis zu bedienen. Blindheit ist immer, sei sie physisch, moralisch oder administrativ, eine Einladung zur Sünde.

14 Ich glaube natürlich nicht, daß der „Übermut der Ämter" eine besonders preußische Eigenart ist. Der Ausdruck „preußisch" wird hier in dem irreführenden Sinne verwendet, den ihm viele Autoren gegeben haben.

15 Da der Sozialismus das natürliche System exzessiv großer Gesellschaften darstellt, ist er auch in Ländern präsent, die zu klein sind. Sowie sie anwachsen, wird eine große Gesellschaft sozialistischer und eine zu kleine um so weniger. Im ersten Fall hat das Wachstum einen kollektivierenden Effekt, im zweiten einen individualisierenden. Siehe meine Abhandlung: *Economic Systems and the public interest*, New Brunswick: Rutgers University Press, 1955.

Kapitel III – Ab sofort: Nichtvereinigung

1 Henry Simons, *Economic Policy for a Free Society*, Chicago: The University of Chicago Press, 1948, S. 21.

2 Der erste dokumentarische Nachweis über den „Waffenstillstand Gottes", datiert mit 1041, bezieht sich darauf, daß einige französische Bischöfe dessen Umriß der italienischen Geistlichkeit zur Überprüfung und Annahme unterbreiteten. 1042 verkündete ihn Herzog Wilhelm in der Normandie. 1095 bestätigte ihn Papst Urban II. anläßlich des Konzils von Clermont als allgemeingültige Einrichtung: 1234 wurden seine Regeln von Papst Gregor IX. kodifiziert und dem *Corpus iuris canonici* eingegliedert.

3 W. D. Ross, *The Student's Oxford Aristotele*, London, New York, Toronto: Oxford University Press, 1942, Band 6, S. 1326 a.

4 Duke of Sully, *Memoirs*, London: Henry G. Bohn, 1856, Band 4, S. 225.

5 Ebenda, S. 244.

6 Augustinus, *Der Gottesstaat, De Civitate Dei*, Einsiedeln: Johannes Verlag, 1961, S. 106.

7 Jonathan Swift, *Gulliver's Travels*, New York: Crown Publishers, 1947, S. 140.

8 Diese Zusammenfassung der Ansichten des heiligen Augustinus stammt von John Neville Figgis, *The Political Aspects of St. Augustine's ‚City of God'*, London: Longmans, Green and Co., 1921, S. 58.

Kapitel IV – Tyrannei in einer Welt der kleinen Staaten

1 Sir George Thomson beschreibt in einem Artikel im *Listener* vom 23. März 1950 die Voraussetzungen für eine atomare Kettenreaktion und versieht uns in der Folge mit einer Analyse, die ebenso einleuchtend ist bezüglich der Probleme der sozialen Welt wie hinsichtlich der Welt der Atome: „Der Prozeß (der Kettenreaktion) ist, einmal in Gang gebracht, ungeheuer schnell; und das Resultat ist eine ungeheure Explosion. Es ist wirklich wie die Ausweitung einer Krankheit mit den Atomen in der Rolle der Patienten und den Neutronen als Bazillen. Nun, wie eine Krankheit sich schneller verbreiten wird in einer Stadt, wo die Leute zusammenleben, als in einer

Streusiedlung, braucht man hier eine große Menge Plutonium, um eine Zündung zu erreichen. Wenn es nur wenig gibt oder wenn es zu dünn ist, werden die Neutronen in den Weltraum flüchten, ohne ein Atom gefunden zu haben, das sie anstecken können, und die Epidemie wird in einem frühen Stadium aussterben. Tatsächlich gibt es in der Luft immer Neutronen, und ein Stück Plutonium wird stets leicht angesteckt; aber es passiert nicht viel, außer es gibt genügend Material in einer Masse, um der Kettenreaktion zu erlauben, sich auszuweiten – und dann explodiert die Bombe. Also besteht die Aktion des Zündens der Bombe darin, Stücke von Material so lange zusammenzubringen, bis eine Masse erreicht wird, die man kritische Größe nennt." Auf ähnliche Weise kann der infizierende Bazillus der Diktatur in einer Welt kleiner Staaten nicht viel Schaden anrichten, deren trennende Grenzen die Ansammlung von „genügend Masse" zum Ingangkommen einer Kettenreaktion verhindern. Wenn es nur kleine Staaten gibt oder Staaten mit geringer Einwohnerdichte, was auf das gleiche hinausläuft, wird der diktatorische Bazillus wie ein Neutron in den Raum entfliehen, ohne genügend menschliche Atome gefunden zu haben, um sie zu infizieren.

2 Das widerspricht dem selbstgefälligen Selbstporträt vieler, nicht jedoch historischen Tatsachen. Man sagt etwa, die scheinbar freiheitsliebenden Franzosen hätten sich nie der Tyrannei in dem Maße unterworfen wie die Deutschen. Als jedoch die Nazis ihren Machtbereich auch über sie ausdehnten, erwiesen sie sich – wie die Dänen, Holländer und Polen – als ebenso unterwürfig der Tyrannei gegenüber wie einst die Deutschen. Obwohl es Widerstandsbewegungen gab, waren diese als Massenphänomen charakteristisch erst für die Nachkriegszeit, nicht für die Zeit der deutschen Herrschaft. Später kamen sogar Nazis drauf, daß sie „schon damals im Widerstand gekämpft" hatten. Die zahlreichen Revolutionen der Franzosen waren nie gegen starke Regierungen gerichtet. Unter Ludwig XIV. akzeptierte das Volk, vom König in geradezu unerhörter Weise ausgebeutet zu werden, nahm Verschwendung, Arroganz, Intoleranz und Unmoral ohne das geringste Murren hin. Als aber der Thron an Ludwig XVI. fiel, an einen wahrhaft entzückenden, ohnmächtigen, bescheidenen und wohlmeinenden König, dessen größte Extravaganz seine Liebe zu den Blumen war, da machten sie die Revolution, die die Nachwelt immer noch mit ihren hochgestochenen Prinzipien überwältigt, die nicht französisch waren und deren Waghalsigkeit nicht groß war. Freiheit, Gleichheit und Brüderlichkeit waren seit Jahrhunderten in den Bergen der Schweiz und Tirols gang und gäbe und den Franzosen so fremd, daß sie diese Grundsätze erst 1789 artikulierten. Und selbst dann kamen sie nur in kurzen Intervallen zur Geltung, bis sie 1871 abermals eingeführt wurden. Kaum hatten sie ihren König guillotiniert, akzeptierten die Franzosen unterwürfigst die Tyrannei von Napoleon und folgten ihm mit dem gleichen Zutrauen wie die Nazis Hitler. Ja, sie rebellierten auch gegen Napoleon, aber erst, nachdem er hoffnungslos geschlagen war, als Rebellion nicht mehr Friedensliebe, sondern Verrat bedeutete. Völker rebellieren niemals gegen Tyrannen. Sie rebellieren gegen die Schwächen. Wenn die Deutschen keine romantische Revolution gehabt

haben, so nicht deshalb, wie es die populäre Legende haben will, weil sie unterwürfiger als andere sind. Sie hatten keine, weil die historischen Voraussetzungen für jeden Volksaufstand, die plötzliche Schwäche einer bisher starken Regierung, sich in ihrem Falle nur sehr selten ergab. Und wenn es sich – wie es 1918 der Fall war – ergab, rebellierten sie genauso freudig wie ihre Nachbarn, indem sie nicht nur dem Kaiser den Thron nahmen, sondern auch alle Könige, Erzherzöge und Prinzen entmachteten. Platzmangel verbietet, hier die Masse an amüsantem bis ernüchterndem Material zu präsentieren; das würde aufzeigen, wie alle Völker, die Engländer, die Franzosen, die Tschechen, die Deutschen, der Regierungsgewalt gegenüber immer unterwürfig waren, und zwar im Verhältnis zu ihrer Größe, nicht im Verhältnis zu ihrem Gefühl von Freiheit und nationalem Charakter.

Kapitel V – Die Physik der Politik

1 Lukrez, *De rerum natura. Welt aus Atomen*, Stuttgart, Reclam 1973.
2 Fred Hoyle, *The Nature of the Universe*, Oxford: Basil Blackwell, 1950, S. 16.
3 Ebenda.
4 Ebenda.
5 Die einzige Frage richtet sich nach der „richtigen" Größe der Dinge. Diese hängt von ihrer Funktion ab, oder, wie es D'Arcy Wentworth Thompson in seiner brillanten und umfangreichen Studie *On Growth and Form* (Cambridge: University Press, 1942, S. 24) erklärte: „Der Effekt der Größe hängt nicht von einer Sache an sich ab, sondern von ihrer Beziehung zu ihrer gesamten Umwelt oder dem Milieu; er ist konform mit dem Platz in der Natur, mit ihrem Aktionsgebiet und mit ihrer Reaktion auf das Universum. Überall agiert die Natur auf Grund der Größenordnung, und alles hat daher sein richtiges Ausmaß. Menschen und Bäume, Vögel und Fische, Sterne und Sternensysteme haben Dimensionen wie auch ihren mehr oder weniger begrenzten Radius absoluter Größen. Die Skala der menschlichen Beobachtung liegt ... innerhalb der engen Grenzen von Zentimetern, Metern oder Kilometern, die alle in ihrem Verhältnis zu unserem eigenen Selbst und zu unseren eigenen Handlungen bemessen werden. Größenordnungen, die Lichtjahre einschließen, Ängström-Einheiten oder atomare oder subatomare Größen umfassen, gehören zu anderen Ordnungen von Dingen und zu anderen Prinzipien der Erkenntnis. Was immer Größe aber auch ausdrücken mag, sind sogar Dinge, die in Lichtjahren gemessen werden, gemessen am Ganzen der Schöpfung von begrenzter Dimension. Es ist daher nie eine Frage von groß oder klein, sondern von klein und kleiner, von der mehr oder weniger weiten Ausdehnung absoluter Größen, je nachdem, welche Funktion sie zu erfüllen haben. Dies trifft auch auf Staaten zu. Indem sie nicht himmlische, sondern menschliche Ansammlungen darstellen, müssen sie an der Statur des Menschen gemessen werden, und daher in Meilen und Jahren, und nicht in Ewigkeiten."

6 Sir George Thomson, *The Hydrogen Bomb: A Scientist's View*, *The Listener*, 23. März 1950.

7 Erwin Schrödinger, *What is Life?*, Cambridge: University Press, 1951, S. 8.

8 Während Krankheiten, die durch Wucherungen entstanden, einige Zeit lang entweder vom Körper ausgeglichen werden können, indem sich dieser den schwierigen Aufgaben anpaßt, oder – von außen her – durch die Hilfe von Ärzten, können wir nicht wirklich gesund werden, solange die Wucherung nicht vernichtet ist. Denn trotz des neuen Gleichgewichts wissen wir, daß das Gleichgewicht auf der Ebene des Großen nicht nur heikel ist, sondern auch unter seinem eigenen Gewicht zusammenbrechen muß. Statt die Gesundheit wiederzuerlangen, legen wir uns nur eine neue Krankheit zu – eine Krankheit der Anpassung. Die aus exzessiven inneren Ausgleichsanstrengungen erwachsenden Gefahren sind notwendig, um Infektionen zu vermeiden (das unausgeglichene Wachstum gewisser Blutzellen). Dies wurde von H. Seyle einprägsam dargestellt. Nachdem er Tiere unspezifischen giftigen Substanzen aussetzte, beobachtete er in jedem Falle einen geordneten Geschehnisablauf: 1. „Die Alarm-Reaktion"; 2. „Das Stadium des Widerstandes"; und 3. „Das Stadium der Erschöpfung". Die erste Phase war durch ein Stadium des Schocks charakterisiert, die zweite durch Ausschüttung der adrenalin-corticoiden Hormone, die zu einem annehmbaren Grad der Stabilität führte; die dritte Phase war ein zeitliches Phänomen auf Grund der Abschwächung des adaptiven Mechanismus. Dies bedeutet: Wird eine Widerstands-Anstrengung zu großer Proportionen dem Körper auferlegt, führt gerade diese Anstrengung das jetzt gefährdete Gleichgewicht zwischen den Gegenkräften, die auf beiden Seiten zu groß geworden sind, um es aufrechtzuerhalten, zu seinem Untergang. Denn „der Organismus wird letzten Endes mehr durch seine exzessiven Widerstandskräfte geschädigt und wird am Ende durch eben diese zerstört", als wäre es eine Art von „biologischem Selbstmord". Daher stammt Seyles Ausdruck „Krankheiten der Anpassung". Siehe *Quarterly Bulletin der British Psychological Society*, B. 2, 17.7. 1952.

9 Die Zitate in diesem Abschnitt und in Fußnote 10 stammen von Julian Huxley, *Biological Improvement*, *The Listener*, 1. 11. 1951, S. 739.

10 Es ist eine Eigenschaft selbst der bedeutendsten modernen Forscher, in ihren Nachworten das zu widerlegen, was sie in ihrem monumentalen vorhergehenden Werk zu beweisen versucht haben. Marx, der äußerst überzeugend folgerte, daß jedes System die Bazillen seiner eigenen Zerstörung ausbrüte, machte in dem von ihm selbst bevorzugten System, dem Sozialismus, eine Ausnahme. Arnold Toynbee, nachdem er aufzeigte, daß sich jede Zivilisation auflöst, wenn sie das Stadium eines universalen Staates erreicht, und daß jede Zivilisation bis heute diesen verhängnisvollen Punkt erreicht habe, kommt zum Schluß, daß die westliche Kultur, die zufällig die seinige zu sein scheint, eine Ausnahme darstellt. Und Julian Huxley, nachdem er in einer großartigen Serie von Studien aufgezeigt hat, wie die Natur ihre Lebensformen durch einen unendlichen Prozeß von Teilungen, Aufteilungen, anpassender Ausstrahlung, Verteilung, Unterbrechung und Verzweigung ver-

bessert, kommt in seinem letztendlichen Argument mit der These, daß im Falle der menschlichen Spezies, die auch die seine zu sein scheint, alles anders funktioniert. Indem er zu dieser Schlußfolgerung kommt, illustriert er seine eigene Behauptung, „daß die Humanwissenschaften heute ungefähr dort sind, wo die biologischen Wissenschaften Anfang des 18. Jahrhunderts waren". Denn was immer er als Biologe entdeckt hat, wirft er als Humanwissenschafter über Bord, und in dieser Fähigkeit rationalisiert er einfach die vereinheitlichenden Voreingenommenheiten unserer Zeit. Wenn seine völlig überzeugende Analyse des evolutionären Prozesses korrekt ist, muß die Ursache menschlichen Elends offensichtlich im dauernden menschlichen Versuch liegen, aus sich selbst eine Ausnahme zu machen. Wenn Entwicklung und Differenzierung den Weg der Natur darstellen, voranzuschreiten und auf zunehmendem Gebiet die Umwelt sich untertan zu machen, warum sollte dann der Fortschritt des Menschen durch genau die umgekehrte Methode erreicht werden, die der Integration, der „Kooperation integrierter und individueller Persönlichkeiten", oder durch die Idee, aus jeder Idee eine Aufgabe für die Gemeinschaft zu machen?

11 Dies ist – frei aus dem Gedächtnis – einer Geschichte nacherzählt, die der Autor vor dem Zweiten Weltkrieg in der Münchner Zeitschrift *„Simplicissimus"* gelesen hat.

Kapitel VI – Der individuelle und der Durchschnittsmensch

1 *New York Times,* 13. November 1951. Noch ein Vorfall betraf Dewey Williams, einen Schiffskoch, der in der Bahnstation von Chicago verhaftet wurde und wegen schlechten Benehmens zehn Dollar Strafe zahlen mußte, nachdem er das Weiße Haus angerufen hatte und darauf bestand, Präsident Truman zu sprechen; Williams wollte auf diesem Weg seinen Arbeitsplatz zurück erhalten (*New York Times,* 16. 9. 1951). 1952 wurde Leutnant der Luftstreitkräfte Robert P. Hasbrook von einem Hoteldetektiv angezeigt, der mitgehört hatte, wie Hasbrook versuchte, mit Präsident Truman zu telefonieren. (*New York Times,* 15. 4. 1952).

2 Aristoteles, *Politik*, 6. Auflage, München: dtv-Klassik, 1986, S. 132.

3 Ortega y Gasset, *The Revolt of the Masses.* New York: The American Library, 1950.

4 Ebenda, S. 12.

5 Typisch für diese Veränderung ist der Aufstieg solch neuer Symbole und Ausdrücke wie: Mutter des Jahres, Baby des Monats.

6 Die Zahlen in diesem Absatz stammen von Emanuel Caller, *„Kann ein Kongreßabgeordneter 900.000 Menschen dienen?" The New York Times Magazine,* 11. März 1951.

7 Aristoteles (wie Anm. 2), S. 226.

8 Viele andere politische Philosophen und Reformer waren spezifischer, jedoch weniger tiefgründig als Aristoteles in ihrer Definition der Idealgröße von Gemeinschaften. Es ist aber interessant herauszufinden, daß viele eine

so große Bedeutung auf die Kleinheit der sozialen Einheit legten. Plato dachte, eine Bevölkerung von 5040 wäre die beste. Thomas Morus' Städte in *Utopia* bestehen aus 6000 Familien. Zu Charles Fouriers *Phalansteries* gehörten zwischen 400 und 600 Familien oder 1500 bis 1600 Menschen. Robert Owens *Parallelograms* zählten zwischen 500 und 2000 Mitglieder, und Horace Greeleys *Associations* sollten von einigen „Hunderten bis zu ein paar tausenden Menschen" zählen. William Morris stellte sich eine Rückkehr zu einer Gesellschaft vor, aus der alle großen Städte verschwunden wären und wo London aus durch Wälder voneinander getrennten Dörfern bestünde. Es ist auch bedeutsam, daß so viele ideale Gesellschaften wie Morus' *Utopie*, Campanells *Stadt der Sonne* oder Bacons *Neues Atlantis* auf Inseln gelegen waren, deren Zauber in ihrer Abgeschlossenheit und ihrer Enge der Grenzen liegt und darum unsere Vorstellungskraft beflügelt. Wie Marlowe sagt, gibt es „endlose Reichtümer in einem kleinen Zimmer".

9 Aristoteles (wie Anm. 2), S. 70.

10 George Bernard Shaw, *Geneva, Cymbeline Refinished, Good King Charles,* New York: Dodd, Mead Co., 1947, S. 61.

Kapitel VII – Die Herrlichkeit der Kleinen

1 Augustinus, *Der Gottesstaat*, Einsiedeln: Johannes Verlag, 1961.

2 „Aus diesem Grunde", schreibt Ortega y Gasset, „wie Spengler trefflich beobachtete, wurde es notwendig, gerade in unseren Tagen enorme Gebäude zu konstruieren. Die Epoche der Massen ist die Epoche des Kolossalen. Wir leben daher unter dem brutalen Kaiserreich der Massen." (Ortega y Gasset, *The Revolt of the Masses*, New York: The American Library, 1950, S. 13.).

3 Arnold J. Toynbee, *A Study of History*, Gekürzte Ausgabe, New York: Oxford University Press, 1947, S. 224.

4 Dies bedeutet nicht, daß wir Spezialisierung nicht wünschen: Im Gegenteil, der Zweck jeder Gemeinschaft ist, sie sogar zu fördern. Wenn sie aber die Vielfältigkeit des Menschen zu verwischen anfängt, sie auf einer geringeren Stufe der Perfektion kultiviert, dann verdreht sich ihr Vorteil in den Ruin. Dies passiert in den exzessiv groß angelegten Spezialisierungen, die in großen Staaten möglich gemacht wird.

5 Eine charakteristische Illustration der neuen Methoden, mit denen moderne Autoren mit dem Problem fertig werden, ein Buch zu schreiben, wird durch folgende Erzählung von Ramon *Cuthrie,* einem Freund und Kollegen von Sinclair Lewis, geschildert, der die Anstrengungen des Mr. Lewis, eine Novelle über das Problem der Arbeit zu schreiben, folgendermaßen beschrieb: „Es war 1929, daß Red (Sinclair Lewis) seinen ersten Versuch unternahm, eine Arbeiternovellle zu schreiben. Er und Dorothy lebten auf ihrer Farm in Vermont. Zahlreiche Autoritäten aus den Bereichen Arbeit, Wirtschaft, Wissenschaft usw. waren als ratgebende Gruppe anwesend. Einer davon war der verstorbene Ben Stolberg; ich habe die Namen der anderen verges-

sen. Jeder außer Red wurde verdingt, das Buch zu schreiben. Red selbst schien eher verwundert und durch die Invasion etwas aus der Fassung gebracht. Er legte sich hin und wieder nieder, machte Spaziergänge, las Detektivgeschichten, betrank sich ruhig, aber mit voller Absicht, schrieb einen trivialen Artikel für die Saturday Evening Post, während die Runde der Experten im ersten Konklave saß, seine Novelle ausarbeitend" (Ramon Cuthrie, *The Labor Novel that Sinclair Lewis Never Wrote*, *New York Herald Tribune,* 10. Februar 1952.).

6 Kathleen Freeman, *Greek City-States,* New York: W. W. Norton and Co., 1950, S. 270.

7 Seton Lloyd vertritt (in einem Artikel in *The Listener* vom 19. April 1951) eine ähnliche Ansicht, wenn er schreibt: „Aber es geschah hier in dieser namenlosen Konstellation der Stadtstaaten auf dem Festland östlich des Ägäischen Meeres, bereits vor der Zeit, in der Athen berühmt wurde, daß zum ersten Mal und fast zum letzten Mal in der Geschichte alle wesentlichen Probleme der menschlichen Gesellschaft anscheinend gleichzeitig gelöst wurden. Eine Zeitlang gab es ein Gruppenleben in nationalem Ausmaß, ergänzt ausgiebigst durch jene Freiheiten, die wir mit so begrenztem Erfolg erstreben." Um Dr. Keith Monsarrat zu zitieren: „Nicht nur herrschte Frieden zwischen Stadt und Stadt, sondern auch die Männer in den Städten scheinen untereinander friedlich gelebt zu haben. Sie fanden Muße, sich um die Verschönerung ihres Lebensstils zu kümmern, und im Laufe dieser Tätigkeit fanden sie zu einer Harmonie der Beziehungen, wie sie keinem Menschen je zuvor zuteil geworden ist." Es ist eigenartig, unter diesen Umständen, feststellen zu müssen, „daß es kein Gefühl der Einheit unter den Staaten selbst zu geben schien. Überall in den Küstenprovinzen von Kleinasien scheint jedes Tal, jedes geschützte Hochland ein Miniaturstaat gewesen zu sein, der zur Wirtschaft einer einzigen großen Stadt beigetragen hat. Und jeder Staat hatte einen ausgeprägten selbständigen Charakter." Eine einzige Bemerkung hierzu: Es ist durchaus nicht eigenartig, daß es „kein Gefühl der Einheit" gab. Der Grund dieser paradiesischen Situation beruht darin, daß sie aus einer Harmonie bestand, die von Staaten hervorgerufen wurde, die weder groß noch vereinigt waren, eben *weil* sie weder vereint noch groß waren.

8 Wie Bertrand Russell schon betont hat: „In den Zeiten, in denen es große Dichter gab, gab es auch eine große Anzahl von kleinen Dichtern, und als es große Maler gab, gab es viele kleine Maler. Die großen deutschen Komponisten kamen aus einem Milieu, in dem man Musik schätzte und wo eine Anzahl geringerer Begabungen Chancen hatte. Damals waren die Dichtung, die Malerei und die Musik ein wesentlicher Teil des täglichen Lebens des Durchschnittsmenschen, wie es heute der Sport ist. Die großen Propheten stechen hervor aus einem Schwarm von kleinen Propheten. Die Armut unserer Zeit in dieser Hinsicht ist das unvermeidliche Ergebnis der Tatsache, daß unsere Gesellschaft in so hohem Maße zentralisiert und organisiert ist, daß die Einzelinitiative auf ein Minimum gesunken ist. Wo in der Vergangenheit die Kunst florierte, florierte sie meist in kleinen Gemeinschaften,

die unter ihren Nachbarn Rivalen hatten, wie die griechischen Stadtstaaten, die kleinen Fürstentümer der italienischen Renaissance und die Duodezhöfe der deutschen Fürsten des achtzehnten Jahrhunderts ... Die Rivalität in der unmittelbaren Umgebung scheint in diesen Dingen wichtig zu sein... So ein Lokalpatriotismus scheint aber in einer Welt von großen Reichen nicht gut zu gedeihen... Die Auswirkung der Zentralisation auf jene, die sonst vielleicht bedeutende Ambitionen hätten, ist, daß sie in Konkurrenz mit zu vielen Rivalen treten und sich einem einheitlichen Geschmacksstandard unterwerfen müssen. Will man Maler werden, so wird man sich nicht zufrieden geben, mit Männern gleicher Bestrebungen in der eigenen Stadt zu konkurrieren, ‚man geht an die Akademie in einer Großstadt, wo man wahrscheinlich feststellen wird, daß man mittelmäßig begabt ist, und auf Grund dieser Feststellung könnte man ... sich dem Gelderwerb oder dem Alkohol zuwenden ... Im Italien der Renaissance konnte man noch hoffen, der beste Maler von Siena zu werden, und das wäre durchaus genügend ehrenvoll gewesen.'“ (Bertrand Russell, *Authority and the Individual*, London: George Allen & Unwin, 1949).

9 Toynbee (wie Anm. 3), S. 244.

10 Ebenda, S. 244.

11 Ebenda, S. 553.

12 Ebenda, S. 552.

Kapitel VIII – Die Funktionsfähigkeit der Kleinen

1 Erwin Schrödinger, *Science and Humanism*, Cambridge: University Press, 1951, S. 3.

2 *Time,* 3. Dezember 1951.

3 Daß dieses keinen niedrigen Lebensstandard bedeutete, wird von einem durch Italien und Frankreich Reisenden des 18. Jahrhunderts gut dargestellt. Als er das scheinbar ärmere Leben in Venedig mit dem seines Geburtslandes England verglich, welches bereits die ersten Früchte der industriellen Revolution erntete, bemerkte er: „Luxus geht hier wesentlich mehr in die Richtung von Vergnügen als in die der Verschwendung; die Mäßigkeit der Menschen macht viel aus, die Art ihrer Speisen noch mehr; Pasten, Makkaroni und Gemüse sind leichter zu beschaffen als Rindfleisch oder Hammelfleisch. Ihre Kochkunst befähigt sie, ebenso wie in Frankreich, einen Tisch mit der Hälfte der Kosten zu decken, die man dafür in England braucht.“ (Arthur Young, *Travels in France and Italy,* Everyman's Library, Nr. 720, S. 254 f.).

4 Da eine Geldinflation, nach Professor Anatol Murad von der Rutgers-Universität, nicht durch Überfluß, sondern durch einen Mangel an Geld charakterisiert ist (welchem die Banken versuchen müssen, nachzukommen, indem sie größere Mengen ausgeben, als Antwort auf die ansteigende Anfrage der Menschen, die jetzt *mehr* Geld brauchen, um *dieselbe* Anzahl von Gütern zu kaufen), so kann man von einer Produktionsinflation reden, die

nicht durch Überfluß, sondern durch Mangel von Besitz- und wesentlichen Konsumgütern charakterisiert ist, welche die Hersteller beantworteten, indem sie mehr und mehr von diesen neuen Gütern herstellten, einfach um denselben Grad der Befriedigung zu erzielen, welcher vorher durch weniger Einheiten der alten Güter erzielt wurde.

5 G. G. Coulton, *Medieval Panorama*, Cambridge: University Press, 1938; New York; Macmillan, 1945, S. 69-70.

6 Jane Whitbread und Vivian Cadden (*The Intelligent Man's Guide to Women,* New York: Schuman, 1951) haben die Wohltaten des Fortschritts sehr gut aufgezeigt, wenn sie schreiben, daß „jeder arbeitseinsparende Einfall des vergangenen Jahrhunderts die Arbeit der Frau erhöht hat... Jemand erfindet einen Staubsauger – und ... ein Mitverschwörer führt venezianische Jalousien ein, so wird es sofort noch etwas mehr für den Staubsauger zu tun geben. Jemand erfindet einen einfachen, kleinen Mechanismus, um Melonenbällchen zu machen, und es ist bereits *‚comme il faut'*, ein dickes, flaches Stück Melone in einen Fruchtsalat zu werfen... In einer Zeit, als es das Bier in Fäßchen gab, schleppte der Mann es selbst. Jetzt, da es in handlichen kleinen Dosen kommt, kann eine Frau ein Dutzend vom Geschäft nach Hause schleppen. Dem Mann, der an einer Frau vorbeirauscht, die wegen einer Reifenpanne auf der Straße steht, kann nicht Mangel an Ritterlichkeit vorgeworfen werden. Er weiß, daß mit den heutigen Wagenhebern selbst eine Frau ein Rad wechseln kann."

7 *New York Times,* 11. November 1951.

8 Pasquale Villari, *Life and Times of Savonarola,* New York: Charles Scribner's Sons, S. 45.

9 Zu dem Einwand, daß der Zeitraum 1950/51 einen außergewöhnlichen Anstieg an Regierungskosten, die durch außergewöhnliche Verteidigungsausgaben fällig geworden waren, darstellt, muß unterstrichen werden, daß in der Zukunft hohe und ansteigende Verteidigungskosten nicht außergewöhnlich, sondern normal sein werden, wenn man bedenkt, daß die Kriegsgefahr nicht etwas Außergewöhnliches, sondern ein normales Nebenprodukt eines unruhigen Gleichgewichts in unserer Zwei-Mächte-Welt ist. Außergewöhnlich war die Illusion von 1950, als man, ausgehend von einer zeitweiligen Herabsetzung der Regierungskosten zwischen 1945 und 1950 deduzierte, daß die Verteidigungskosten je wieder vermindert werden könnten.

10 *Facts and Trends.* National Board of Fire Underwriters, Vol. VIII, Nr. 4.

11 National Safety Council, 1950.

12 Der Preis der Gesellschaft (Preis der Regierung plus der Preis der Sicherheit plus der Preis hergestellter Güter, die notwendig sind, uns mit Konsumgütern zu versehen) ist in den wachsenden USA von 27% unseres gesamten Bruttosozialprodukts im Jahr 1939 auf 37% im Jahr 1951 angestiegen. Obwohl die letzte Ziffer eine Abnahme von 51% auf dem Gipfel des Kriegsjahres von 1945 darstellt, hat sich die Tendenz, daß die Kosten der Gesellschaft im Verhältnis zu ihrer ansteigenden Macht mehr ansteigen, seit 1947 fortgesetzt.

13 Wenn Produktionszyklen periodisch wiederkehrende Schwankungen sind, gehören sie zu allen wirtschaftlichen Systemen, dem kleinen wie dem großen. Sie zeigen an, daß Leben in ihnen ist. An sich sind sie kein Problem, noch können sie verhindert werden. Aber obwohl sie ein Resultat der Dynamik unseres Lebens sind, gibt es spezielle Gründe, aus denen sich ein Vermehrungsprozeß für ein einzelnes oder mehrere wirtschaftliche Systeme ergeben kann. Der Multiplikationsfaktor stellt das Problem dar, und nicht die Schwankung. Vor Beginn des Kapitalismus wurden solche zyklischen Schwankungen im wirtschaftlichen Bereich vermehrt – wegen zyklischer Schwankungen auf anderen Gebieten, wie zum Beispiel auf den Gebieten Wetter, Seuche oder Krieg. Nach dem Beginn des Kapitalismus wurden diese äußerlichen Ursachen durch interne wirtschaftliche Ursachen erhöht, die die natürlichen Schwankungen nun durch systemimmanente Schwankungen vergrößerten. Die Theoretiker, die sich mit wirtschaftlichen Schwankungen befassen, haben deshalb recht, wenn sie behaupten, daß gewisse Zyklen, im engeren Sinn Produktionszyklen, dem Profitsystem des Kapitalismus inhärent seien. Die Akkumulation von Profit oder, wie Marx es nennt, von Mehrwert muß periodisch dazu führen, daß es unmöglich wird, die ganze Produktion zu verkaufen, da jene, die den Profit aus der Produktion zurückhalten, ja nicht ihren eigenen Überschuß kaufen wollen, während jene, die diesen Überschuß kaufen wollen, die Arbeiter nämlich, kein Geld haben, um ihn kaufen *zu können.* Deshalb gibt es Rückgänge der Produktion, Arbeitslosigkeit und die Theorie, daß kapitalistische Produktionszyklen durch die Einführung einer Planwirtschaft verhindert werden könnten. Bis zu einem gewissen Grad der Entwicklung sind sowohl diese traditionelle Interpretation wie auch die Annahme, daß eine funktionierende Kontrolle eine Heilung herbeiführen könnte, absolut berechtigt. Jedoch haben durch die Massenintegration moderner Wirtschaftsblöcke, einerseits aus dem Wachstum der kapitalistischen Wirtschaft, anderseits durch die politische Integration immer größer werdender Bevölkerungsteile, diese typisch aus dem Kapitalismus kommenden zyklischen Schwankungen an Wirkung verloren. Denn sogar unter dem kapitalistischen System kamen die Gründe für Schwankungen nie aus der Natur des Systems selbst, sondern aus der Größe desselben, so wie die Gefahr des Wellenganges nicht aus der Tatsache abzulesen ist, daß diese durch den Wind oder durch die unterirdische Wasserbewegung ausgelöst wird, sondern nur aus der *resultierenden* Größe des Meeres. Ebenso ist das Ausmaß der Schwankungen, je nach ihrer Größe, nicht vom System, sondern vom Ausmaß des betroffenen sozialen Bereiches, durch welchen die Wellen der wirtschaftlichen Ereignisse pulsieren, so groß, daß wegen jüngster Vereinheitlichungsprozesse weder eine kontrollierte noch eine unkontrollierte Wirtschaft Einhalt gebieten kann. So hängt eine wirksame Kontrolle auch mit der Begrenzung des sozialen Wirkungsbereiches zusammen. Daher sehen wir, daß einige Zyklen zwar sehr typisch für den Kapitalismus sind, aber in der heutigen Welt kein Problem mehr darstellen. Das Problem der Wirtschaft, wie auch anderer Bereiche, ist das Problem der Größe, und zwar ohne Rücksicht darauf, um welches

System es sich handelt. Es ist im Sinne der Größenordnung, und zwar was Wachstum oder den Größenzyklus betrifft, daß das Wort Produktionszyklus in diesem Kapitel verwendet wurde.

14 Harry Schwartz, *Russia's Soviet Economy*, New York: Prentice-Hall, 1950, S. 210.

15 Ebenda, S. 337.

16 Ebenda, S. 209.

17 Diese beiden treten notwendigerweise nicht immer gemeinsam auf. Luxemburg ist politisch ein Miniaturstaat, aber durch seine gigantische Stahlindustrie ist es wirtschaftlich eine große Ökonomie. Aus diesem Grunde finden wir Depressionen von ansehnlichen Dimensionen, trotz der Tatsache, daß das Land klein ist, denn es ist politisch klein, nicht wirtschaftlich.

18 Siehe Schwartz (wie Anm. 14).

19 David Cushman Coyle, *Day of judgement*, New York: Harper and Brothers, 1949, S. 116.

20 Es ist seltsam, daß Marx das Elend mehr als Folge des wirtschaftlichen Systems als der Größenordnung angesehen hat, denn niemand hat so wie er gezeigt, daß die Schwächen des Kapitalismus dann entstehen, wenn die Dinge über bestimmte Grenzen hinauswachsen. In seinen „Kapitalistischen Widersprüchen", wie wir schon in einem früheren Kapitel erwähnt haben, führt er den Verfall des Kapitalismus darauf zurück, daß der zunehmende Mehrwert zu abnehmenden Profiten führen muß; die zunehmende Ausbeutung zur Stärkung des Proletariats; zunehmende Produktion zu geringeren Absatzmöglichkeiten; zunehmende Konkurrenz zur Ausschaltung der Konkurrenz; zunehmender Kolonialismus zur Freiheit der Kolonien. In jedem dieser Fälle ist das Element der Zerstörung durch ein Größenwachstum entstanden, dort, wo Größe keine wohltuende Macht mehr war. Hätte Marx die logische Folgerung seiner eigenen Diagnose erkannt, so hätte er vorgeschlagen, daß man das „Über-Wachstum" verhindern und nicht den Kapitalismus durch den Sozialismus ersetzen müßte, der, statt das „Über-Wachstum" zu verhindern, sich von vornherein darauf aufbaute.

21 Es gab natürlich große Anhäufungen an Reichtum in den Händen der Fürsten. Diese waren aber nicht durch ihre wirtschaftlichen, sondern durch ihre politischen Funktionen zu Oberhäuptern ihrer Länder geworden. Es wäre ja dumm, den Bürgermeister einer Stadt zu verdammen, weil er große Summen zu seiner Verfügung hat, und ebenso dumm wäre es, das mit den früheren Fürsten zu tun.

22 *New York Times,* 8. Februar 1951.

23 Aristoteles, *Politik*, 6. Auflage, München: dtv-Klassik, 1986, 1326 a.

24 Louis D. Brandeis, *The Curse of Bigness*, New York: The Viking Press, 1935.

25 Unter dem Ausdruck „kleine Firma" sowie „kleines Land" versteht sich in dieser Abhandlung eine Einrichtung optimaler Größe. Die Verwendung des Wortes ‚klein' statt ‚mittel' oder ‚von mittlerer Größe', was es auch beinhaltet, soll die eher enge Grenze anzeigen, die eine Entwicklung nach oben limitiert. In der anderen Richtung gibt es keine so scharfe Grenze. Liechtenstein ist ein kleines Land, so wie die Schweiz. Trotz der großen Unterschiede

aber wäre es unrichtig, die Schweiz als einen Staat ‚mittlerer' Größe zu bezeichnen.

26 Brandeis (wie Anm. 24), S. 117.

27 Temporary National Economic Committee, *Competition and Monopoly in American Industry,* Monograph No. 21, Washington: Government Printing Office, 1940, S. 311.

28 Temporary National Economic Committee, *Relative Efficiency of Large, Medium-sized, and Small Business,* Monograph No. 13, Washington: Government Printing Office, 1941, S. 10.

29 Ebenda. Um diesem Zitat gerecht zu werden, muß ich die Worte, die durch die drei Punkte ersetzt sind, einfügen, die wieder einmal die unangenehme Schüchternheit der Autoren zeigen, deren Zahlen so offensichtlich nicht mit den akzeptierten Meinungen übereinstimmen, daß sie es nicht wagen, ihre eigenen Schlüsse zu ziehen oder sie so zu interpretieren, daß sie fast sinnlos würden. Nachdem sie also erklärt hatten, daß die großen Betriebe schlecht abschnitten, geht die Studie weiter: Das solle nicht bedeuten, daß die mittleren und kleinen Betriebe in jedem Test niedrigere Kosten und bessere Profite hätten als die größten. Tatsächlich waren die höchsten Kosten jene sehr kleiner Gesellschaften; das wieder sollte nicht bedeuten, daß die durchschnittlichen Kosten von großen Betrieben unbedingt niedriger waren als die durchschnittlichen Kosten von Mittel- und Kleinbetrieben. Im Text oben habe ich nur den ersten Satz dieser seltsamen Sequenz verwendet, denn entweder hatten nun die größten Betriebe schlecht abgeschnitten oder nicht. Dem Report zufolge hatten sie es, ganz gleich, wieviel Wasser die Autoren in ihren eigenen Wein schütteten.

30 Prof. Frank A. Fetter in seiner Aussage vor der Federal Trade Commission (Ebenda, S. 404 f.).

31 T. K. Quinn, *Too Big, The Nation,* 7. März 1953, S. 211. Nachdem er die relative Sterilität großer Laboratorien besprochen hatte, führt Mr. Quinn sein Argument gegen wirtschaftliche Größe fort, indem er Dr. Clarence Cook Little, den früheren Präsidenten der Universitäten Maine und Michigan, zitiert: „Wissenschaftliche Forschung ist ein intensiver und persönlicher Einsatz, wie ein Künstler muß der Wissenschafter seine eigenen Ideen verfolgen können, ohne Beschränkungen irgendwelcher organisierter Gruppen. Die großen Gruppen haben nur dann wichtige Beiträge geleistet, wenn eine originelle Erfindung eines einzelnen schon vorhanden ist und nun technisch weiterentwickelt werden soll."

32 Henry Simons, *Economic Policy for a Free Society,* Chicago: The University of Chicago Press, 1948, S. 129.

33 Natürliche Monopole sind jene Unternehmen, die, wie öffentliche Anstalten, am besten nach dem Monopolprinzip organisiert werden, eher als durch das Konkurrenzsystem. Hier ist das Konkurrenzsystem nachteilig. Wenn mehrere Telefongesellschaften, statt einer, eine Stadt versorgen würden, müßte jeder Benützer sie alle abonnieren, damit er alle Freunde erreichen konnte, die vielleicht Abonnenten einer anderen Gesellschaft sind.

Kapitel IX – Vereinigung durch Teilung

1 Was für ein Unterschied zu der Leichtigkeit, mit der dreißig Jahre vorher Präsident Jackson ein fast gleiches sezessionistisches Problem löste, als South Carolina versuchte, das staatliche Zollgesetz außer Kraft zu setzen, und damit eigentlich den ganzen Zweck des Staatenbundes durch seine berühmte ‚*Ordinance of Nullification*' aus dem Jahr 1832. Obwohl es so weit kam, daß man ein Heer von Freiwilligen aufrief, konnte Jackson, auf Grund des bestehenden Kleinstaatenmodells, lediglich durch Drohen das erreichen, was Lincoln mit Hilfe einer riesigen Armee und eines ruinösen Krieges fast nicht erreicht hätte. Das zeigt, wie wichtig das Kleinstaatenmodell für den Erfolg einer Föderation ist. Es zeigt auch die mögliche Gefahr der derzeit unwichtigen Anfänge von regionaler Konsolidierung wie bei den gelegentlichen regionalen Gouverneurskonferenzen. Wenn die Staaten weiterhin diesen verräterischen Pfad einer *regionalen* Zusammenschließung beschreiten, würde dies das Ende der nationalen Föderation bedeuten.

2 Siehe Leitartikel im *Ottawa Citizen* vom 13. Oktober 1948 über den Vorschlag von Professor A. R. M. Lower von der Queens University, Kingston, Kanada.

3 Edward Gibbon, *The History of the Decline and Fall of the Roman Empire*, London: Methuen, 1900, Band 7, S. 308 f.

4 Die gleiche Schwierigkeit gab es 1951 unter den Großmachtmitgliedern des Nordatlantikpaktes, als die Ernennung eines Amerikaners als obersten Marinekommandanten für die Engländer eine derartige Beleidigung ihres Stolzes darstellte, daß sie fast, anstatt ein Bündnis zu schaffen, ein Zerwürfnis heraufzubeschwören drohte.

5 *New York Times*, B. Dezember 1949.

6 Thomas J. Hamilton in der *New York Times*, 20. April 1950.

7 Henry Simons, *Economic Policy for a Free Society*, Chicago: The University of Chicago Press, 1948, S. 125.

Kapitel X – Die Auflösung der großen Mächte

1 Henry Simons, *Economic Policy for a Free Society*, Chicago: The University of Chicago Press, 1948, S. 21.

Kapitel XII – Das amerikanische Imperium

1 Alexis de Tocqueville, *Democracy in America*, London: Oxford University Press, 1946, S. 286 f.

2 Das konservative Pariser Wochenblatt *Le Monde* schreibt am 12. Juni 1951 folgendes über den Atlantikpakt und seine Struktur: „Die grundlegende Ungleichheit der Allianz wird immer mehr zu einem versteckten Protektorat, in dem die nationalen Stolzbezeugungen nicht genügen, um eine wachsende

Versklavung zu kompensieren. Das Römische Reich hatte seine Bürger, seine Alliierten und seine Ausländer. Das neue Imperium hat Alliierte der ersten Zone (die Amerikaner), Alliierte der zweiten Zone (die Briten) und seine kontinentalen Protégés: trotz aller ihrer Arroganz aber werden die letzteren immer mehr zu den Filipinos des Atlantiks."

3 *New York Times,* 30. März 1951: „Head of Paris Regim Insists His Nation Will Shun Neutrality and Be Worthy U.S. Ally."

4 *New Leader,* 19. März 1951, 25. Dezember 1950, 5. März 1951.

5 *New York Times,* 20. September 1951: „I don't think, sometimes, the politicians do too good a job!"

6 *New York Times,* 11. April 1951.

7 *New York Times,* 10. April 1951.

8 *New York Times,* 8. Juni 1951.

9 Die südkoreanischen Verluste in derselben Zeit waren laut *Time* vom 9. April 1951: 168.652 Tote.

10 *New York Times,* 18. Juni 1951.

11 *Washington Banktrends.* Washington News Features, Washington D. C., 5. Januar 1953.

12 Gibbon hat uns eine hervorragende Beschreibung der kaum fühlbaren Romanisierung der Alten Welt gegeben, die durch dieselben Methoden vor sich ging wie die Assimilierung der betreffenden Länder durch die Vereinigten Staaten und Rußland heute: durch die Kolonisation früherer Verbündeter, die durch die Verleihung einer Staatsbürgerschaft versüßt wurde. „Jene Prinzen", so schreibt er, „welchen der Dank oder die Großzügigkeit es erlaubte, ein unsicheres Zepter eine Zeitlang noch zu tragen, wurden von ihrem Thron gejagt, sobald sie ihrer Aufgabe – ihre besiegten Untertanen ins Joch gezwungen zu haben – gerecht geworden sind. Die freien Staaten und Städte, die gemeinsame Sache mit Rom machten, wurden durch eine nominelle Allianz belohnt, sanken aber dann unmerklich in echte Knechtschaft hinunter. Die öffentliche Autorität war überall durch die Minister des Senates vertreten, und der Kaiser und seine Autorität waren absolut und ohne Kontrolle. Dieselben Maximen des Regierens aber, die Frieden und Unterwerfung in Italien brachten, wurden in entferntesten Eroberungen angewendet. Schließlich entstand eine Nation von Römern in den Provinzen durch ein zweites Mittel, nämlich Kolonien zu schaffen und den verdientesten und loyalsten Provinzialen die Freiheit Roms zu übertragen." (Edward Gibbon, *The History of the Decline and Fall of the Roman Empire,* London: Methuen, 1900, Band 1, S. 35.).

Das Prinzip der Föderation
Übersichtskarten

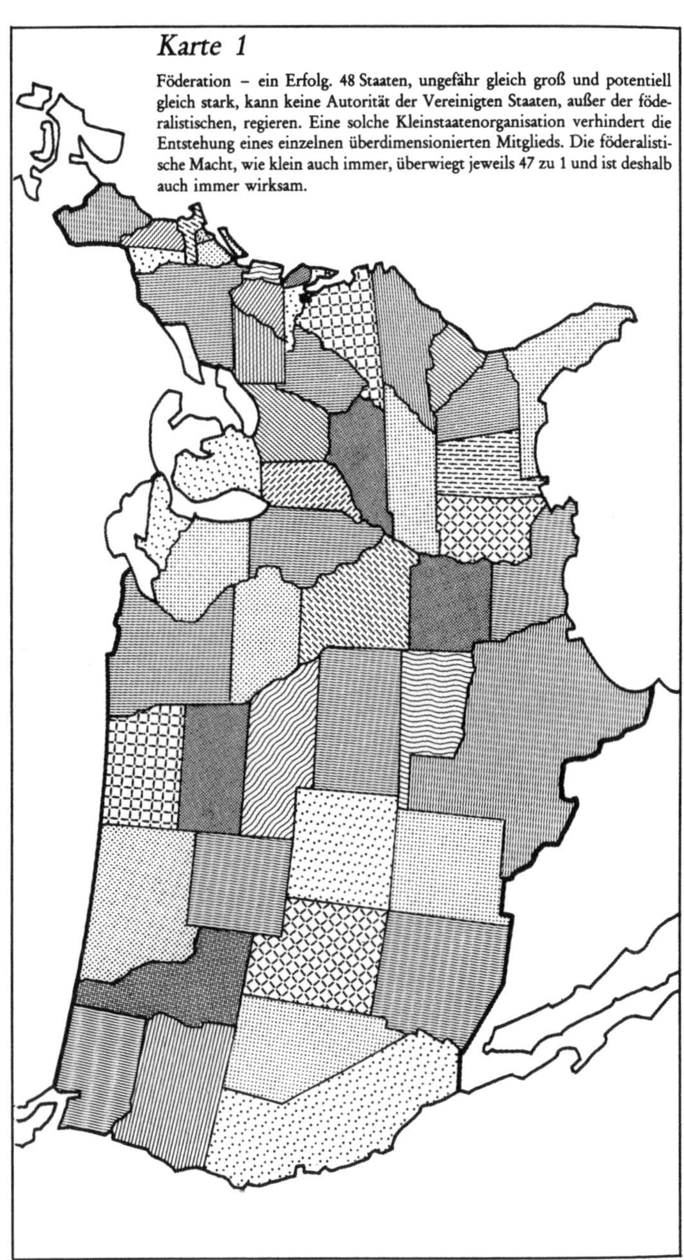

Karte 1

Föderation – ein Erfolg. 48 Staaten, ungefähr gleich groß und potentiell gleich stark, kann keine Autorität der Vereinigten Staaten, außer der föderalistischen, regieren. Eine solche Kleinstaatenorganisation verhindert die Entstehung eines einzelnen überdimensionierten Mitglieds. Die föderalistische Macht, wie klein auch immer, überwiegt jeweils 47 zu 1 und ist deshalb auch immer wirksam.

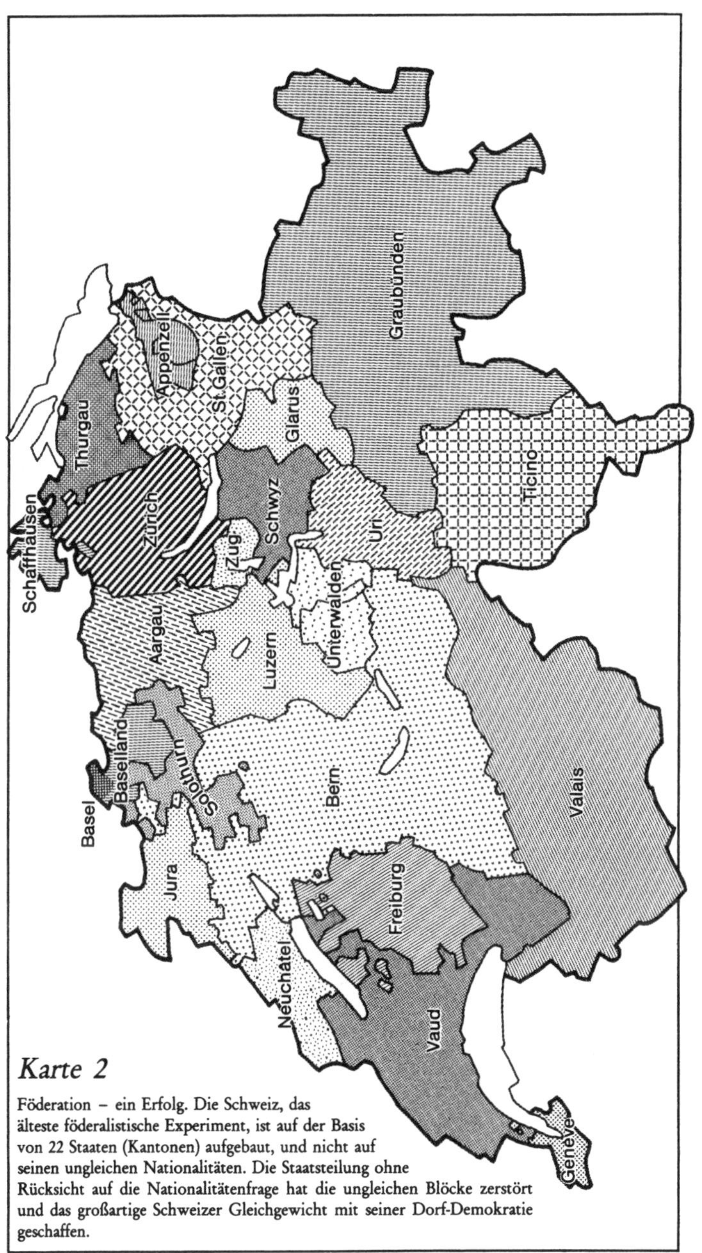

Karte 2

Föderation – ein Erfolg. Die Schweiz, das älteste föderalistische Experiment, ist auf der Basis von 22 Staaten (Kantonen) aufgebaut, und nicht auf seinen ungleichen Nationalitäten. Die Staatsteilung ohne Rücksicht auf die Nationalitätenfrage hat die ungleichen Blöcke zerstört und das großartige Schweizer Gleichgewicht mit seiner Dorf-Demokratie geschaffen.

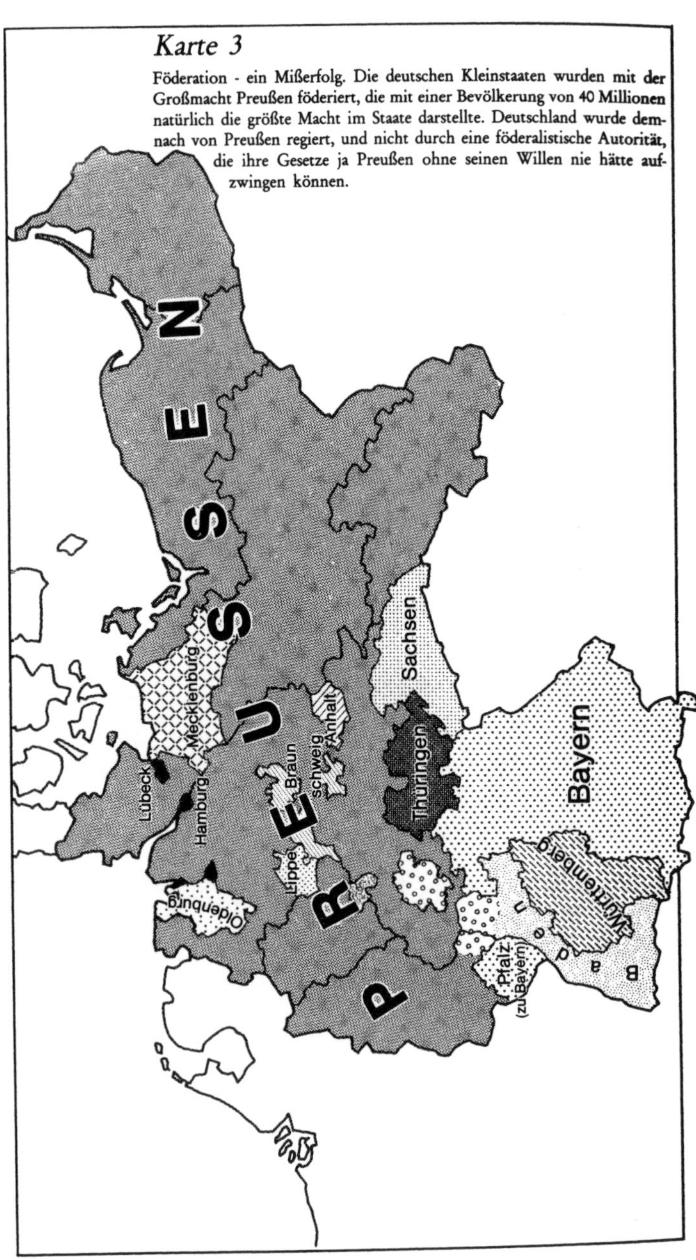

Karte 3

Föderation - ein Mißerfolg. Die deutschen Kleinstaaten wurden mit der Großmacht Preußen föderiert, die mit einer Bevölkerung von 40 Millionen natürlich die größte Macht im Staate darstellte. Deutschland wurde demnach von Preußen regiert, und nicht durch eine föderalistische Autorität, die ihre Gesetze ja Preußen ohne seinen Willen nie hätte aufzwingen können.

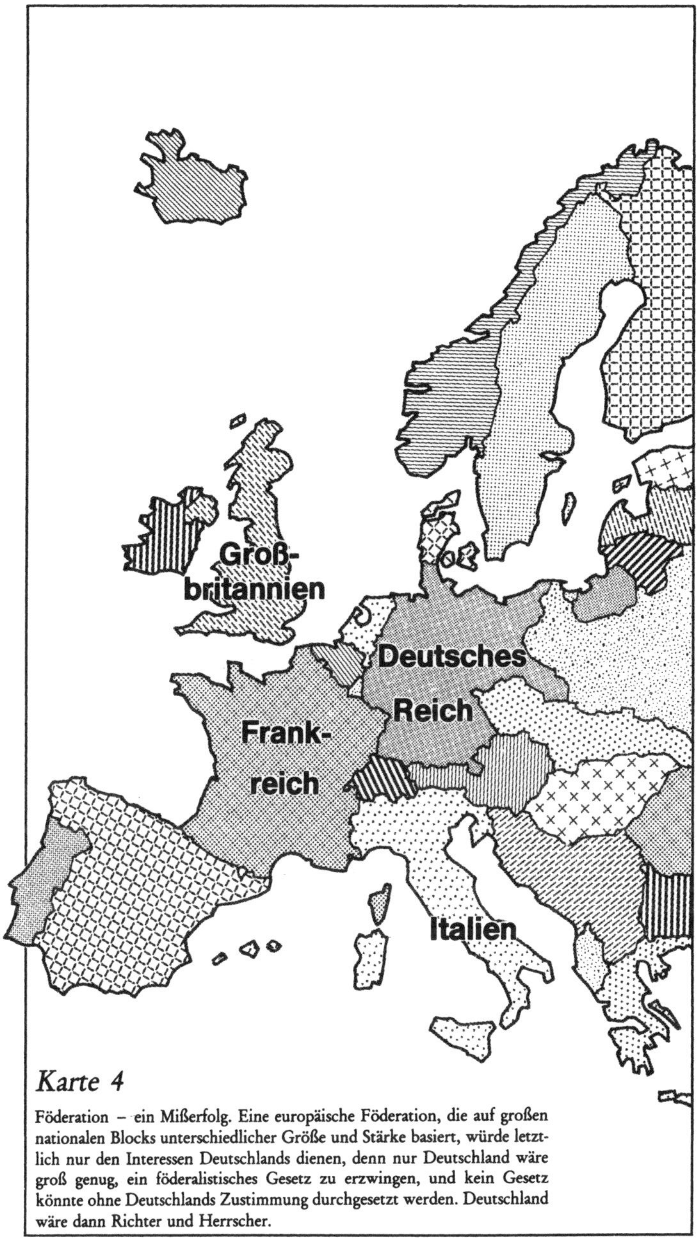

Karte 4

Föderation – ein Mißerfolg. Eine europäische Föderation, die auf großen nationalen Blocks unterschiedlicher Größe und Stärke basiert, würde letztlich nur den Interessen Deutschlands dienen, denn nur Deutschland wäre groß genug, ein föderalistisches Gesetz zu erzwingen, und kein Gesetz könnte ohne Deutschlands Zustimmung durchgesetzt werden. Deutschland wäre dann Richter und Herrscher.

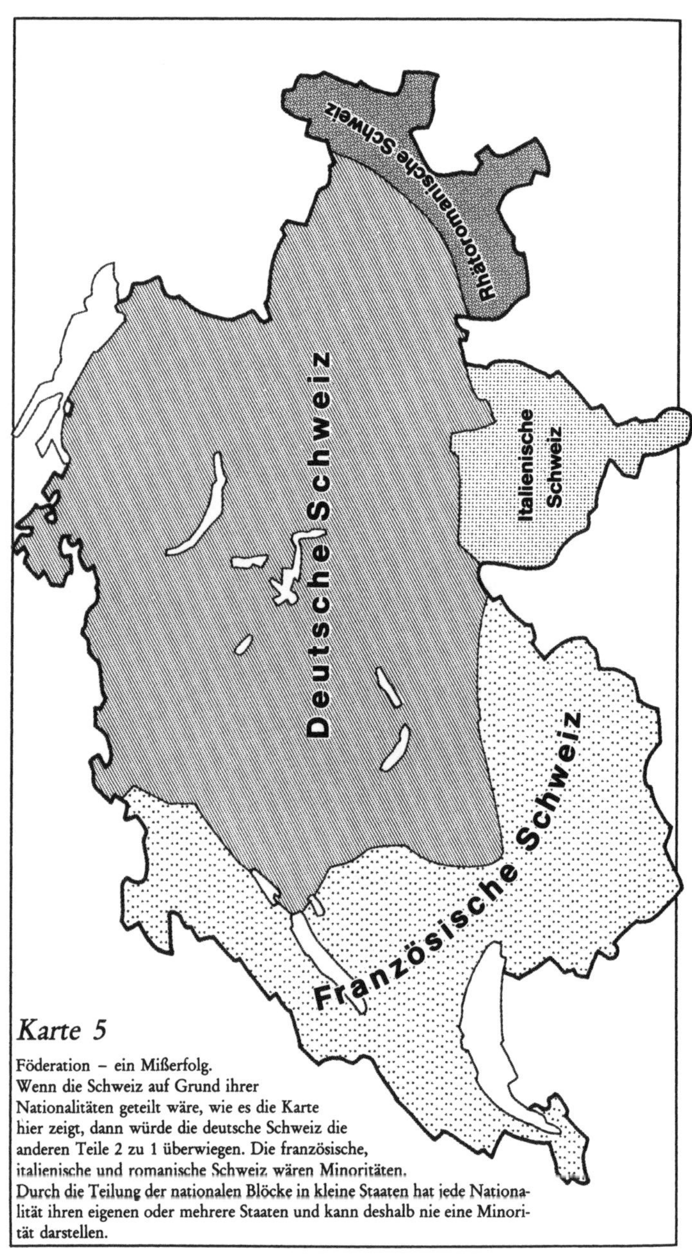

Karte 5

Föderation – ein Mißerfolg.
Wenn die Schweiz auf Grund ihrer Nationalitäten geteilt wäre, wie es die Karte hier zeigt, dann würde die deutsche Schweiz die anderen Teile 2 zu 1 überwiegen. Die französische, italienische und romanische Schweiz wären Minoritäten.
Durch die Teilung der nationalen Blöcke in kleine Staaten hat jede Nationalität ihren eigenen oder mehrere Staaten und kann deshalb nie eine Minorität darstellen.

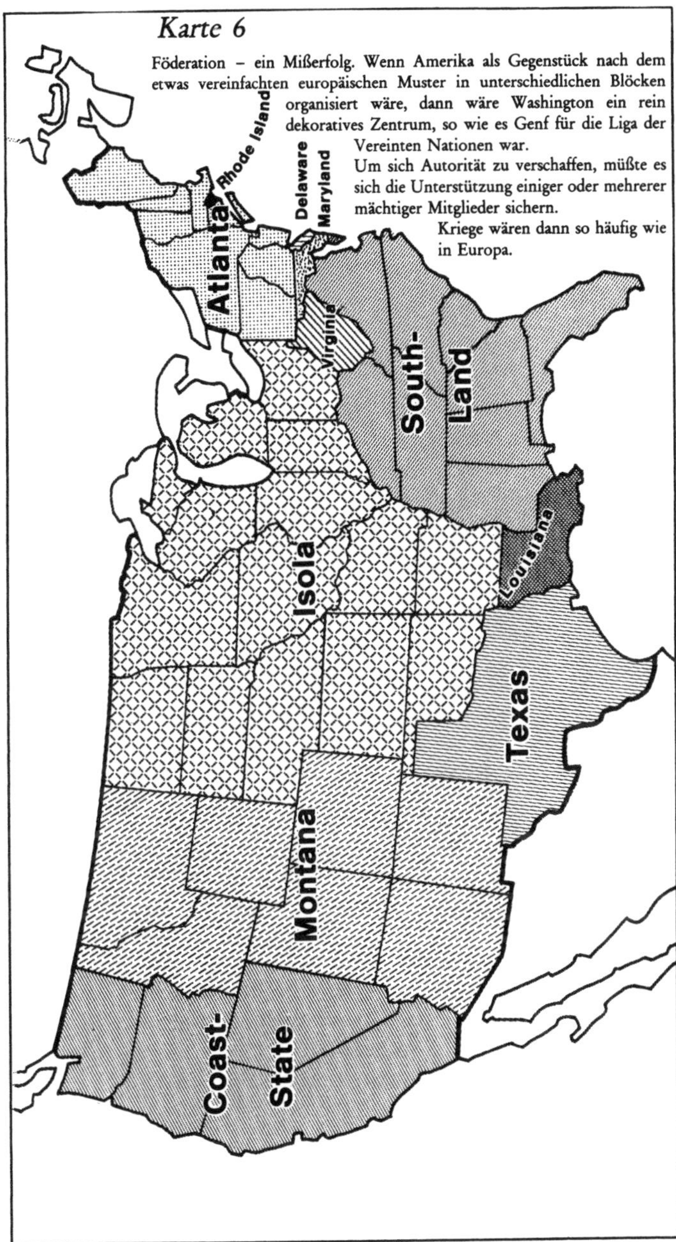

Karte 6

Föderation – ein Mißerfolg. Wenn Amerika als Gegenstück nach dem etwas vereinfachten europäischen Muster in unterschiedlichen Blöcken organisiert wäre, dann wäre Washington ein rein dekoratives Zentrum, so wie es Genf für die Liga der Vereinten Nationen war.
Um sich Autorität zu verschaffen, müßte es sich die Unterstützung einiger oder mehrerer mächtiger Mitglieder sichern.
Kriege wären dann so häufig wie in Europa.

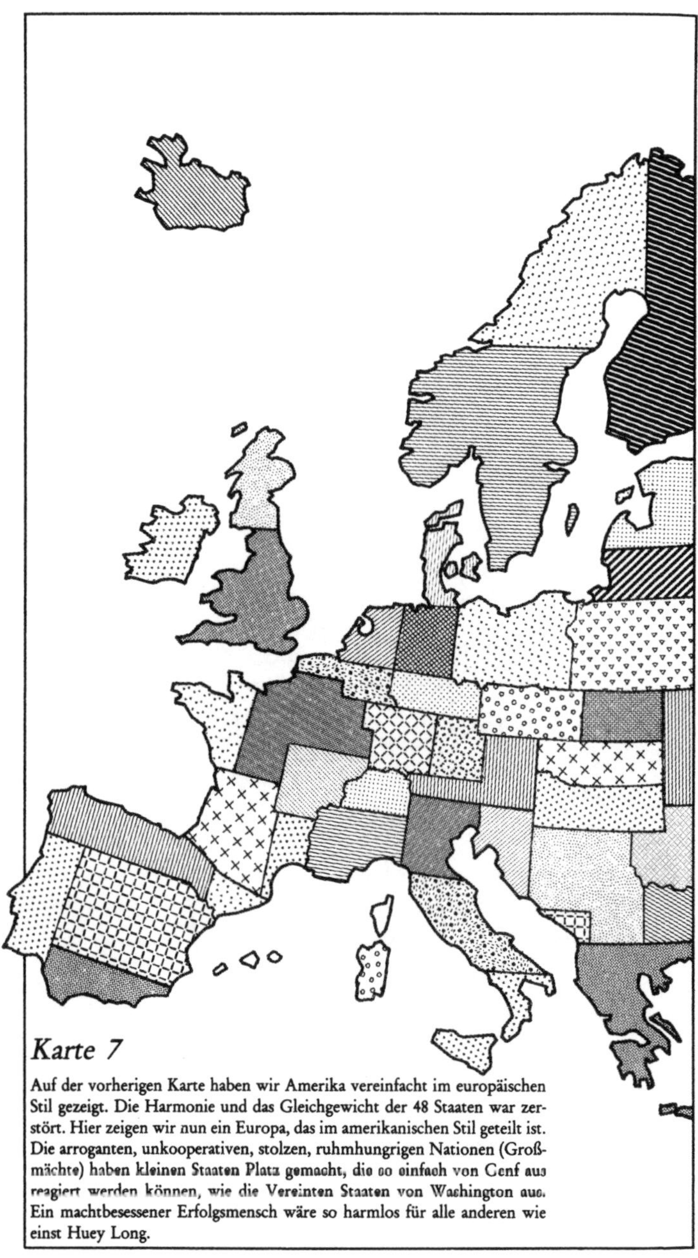

Karte 7

Auf der vorherigen Karte haben wir Amerika vereinfacht im europäischen Stil gezeigt. Die Harmonie und das Gleichgewicht der 48 Staaten war zerstört. Hier zeigen wir nun ein Europa, das im amerikanischen Stil geteilt ist. Die arroganten, unkooperativen, stolzen, ruhmhungrigen Nationen (Großmächte) haben kleinen Staaten Platz gemacht, die so einfach von Genf aus reagiert werden können, wie die Vereinten Staaten von Washington aus. Ein machtbesessener Erfolgsmensch wäre so harmlos für alle anderen wie einst Huey Long.

Karte 8

Die rein geometrische Aufteilung Amerikas müßte jedoch in Europa nach traditionellen Stammesgrenzen modifiziert werden. Diese Karte zeigt annähernd die „natürlichen" Teile Europas. Da sie alle ziemlich gleich groß sind, sind sie ideal geeignet, Europa ideal zu föderieren. Das Problem Europas ist – wie jeder Föderation überhaupt – eines der Teilung, nicht der großen Einheit.

Bibliographie

Liste der zitierten Werke

Alexis, Stephen, Black Liberator. New York: Macmillan, 1949.
Aristoteles, Politik. 6. Auflage, München: dtv-Klassik, 1986.
Augustinus, Der Gottesstaat, De Civitate Dei. Einsiedeln: Johannes Verlag 1961.

Bacon, Francis, Essays and New Atlantis. New York: Walter J. Black, 1942.
Baird, Henry M., History of the Rise of the Huguenots. London: Hodder and Stoughton, 1880.
Beauvoir, Simone de, „Sexual Initiation of Women", in: Anvil. New York: Winter, 1950.
Bible, George P., The Acadians. Philadelphia: Ferris and Leach, 1906.
Brandeis, Louis D., The Curse of Bigness. New York: The Viking Press, 1935.
Brown, Peter Hume, The History of Scotland. Cambridge: University Press, 1911.

Carnegie Endowment for International Peace, Memoranda Series No. 1. Washington D. C., 1 February 1940.
Celler, Emanuel, „Can a Congressman Serve 900,000 People?", New York Times Magazin, 11 March 1951.
Cicero, Laws.
Coulton, G. G., Medieval Panorama. Cambridge: University Press, 1938.
Coyle, David Cushman, Day of Judgement. New York: Harper and Brothers, 1945.
Cuthrie, Ramon, „The Labor Novel that Sinclair Lewis Never Wrote", New York Herald Tribune Book Review, 10 February 1952.
De Tocqueville, Alexis, Democracy in America. London: Oxford University Press, 1946.
Dumas, Alexandre, Celebrated Crimes. New York: P. F. Collier and Son, 1910.

Figgis, John Neville, The Political Aspects of S. Augustine's „City of God". London: Longmans, Green and Co., 1921.
Freeman, Kathleen, Greek City-States. New York: W. W. Norton and Co., 1950.

Gibbon, Edward, The History of the Decline and Fall of the Roman Empire. 7 Bände, London: Methuen, 1900.
Gosse, Edmund, Father and Son. London: Penguin Books, 1949.

Hoyle, Fred, The Nature of the Universe. Oxford: Basil Blackwell, 1950.
Huxley, Julian, „Biological Improvement", The Listener, 1 November 1951.
Hyett, F. A., Florence. 1903.

Lukrez, On the Nature of Things. New York: Walter J. Black, 1946.

Malthus, Thomas, Essay on the Principle of Population.
Marcus Aurelius, Meditations. New York: Walter J. Black, 1945.
Municipal Yearbook. 1951.
Murad, Anatol, The Paradox of a Metal Standard. Washington: Graphic Arts Press, 1939.

Ortega y Gasset, The Revolt of the Masses. New York: The American Library, 1950.

Quinn, T. K., „Too Big“, The Nation, 7 March 1953.

Ranshofen-Wertheimer, Egon, Victory Is Not Enough. New York: W. W. Norton, 1942.
Reel, A. Frank, The Case of General Yamashita. Chicago: The University of Chicago Press, 1949.
Ross, W. D., The Student's Oxford Aristotle. London: Oxford University Press, 1942.
Russell, Bertrand, Unpopular Essays. New York: Simon and Schuster, 1951.
- Authority and the Individual. London: George Allen & Unwin, 1949.

Schrödinger, Erwin, What Is Life?, Cambridge: University Press, 1951.
- Science and Humanism. Cambridge: University Press, 1951.
Schwartz, Harry, Russia's Soviet Economy. New York: Prentice-Hall, 1950.
Shakespeare, William, Richard III. New York: Grosset and Dunlap, 1909.
Shaw, Georg Bernard, Geneva, Cymbeline Refinished, Good King Charles. New York: Dodd, Mead Co., 1947, S. 61.
Simons, Henry C., Economic Policy for a Free Society. Chicago: University of Chicago Press, 1948.
Sorokin, P. A., Social and Cultural Dynamics. New York: American Book Co., 1937.
Statistical Abstract of the United States. 1951.
Sully, Memoirs of the Duke of Sully. London: Henry G. Bohn, 1856.
Swift, Jonathan, Gulliver's Travels. New York: Crown Publishers, 1947.
Symonds, John A., Renaissance in Italy. New York: The Modern Library, 1935.

Temporary National Economic Committee, Competition and Monopoly in American Industry, Monograph Nr. 21. Washington: Government Printing Office, 1940.
- Relative Efficiency of Large, Medium-sized, and Small Business, Monograph Nr. 13. Washington: Government Printing Office, 1941.
Thompson, D'Arcy W., On Growth and Form. Cambridge: University Press, 1942.
Thomson, Sir George, „The Hydrogen Bomb“, The Listener, 23 March 1950.

Villari, Pasquale, Life and Times of Savonarola. New York: Charles Scribner's Sons, 1896.

Whitbread, Jane, and Gadden, Vivian, The Intelligent Man's Guide to Women. New York: Schuman, 1951.

Young, Arthur, Travels in France and Italy. Everyman's Library, Nr. 720.
Young, G. F., The Medici. New York: The Modern Library, 1933.

Zeitungen und Zeitschriften

Anvil

Associated Press
Atlantic Monthly
Bank Trends
Barron's
Canadian Forum
Listener
Manchester Guardian
Le Monde
Nation
New Leader

Newsweek
New Yorker
New York Time
Ottawa Citizen
Quarterly Bulletin of the British Psychological Society
Richmond Times-Dispatch
Time
Washington Post

Leopold Kohr: Lebenslauf

1909: Leopold Kohr wird am 5. Oktober 1909 in Oberndorf bei Salzburg geboren.

1916–1928: Kohr besucht in Oberndorf die Volksschule und in Salzburg das Humanistische Bundesgymnasium. 1928 legt er die Reifeprüfung ab.

1928–1933: In Innsbruck studiert Kohr Rechtswissenschaften. Ab dem Spätherbst 1928 lebt er fast ein Jahr in London, studiert an der London School of Economics und knüpft Kontakte zu hochrangigen Ökonomen und Politikern der Labour Party. 1929 gründet er in Innsbruck eine sozialdemokratische Studentengruppe. 1933 promoviert Kohr zum Dr. jur.

1933–1937: Kohr absolviert in Salzburg und Wien das Gerichtsjahr und studiert an der Universität Wien Staatswissenschaften. Während mehrerer Aufenthalte in Paris arbeitet er als Journalist und ist an der dortigen Universität inskribiert. 1937 promoviert Kohr zum Dr. rer. pol.

1937: Als Berichterstatter für österreichische und Schweizer Zeitungen und für die Pariser Nachrichtenagenturen „Agence Viator“ verfolgt Kohr den Spanischen Bürgerkrieg. In Spanien lernt er die Anarchistenbewegung kennen und schließt Bekanntschaft mit Eric Arthur Blair (alias George Orwell), Ernest Hemingway und André Malraux.

1938: Nach dem „Anschluß“ engagiert sich Kohr in Paris in einer Widerstandsgruppe, der auch Otto Habsburg angehört. Sie versuchen mit Hilfe des Diplomaten Egon Ranshofen-Wertheimer, den Völkerbund in Genf zu deutlicherer Ablehnung des Vorgehens der Deutschen zu ermuntern. Um ein Visum für die Emigration nach New York zu erhalten, reist Kohr nach Salzburg, mit knapper Not gelingt die Rückkehr nach Paris. Am 31. Oktober erreicht Kohr von Le Havre aus New York. Zunächst wohnt er bei dem

Bäcker Lämmermeyer, einem gebürtigen Oberndorfer. Im Zuge einer Reise nach Toronto lernt er den Historiker Georg M. Wrong kennen, bei dessen Familie er einige Zeit wohnt.

1939–1943: Im Nordwesten Kanadas arbeitet Kohr in einem Goldbergwerk. Seine gesundheitlichen Probleme (beginnende Taubheit) rühren von diesen Anstrengungen. Auch in Amerika setzt Kohr den politischen und publizistischen Kampf gegen den Nationalsozialismus und für die Unabhängigkeit Österreichs fort, u.a. in der „Österreich-frei-Bewegung“ und mit Artikeln in der „Washington Post“. Ab 1941 arbeitet er für die „Carnegie Endowment for International Peace“ in Washington und leitet eine Studiengruppe zur Geschichte von Wirtschaftsgemeinschaften. Im selben Jahr erscheint im New Yorker Magazin „The Commonweal“ sein Aufsatz „Disunion Now“, in dem er die Zerschlagung von Großmächten fordert.

1943–1955: Kohr unterrichtet an der Rutgers University in New Jersey die Fächer Nationalökonomie und Politische Philosophie. Mit seinen Kollegen Robert J. Alexander und Anatol Murad, einem gebürtigen Wiener, verbindet Kohr enge Freundschaft, und er lernt Romulo Betancourt, den Staatspräsidenten von Venezuela, kennen. 1950/51 entsteht sein erstes Buch „The Breakdown of Nations“, das 1957 in London erscheint. Erstmals seit seiner Emigration kehrt Kohr in den Sommerferien wieder in seine österreichische Heimat zurück.

1955–1973: Kohr lehrt an der Staatsuniversität von Puerto Rico in San Juan. Er unterstützt die Unabhängigkeitsbestrebungen der Inselbewohner gegen die Vorherrschaft der USA und setzt sich gegen die drohende Zerstörung der Altstadt von San Juan durch US-amerikanische Industriegiganten ein. Architektur, Stadt- und Dorferneuerung sowie Verkehrsberuhigung werden neue Schwerpunkte in Kohrs Theorien.

1958: Kohr lernt den walisischen Pazifisten und Nationalisten Gwynfor Evans kennen und unterstützt von da an die Aktionen der gälischen „Plaid Cymru“ gegen die Londoner Zentralregierung, gegen Atomrüstung und Kernkraftwerke sowie für die Erhaltung der keltischen Kultur.

1967: Als Berater hilft Kohr mit, auf der Karibikinsel Anguilla einen unabhängigen Staat zu gründen. Nach einem Jahr scheitert der Versuch an der Intervention der britischen Kolonialmacht.

1970: In London lernt Kohr über seinen Freund John Papworth den britischen Nationalökonomen Fritz Schumacher kennen, der später mit seinem Buch „Small is Beautiful“ weltberühmt wird. Schumacher bezeichnet Kohr als wichtigsten Lehrer. Auch die Bekanntschaft mit Kenneth Kaunda, dem Präsidenten von Zambia, verdankt Kohr John Papworth. Die Einladung, in Zambia eine Akademie zu gründen, lehnt Kohr ab. Kaunda schreibt das Vorwort zu „Development without Aid“, in dem sich Kohr mit Entwicklungshilfe und Dritter Welt auseinandersetzt.

1973: Nach der Pensionierung übersiedelt Kohr von Puerto Rico ins walisische Aberystwyth und unterrichtet an der dortigen Universität. Er schließt Freundschaft mit den Anthropologen Alwyn Rees, Brynmore Thomas sowie mit dem Literaturwissenschafter Walford Davies.

1980: Im Zuge der Vorbereitungen zur großen Keltenausstellung 1980 in Hallein „entdeckt“ Alfred Winter Leopold Kohr und macht ihn und seine Ideen in seiner Heimat wie im deutschen Sprachraum bekannt.

1983: In Stockholm erhält Leopold Kohr als erster Österreicher den „Right Livelihood Award“, den Alternativen Nobelpreis.

1986–1991: Kohr übersiedelt von Aberystwyth ins südwestenglische Gloucester. Er ist viel auf Reisen, hält Vorträge und Gastvorlesungen, u.a. einen Lehrauftrag an der Universität Salzburg. Während der Abwesenheit wird in seinem Haus in Gloucester mehr als ein Dutzend Mal eingebrochen.

1986: In Neukirchen am Großvenediger werden die Leopold-Kohr-Akademie und der Kulturverein Tauriska gegründet. Mit zahlreichen Symposien und Kulturveranstaltungen wird versucht, Kohrs Ideen in die Praxis umzusetzen.

1993: Kohr trifft Vorbereitungen zur Übersiedlung nach Oberndorf.

1994: Im Alter von 84 Jahren stirbt Leopold Kohr am 26. Februar 1994 in Gloucester.